Preso por trocadilho
A imprensa de narrativa irreverente
paulistana de 1900 a 1911

Preso por trocadilho
A imprensa de narrativa irreverente paulistana de 1900 a 1911

Paula Ester Janovitch

São Paulo, 2006

Copyright © 2006 Paula Ester Janovitch

Edição: Joana Monteleone
Capa: Clarissa Boraschi Maria
Copydesk: Nelson Luis Barbosa
Revisão: Silmara Beletti e Alexandra Colontini
Projeto gráfico e diagramação: Djinani Lima

Dados Internacionais de Catalogação na Publicação (CIP)
(Câmara Brasileira do livro, SP, Brasil)

Janovitch, Paula Ester
Preso por trocadilho – A imprensa de narrativa irreverente
paulistana de 1900 a 1911/ Paula Ester Janovitch. – São Paulo:
Alameda, 2006.

Bibliografia.
ISBN: 85-98325-24-4

1. Brasil – História – Historiografia 2. História – Pesquisa
I. Título
05–0068   CDD–981.0072

Índices para catálogo sistemático:
1. Brasil: Historiografia – 981.0072

[2006]
Todos os direitos desta edição reservados à
ALAMEDA CASA EDITORIAL
Rua Ministro Ferreira Alves, 108 – Perdizes
CEP 05009-060 – São Paulo – SP
Tel. (11) 3862-0850
www.alamedaeditorial.com.br

*A melhor crítica, o traço mais bem-acabado,
é aquele que se faz com o risco limpo e a legenda
clara do coração.*

Dedico este livro aos cronistas irreverentes.

Índice

Prefácio	11
Apresentação	17
A pequena imprensa de narrativa irreverente na belle époque paulistana	
A narrativa irreverente e a imprensa paulistana do século XIX	31
A vida fora dos trilhos	39
Cabrião entra em ação!!!	60
Quase ao mesmo tempo...	85
Artigos de fundo, artigo di... fundo, artigos defuntos	93
O batismo da imprensa irreverente: entre cabeçalhos e programas, aqui está ao que viemos!!!	
Ser ou não ser, eis a questão	103
Um breve aceno do tempo	108
Versos e quadrinhas irreverentes a serviço da vida noticiosa	111
Termos concretos, detalhes técnicos e fatos imprecisos	114
Por entre lacunas: ainda uma necessidade	117
Sem programas e muito menos lacunas a preencher!!!	118
A chave do tamanho	121
Rei morto, rei posto	124
Aos nossos "leitores-anunciantes", as folhas se apresentam	128
A mecanização das folhas	137
As postas restantes	145

Logogrifos telegramas	151
Correspondências macarrônicas	160
A força do macarrão, o poder misterioso da batata, o efeito líquido da cerveja e o que o milho tem a ver com isso!!! Uma congestão de línguas promovida por *O Pirralho*	184
Epílogo, 1911 – a versão macarrônica da inauguração triunfal do Teatro Municipal	199

O olhar mecânico — 205

Kodak gaiata	211
Instantâneos e flagrantes	219
O giro elegante pelas ruas centrais da cidade	221
À distância de um bigode	224
Decifra-te ou devoro-me	231
Uma reportagem fotocaricaturada	236
Museu de Glórias	240
O fato da semana	243
Epílogo 1911 – *O Pirralho*, uma revista ilustrada sem imagens fotográficas	248

O jogo dos Quatro Cantos e a linha torta do Triângulo Central — 253

Os jogos podem ser sérios?	259
Um obstáculo chamado cidade	262
Achado, eu? Perdido, você? Nossa, que confusão!!!	266
A nota de sensação! O fato de atração!	268
Os Diários e os dias	277
O trânsito e os dias!!!	290
Os anúncios-reclamos	308
O palpite da semana	317
Epílogo, 1911 – um último palpite	326

Considerações finais 331
Entre o embate das palavras e o enredo dos dias

Referências bibliográficas 335

Apêndice I 357

Apêndice II 383

Agradecimentos 387

Prefácio

Por Elias Thomé Saliba[1]

"Eu não conheço no mundo nem de ouvir falar cousa mais triste do que um jornal paulista. Não pode haver mesmo. Estou convencido. É nos jornais que a tristeza hereditária e incurável do paulista melhor e mais intensamente se revela. A sua gravidade ridícula também. A gente não encontra neles uma linha escrita com bom humor, com alegria, com saúde. (...) Não é preciso mais nada: o primeiro jornal pornográfico de São Paulo sabem como é que se chamava? O Nu Piratiningano? Não. São Paulo em camisinha de meia? Também não. O Gemido do Ipiranga? Também não. Chamava-se O Pensador. Formidável. E muitíssimo significativo.

Nada mais engraçado e revelador do que este desabafo de António de Alcântara Machado, nos rodapés de *Cavaquinho & Saxofone*, em 1927. Revelador porque já expressava um estereótipo da propalada sisudez ou seriedade dos paulistas, inventada ou reinventada pela geração de modernistas de 1922. Estereótipo que terá larga carreira posterior, fomentado por aquele outro lugar-comum regionalista e provinciano, o qual, forçando a mão na comparação simbólica com a malandragem carioca, projetou no passado a imagem de São Paulo como cidade do trabalho, séria, rotineira e chata – o "túmulo do samba", para usar o epíteto emitido certa vez, em alto estado etílico, pelo poeta Vinícius de Morais.

Desabafo revelador, mas também muito significativo: revelava o amplo desconhecimento, natural entre os escritores de sua geração, da história da imprensa paulistana imediatamente anterior a eles. Nos últimos anos, felizmente,

---

[1] Elias Thomé Saliba é historiador, professor da USP e autor dos livros *Raízes do Riso* e *As Utopias Românticas*.

várias pesquisas têm mostrado a importância desta imprensa como testemunho da fermentação cultural desta autentica *belle époque* paulista. Este é o maior mérito deste **Preso por trocadilho**, da historiadora Paula Janovith. Trata-se de um livro divertido e cheio de empatia, alegremente engajado na reconstrução deste importante e esquecido capítulo da história da imprensa paulistana, que nos leva a repensar muitos daqueles estereótipos e lugares-comuns. Estereótipos inicialmente veiculados e postos em circulação por António de Alcântara Machado e seus confrades do modernismo hegemônico de 1922 mas, depois absorvidos e largamente disseminados pela memória coletiva. Uma daquelas tradições inventadas que todos repetem porque ninguém sabe quando surgiu. Mas por que isto ocorreu? O que havia nesta cultura da *belle époque* paulista, e particularmente neste microcosmo da imprensa nanica, para descartá-la ou promover seu esquecimento?

Diríamos que este livro de Paula Janovitch oferece algumas respostas interessantes, todas fartamente documentadas e altamente convincentes. Começa pelo título: tratava-se de uma imprensa estritamente vocacionada ao *irreverente* numa metrópole tida como sisuda e séria. Como poderiam ser chamados de "tristes", jornalecos que possuíam como títulos *A Farpa, O Jocoso, O Azeite, A Gargalhada, Cri-Cri* e *Tira-Prosa*? Mas, *irreverente* é apenas um daqueles famosos vocábulos catalisadores. Como também fui (durante minhas próprias pesquisas) um leitor compulsivo destes pasquins, anotei pelo menos uma dezena de sinônimos de *irreverente*, dispersos em inúmeras destas folhas, que bem podem ajudar o leitor a definir o tipo de jornalismo eles faziam. Sem escolher muito os sinônimos da época, diríamos que se tratava de uma imprensa *impertinente, libertária, ferina, hilária, cáustica, escarninha, caricata, jocosa, peralta, pilantra, malandra, pândega e pilheriosa.* Contra o noticiário sério dos grandes matutinos, que então começavam a surgir, a pequena imprensa trilhava o caminho da irreverência e do humor. Piadas ou trocadilhos que julgávamos de criação mais recente reaparecem, surpreendentemente deslocados para as mãos de criadores obscuros ou desconhecidos. Até o "quem não chora não mama", que se tornou de domínio público – e que julgávamos inventado por Aparício Torelly, em 1926 - já aparece n'*O Polichinello*, no longínquo ano de 1876. O que mostra que a piada, verbal ou visual, por ser revelação rápida de um instante de prazer e do riso, mantém-se por muito mais tempo na memória coletiva e popular. Por serem lembranças leves, que alegram, elas permanecem por mais tempo do que as pesadas, que deprimem. Como anexins, provérbios ou bordões, as piadas perdem sua aura de autoria e transformam-se em criações coletivas. O que, afinal, acaba virando uma lição de como nossa cultura administra o doloroso elemento perecível da vida, sublima as coisas que morrem, criando a imprescindível ilusão de permanência e de duração que, afinal, nos permite apenas... viver.

Mas, como nos revela a pesquisa de Paula Janovitch, além de irreverente, era também uma imprensa gaiata, estreitamente relacionada ao mundo urbano e ao incipiente mundo das diversões numa cidade ainda híbrida, a meio do caminho entre o rural e o urbano, que embaralhava e confundia o palco com a rua – embora não fosse aquele palco brilhante, crivado de luzes e holofotes, encerado e engalanado, lotado de um público elegante e enfatiotado, mas sim, um palco mambembe, canhestro, que lembrava mais circo ou diversão de feira, com público barulhento, engolidores de fogo e palhaços de picadeiro. Era ainda uma imprensa muito circunstancial, efêmera, permeada daquelas publicações que morriam do mal dos sete números, escritas por uma gente obscura e completamente ausente de qualquer história literária. Parece até que eles próprios sabiam que iam ter vida curta e efêmera, por isto, era preciso aproveitá-la: "nós somos a maledicência; é o quanto basta", dizia um dos desses abusados jornalecos no ano de 1900; outros diziam "manejar o lápis da pândega, apenas para atrair namoradas catitas"; enquanto outros apenas desejavam ardentemente "arrepiar a epiderme dos fatos", único caminho para livrar-se, de uma vez por todas, daquele "jornalismo encruado". O limite do fescenino – beirando desta feita, já ao famoso "Après moi, le déluge" – é dado pelo jornaleco "*O Buraco*" que promete revelar, rápido e ao mesmo tempo, "os mistérios das alcovas, os idílios dos namorados e os desejos das sogras". Promessa incrível. Parece uma versão acanalhada da famosa frase de Flaubert sobre a modernidade: "Tudo deve soar simultaneamente, deve-se ouvir o mugir do gado, o murmúrio dos amantes e a retórica dos funcionários ao mesmo tempo." Desejo compulsivo de simultaneidade, aprisionamento do tempo pela linguagem concisa e automática, nova apreensão do mundo pela junção de fragmentos – não estaríamos já em pleno universo cultural modernista?

De qualquer forma, estes pequenos tablóides ajudaram a dinamizar e criar a linguagem da grande imprensa nascente, adaptada aos novos tempos, mas ainda fortemente presa à atmosfera das folhas doutrinárias. Folhas que ainda encaravam o jornal como uma tribuna de idéias políticas e não como uma vitrine de notícias rápidas, divertimentos e charadas. Lembre-se ainda que embora a censura formal não estivesse sequer organizada, a irreverência nunca foi bem vista porque, no limite, cheirava à coisa interdita ou de mau-gosto, atraindo as lâminas afiadas das tesouras. Todos os habitantes da paulicéia gostavam do humor e o prezavam – como ainda o prezam – mas, como sempre, ninguém queria adentrar no picadeiro e assumir a função do palhaço ou do satírico: matérias e caricaturas eram quase sempre assinadas por cognomes e pseudônimos estapafúrdios, como K. Gado, G.Filisardo, Zé K.Della ou o insondável e misterioso Luigi Capalunga. A historiadora também é muito precisa ao revelar o impacto das cartas e dos telegramas na linguagem e na produção humorística dos jornais. Ressalte-se as incríveis e criativas colunas *postas-restantes*, as quais, além de anteciparam uma forma incipiente de interação com o público, foram sintomas do diálogo lúdico que ocorria entre os próprios jornalistas da imprensa. Um jogo cujo paradigma simbólico foi o famoso triângulo das ruas centrais de São Paulo. Jogos e apostas, quase sempre perdidas, num momento no qual a profissão de jornalista só podia existir combinada com outras ocupações - ocupações tão instáveis e efêmeras quanto a própria cidade e cujo maior exemplo, foi o cognome de um humorista notável, também nascido neste clima *belle époque*: Juó Bananére, que se auto intitulava "barbieri i giurnaliste".

Com rara consciência de que sua força e intensidade provinham da raridade e do pitoresco, era também uma imprensa que manejava, de forma concisa e rápida, dezenas de estampas, imagens e fotografias. Imprensa que mostrava esta espécie de limbo da paulicéia na *belle époque*, vista por baixo, singularmente retratada pelas lentes de uma Kodak gaiata: eram personagens dos mais variados, híbridos, vindos dos mais diversos lugares, falando com sotaques tão estropiados que era quase impossível retratá-los em panorâmicas ou figuras típicas. Peixeiros, carvoeiros, ambulantes ou pedestres comuns são surpreendidos na sua mobilidade crônica; bondes, carroças e tílburis aparecem e desaparecem em formidável impermanência: nada é categorizado, tudo flui nas caricaturas de traços rápidos e toscos, nos desenhos *à la minute*, na multiplicação dos qüiproquós e nas figuras duplas, que os franceses, na época, chamavam de *trompe d'oeil*. E com razão: nossos olhos de humanos facilmente nos enganam, mas como num passe de mágica, as faces mudavam de feições no jogo das figuras duplas ou nos instantâneos que pululavam nos jornais: a ciganinha vira uma cabeça de turco; o presidente do Estado dissolve-se na figura de um cavalo e depois vira um grilo; chapéus e cartolas escondem traços do rosto e os fragmentos e acessórios fundem-se em espirais infinitas, tornando-se mais importantes do que as próprias imagens.

Assim, os exemplos mais expressivos desta vertente de imprensa irreverente, apelaram para o humor, para a paródia, para a ironia, num discurso derrisório de si mesmo ou da cidade que esforçavam-se por retratar. Forjadas no efêmero da memória caprichosa e destilando sua própria impotência, as paródias, caricaturas e cutiladas humorísticas – verbais ou visuais - desmontam a narrativa histórica, embaralham o que se pretendia categorizado, inclusive os tempos e as cronologias; desmistificam aquele lugar-comum da paulicéia sisuda e triste e, na mesma chave da reinvenção da vida, buscam um fundo mais autentico da memória cultural da cidade. O que faz deste livro uma contribuição inestimável a uma historiografia da cultura popular paulistana.

Mas é também um livro divertido, escrito com empatia e leveza e que, felizmente, contraria aquele desabafo do modernista António de Alcântara Machado. Um livro que busca reconstruir um circuito cultural que, obviamente, passava longe dos territórios dos freqüentadores do Teatro Municipal – cuja inauguração, aliás, sutilmente colocada no final do livro, marcou o início do desaparecimento de grande parte desta imprensa irreverente. Vale a pena sua leitura. Até mesmo porque, como seria possível sobreviver nesta cidade sem um pouco de irreverência?

Mas a leitura vale também porque restaura o inesperado papel do riso numa época longínqua da paulicéia, tida pela memória posterior como sisuda e chata. Óbvio que a história que é aqui reconstruída fala do passado. Óbvio também que só conseguimos entendê-la com os olhos de hoje, que miram assustados, desconfiados ou temerosos, em direção ao futuro. Mas como o riso – esta arma dos impotentes - estilhaça categorizações e quebra determinismos, ele pode também, ainda que por breves instantes, restaurar um quinhão de nossa perdida empatia pelo futuro desta Paulicéia. Futuro não como um estado prometido – aquela decantada *Terra Prometida*, que Freud acertadamente brincava, chamando-a de *Terra Prometida Demais* - mas futuro como um estado de promessa, experiência do inesperado, expectativa sem determinação. Porque afinal, como aconselhou o sábio Bakhtin: "Nada de conclusivo aconteceu ainda no mundo, nada é absolutamente morto, pois o riso ressuscita... e todo significado terá algum dia o seu festival de regresso ao lar".

Apresentação

A pequena imprensa de narrativa irreverente na *belle époque* paulistana

Fonógrafos, litógrafos, daguerreótipos e máquinas de escrever vão tomando cada vez mais a produção cultural paulista. A publicidade anuncia os novos artefatos técnicos, e a cidade de São Paulo começa um jogo cada vez mais rápido entre reportagem e vida cotidiana, na primeira década do século XX.

A presença de novas possibilidades técnicas para produzir e reproduzir a notícia do dia, o registro cotidiano, aliada à formação e aumento, na vida urbana, de um público leitor de massa, amplia e diversifica o lugar do escritor, assim como o da produção e divulgação da cultura letrada.

Em 1920, a população analfabeta no Brasil era de 76%. No Estado de São Paulo, essa taxa chegava a 70%, e na capital paulista caía para 46%; ou seja, nessa, os potenciais leitores de jornais estariam em torno de 58% da população.

Ao mesmo tempo que a porcentagem de analfabetos denuncia a presença marcante de uma maioria iletrada e de um contingente restrito de público leitor, a imprensa, no início do século XX, ao contrário do livro, que sofreu mais profundamente a dificuldade de edições e publicações, acompanha com muito mais proximidade o ritmo e o aparecimento dos novos artefatos técnicos urbanos. As poucas tipografias e litografias da cidade produzem vinhetas e clichês que vão de rótulos de bebidas até folhetos, almanaques e jornais (cf. Cruz, 1997, p.21).

As folhas e pequenas "revistas", muito mais que os almanaques, de organização demorada e complexa e custo relativamente elevado, emergem como publicações típicas da "explosão jornalística" no final do século XIX. Literárias, noticiosas, recreativas, doutrinárias, essas publicações transformam-se no suporte impresso das mais variadas concepções e práticas culturais.

Ao lado da afirmação dos jornais diários, que começam a aparecer a partir de meados do século XIX – *Correio Paulistano* (1854), *Diário de São Paulo* (1865), *A Província de São Paulo* (1875), *O Diário Popular* (1884), *A Platéia* (1888) –, porém ainda em formatos artesanais extremamente pautados pelas questões políticas e pelas longas crônicas de fundo, surge a nova imprensa no início do século XX, a grande empresa de sociedades anônima voltada para o jornalismo. Em meio às suas primeiras pegadas pela reportagem da vida diária, nasce uma grande e diversificada quantidade de periódicos com temáticas específicas.[1]

É nesse *boom* do surgimento de pequenos periódicos diversificados na cidade de São Paulo que se destaca a imprensa de narrativa irreverente, herdeira dos "apimentados" jornais de conteúdo bastante crítico de meados do século XIX, como o *Diabo Coxo* (1864), o *Cabrião* (1866-1867) e o *Polichinello* (1876).

A pequena imprensa humorística se espalha pela cidade a partir do início do século XX, aliada aos novos ventos que traziam, para a vida citadina em geral, maior facilidade de comunicações. A fixação das linhas férreas, os correios e os telégrafos proporcionavam o fortalecimento tanto da vida urbana como da produção cultural.

Com fortes traços de crítica social, aliados a inovações na linguagem e nas ilustrações caricaturais, essa imprensa destoa radicalmente das revistas ilustradas de variedades e entretenimento, como a *Cigarra* (1914) ou mesmo a *Vida Moderna* (1907), que primavam, no geral, em representar, mediante a combinação do instantâneo fotográfico, da reportagem impactante, do comentário rápido, da vida mundana e das crônicas ligeiras, a face mais civilizada da cidade, como um palco cujo cenário teria que ser construído de acordo com o refrão republicano da "Celebração do Progresso", em que tanto o espaço público quanto o cidadão republicano foram idealizados; definindo-se determinadas condutas, novas identidades comprometidas com um olhar classificador de uma imprensa voltada para a rapidez da "novidade" e a venda dos tablóides (cf. Martins, 2001, p.475).

A presença da pequena imprensa de narrativa irreverente localizada, em sua maioria, no antigo *Triângulo* na área central de São Paulo, ao lado das gran-

---

[1] Destaca Heloisa Cruz (1997, p.20) que nas últimas décadas do século XIX, foram editadas mais de seiscentas publicações, o quíntuplo das décadas anteriores. Dentre essas publicações, ganhou destaque uma grande gama de periódicos de variedades e culturais cujo ponto de partida era a temática do viver urbano, por meio de diversas linguagens: a crônica, a fotografia, o reclame, a caricatura etc.

des confeitarias, das pensões alegres, da vida mundana, registra e constrói uma outra via de acesso à cidade. "Sem Ordem e Nem Progresso", essas folhas passam a dialogar de forma bem-humorada com o cotidiano e, mais do que isso, com a representação que o dia-a-dia adquire a partir da própria mudança do foco narrativo do jornalismo do início do século XX.

Com o dedo apontando para as questões do momento, agulhando políticos em desenhos que apanham o cotidiano urbano, essa pequena imprensa vai costurando a vida cultural, fazendo que o grande jornalismo se transforme em mais um dos personagens dessa cidade dissonante nos seus tablóides de curta duração.

Quinzenal, semanal, sustentada pelos anunciantes publicitários em formato de folhas de jornais, essa imprensa de curta duração, totalmente circunstancial, formada da reunião de pequenos grupos de escritores, jornalistas e ilustradores, constitui-se, na vida cultural, como um novo lugar de crítica, de transversalidade dos acontecimentos sociais, políticos e principalmente culturais. Um laboratório de experiências com a palavra. Atenta e crítica aos fatos do momento, já representados na grande imprensa diária, não os reproduz, e sim os recria em suas páginas como motivos, matérias-primas para os novos modos de experimentar a linguagem.

Em conferência proferida em 1937, Walter Benjamin (1985, p.124) apontou a importância da produção dos escritores na imprensa moderna como um meio de "fusão de formas literárias", mesmo que esses intelectuais não detivessem a autonomia sobre suas matérias, condicionadas muito mais à "impaciência dos leitores" e ao "capital".

O jornal representaria, para o filósofo, um lugar de "declínio" e "redenção da palavra": do "ponto de vista técnico", a posição mais importante a ser ocupada pelo escritor e, ao mesmo tempo, o lugar "controlado" pelo "inimigo". Dessa convergência de antinomias, representada pelo jornal nos tempos modernos, dificilmente seus colaboradores, intelectuais e escritores escapariam de oscilar entre a dificuldade de compreender "o seu condicionamento social, seu arsenal técnico e suas tarefas políticas" (Benjamin, 1985, p.125).

Dialogando com os grandes jornais, a pequena imprensa crítica aprofunda o momento, retira dessas folhas a camada civilizada e revela uma outra imagem de cidade, pouco "nítida", nas palavras de Monteiro Lobato (1946, t.I, p.54) ao fazer referência à presença do instantâneo fotográfico como sinônimo de semelhança com o real, em 1904, porém equivalente às desfigurações, distorções e condensações da ilustração caricatural já apontadas por Gombrich (1986, p.302), ao analisar as representações caricaturais de Daumier na imprensa ilustrada francesa de meados do século XIX.

Nos primeiros anos da década de 1910, essa singular imprensa – produzida em pequenas salas que comportavam as atividades de ateliês, tipografias e escritórios, jornais de narrativa irreverente nascidos, em sua maioria, da vida cultural do antigo *Triângulo* na área central da cidade – esquenta a vida da cidade em capas coloridas e bem-humoradas. Muitas dessas publicações, batizadas com nomes retirados do cotidiano, sem seqüência nem homogeneidade, vão, de forma diversa, fazendo o recorte transversal da *belle époque* paulistana.

Figura 1 – *Uma explicação inicial sobre "Preso por trocadilho".*

(fig. 1) "O Carcamano: – Isto Estado di San Páolo é o migliore porcheria!...
O guarda (patriota): – Está preso para não insultar o estado mais próspero do nosso estremecido Brasil!... (*O Pirralho*, 1911)

"Preso por trocadilho" foi a melhor representação caricata que encontrei para dar título a este livro. Desenhada por um dos grandes caricaturistas paulistanos do início do século XX, Voltolino, estampa em síntese o que vem a ser essa imprensa de narrativa irreverente que surgiu entre as várias folhas em destaque na *belle époque* paulistana.

Acatando os princípios básicos apontados por Peter Gay (1995), entre os quais, ao abordar o *Cultivo do ódio* ao longo do século XIX e início do XX, reserva um capítulo para analisar a história do "humor mordaz", atribuindo à causticidade do riso uma variedade difícil de mapear, porém uma previsibilidade que o vincula a épocas, hábitos de classe e estilo culturais extremamente determinantes, não penso que se deve explicar "a piada". Primeiro, porque particularmente não sou boa para contar piadas e, segundo, porque explicar a piada significa que ela já perdeu o efeito da graça. Na verdade, ao abordar a narrativa irreverente da imprensa noticiosa do início do século XX, muitas das "piadas" acabam por trair seu efeito desopilante justamente por já estarem distantes do calor das circunstâncias, assim como pela desatenção em não levarmos suas mensagens a sério. Parece irônico afirmar que precisamos levar as piadas a sério – prestar atenção –, pois toda piada, para se valer do riso, tem que ser compreendida, isto é, ser levada a sério em sua linguagem irreverente (cf. Gay, 1995, p.372).

Bergson (1899),[2] Freud (1905)[3] e Pirandello (1908),[4] na primeira década do século XX, acataram o poder de atração do "riso" e cada um, de maneiras distintas, apontou caminhos da narrativa irreverente nas várias áreas da vida cultural. Apesar de abordagens diversas sobre o humorismo, os três grandes pensadores, ao refletirem sobre o tema, destacaram, como características mais importantes, a capacidade de ser circunstancial, de pertencimento ao momento e sua sutil correspondência com o real, mais por equivalências do que por semelhanças aos motivos primários representados.

Elias Thomé Saliba (2000), ao debruçar-se sobre as representações do "riso" na *belle époque*, localiza essa capacidade do humor no século XX como cir-

---

[2] Henri Bergson (2001), ao fazer sua apresentação para o livro, em 1924, explica que *O riso* foi constituído da reunião de três artigos publicados na *Revue de Paris*, 1º e 15 de fevereiro e 1º de março de 1899. Pela reunião de artigos e textos de outros autores sobre a definição da comicidade, Bergson buscava definir seus três artigos como um método que consistia em determinar os procedimentos de fabricação da comicidade. Tudo que fornecesse subsídios para a precisão científica do método seria indicado. No caso, os exemplos de Bergson tornam-se extremamente interessantes por seu pertencimento à vida cultural da *belle époque*.

[3] Sigmund Freud (1996, v.VIII). No prefácio dos *Chistes...*, o editor esclarece que o ensaio do pensador surgiu das discussões da relação entre os chistes e os sonhos. No seu livro anterior, *A interpretação de sonhos* (1899), um de seus interlocutores de época fez a seguinte observação a Freud: "os sonhos estavam cheios de chistes" (p.11). Freud replicou, ao escrever os *Chistes...*; "a presença nos sonhos de algo que se aparece aos chistes" (p.11). Também como destaca Peter Gay (1995, p.384), Freud não deixou de vincular suas buscas sobre os motivos e efeitos dos chistes a uma particular "felicidade verbal" : o prazer de utilizar livremente um "pequeno tesouro de piadas" que vinha compilando há algum tempo.

[4] Na introdução à edição brasileira de *O humorismo*, de Luigi Pirandello (1996), Aurora Fornoni Bernardini, tradutora do livro, esclarece que o ensaio "Humorismo" foi publicado, a primeira vez,s em 1908, quando Pirandello, professor da Universidade de Magistério de Roma, resolveu preparar alguns textos sobre o assunto nos cursos que ministrava (p. 9).

cunstancial, já "expurgado" dos elementos obscenos e escatológicos das raízes medievais. O cômico que começa a surgir nas representações culturais, a partir de meados do século XIX, é uma expressão muito mais disciplinada e contida. Esse cômico "filtrado" assume diversas modalidades e se manifesta por meio de vários gêneros: "tanto na comédia clássica como na sátira, na fábula, como na caricatura, no teatro de revista ou no *vaudeville*". Transforma-se até mesmo num "instrumento culto de civilização".[5]

Elevado o motivo principal do humorismo, a circunstancialidade contextual e a equivalência de representação ao real, poderíamos também perceber que do final do século XIX até o começo do XX há uma enorme reviravolta na vida cultural européia. De um lado, as certezas ditadas pela ciência, o cientificismo, o positivismo e o darwinismo acabam por esgotar-se nas possibilidades de explicar a verdade por meio daquilo que poderia ser provado; havia um limite para a veracidade contida no conhecimento científico, nem tudo poderia ser explicado. De outro, da crise e descrédito quanto às formas presentes de se compreender e representar o mundo, abria-se uma dissolução de movimentos que iam desde a busca pelo intuitivo, o hipnotismo, a espiritualidade até a negação militante da linguagem e as representações pautadas pela analogia e pelo conhecimento científico como formas de compreensão do mundo.

O resultado dessa crise de representações na arte foi o fortalecimento do artista, das suas escolhas pessoais e da liberdade de intuição como forma de criação. Entre as várias expressões artísticas que transformam sua perspectiva de olhar e representar o mundo, a linguagem perdeu seu código tradicional com aquilo que a ligava às coisas e tornou-se cada vez mais autônoma.

Nas palavras de Frederick Karl (1985), ao comentar o ambiente do surgimento dos conceitos: moderno e modernismo, a linguagem, até meados do século XIX, estava determinada por concepções de espaço e tempo. A mudança de percepção, a dúvida quanto à verdade do mundo como representação, levou ao rompimento do vínculo da linguagem com a analogia e a fidelidade ao real. No lugar das certezas, brotaram as dúvidas. E a confusão do conhecimento se revelou na linguagem, por meio de sua auto-regulação, ou seja, a própria linguagem passa a conferir nossa compreensao das leis básicas que regulam o mundo, as noções de tempo e espaço.

---

[5] Elias Thomé Saliba, na resenha ao livro de Jan Bremmer & Herman Roodenburg, *Uma história cultural*

O grande arquétipo dessa crise e da recriação de novas formas de percepção e representação da linguagem pode ser representado em *Dom Quixote*, no qual a libertação das palavras revela-se como a protagonista principal do encadeamento das investidas do personagem contra os moinhos de vento (cf. Karl, 1985, p.78-8).

No Rio de Janeiro, entre os anos de 1917 e 1927, surgiu uma revista humorística cujo título, *Dom Quixote*, fazia jus às marcas e influências dos personagens da obra de Cervantes, Dom Quixote e Sancho Pança, no imaginário dos intelectuais brasileiros.[6]

O escritor Monteiro Lobato, em sua correspondência com Godofredo Rangel nos primeiros anos da década de 1910, integrado ao diálogo com a crise e renovação da linguagem, manifesta sua alegria em ler Nietzsche, porque ele, um dos precursores do modernismo, está acima do bem e do mal. Ao insistir com o amigo e escritor Godofredo Rangel para lê-lo, logo argumenta que ao tomar contato com *Assim falou Zaratustra*, ao contrário das obras de "Spencer que saímos spencerianos, da de Kant saímos kantistas e da de Comte que saímos comtistas", da de Nietzsche, afirmava, animado, Lobato (1946, p.56-7): "saímos tremendamente nós mesmos".

A alegria de Lobato talvez representasse a possibilidade de liberdade e autonomia da linguagem até então controlada por uma retórica naturalista que ia esgotando as possibilidades de criação literária. Não bastava ser o quadro "nítido" como a fotografia para representar o momento. A produção cultural do início do século XX voltava-se para inquietações na própria maneira de se representar o real, a descoberta que as aparências enganavam.

Nesse sentido, a narrativa irreverente da pequena imprensa converge para um diálogo íntimo com essa crise de percepções que adentra a vida cultural do início do século XX e expressa seu caráter moderno pela forma como os cronistas irreverentes e ilustradores iriam representar o momento.

Desfilam, pelas páginas das pequenas folhas irreverentes, as piadas, as anedotas e o fato noticioso do momento, da cidade, da vida política, do mundo ou

---

do humor (2000), publicada no Caderno 2 do jornal *O Estado de S. Paulo*, 5 nov. 2000.

[6] Monica Pimenta Velloso (1996, p.18-19), ao "decodificar" a linguagem caricata da revista *Dom Quixote*, destaca a importância e os vínculos desta com as "vertentes modernistas" espanholas e nacionais que reinterpretaram a obra de Miguel de Cervantes e seus personagens.

dos próprios bastidores da imprensa. Revelam-se o trocadilho, o engano, as confusões da primeira alusão ao real. Para dentro das folhas, um mundo particular de equivalências e jogos de palavras multiplica as formas de se representar o motivo primário já aprisionado e transformado pela linguagem.

O calemburgo – ou trocadilho – comemora a sua entrada triunfal no jogo das palavras. Na liberdade sem peias, os cronistas irreverentes se lançam sobre os dias e sobre a narrativa dos dias, para destes raptarem sua expressão mais enxuta. Como afirmaria Raul Pederneiras (1906): "O calemburgo improvisado e bem feito é patrimônio de poucos, bem poucos, que são os que conhecem inteiramente a língua, suas modalidades e variações phonéticas".

Já no semanário paulistano *Nova Cruzada*, de 1904, a convergência dos novos tempos da pequena imprensa humorística anuncia seus acordes na união indissolúvel entre o pintor e o poeta, vizinhos de rua que se consideravam até então inimigos mortais: "queriam-se como cão e gato".

Nos comentários do cronista Gepim, o poeta embustido na figura do cão ladrava um soneto satírico, inspirado em Bocage, contra o seu vizinho, o gato. Este, que nada mais era que o "mioso" pintor, cumpria a função de arranhar "burlescas caricaturas".

Explicava o cronista que a inimizade entre o pintor e o poeta nunca tivera um fundamento sério, e justificava a antipatia mútua por um fato circunstancial, tal como um dia de mau humor que acabou levando ambos a manifestarem pirraças de lado a lado.

Esclarecia ainda Gespim que, dessas desavenças sem fundamento e da vizinhança permanente de ambos, surgiu, num outro dia qualquer, a conciliação entre o pintor e o poeta, resultado da vida boêmia da cidade de São Paulo no começo do século XX, a "beberagem" no pequeno circuito noturno paulistano, representada alegoricamente, na crônica, por Baco que os uniu como a "corda e a caçamba".

Desse importante encontro circunstancial, a amizade entre os artistas foi selada para sempre – "um nunca mais largou o outro" –, e finalizava anunciando a sintonia dos novos tempos de paz para o poeta que ladrava ao pintor, o qual lhe retribuía arranhando miados harmônicos:

No dia seguinte, com a clássica visita do café matinal, recebeu o poeta do seu vizinho pintor, que, numa alvorada de sorrisos e phrases doces, lhe vinha oferecer a sua obra-prima – uma belíssima paisagem. O poeta ofereceu-lhe pelas collunas de um jornal local o melhor soneto por elle rimado. D'ahi por diante o pincel e a penna se amaram como dois irmãos de berço não se largando sinão para pintar télas e modular sonetos e outros mistérios que um numero vizinho de 99 e 101, melhor que eu poderá contar aos meus caríssimos leitores. S. Paulo, Janeiro de 1904 (Nova Cruzada, 20 mar. 1904).

Ao longo dos capítulos deste livro, procurou-se traçar os caminhos e descaminhos que foram apontados nos vários semanários humorísticos, por seus artistas, cronistas artesanais da palavra e da ilustração caricata, que se uniram no jornalismo paulistano da primeira década do século XX e passaram a representar de forma singular o momento, no que esta representação do cotidiano manifestava suas semelhanças com o real ao que se alçava como recriação e multiplicação de sentidos pela narrativa caricatural: manifestação de equivalências e distorções que se estabeleciam pelo humor – crítica lúdica, prisioneira do momento, da circunstancialidade, e ao mesmo tempo, já com fóruns de justiça da linguagem liberta dos dias.

O primeiro capítulo busca fazer um retrocesso no tempo. Abordamos a história da imprensa paulistana e os prenúncios da linguagem irreverente ligados ao jornalismo que se fazia na cidade de São Paulo ao longo do século XIX. Alguns jornais se destacam nos primeiros tempos da imprensa paulistana, todos ligados a partidos políticos. Neles, a narrativa humorística surge como falange das lutas políticas ao longo do regime imperial. Porém, além dos atritos que iluminam as farpas dos cronistas do humor, produzindo em seus textos os traços mais pontiagudos, ao avançar dos anos, em meados do século, determina-se para a história da imprensa humorística paulistana um outro marco: o surgimento da ilustração caricatural nos jornais, a presença dos semanários humorísticos e ilustrados, ainda separados por folhas, mas já lado a lado.

No *Cabrião*, nas esparsas colunas do *Diário de São Paulo* ou no *Polichinello*, procuramos destacar essa concentração de diálogos, na imprensa, da ilustração caricatural e de crônica alegre, centrados em questões cada vez mais fixas; a vida urbana paulistana e os processos de modernização simbolizados pelo trem, os problemas da cidade e a mecanização da própria imprensa que, ao findar o século XIX, adquiriu formato e linguagem novos.

Nesse momento, já se poderia afirmar a existência de uma narrativa irreverente na imprensa que convergia no espaço e no tempo para os mesmos motivos. E em 1900, dos poucos semanários de estilo mordaz e burlesco do século XIX, brotaram vários, totalmente circunstanciais, com títulos voltados para os pequenos assuntos, as microdescobertas, os jornaleiros das ruas, os grandes personagens picarescos da literatura, os animais pontiagudos, os bichos mais civilizados, as fases crescentes, decrescentes e minguantes da lua. De grande parte deles, foi possível reunir seus batismos, programas de apresentação, ou seja, a maneira pela qual, de formas distintas, revelavam seus mundos particulares por meio do jornalismo.

O segundo capítulo busca abordar o surgimento desses semanários a partir de 1900, justamente por aquilo que mais poderia representá-los e representar o momento: seus programas de apresentação, ou melhor, sua identidade. Auto-identidade entre os produtores de humor que se torna atitude amplamente disseminada em razão da crise da linguagem pública e de dois quesitos centrais do humor – a teoria da superioridade e a teoria do distanciamento.

Foram vários os semanários a se apresentarem à imprensa paulistana, aos leitores ou a eles mesmos. Muitos repetiam temas já batidos no jornalismo, outros os distorciam na linguagem e ainda havia aqueles que surgiam desproporcionais por natureza, sem nada a dizer nem justificar a ninguém, nem mesmo ao leitor. Das várias crônicas de apresentação reunidas, surgiram motivos que foram considerados possíveis formas de a pequena imprensa de narrativa irreverente se auto-representar.

Da apresentação dessas primeiras folhas, partiu-se para o desafio das semelhanças e enganos contidos no recheio das folhas entre as colunas de textos e ilustrações. O caminho escolhido pelo pesquisador foi a trilha da mecanização da própria imprensa que se fixava com grande destaque por meio de colunas de crônicas, piadas, charges e ilustrações dos semanários selecionados.

O capítulo três parte da "mecanização da imprensa", dos moinhos de vento da obra de Cervantes, para se penetrar nas aventuras de Dom Quixote e Sancho Pança, construídas por meio da trama da linguagem. Buscando respeitar as idas e vindas dos cronistas alegres que oscilavam da reprodução das semelhanças para as aventuras das equivalências por meio da linguagem, destacamos, em princípio, a importância dos correios na história da imprensa. O surgimento das correspondências epistolares como uma das primeiras formas de relatar o dia-a-dia e o imediatismo temporal que brota no final do século XIX com os telégrafos se revelam finalmente na traição dos dias, dos correios, dos telegramas e caixas postais, ao se fixarem como colunas e ilustrações nos mecanismos internos das folhas de narrativa irreverente.

O fim dos mecanismos das correspondências converge em simultaneidade para o ponto de partida das experiências da mecanização na linguagem irreverente. Por meio dessas, o cotidiano da imprensa torna-se pedra bruta a ser lapidada. Abrem-se as colunas de postas restantes, o segredo de seus registros, a vida íntima da escrita que se aquece ali para se transformar em outras colunas de correspondências. Eis então a ascensão cronológica das colunas de cartas, dos relatos, das reportagens e dos deslocamentos que entram pela caixa postal em forma de mensagens telegráficas e bilhetes anônimos, cifrados em língua já retirada de "segunda-mão" das ruas da cidade.

Das mensagens, muitos enganos, algumas adaptações com as novas e antigas marcações de tempo e a presença incontestável da língua telegráfica repleta de códigos e seqüências que acabam por se incorporar às formas da narrativa irreverente. As mensagens dos telégrafos, as colunas de telegramas, manifestaram-se na crônica irreverente dos motivos mais próximos da imprensa, ela mesma as questões da vida urbana como possíveis jogos de palavras. Os códigos telegráficos eram interessantes mensagens para a linguagem das folhas.

As colunas de correspondências vinham impregnadas dessas novidades mecânicas, do deslocamento de lugares e da sonoridade das ruas. Dessas mudanças circunstanciais, surgiam as correspondências macarrônicas, nos primeiros anos do século XX, em princípio esparsas, muitas entre aspas, que apresentavam tímidos caipiras e novos imigrantes italianos presentes na cidade de São Paulo. Porém, a partir de 1908, a "má língua"[7] toma as correspondências macarrônicas em várias sinfonias de idiomas e acentos: vinha, de Santa Catarina e Rio Grande do Sul, o alemão macarrônico, viajava para o Rio de Janeiro, o caipira, até silenciarem os deslocamentos e se concentrarem todos os macarrônicos em São Paulo, numa polifonia de linguagens que já se libertara da necessidade dos deslocamentos para se fazer nota caricata. Em 1911, a linguagem irreverente da pequena imprensa por si só definia o seu espaço e tempo no semanário *O Pirralho*.

---

[7] Expressão alusiva a uma coluna de crítica literária humorística do semanário paulistano *Cri-Cri* (1907).

"A mecanização das Folhas" fixou os caminhos para se chegar aos moinhos de vento; o correio, as postas, os telegramas e as correspondências transmutavam-se das analogias mais diretas do momento para se alçarem em aventura própria da linguagem.

Se a mecanização da imprensa por si só "inquietava" a narrativa irreverente, criando sobre seu movimento novas combinações na linguagem, o início do século XX, que trouxe a eletricidade para enganar o dia, também revelou a imagem fotográfica como o processo mais artificial de "representar" o que o olho humano enxergava. Sua presença não foi desprezível na imprensa e nem na crônica humorística, vinculada a ela. Da imagem fotográfica, surgiu a fotogravura, os clichês que abocanharam um número enorme de leitores dos semanários ilustrados. É da presença da imagem fotográfica na imprensa que se abre o quarto capítulo, "O olhar mecânico".

A partir de 1900, os cronistas irreverentes "começam a fotografar";[8] mesmo sem a presença de imagens fotográficas nas folhas de narrativa irreverente, sua linguagem e sua presença, como motivos do momento na imprensa, já se transformavam em colunas de "instantâneos", "kodaks gaiatas" e "flagrantes" que multiplicavam seus sentidos ao serem recriados como caricaturas e colunas gaiatas dos pequenos semanários: "Apresentando uma série de fotografias, faz-se com que o mundo passe a ser 'uma série de partículas não relacionadas umas com as outras'; e a história passada e presente passa a ser um conjunto de anedotas e *faits divers*. A câmara faz com que a realidade passe a ser atômica, manejável e opaca" (Karl, 1985, p.89). Para a imagem fotográfica, luzes se acenderam nas folhas e um número enorme de calungas surgiu, acompanhado de máquinas ou mesmo sem máquinas, para o retrato caricatural do momento.

Ao fim das "definições" do lugar que a pequena imprensa de narrativa irreverente ocupava no jornalismo, da influência dos correios, telégrafos e imagens fotográficas sobre suas representações, o último capítulo apresenta um jogo. O jogo repleto de erros e enganos parte de uma versão bem-humorada da história da cidade de São Paulo e vai ficando cada vez mais complexo com a incursão e inclusão de fatos da pequena imprensa humorística que se destaca-

---

[8] Expressão utilizada por Walter Benjamin (1985, p.123) em seu ensaio "O autor como produtor", ao abordar a importância da colaboração dos escritores revolucionários na imprensa moderna.

vam na vida urbana paulistana na primeira década do século XX. As variações dos temas abordados desembocam num novo jogo duplo, já incorporado à linguagem. A narrativa irreverente embaralha a cidade, brincando com os 25 bichos do jogo do bicho. Entre o bom e o mau palpites, propõe inúmeras combinações ao fim do capítulo, em epílogo de 1911.

A narrativa irreverente e a imprensa paulistana do século XIX

Avançava o século XIX, e São Paulo ainda não havia adquirido seu prelo. Affonso de Freittas, em seu extenso levantamento publicado na *Revista do Instituto Histórico e Geográfico de São Paulo*, em 1914, registrou o nascimento da imprensa paulista em 1824.

Apesar de tardia, se comparada à de outras cidades brasileiras, a imprensa paulista não deixou de ser um veículo fundamental para que as representações culturais desenvolvessem novas linguagens, articuladas ao formato noticioso; e mesmo com um pequeno número de leitores, a preocupação com a formação de uma opinião pública já se fazia presente.

A implantação da tipografia, como também a fundação da Faculdade de Direito foram dois marcos históricos fundamentais da vida cultural paulistana para que houvesse uma mudança no ritmo da cidade de São Paulo, de seu perfil provinciano, até prefigurar-se seu caráter mais moderno (cf. Morse, 1970, p.80).

Momento de grandes debates políticos no Brasil, no qual a cena pública se via dividida entre conservadores e liberais, para São Paulo se faziam urgentes equipamentos capazes de expressar as opiniões e desejos da população. Para o governo da província paulista, a imprensa seria útil como um porta-voz seguro de seus interesses e sanar o mal dos "boatos" que se espalhavam de boca em boca pelo pequeno vilarejo, causando críticas e interpretações contrárias aos seus interesses:

> corrigir as fontes incertas e perigosas em que eram bebidas todas as notícias relativas à vida incipiente da nacionalidade política que se vinha formando desde 1808, e para "discriminar as idéias úteis e as luzes tão necessárias num paiz livre, dirigindo a opinião pública e cortando pela raiz os boatos malévolos que não cessam de espalhar para conseguirem seus fins occultos" batiam-se as clas-

ses dirigentes de S. Paulo, pela installação de um estabelecimento typographico na Capital da Província, para a publicação de um jornal "meio seguro" de obviar aquelle mal (Freittas, 1914, v.XIX, p.319).

O tão esperado prelo, fundido de ferro, encaixotado e cedido pela Typographia Nacional juntamente com os tipos e um operador capaz de manusear a prensa, acabou ficando mesmo no Rio, nunca chegou a São Paulo. E a história do *Paulista* (1823), primeiro jornal apontado por Freittas como o início do periodismo em São Paulo, saiu por algum tempo de forma manuscrita e por iniciativa particular.

O Paulista (1823) foi produzido por meio de um Plano de um Estabelecimento Patriótico para Supprir a Falta da Typographia. O periódico foi feito em uma única matriz, cada cinco subscritores retiravam o original na casa do redator da folha, na Rua São Bento, n.79. Essas folhas copiadas eram distribuídas para um outro grupo de cinco pessoas que copiavam essa primeira versão e, ao fim do trabalho, levavam-nas novamente à casa do redator, o qual finalmente juntava a matriz às várias cópias e as enviava ao governador da província, antes que fossem distribuídas aos poucos assinantes.

Toda a montagem do jornal ficava a cargo do redator. Era sua função escrever e organizar a distribuição dos artigos, separar, em seções próprias, suas matérias e os textos e artigos enviados por colaboradores, os quais vinham sempre com uma nota explicativa do redator esclarecendo que tal seção não era de sua autoria, omitindo-se de qualquer responsabilidade sobre essas matérias.

Em 1827, contrariando a morosidade da Junta do Império em finalmente enviar o prelo e um operador capaz de imprimir os tipos, surge, por mãos particulares, o primeiro jornal impresso da capital, *O Farol Paulistano*. De propriedade de José da Costa Carvalho, *O Farol Paulistano* foi considerado um jornal que colocou em destaque questões relativas à monarquia constitucional e aos fundos públicos da província de São Paulo.

Muitos dos primeiros números do *Farol Paulistano* eram quase inteiramente dedicados a cartas de leitores, tratando de assuntos a que na época se dava muita importância na comunidade, tais como a alegada riqueza ou pobreza das ordens religiosas, as más condições dos caminhos, ou a exorbitância das taxas nas estradas (Morse, 1970, p.86).

Para esses primeiros jornais não havia grandes anunciantes, as casas comerciais ainda não se interessavam em articular a venda de seus produtos na publicidade noticiosa. Esses jornais sobreviviam de assinaturas prévias e esparsas vendas avulsas em lugares fixos da cidade. A rua ainda não era local de circulação dos jornais, apesar de todo acontecimento, por ela presenciado, ser incorporado aos temas abordados nas folhas. Em suas memórias sobre a Academia de São Paulo, Almeida Nogueira revela um pouco esse clima cultural pacato, sem leitores suficientes, com algumas livrarias, umas três tipografias e nenhum jornal oferecido nas ruas (cf. Sodré, 1999, p.187).

De *O Farol Paulistano* restaram alguns registros; talvez os mais interessantes sejam a ilustração que Ângelo Agostini fez do maquinário de sua tipografia para o *Cabrião* (1866) e uma fotogravura publicada no semanário *A Lua* (1910), lembrando aos leitores do 1900, o primeiro jornal impresso em São Paulo (Figuras 1.1 e 1.2)

Acima (fig.1.1): apesar de imprimir 25 exemplares por hora, sua impressão era excelente. Caricatura de Agostini para *O Cabrião*, janeiro de 1867.

À dir. (fig.1.2.): *fac-símile* do primeiro jornal publicado em São Paulo. *A Lua*, março de 1910.

A partir da publicação de *O Farol Paulistano,* em 1827, e a compra de máquinas de impressão, começam a aparecer mais e mais jornais na cidade de São Paulo. Na antiga tradição dos pasquins, de vida curta, esses jornais surgiam na capital da província também sem perspectivas de longevidade.

O primeiro jornal irreverente impresso é registrado por Freittas (1914) em 1839. Sob o título *O Pensador,* definia-se como humorístico e de combate aos falsos devotos da fé católica. Era impresso na Typographia Imparcial de Silva & Comp., à Rua Nova de São José, n.41. Nesse período, podemos encontrar com grande facilidade uma mesma tipografia publicando vários tipos de impressos. Os jornais com tipografias próprias eram raros, principalmente para a pequena imprensa irreverente.

De curta duração e de difícil identificação nesses primeiros tempos, como notou Antonio de Alcântara Machado, em *Prosa preparatória & cavaquinho e saxofone* (1983, v.1, p.250), a pequena imprensa irreverente nascia com títulos que pouco revelavam de seu estilo humorístico: "o primeiro jornal pornográfico de São Paulo sabem como se chamava? *O Nu piratingano*? Não. *São Paulo em camisinha de meia*? Também não. *O gemido do Ipiranga*? Também não. Chamava-se *O Pensador*. Formidável. E muitíssimo significativo".

O Pensador (1839) procurava ter, como cenário de fundo, a cidade e suas questões. A vida urbana, assim como os grandes temas do momento giravam em torno de críticas satíricas à fé católica, aos fundos públicos e à descrição dos habitantes da cidade de São Paulo, que por, meio do humor, surgiam como seus personagens (Figura 1.3).

(fig.1.3.) *O Pensador,*
31 de março de 1839.

Nota-se também, nos pequenos fragmentos de textos reproduzidos por Freittas (1914), um pouco do estilo e dos temas desses primeiros jornalecos humorísticos. A coluna "Anúncios" já mostrava a linguagem caricata se apropriando com grande liberdade dos fatos do dia: em "Procissão do Enterro do Carmo" criticavam-se representantes da fé católica, era relatada a chegada de Mr. Le Barbier de Sevilhe, estrangeiro, comerciante que oferecia, em forma de pilhéria, modelos de cabeças a serem usados por quem era "fraco da bola", ou ainda, em estilo mais pornográfico, os anúncios sugeriam mulheres "públicas" sendo reformadas dos pés à cabeça (*O Pensador*, 31 mar. 1839).

Em 1844, no Rio de Janeiro, já se anunciava o surgimento dos jornais humorísticos ilustrados. No *Diário do Rio de Janeiro,* de 7 de agosto, publicou-se no formato de "anúncio", a *Lanterna Mágica – Jornal de Caricaturas,* "o mais importante jornal até hoje aparecido". Dizia ainda o anúncio que esse jornal traria dois personagens, "tipos da época contemporânea, Mrs. Belchorú e Lavernú", sairia aos domingos sob a direção de Araújo Porto Alegre e Rafael Mendes de Carvalho, caricaturistas, e poderia ser adquirido na forma de assinatura trimestral nas lojas de Paula Brito (Sodré, 1999, p.179).

Nas palavras de Sodré (1999), a caricatura chegava ao país no momento em que se vivia, no contexto político nacional, um certo enfraquecimento dos liberais, com o declínio dos pasquins, e a imprensa, apesar de ainda pontuar oposicionismos, sofria mudanças em seu formato. A segunda metade do século XIX será marcada por uma consolidação do Império e da lavoura, que passam a se "consorciar". Mesmo a Guerra do Paraguai tem seus efeitos despercebidos. "Tudo ganha aspectos duradouros até os germes da mudança que surgiram após a Guerra" (ibidem, p.186).

Para a imprensa, esse clima de "conciliação" enfraquecia, de certa forma, os motivos ligados diretamente às questões políticas. Porém, era nesse momento que começavam a surgir, em São Paulo, revistas, semanários e jornais diários, principalmente pela presença dos estudantes da recém-fundada Faculdade de Direito no Largo São Francisco (ibidem, p.179).

Em São Paulo, apesar das dificuldades técnicas que vinham desde a implantação do primeiro prelo até os novos equipamentos para a introdução da ilustração nos jornais – havia um atraso de duas décadas em relação às ilustrações na imprensa carioca – a ausência da ilustração na imprensa até esse momento não significou o silêncio da crônica irreverente.

Para a vida noticiosa satírica, dadas as impossibilidades técnicas de gravação das ilustrações em composição com o texto, o humorismo vinculado à crítica dos acontecimentos precedeu a caricatura, "que apareceu quando as técnicas de gravação permitiram conjugá-la à atração visual do desenho e da imagem" (ibidem, p.203).

O jornalismo humorístico paulista ainda se sustentava nos motivos ligados à política e à religião, nas questões partidárias que surgiam em pequenas quadrinhas que disparavam lanças provocativas às personalidades do partido liberal e aos órgãos conservadores, nos títulos dos jornais que, como os antigos pasquins, ainda tinham, por natividade e necrológios, seu batismo e morte relacionados à circunstancionalidade dos coloridos partidários.

A censura informal e os processos disparados contra a crônica alegre nas esparsas colunas dos jornais também já se manifestavam na história da imprensa paulista desde o início do século XIX. Uma das suas primeiras vítimas foi uma quadrinha humorística saída no jornal *Tebyriçá* (1842), motivada pela nomeação do barão de Monte Alegre a presidente da província. De posições conservadoras e antigo diretor do jornal *O Farol Paulistano*, o barão surgia em "elogios rimados" no *Tebyriçá*, de falanges liberais.

Hymno da Bahianada
Os Paulistas são captivos
São captivos dos baiano,
Que d´elles podem dispo
Como Sinhô Soberano!
Bahia é cidade
Paulicéa é grota,
Viva Monte Alegre
Morra Patriota!! (Freittas, 1914, p.404)

Com as quadrinhas noticiadas, o barão resolveu processar a folha que as havia editado, e a coisa acabou "azedando para o lado do *Tebyriçá*". Porém, o valente jornaleco não recuou e, enquanto o processo rolava nos órgãos competentes, em suas colunas surgiam outras pequenas quadras dando fé ao leitor do desenrolar do processo em que estava envolvido:

Requerimento
Olá sinhô promotô
Da Bahia iôiôsinho!!
Quero pedir-lhe um favo
Não martrate o passarinho!!! (ibidem, p.404)

Para, em seguida, afirmar à audiência do processo: "A liberdade da Imprensa é um passarinho que, apertando muito, morre". E advertia: "Alerta, a imprensa da Corte foi suffocada; a Imprensa da Bahia foi suffocada; a do Ceará e Parayba há muito que não existe! A de S. Paulo finalmente está ameaçada de morte: Quem *ad finem sere efrenata jactabit audatia*?!" (ibidem).

No seu n.17, do dia 21 de abril, num texto em tom "sério", o *Tebyriçá* se manifestava pela última vez quanto ao processo do qual havia sido vítima, escapando da cadeia porque a revolução, "estalando em Sorocaba", em 1842, interrompeu a marcha do processo e fechou o jornal.

Destaca-se, nesse momento em que os conflitos políticos reverberavam na produção da imprensa em estilo humorístico, a presença na vida cultural paulista de dois grandes redatores que pertenciam a partidos políticos adversários: Paulo do Valle e Pedro Taques de Almeida Alvim. Ambos participavam de diversas atividades culturais e políticas do período, já indicando, para a imprensa, uma forte presença de homens das letras que não tinham a redação jornalística como sua única ocupação. A imprensa entrava na vida desses escritores, assim como a política e os demais ramos da vida cultural.

O resultado desse amálgama de ocupações que não se restringia a um lugar fixo revelava-se na comunicabilidade com que esses homens das letras, escritores, jornalistas e políticos estabeleciam com a forma de representar o momento. A matéria do jornalismo, a vida noticiosa e a arte literária na imprensa estavam extremamente vinculadas, o que resultava em longos textos de opinião crítica, fortemente embasados no lastro literário e na matriz livresca.

Paulo do Valle foi redator do *Meteoro* (1851), jornal que se afirmava "mordaz e satyrico" e combatia outro jornal que se dizia de sátira também, *O Clarim de Saquarema* (1851), de cunho conservador, redigido por Pedro Taques de Almeida Alvim (Figura 1.4).

(fig.1.4) "Viva o Imperador! Viva a Constituição": as divisas imperiais de *O Clarim de Saquarema*, 4 de março de 1851.

Outros pequenos jornais anônimos, e de estilo humorístico, como o *Raio* (1858), também assumiam suas falanges políticas e combatiam abertamente jornais de partidos oposicionistas, como o *Talião* (1858) e o *Azorrague* (1858), ambos redigidos por Pedro Taques de Almeida Alvim.

O jornalismo humorístico se alimentava dos conflitos e oscilações da política, assim como de um certo conservadorismo da imprensa, que prezava pelos longos comentários críticos, sisudos e pouco acessíveis para a população em geral (Figura 1.5).

(fig.1.5) "Ocupam-se um do outro". Na caricatura de Agostini para *O Cabrião*, de 8 de setembro de 1867, de um lado o *Ypiranga* (1848), ligado ao Partido Liberal, de outro o *Diário de São Paulo*, representado pelo calunga-redator Pedro Taques de Almeida, simpatizante do Partido Conservador.

Por meio da versatilidade de diálogos, do jogo entre opiniões críticas diversas ou nascidas nas circunstâncias políticas do momento, a pequena imprensa irreverente morria e renascia, e mesmo que seus nomes ainda fossem tímidos, sua presença na vida cultural de São Paulo tornava-se, ao longo do século XIX, cada vez mais evidente.

A vida fora dos trilhos

Em meados do século XIX, uma grande transformação aconteceu nos jornais humorísticos paulistanos. Com a combinação da pena e da pedra litográfica surgia para a vida noticiosa seu viés ilustrado caricatural. Chegava, a São Paulo, Ângelo Agostini, italiano, ilustrador, fotógrafo e caricaturista.

> Esse artista desembarcou com uma pedra litográfica a tiracolo e muita coragem no coração. Olhou e viu em torno pouco mais que um vasto haras onde se faziam experiências de misturas étnicas. Havia a mucama, a mulatinha, o negro do eito, a negra do angu, o feitor, o fazendeiro, o "Jornal do Comércio", dois partidos políticos, o Instituto Histórico e um neto de Marco Aurélio no trono, a estudar o planeta, Vênus pelo telescópio do palácio (Lobato, 1959, p.16).

A partir de Agostini, a vida noticiosa de São Paulo ganhava o movimento bem-humorado das imagens gráficas, e outras versões das cenas panorâmicas brasileiras compunham novos coloridos. O humor passava a ter corpo e o nome disso era caricatura.

A caricatura e as longas legendas de textos transformavam os fatos do momento em ação imagética e distorcida, provocando no leitor o imediatismo do riso. "O feitor em baixo deslombava os negros; a mucama no meio educava as meninas brancas; a boa intenção de chambre lia os Vedas no original. Aquela curiosa ilha da Barataria encantou Agostini. Era um viveiro de temas de riqueza sem par" (ibidem, p.16).

Agostini participou da abertura dos principais jornais críticos, irreverentes e ilustrados paulistanos do século XIX. No *Diabo Coxo* (1864), inaugurou o momento ilustrado e caricatural. Em *Cabrião* (1866), já adquirira intimidade suficiente com a cidade e a imprensa, a fim de manter com ambas um diálogo extremamente próximo. Além do *Polichinello* (1876), que surgiu anos depois com a participação de outro ilustrador, Huascar Vergara, havia ainda o *Coaracy* (1875), redigido por Américo de Campos, Américo Brasiliense, Diogo de Mendonça, e ilustrado pelo francês Langlois, assim como, no final do século XIX, *A Platéa* (1888), ilustrada em sua primeira fase de existência por Araújo Guerra (Freittas, 1914, p.38).[1]

Foi nesses pequenos jornais ilustrados e humorísticos que o cotidiano da cidade de São Paulo começou a ser traçado em sua representação caricatural, trazendo, à parte central das folhas, os primeiros indícios de modernização e transformações urbanas que iriam marcar o perfil da cidade a partir do final do século XIX.

Essas transformações ocorridas na capital paulista e que começavam a se fazer sentir nesse momento, quando a ilustração passa a compor de forma tímida as folhas humorísticas, eram resultantes de novos investimentos de latifundiários, financistas, negociantes estrangeiros e engenheiros que começavam a aplicar os lucros do café e a disponibilidade de capitais com o tráfico negreiro que se via estagnado, na fixação de uma malha ferroviária, na ampliação dos transportes marítimos e na instalação de telégrafos, a fim de aproximarem a comunicação e as trocas comerciais entre a distante vida provinciana e o mercado europeu (cf. Hobsbawm, 1988, p.30-6).

A representação dos novos valores econômicos e as perspectivas que entravam de forma ainda tímida na pequena cidade de São Paulo já se tornavam temas a serem representados na imprensa de estilo caricato, como um sismógrafo das transformações em curso. Atentos aos ritmos internacionais que chegavam pela influência dos seus próprios produtores,[2] caricaturistas da pena e

---

[1] *Cabrião, Polichinello e Diabo Coxo* podem ainda ser facilmente consultados, pois possuem reimpressões fac-similares de seus exemplares. Já *Coaracy* e *A Platéa* só podem ser consultados em microfilme na Biblioteca Mário de Andrade (SP) ou na Biblioteca do Instituto Histórico e Geográfico de São Paulo. Com as três reedições citadas, já podemos ter um panorama bastante interessante das imagens e do estilo com que esses primeiros jornais ilustrados e humorísticos representavam a vida noticiosa paulistana.

[2] Agostini é um exemplo claro da presença dos estrangeiros na constituição da história da imprensa paulista em meados do século XIX. De origem italiana, veio para o Brasil após uma temporada em Paris, onde aprofundou conhecimentos de pintura e fotografia. As poucas tipografias e livrarias da cidade também tinham, como proprietários, pessoas de origem estrangeira, como o conhecido tipógrafo Henrique Schroeder. Provavelmente, esse corpo de produtores estrangeiros reproduzia, na imprensa, muito dos métodos e representações gráficas do que se fazia nas grandes cidades européias, como Paris e Londres, expoentes da produção dos semanários ilustrados. Ver sobre Agostini Baladan (2005).

do pincel retiravam, da paisagem urbana paulistana, temas que já se faziam presentes, os quais, ao findar do século, se incorporariam de fato ao caráter moderno da ainda pacata capital da província: o progresso, a velocidade, a lentidão e todos os conflitos e transformações que esses temas geravam com a expansão e mudança de perspectivas, concentrados nos novos interesses econômicos que representaria, a partir de então, a cidade de São Paulo.[3]

Em 1864, Ângelo Agostini já desenhava seus calungas na noticiosa e galhofeira vida paulistana, quando, junto com Luiz Gama, fundou o *Diabo Coxo*, título inspirado no popular romance *Le diable boiteux*, de Alan René Lesage (cf. Martins, 2001, p.78; Cagnin, 1994, p.27-31). Trata-se do primeiro jornal ilustrado e humorístico a circular na cidade, distribuído aos domingos. Dizia-se crítico, literário e de caricaturas, e tinha as tradicionais quatro folhas de texto, só que agora somadas a mais outras quatro folhas de espirituosas ilustrações caricaturais. Era impresso na Tipografia e Litografia Allemã de Henrique Schroeder. Durou apenas 12 números, depois desapareceu. Nas suas páginas, o desenho de Agostini ilustrou o cotidiano da cidade em movimento (Figura 1.6).

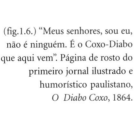

(fig.1.6.) "Meus senhores, sou eu, não é ninguém. É o Coxo-Diabo que aqui vem". Página de rosto do primeiro jornal ilustrado e humorístico paulistano, *O Diabo Coxo*, 1864.

---

[3] Nas palavras de Sevcenko (1992, p.108), se, pela conquista jesuítica, o núcleo paulista representou uma ponta-de-lança ao interior, para os interesses coligados na cafeicultura, vinculou-se a cidade a um "nó constritor" que ligaria cada vez mais o interior do estado ao mercado internacional.

42   Paula Ester Janovitch

Logo em seu programa de apresentação, ele negava parentesco com o pasquim, mas afirmava ser um jornal crítico, literário e de caricaturas, chegando mesmo a prometer, em anúncio publicado no *Correio Paulistano*, do dia 9 de outubro de 1864, distanciar-se das "veredas encharcadas" do antigo "irmão torto". "Ainda bem", observava o cronista do *Correio Paulistano*: "já é progresso para nossa terra, possuir uma folha do gosto da 'Semana Ilustrada', uma folha dedicada à caricatura, ao gracejo digno e comedido" (Santos, 2000, p.XXIV).

A caricatura na vida noticiosa da cidade de São Paulo entrava pelos mesmos caminhos dos trilhos de ferro. Agostini chegava de Paris, onde havia feito um curso de pintura, e em suas mãos carregava mais do que uma pedra litográfica, mas novas formas de expressar o momento via ilustração caricata.

Os jornais humorísticos ocupavam as raras prateleiras das livrarias da cidade reservadas às obras literárias ou permaneciam à espera dos leitores avulsos nas redações dos pequenos jornais. Entre as leves folhas irreverentes e os pesados formatos dos livros, ainda havia muitas indistinções.

Os pequenos semanários eram mais leves, rápidos e colados nos fatos do dia, porém ainda se alimentavam de uma convivência extremamente próxima com as obras literárias e os sisudos jornais, fiéis vizinhos das poucas livrarias da cidade que acomodavam autores, obras e colaboradores nas mesmas prateleiras.

Os jornais brasileiros de meados do século XIX, até surgir a imprensa diária em moldes mais modernos, caracterizavam-se por um "arranjo gráfico sisudo, uniforme, monótono e maçante", as matérias eram apresentadas, em sua maioria, em colunas corridas, com títulos discretos. O que quebrava a austeridade desses jornais do Império eram as "amenidades": "folhetins que eram escritos por José de Alencar ou traduzidos por um Machado de Assis; poesias dos grandes poetas, artiguetes, comentários jocosos ou satíricos" (Magalhães Jr., 1966a, p.22).

José de Alencar, em 1854, foi convidado por seu antigo colega da Faculdade de Direito de São Paulo, Francisco Otaviano, para escrever no *Correio Mercantil*. O escritor fazia desde a seção forense, a crônica do rodapé domingueiro, até os acontecimentos da semana (Sodré, 1999, p.190).[4] Arthur Aze-

---

[4]   Comenta Sodré (1999), sobre a participação dos homens das letras na imprensa, que essa versatilidade de lugares dos literatos na vida cultural foi característica das folhas a partir de meados do século XIX. Com o aumento de ganhos financeiros vindos do trabalho na imprensa, vários escritores ampliaram

vedo, escritor e teatrólogo, no final do século XIX, multiplicava-se num número enorme de pseudônimos, "uma legião de intelectuais" que, na verdade, correspondia a apenas um ou dois por jornal. Legião de pseudônimos e personagens que se deslocavam como os "intelectuais", escritores, poetas e teatrólogos da vida do teatro, da política, da literatura para dentro das folhas, integrando-se ao pequeno corpo de colunistas de "amenidades", folhetins, crônicas de rodapé, dos "humorismos" e "coisas leves" (Magalhães Jr., 1966a, p.23).[5]

Um ano depois do surgimento do *Diabo Coxo* (1864), nascia, para a vida noticiosa paulistana, um novo jornal, o *Diário de São Paulo*, que pretendia ser diário e imparcial. Definia-se como um jornal livre e "independente dos raios de luz do governo, prompto a falar a verdade para o povo, alheio aos partidos para abrir suas colunas a todas as opiniões". Seus proprietários também ocupavam o lugar de colaboradores do jornal: Pedro Taques de Almeida Alvim, Delfino Pinheiro de Uchoa Cintra Júnior e o tipógrafo Henrique Schroeder, conhecido como um dos amigos dos pequenos jornais paulistanos (Figura 1.7).

A verdadeira imparcialidade não tem limite.

(fig.1.7) " A verdadeira imparcialidade não tem limite". Crítica de *Cabrião* à imparcialidade do *Diário de São Paulo,* 27 de agosto de 1865.

---

as fileiras daqueles que passavam a assinar crônicas, matérias, versos ou comentários jocosos nos jornais.
[5] Comenta ainda Raimundo Magalhães Jr. que, além de Arthur Azevedo, outros escritores, como Machado de Assis e Olavo Bilac, distribuíam-se pela imprensa com pseudônimos alusivos a personagens literários a fim de darem "volume" aos jornais e disfarçarem a carga de trabalho que, na verdade, concentrava-se em um ou dois redatores.

O *Diário de São Paulo*, primeiro jornal cotidiano ilustrado da cidade, de assinatura anual, iniciava sua distribuição divulgando outras alternativas para a sobrevivência da imprensa. Ao lado das históricas assinaturas anuais, semestrais ou por uma determinada quantidade de fascículos, vinham notas explicativas do próprio jornal sobre os preços e as várias formas de se fazer as chamadas publicitárias em suas folhas. A introdução da ilustração, adicionada a uma redução do valor cobrado pelas folhas diárias, surgia com a abertura de novas possibilidades de se obter capitais por intermédio dos possíveis comerciantes que anunciavam (Figura 1.8).

(fig.1.8) Caricatura de Henrique Schoeder, publicada no *Diário de São Paulo*, 27 de agosto de 1865. Na legenda, o ilustrador e tipógrafo pedia aos seus leitores que voltassem a caricatura de bigode para cima. Prenúncio dos divertimentos gráficos na imprensa.

Mas as mudanças que o *Diário* trazia não paravam por aí. A representação das transformações urbanas também chegava aos temas publicados. Ao lado da vida diária e noticiosa, surgiam as "Cartas de Segismundo", uma coluna de correspondência caricata do jornal. O ilustre redator, que assinava Segismundo, era, na verdade, o jornalista Pedro Taques de Almeida Alvim. Sua coluna mostrava, de forma exemplar, o estilo da narrativa irreverente e noticiosa se apropriando de temas caros às incipientes transformações que passavam a tomar a pacata vida da cidade de São Paulo, em meados do século XIX.[6]

A coluna epistolar do roceiro Segismundo José das Flores fazia referências às famosas seções de "correspondências epistolares", que buscavam no distante receptor, o leitor ficcional do relato.

As correspondências epistolares, nesse momento de introdução e instalação de equipamentos técnicos que modernizavam a vida urbana, os meios de comunicação também tinham a função de fazer uma paródia aos primários embates e conflitos gerados na fixação e funcionamento de novos artefatos técnicos, principalmente nas "falhas" daqueles relacionados aos veículos de informação, fundamentais à transmissão e à distribuição dos próprios jornais pela província paulista.

Os correios não funcionavam com regularidade, e apenas a via marítima garantia uma comunicação mais periódica entre São Paulo e o Rio de Janeiro. As linhas de trem também eram poucas e restritas, só os burros ou o serviço a pé cumpriam a entrega da maior parte das correspondências de longa distância.

A Estrada de Ferro Santos–Jundiaí, realizava em 1860, a viagem de Santos a São Paulo. Cidades como Itu ou Sorocaba tinham que organizar um serviço de entrega especial, "particular" e a pé. Esses "batedores", também conhecidos como pedestres, saíam da capital paulista uniformizados e com sacos lacrados e iam muitas vezes caminhando por boa parte das estradas, complementando os limites das estradas de ferro.

As correspondências demoravam dias, semanas, ou muitas vezes nunca chegavam aos seus destinatários. Pode-se daí imaginar quanto tempo um jornal produzido em São Paulo, com uma freqüência no máximo semanal, que demorava para ser impresso nas poucas tipografias da capital, era distribuído e finalmente lido por esses assinantes à distância?

Quase como um contraponto crítico ao momento, a presença das correspondências em colunas seria um dos recursos estilísticos exemplares utilizados

---

[6] Cabe ainda ressaltar que os temas relativos ao viver urbano, às transformações da cidade nesse momento ganhavam muito mais volume e destaque em sua representação, mais informada pelas mudanças ocorridas nas cidades européias do que no ritmo da pequena São Paulo de Piratininga, cujo viver ainda era calcado na cadência provinciana e colonial.

pelo jornalismo caricato, a fim de representar e compreender os conflitos gerados pelos primeiros indícios da transformação urbana e modernização que se fixavam na cidade de São Paulo.

Por meio do estilo caricatural da coluna "Cartas de Segismundo", destacava-se a função de contraponto do relator Segismundo, um homem da roça, viajante, em passagem pela cidade de São Paulo, capaz de mostrar, pelo seu deslocamento, as equivalências da linguagem, as distinções entre a vida no campo e a vida na cidade, e os primeiros indícios de modernização concentrados nos percalços vividos pelo narrador em sua aventura no incipiente ambiente urbano.

Em uma das "Cartas" da coluna de Segismundo, podemos perceber a preocupação do relato epistolar e caricatural em mostrar, nos contrastes e contrapontos do protagonista em deslocamento, os conflitos gerados pelo início da migração dos homens do campo, de hábitos estabelecidos à tradição provinciana, para a cidade, que p,or seu lado, também compreendia, em seu caráter urbano, traços coloniais arraigados.

Na cidade, porém, a vida colonial já acatava mudanças introduzidas pela penetração dos imigrantes ingleses, alemães e italianos, que em princípio têm sua presença diretamente ligada à instalação da malha ferroviária, à introdução de novos métodos tipográficos, ou mesmo à implantação de algumas poucas instalações comerciais e financeiras, que surgem em cores vivas nos relatos dos viajantes e memorialistas, em contraste com a paisagem provinciana e extremamente voltada para o caráter mais fechado e pacato de pequeno vilarejo.[7]

A chegada à capital paulista e os descompassos temporais entre elementos antigos e modernos que se destacavam na narrativa da correspondência pro-

---

[7] Sobre o ambiente urbano paulistano no século XIX, ver Ernani da Silva Bruno (1953, v.2), em que o autor organiza registros de memorialistas, viajantes, documentos da imprensa e atas públicas, reunindo de forma temática os aspectos provincianos da cidade e a introdução de novos artefatos técnicos, instalações comerciais e métodos civilizados na vida urbana de São Paulo de meados do século XIX. Ver também, sobre o mesmo tema, Maria Odila Leite da Silva Dias (1984, p.8-10), em que a autora, por meio de uma pesquisa minuciosa sobre a presença das mulheres na cidade de São Paulo do século XIX, aponta para a urbanização da cidade, forte presença de aspectos informais de trabalho e hábitos ligados à vida provinciana que, às margens da economia de exportação do açúcar, depois do café, e ausentes de qualquer participação nas decisões políticas, constituíram a incipiente vida urbana paulistana num período em que a cidade era ainda pouco valorizada. Mais especificamente sobre as características da vida urbana brasileira no início do século XIX, ver o capítulo "Urbanização no Brasil no início do século XIX", de Emilia Viotti da Costa (1999), em que a autora aponta a presença de aspectos informais da vida urbana nacional, pequenos entrepostos comerciais de produtos agrícolas, trabalhos artesanais que fomentarão o caráter urbano brasileiro a partir do final do século XIX.

vocavam não apenas contrapontos críticos ao início das transformações urbanas, como também, e talvez muito mais que isso, um tipo de busca de equivalências que já denunciava, em meados do século XIX, um trânsito de termos e expressões que começavam a indicar, na linguagem, o deslocamento da vida do campo, da "roça", para a vida na cidade.

Vindo a São Paulo, certo de que seria recebido pelo seu "Compadre" da cidade que sempre fora seu "hóspede vitalício" em época de conseguir eleitores, Segismundo bate à porta do ilustre amigo. O roceiro anunciou-se com o que ele afirmava ser o tradicional: "Ó de casa!", que, como destacava ele, na capital não surtia o menor efeito.

Frustrado por não ser atendido pelo que lhe era tradicional e conhecido, avançava Segismundo para o próximo comentário comparativo de expressões distintas para as mesmas funções. Dessa feita, por ocasião de a escrava da casa vir atendê-lo, Segismundo observava que, na cidade, a forma de chamar a escrava não era o seu conhecido "cabrinha", mas "mulatinha", destacando, para as diferenças no tratamento dado aos escravos, negros libertos na cidade e no campo.

Um pouco adiante no relato, outros elementos das formas de tratamento e diálogo entre o roceiro e a escrava que vem atendê-lo demonstram ainda mais essas mudanças de valores e tratamentos dos escravos ou negros libertos na cidade. Eles estão incorporados na fala da "mulatinha" que, ao insistente pedido de hospedagem do roceiro feito diretamente a ela, negava-se a recebê-lo, justificando que seu patrão estava no Paraguai (Guerra do Paraguai) e a casa estava repleta de "bexiguentos com a pele áspera, de lixa".

No diálogo entre a "mulatinha" e o roceiro fica patente ainda a crise que começa a se estabelecer entre classes sociais até então bastante incomunicáveis. O roceiro Segismundo desiste de ficar na casa de seu amigo, porém, ao ir embora, vê de soslaio seu "Compadre" observando tudo atrás da porta. Fica estabelecido, entre as partes, o rebaixamento do roceiro pelo amigo e pela própria escrava que quase está no lugar de seu patrão.

Ao caminhar pelas ruas da cidade, em busca de um outro conhecido, o compadre Rodovalho,[8] Segismundo se depara com novos elementos da vida

---

[8] O comendador Rodovalho foi uma das pessoas ilustres da cidade que participaram da história dos transportes de São Paulo. No final do século XIX, a Companhia Rodovalho & Cia. alugava carros e carroças, assim como tinha o monopólio do transporte dos caixões para o cemitério público de São

urbana, um deles simbolizado pelo Hotel Itália, um dos poucos albergues da cidade nesse período, onde o roceiro acaba por conseguir hospedagem.[9]

Novas distinções são feitas em relação a combinações e estranhamentos que articulam a correspondência epistolar do roceiro na cidade de São Paulo. Nesse ponto, o protagonista comenta a felicidade e a boa acolhida que os proprietários do hotel lhe deram. E misturam-se, de forma caricatural, elementos da vida caipira, da boa hospedagem sem recomendações e os novos interesses comerciais das casas de hospedagem, os hotéis. Da confusão entre a boa acolhida e a função comercial da casa, nascem os novos contrapontos do relato protagonizado pelo roceiro – termos distintos sendo embaralhados, como relações de amizade e afinidade.

A presença dos estrangeiros também surgiu incorporada nos personagens hoteleiros que atendem o roceiro Segismundo à sua entrada no Hotel Itália. Novamente, pelas trocas lingüísticas e distinções de lugares, destacam-se as diferenças e equivalências entre expressões da cidade, hábitos civilizados e costumes do campo. Porém, diferentemente das antigas expressões em desuso, citadas no diálogo entre o roceiro e a escrava que vem atendê-lo, no Hotel Itália a tradução de termos e a comparação de elementos da vida rural busca em o contraponto caricatural mediante uma combinação engraçada entre termos usados no campo e as boas maneiras civilizadas introduzidas na vida urbana paulistana. A possibilidade de "encaixe lingüístico" entre termos socialmente distintos acaba provocando, na "Carta", uma crítica irreverente aos brios civilizados, e, ao mesmo tempo, uma reflexão mais profunda sobre a suposta diferença e distância entre a vida no campo/selvagem e a vida urbana/civilizada nesse momento.

> Fui recebido, como se eu fosse algum comendador; pegarão-me no chapéo de Braga mandarão sentar-me em uma marqueza, que aqui tem o sobrenome de sofá, recolherão o cargueiro, e foi a Pangaré para a estrebaria. O meu piá

Paulo. A alusão ao seu nome não surge por mero acaso; provavelmente estava relacionada ao lugar que ocupava na vida urbana paulistana.

[9] Ernani Silva Bruno (1953, v.2, p.693) esclarece que os hotéis "que davam hospedagem" começam a aparecer pelo ano de 1854, antes a prática não existia sem uma carta de recomendação. Ver também Maria Luiza Ferreira de Oliveira (2005).

ficou à porta da rua, de boca aberta, a ver uns negociantes agarrando nossos patrícios, cada um por um braço, para lhes comprarem. Fui recebido com especial agrado, como dizem os nossos deputados da deputação.

E terminava anunciando que foi mais bem recebido pelo patrão dessa "Casa de Pasto" que chamam de "Hotel" do que pelo seu "fiel hóspede vitalício" (Freittas, 1914, p.502) (Figura 1.9).

(fig.1.9) Ilustração que acompanhou uma das colunas "Cartas de Segismundo", do *Diário de São Paulo*, 1 de agosto de 1865. Notar que a caricatura está assinada por H. Schoeder.

Sobre a coluna das "Cartas de Segismundo", saídas no *Diário de São Paulo* em dois momentos diferentes, 1860 e uma década depois, comenta ainda Fraya Frehse (2000, p.107) que as distinções entre o mundo rural e o urbano, utilizadas nas correspondências de Segismundo, se fazem de uma situação bastante diversa daquela que se prefiguraria no início do século XX, em que as representações do homem do campo, "o caipira", estariam colocando em questão valores da vida urbana. No contexto imperial, registrava-se a forte presença de classes estamentadas que começavam a se desfigurar. Os contrapontos críticos das "Cartas de Segismundo" seguem essa "desfiguração" de papéis e classes até então extremamente rígidos, assim como apontam para o deslocamento do homem do campo, de hábitos antigos, combinando-se com uma vida urbana que ainda não difere muito do mundo rural.

A outra "Carta" da coluna de Segismundo para o *Diário de São Paulo*, que podemos ler em segunda mão no catálogo de Freittas (1914), revelava outros temas caros à modernidade, os choques entre um ritmo de vida mais pacato e a velocidade dos novos tempos, representados pelos perigos das viagens de trem.

No período em que as linhas da Estrada de Ferro estavam sendo implantadas em São Paulo, na Europa, os trens, vapores e bondes já freqüentavam de forma assídua as matérias e ilustrações da imprensa como grandes provocadores de desastres, catástrofes e mortes.

Em forma de "fatos diversos", o tema do cotidiano urbano e as parafernálias mecânicas ocupando as ruas, aliados à presença de uma grande quantidade de pessoas habitando a cidade, já informam uma série de representações assustadoras da presença dos trens, vapores e demais artefatos que alteravam radicalmente as medidas temporais vividas até então. A imprensa destacava a presença do trem, dos vapores ou mesmo dos bondes urbanos em seus extremos. De um lado, recebiam com entusiasmo as ondas de progresso e rapidez trazidas pelas novidades mecânicas, de outro, em ilustrações e chamadas-título, deixavam à mostra as catástrofes geradas por sua presença (Figura 1.10).

(fig.1.10) Em 1864, os jornais franceses lançam uma campanha contra as companhias de transportes ferroviários, devido aos altos índices de desastres férreos. (Romi, 1962, p.65)

Em 1864, quando as linhas de ferro começavam a atravessar a França, revelava-se, na imprensa, o ano das catástrofes ferroviárias e dos tristes monopólios relativos aos transportes (Romi, 1962, p.64). O tema das catástrofes tornou-se tão popular que o descarrilamento de trens chegou mesmo a ser motivo de uma canção cômica francesa, de Gustave Chaillier:

> Les chemins de fer se conduisent mal,
> On n'ose plus s'mettre em Voyage.
> Chaque fois qu'on ouvre um journal
> On lit en première page:
> Raillons tout ce qui déraille
> De quelque côté qu'on aille
> *On n'entend parler que d'accidents!...*(ibidem, p.64)[10]

Para São Paulo, os presságios dos abalos que chegavam, em grande parte, via imprensa ilustrada estrangeira, acabavam por desenhar na pequena imprensa local "dramas" semelhantes aos vividos na velha Europa. Pedro Taques de Almeida Alvim, o Segismundo do *Diário de São Paulo*, também teceu em prosa e verso a versão das catástrofes locais.

Em versos redondilhos,[11] a representação cômica dos desastres de São Paulo somava-se às inspirações e impressões chegadas do além-mar. À medida que a combinação do ritmo do trem a vapor vai descendo os trilhos do Caminho do Mar, Pedro Taques de Almeida Alvim aponta para a vulnerabilidade do novo meio de transporte, comparando-o com outros tipos de "acidentes" mais próximos das passadas a pé ou do trotar lento dos burros, que ainda eram maioria no transporte de cargas das estradas e na própria locomoção na cidade.

---

[10] "As estradas de ferro vão mal / Não se ousa mais viajar / Cada vez que se abre um jornal / Lê-se na primeira página / Zombemos de tudo que descarrila / Para todo lado que se vai / Só se ouve falar de acidentes."

[11] A forma do poema é toda montada em versos redondilhos (versos de cinco e sete sílabas) que remetem a formas de expressões poético-medievais, momento em que a poesia se separou da música. Durante o Humanismo, a poesia perde sua força, sobretudo pelo *status* conferido à prosa. Nesse contexto, a poesia fica mais confinada, sem sua composição com a música, porém torna-se mais independente e consegue agregar precisão histórica a talento literário. A preocupação métrica, o verso redondilho, então, toma novo fôlego, valorizado agora pelos aspectos mais formais (métrica, rima, ritmo, figuras de linguagem).

> Muito breve, no jardim,
> Os vapores vão partir
> Grátis vae quem quizer ir,
> Não recebem só a mim.
> O passeio é de patente!...
> Não se cae na ponte, – não:
> O carrinho vae direto
> E somente perde o jeito
> Na Serra do Cubatão. (Freittas, 1978, p.78)

Das vantagens retiradas das novas patentes que evitam as antigas "quedas naturais", o autor vai relatando as possibilidades mais perigosas dos acidentes pelo passeio de trem:

> Quem cahir não se consuma
> Que não há de sofrer dor,
> Cae o carro de repente,
> E de dentro toda a gente
> Fica em baixo do vapor. (ibidem)

Abundam os verbos "cair", "morrer" e as associações feitas entre o vapor saído do trem com outros objetos fumegantes, tais como o charuto e a chaminé. Do mundo lúdico também surgem as associações, os sinônimos e as substituições, dando, ao "trem a vapor", ares de brinquedo irresponsável, "bichinho que parece busca-pé", desgovernado, "acrobata" e totalmente alheio aos anseios e medos dos passageiros. A questão que permanece ao longo das estrofes parece ser sempre a respeito da escala em que o trem pode provocar acidentes: "Quem tem medo de morrer?".[12]

---

[12] Utilizando, como casos exemplares, uma comparação dos registros da polícia em 1874 e da primeira década do século XX, na coluna "Desastres", do Relatório do Chefe de Polícia Apresentado para o Presidente de Província em 1874 com os Relatórios do Chefe de Polícia, podemos perceber que, na coluna "Desastres" contida no Relatório de 1874 e nos Relatórios procedentes do início do século XX, não apenas há diferenças no aumento do número de vítimas por acidentes provocados pela maior presença dos veículos motorizados e outros equipamentos mecânicos, como também pela maior especificação dos critérios de risco de vida (mais violentos, fatais ou leves), ausentes do Relatório de 1874, que apenas detalhava os tipos de acidentes do ano, tais como: quedas, arma de fogo disparada, queimaduras, acidentes

O bichinho vae correndo
Que parece um busca-pé;
Vae a Santos num momento
Fumegando o seu charuto
Com ares de chaminé.
O vagão corre ligeiro:
Quem tem medo de morrer?
Cahem todos lá na serra,
O vapor é só quem berra,
Morre a gente sem gemer!
Cá pra mim não temo nada
Não me pilha a ratoeira;
O tal bicho é acrobata
Lá dos trilhos sempre salta!
Que bonita brincadeira!... (Freittas, 1978, p.78)

Adicionam-se, às expressões lúdicas do trem transformado em brinquedo, elementos da natureza do Caminho do Mar, ambiente aprazível para passeio, mas também sepultura confortável de quem se arrisca nas viagens de trem:

Quem tem medo de morrer
N'uma estrada tão "segura"?
O passeio é deleitável
Há na serra água potável
Pra benzer a sepultura. (ibidem)

A morte por acidente quase iminente acaba se concentrando no potencial de travessuras e selvagerias, representadas nas inúmeras associações feitas ao vapor em relação a brincadeiras infantis e ao mundo animal.

Os versos nas estrofes citadas ainda abrem uma nova vereda para a representação caricatural que separa elementos "teoricamente" inseparáveis: o trem e a estrada de ferro. Com uma abordagem irônica, a distinção de um e outro

---

da estrada de ferro, coice de animal, submersão, desmoronamento, não discriminando naquele momento os mais ou menos fatais.

procura destacar, entre a dupla e pelo contraste, o lado mais rebelde, brincalhão e assassino do trem em uma estrada "segura". O resultado da separação dos termos cria, na leitura dos versos, um efeito rocambolesco, gerado pela *persona* trem que se torna o grande responsável pelos possíveis acidentes.

Se, porém, os acidentes de trem, rimados nos versos, tornam-se quase inevitáveis, Pedro Taques de Almeida Alvim, na última estrofe, sugere a substituição desses "assassinos" por veículos mais seguros que, no desfecho, pouco diferem dos perigos provocados pelo trem. Apenas por uma mudança anatômica e pelo baixo custo, "abertos e mais baratos", seriam alternativas mais seguras para os pobres passageiros que, como última opção, teriam mesmo que contar mais com suas próprias habilidades do que com as possibilidades mecânicas apresentadas que se anunciavam extremamente vulneráveis:

> Seguro morreu de velho:
> Quem avisa amigo é:
> Quem quiser dar bons passeios
> Tem carrinhos – sem receios
> Bem baratos lá na Sé.
> Qual!... o que! Quem medo tem
> Indo o carro a descoberto?...
> Se na serra ele tombar
> E a gente um pulo dar
> Não se morre sendo esperto... (ibidem)

O tema dos desastres, das "catástrofes", permaneceu em prosa na coluna caricatural das "Cartas de Segismundo", do *Diário de São Paulo*. Como protagonista e narrador dos relatos epistolares, Segismundo conta-nos, em uma de suas cartas de 1865, que fora convidado pelo governador da província para a inauguração da Estrada de Ferro Inglesa no dia 6 de setembro do mesmo ano. Depois de descrever a maneira como foi convidado e os fatos que antecederam ao desastre, Segismundo passava a relatar o acidente de que foi vítima no trecho da linha que seria inaugurada nesse dia, entre a Mooca e a Luz. Além da linguagem hilariante utilizada por Pedro Taques de Almeida Alvim, contando ao compadre-leitor de sua cidade do interior o rocambolesco descarrilamento do trem que vinha numa velocidade desabalada, chega mesmo a se utilizar, em muitas passagens da correspondência, de sinônimos quase todos selvagens em relação à sua velocidade avassaladora: "bixo de fogo", "chocolateira", "caixão".

Segismundo mostrava em cores vivas, caricaturais, termos e expressões que cada vez mais fariam parte da representação em crônica da vida urbana de São Paulo; o embate entre elementos oriundos da vida provinciana, de ritmos mais lentos, e uma nova organização urbana, com a velocidade desabalada dos trens e carretos urbanos, os acidentes ou mesmo o trânsito conturbado de burros, carroças e bondes de tração animal que já começam a se fazer presente na cidade. Todos esses concertos, chiados e novos regulamentos passam a desfilar na imprensa caricata, compondo seus temas críticos que já se misturavam a um aspecto de divertimento folhetinesco.

O final dessa correspondência de Segismundo chegava a soluções bastante semelhantes àquelas contidas nos versos do mesmo autor. Relatava Segismundo, ao amigo distante, que escapara dos vagões do trem pelas suas próprias pernas, fugindo dos trilhos pelos "matagais" e becos do Brás:[13] "sai com cara de progresso" e de calças caídas "diante da população que se aglomerava para assistir ao resultado do desastre" (Bruno, 1953, v.2, p.568).

Sobre as causas do acidente, declarava o pobre correspondente, um breve comentário dos próprios ingleses responsáveis pela implantação da Estrada de Ferro: "são cousas que acontecem". O fato é que só Segismundo afirmou, de fato, ter visto o fato "acontecer" (Freitas, 1914, p.506) (Figura 1.11).

(fig.1.11) Gravura de época representando o desastre ocorrido na estrada de ferro inglesa Santos-Jundiaí, 6 de setembro de 1865. (Freitas, 1978, p.65)

---

[13] Bruno (1953) comenta que o Brás, em 1870, era um povoado insignificante, com algumas casas de sapé.

A coluna das "Cartas de Segismundo" para o *Diário de São Paulo* registrava, de forma contundente, novas direções e debates na imprensa caricata paulistana: o "progresso material" que chegava em forma de trilhos e ritmos diferentes; a formação de uma cultura urbana, civilizada, que se tornava distinta das antigas tradições e hábitos ligados ao mundo rural e a representação dos conflitos, abalos, e a dificuldade de tradução dos novos elementos concentrados num mesmo espaço, a cidade de São Paulo.

O jornalismo humorístico que, até então, tinha por foco central os ataques críticos e irreverentes a políticos em destaque, ou de forma indireta aos próprios órgãos da imprensa ligados a partidos adversários, passava a diversificar sua pauta do momento, fazendo circular, nas suas páginas e colunas, a cidade em ação.

Escritores e ilustradores, apesar de separados por páginas e por pesadas pedras litográficas que ainda não ofereciam o milagre técnico da composição entre imagem e texto numa mesma folha, já efetuavam, nos conteúdos das matérias, assim como no estilo das abordagens, correspondências e diálogos capazes de anunciar para a cidade e para a própria imprensa novas formas de apresentar contrapontos, críticas e notas ilustradas, reunidos num mesmo periódico.

O aumento do número de semanários humorísticos e ilustrados a partir de meados do século XIX, apesar de ainda a ilustração se restringir pelos demorados processos litográficos e xilográficos que se expressavam muitas vezes nos descompassos temáticos entre comentários ilustrados e textos escritos, também já indicava o desenvolvimento cada vez mais representativo de uma linguagem humorística distinta na imprensa noticiosa.

O advento dos semanários ilustrados em meados do século XIX trouxe, à já existente produção humorística, nada desprezível, a possibilidade de reunião que até então se mantinha dispersa, em sua maioria colocada de modo rebaixado nas margens dos jornais, na forma de folhetins, rodapés que reproduziam quadros cômicos que jogavam em geral com o burlesco (cf. Saliba, 202, p.38).

Cabrião (1866-1867) apareceu com quase todos aqueles colaboradores que participaram do pretérito jornal caricato paulistano, *Diabo Coxo*. A redação tinha como responsáveis Américo de Campos, também colaborador do *Correio Paulistano* (1854), e Antonio Manoel dos Reis. As ilustrações eram de Ângelo Agostini e, a partir do seu exemplar de número 28, contou com a participação de um outro grande ilustrador: Nicolau Huascar Vergara. A produção litográfica ficava por conta de Henrique Schroeder, e a impressão seria feita na Tipografia Imparcial de Azevedo Marques.

No nascimento do *Cabrião*, o *Diabo Coxo* já havia desaparecido; falecera, como tantos outros esporádicos jornais burlescos, de morte súbita. Já o *Diário de São Paulo* permaneceu firme, revelando o dia-a-dia da cidade, mantendo suas esparsas colunas humorísticas[14] e se conservando nas folhas do *Cabrião* como um dos principais jornais com o qual este trocaria alfinetadas.[15]

O primeiro número do *Cabrião* veio a público em 30 de setembro. O último número, que temos registrado em *fac-símile*, saiu um ano depois, e já tinha, nas últimas ilustrações de capa, um tom de despedida, indicando como *causa mortis* a falta de pagamento de seus assinantes (Figura 1.12).

(fig.1.12) Capa do último número de *O Cabrião*, na qual o jornal despede-se dos "queridos assinantes". "Senhores, até breve; antes de principiar meu engenho segundo ano tenho necessidade de dar dous dedos de proza com meus queridos assinantes, e para esse fim vou dar uma volta pelo interior. Au revoir".

---

[14] Comenta Fraya Frehse (2000, p.102), em nota de rodapé, que as colunas de "Cartas de Segismundo" aparecem no *Diário de São Paulo* com uma certa regularidade ao longo do ano de 1872, vindo a desaparecer após essa data.

[15] No índice de ilustrações organizado por Délio F. dos Santos (2000, p.XIV) para o *fac-símile* do *Cabrião*, o jornal *Diário de São Paulo* aparece como o periódico mais representado entre as ilustrações publicadas sobre a imprensa paulista.

Logo na ilustração de capa do primeiro número de apresentação do *Cabrião*, os elementos alegóricos do inferno demonstravam o vínculo crítico e impertinente do jornal com o momento. Já o calunga-pintor, presente no cabeçalho de todos os exemplares do *Cabrião*, era uma alusão declarada ao personagem cômico Cabrion, do popular romance-folhetim de Eugène Sue, *Os mistérios de Paris* (cf. Saliba, 2001, p.88-91) (Figura 1.13).

(fig.1.13) " O Cabrião cumprimenta o respeitável público, e folga de que vejam no goso da mais perfeita saúde." Capa do n. 1 de *O Cabrião*, 1866.

Os vínculos com essa obra de Eugène Sue – a qual alcançara enorme sucesso na França ao ser publicada em folhetim no *Journal des Débats* ao longo dos anos de 1842 e 1843 – transportavam-se ao semanário ilustrado *Cabrião* não apenas como uma mera alusão ao nome do personagem e à série folhetinesca bem-sucedida, capaz de atrair um maior número de leitores, como também por um certo engajamento "socialista"[16] de Sue que surgia, de forma declarada, nos temas valorizados em seu romance, como a descrição das camadas pobres parisienses, questões sobre o alcoolismo, a prostituição, o crime e a vida urbana.

A fórmula do romance folhetim acabou se tornando um sucesso tão grande nos rodapés dos jornais, tanto na Europa como no Brasil, que, com o tempo, o espaço se transformou no lugar específico do romance aos pedaços.[17]

O próprio *Os mistérios de Paris*, de Eugène Sue, veio a ser muito popular no Brasil. Machado de Assis traduziu a opereta "Pipelet", baseada nessa obra, assim como seus personagens mais marcantes eram conhecidos dos leitores brasileiros (cf. Santos, 2000, p.XXVII).

A representação dos personagens de *Os mistérios de Paris*, como a do enredo pautado pelo cotidiano da cidade, transpunha-se facilmente à realidade da cidade por meio dos calungas fixos, Cabrião e Pipelet. Suas intrigas e aventuras pelos lugares mais obscuros já indicavam a intenção do pequeno semanário *Cabrião* de fazer os emblemáticos personagens circularem pelos locais mais recônditos de São Paulo e revelarem, por meio das folhas ilustradas, questões pertinentes à fé, à política e à incipiente urbanização paulistana.

---

[16] Citado por Renato Ortiz, em *Cultura e Modernidade* (1991, p.82), sobre a análise de Anne Marie Thiése do romance-folhetim de Eugène Sue em "L'Education sociale du romancier: le cas Eugène Sue" (*Actes de la Recherche en Sciences Sociales*, n.32/33, jun. 1980), em que a autora assinala sua atenção à vida das "classes perigosas" por meio do pensamento higienista, ao contrário do olhar conservador do início do século XIX, que observava as classes baixas por um viés etnocêntrico, sem nenhuma validade para representação artística.

[17] A fórmula bem-sucedida dos folhetins surgiu na França no começo do século XIX, ocupando lugares novos nos jornais: o "rez-de-chaussée" ou "rodapé", espaço vazio destinado ao entretenimento, onde era publicada toda espécie de diversão escrita – piadas, charadas, críticas literárias, teatrais; a seção de "Variedades", nas folhas, que, passava a acolher a diversidade de notícias. Eugène Sue e Dumas foram os inventores do romance-folhetim. Sua técnica essencial era muito próxima da concepção do melodrama teatral. Os personagens eram extremamente tipificados e os diálogos, muito vivos, com um senso afinado para o lugar do corte que despertaria o leitor para o conhecido "continua no próximo número". Os já citados escritores de "amenidades" dos sisudos jornais de perfil político do século XIX, como Machado de Assis e José de Alencar, publicaram muitos de seus romances em folhetins para depois reuni-los no formato de livros (cf. Meyer, 1996, p.57. Ver também Renato Ortiz, 1991, p.96).

Cabrião entra em ação!!!

No "Cavaco", artigo de fundo do jornal, *Cabrião* dizia o tradicional "a que veio".[18] Em linhas gerais, comentava que seria sisudo todas as vezes que não lhe fizessem "cócegas nas ilhargas", que diria sempre a verdade e, mesmo quando esta lhe falhasse, procuraria a "boa-fé" (*Cabrião*, n.1, 1866).[19]

Prometia publicar "em prosa e verso" tudo que ouvisse e visse pelas ruas, escritórios e casas comerciais da cidade de São Paulo. Na política, ficaria sempre ao lado do governo, porque ele tem "as melhores idéias". Preocupado com os leitores, de quem era "candidato a tirar os cobres", comprometia-se a empenhar a ca-beça, se necessário, "para fazer jorrar espírito de cada phrase e copiar os carões, caras e caretas, que melhores traços offereçam ao crayon, e mais beleza dêem ao painel".

Declarava-se anticlerical, prometia ser um "propugnador da liberdade de cultos" para o aumento da "descrença, indiferença e confusão desta Babel, em que vivemos". Defenderia o patriotismo e criticaria todos aqueles que o ferissem. Ao final de sua apresentação, parodiava uma abertura teatral, ordenando que o pano fosse erguido para que ele entrasse em cena.

As questões urbanas já surgiam nas colunas fixas de texto e nas ilustrações do jornal, senão ao mesmo tempo, pela ausência de técnicas que aproximassem a composição, ao menos com extrema afinidade de temas e linguagens em relação à crônica da vida urbana paulistana. A cidade do *Cabrião* contracenava com a política, a religião, ou mesmo aparecia em chamadas-solo que deixavam os outros assuntos abordados como meros coadjuvantes da mais nova vedete em destaque.

A cidade de São Paulo, nesse período, começava a "inchar".[20] Sua população, registrada em 1855, de 15.471 habitantes passou, em 1872, ao índice de 23.243. A região de maior crescimento populacional na cidade concentrava-se na área central e adjacente (Brás e Santa Efigênia-Consolação) (cf. Morse, 1970,

---

[18] O "a que veio" foi prática comum no primeiro número dos jornais. As explicações eram variadas. Nos jornais satíricos, essa nota explicativa vinha sempre escrita em estilo humorístico.

[19] Os três primeiros exemplares do *Cabrião* aparecem sem referência de datas, apenas com o número do exemplar.

[20] O termo "inchar" refere-se à utilização dada por Maria Odila Leite da Silva Dias (1984, p.10), ao comentar o aumento populacional da cidade em detrimento de um crescimento compatível com o equipamento urbano que lhe desse sustentação.

p.171). Esse aumento populacional estava relacionado ao grande número de estrangeiros que se instalava no centro da cidade nesse período: "Entre 1855 e 1872 a população não estrangeira do centro comercial (Sé) aumentou 16%, ou seja, de 6.989 a 8.111, enquanto a população estrangeira mais do que duplicou, passando de 495 a 1.102" (ibidem, p.178).

O crescimento populacional, contudo, não indicava um aumento de condições materiais na cidade na mesma proporção, o que gerava problemas cada vez mais graves, assim como insatisfações e críticas freqüentes, reveladas nos jornais, nas atas de Câmara e nas reclamações apresentadas aos poderes públicos pela própria população moradora.[21]

No jornal *Doze de Maio* (1863), semanário liberal, em artigo intitulado "Melhoramentos materiais", essa insatisfação vinha à tona, bem como um novo viés do propalado "progresso material" que já fazia eco na imprensa noticiosa do momento. Em tom melancólico, quase nostálgico, de tempos antigos que nem tão longe estavam, o *Doze de Maio* descrevia o que "havia" na cidade e o que o "progresso material" praticamente inutilizou. Numa articulação irreverente de altos e baixos, antigo e novo, a crônica publicada no *Doze de Maio*, de 8 de junho 1863, citava alguns lugares da cidade que se desfiguravam com esse novo personagem que penetrava a vida urbana, causando modificações e desconfortos para a população. O "progresso material" tornava-se, sem dúvida, um ponto ambíguo e repleto de metáforas para o debate na imprensa em geral.

O Largo da Misericórdia, que tinha água potável, depois da passagem do progresso material passou a não ter mais. O Açu era uma ponte de "pedras garbosas", mas, quando veio a inundação de 1850 e levou a ponte, o "progresso material" construiu no lugar uma "massa bruta", sem formas, muito diferente da antiga. Havia um Jardim Botânico, o ponto de atração dos estrangeiros e lugar para passeio na cidade; o "progresso material" "converteu" esse lugar repleto de árvores vistosas e belos caminhos em uma "Arábia pétrea". O Largo do Carmo era irregular, mas limpo e transitável; o "progresso material" colocou um morro ali e acabou com a passagem. Na Rua do Comércio havia quitandeiras que vendiam verduras, legumes e frutas; o "progresso material" levou-as para

---

[21] As fontes documentais comentadas sobre os registros na imprensa, as atas públicas e os papéis avulsos foram citados em segunda mão, respectivamente em Ernani Silva Bruno (1953, v.3), em Richard Morse (1970) e em Sênia Bastos (2001).

longe e construiu, na várzea do Carmo, um "sisqueiro immundo" a que se deu o nome de Praça do Mercado, o qual ainda nem estava concluído (cf. Morse, 1970, p.178).

Cabrião, como a pequena matéria publicada no *Doze de Maio*, registrava em longa duração sua representação dos melhoramentos urbanos da cidade. Para isso, elegia uma coluna dentre as folhas, referente aos acontecimentos pertinentes à vida paulistana.

A "Gazetilha"[22] foi uma das colunas que permaneceram mais tempo nas páginas do *Cabrião*. Foi nela que, durante o ano, vários temas relativos à vida urbana e aos acontecimentos recentes seriam caricaturalmente representados. A mudança dos assuntos a serem abordados seguia a fidelidade dos embates do momento. Sempre aos domingos, a pequena imprensa caricata começava a cumprir sua função: apanhava a circunstância, o fato crítico, e transformava esse material, retirado dos jornais, da observação *in loco* das ruas, em nota irreverente construída em prosa, verso, e em sua mais nova companheira, a ilustração caricatural.

Em *Cabrião*, a narrativa irreverente – que, na maior parte da imprensa, vivia dispersa ou aparecia em colunas esporádicas – cumpria os regulamentos seve-ros do humor: distorção, suspensão dos dias e prolongamento dos acontecimentos (Bergson, 2001), com direito ao corte folhetinesco do "continua no próximo número", quando, uma semana depois, o pequeno semanário voltava a armar suas peripécias noticiosas e caricatas sobre a cidade – isso enquanto o jornal sobrevivesse.

Sua linha do tempo ao longo de seus dois anos de existência era puxada pela dupla de calungas fixos, retirados do já citado romance folhetim *Os mistérios de Paris*, Cabrião e Pipelet. Outros personagens, mais voláteis, criados dos fatos comentados na semana, somavam-se ocasionalmente à dupla para formar a comédia dos dias.

---

[22] No índice onomástico de assuntos tratados no *Cabrião*, organizado por Délio F. dos Santos (2000, p.XLVI-LXII), a coluna "Gazetilha" continuou sendo publicada durante os dois anos de existência do jornal, com outros temas que acompanharam a curta permanência da folha: a crítica aos jesuítas e a Guerra do Paraguai.

Em setembro de 1866, na "Gazetilha", *Cabrião* registrava de forma irreverente algumas versões dos "melhoramentos da cidade". Esse número focalizava sua atenção nas ruas e no calçamento.[23]

Ernani Silva Bruno (1953, v.2) comenta que a preocupação com as ruas da cidade de São Paulo começou a chamar a atenção dos poderes municipais a partir de 1846. Nessa época, surgiram resoluções da Câmara Municipal para que se modificasse a denominação de muitas ruas, principalmente daquelas na área central da cidade. A limpeza e o asseio do passeio público também seriam outras preocupações introduzidas nas resoluções registradas nas atas da Câmara Municipal desse período. Nos debates da Câmara, começavam a ser criados padrões mais fixos para tamanhos e escalas das ruas estreitas e pouco retilíneas da cidade de fortes traços coloniais.

O calçamento das ruas, apesar de também se incluir nas preocupações e resoluções dos poderes municipais, destacava-se por ser um dos problemas crônicos da cidade. As vias públicas eram pessimamente pavimentadas. Muitas não tinham calçamento algum. Propostas de pavimentação eram constantemente feitas, mas a execução era morosa ou simplesmente não acontecia. Em 1854-1855, a Câmara, reunida em Comissão, declarava-se sem conhecimento suficiente para dar parecer sobre projetos de calçamento e pavimentação apresentados pelo engenheiro José Porfírio de Lima para a área central da cidade (cf. Bruno, 1953, v.2, p.521).

As indecisões municipais, comentadas nas atas da Câmara, redundavam num desfile interminável de materiais que iam do pedregulho, as lajes e sua proprieda-de de fixação nos sinuosos aclives e declives da cidade, à novidade do "Macadam". Em 1855, um vereador negava o pedido de macadamização da Rua Direita, alegan-do que o macadame "pioraria a situação daquela rua", fazendo com que ela se transformasse num depósito permanente de pó, na seca, e lama, na época das chuvas.

Nos julgamentos sobre o melhor ou o pior dos materiais a ocuparem as ruas da cidade, na verdade, já se vivia essa dupla indefinição dos poderes pú-

---

[23] Sênia Bastos (2001, p.26), em sua pesquisa sobre a participação dos moradores na administração da cidade de São Paulo na segunda metade do século XIX, por meio de um levantamento minucioso dos papéis avulsos de representações, enviados ao poder público da cidade, destaca que a maior parte das petições feitas pelos habitantes concentrava-se em pedidos de melhorias em relação à salubridade urbana, ruas niveladas e pavimentadas, água potável e perene e distribuição de equipamentos públicos.

blicos em, de fato, tomarem medidas em relação à salubridade urbana e à constituição dessa cidade abandonada, que a essa altura acumulava, em suas estreitas ruas, uma composição de tipos de pavimentação totalmente aleatórios.

O que se pode perceber, na coluna "Gazetilha", do *Cabrião* de n.2, é que a novidade acabou vencendo a morosidade, dada as resoluções quanto ao que fazer nas ruas centrais. Colocava-se a falar o duvidoso macadame que, às extenuantes discussões na Câmara, vinha representado pelo próprio "Dr. Pedregulho":

> DR. PEDREGULHO – Corre como certo, que este hábil engenheiro vai ser contratado para macadamizar as principais ruas da capital.
>
> É uma importante acquisição que vai fazer o município, porque é proverbial a perícia daquelle engenheiro em matéria de apedregulhamento e aceio das ruas, praças, etc. fazendo todo e qualquer serviço deste gênero com a espantosa economia para os cofres públicos (*Cabrião*, n.2).

Assim como, para os acidentes provocados pela introdução da estrada de ferro das "Cartas de Segismundo", o trem tornou-se um personagem autônomo, com personalidade própria que, às vezes, até independia dos trilhos que lhe davam sustentação no sinuoso Caminho do Mar, para o tratamento das representações caricaturais do *Cabrião*, em diálogo com as questões urbanas da cidade de São Paulo, aprofundava-se o detalhe dos tipos que surgiam em maior quantidade à medida que os "melhoramentos urbanos" tornavam-se sinônimo e motivo de debate entre a população e o descaso e ineficiência dos órgãos públicos na administração da cidade.

Para os trens caricaturais, ficariam suas várias equivalências fixas com animais selvagens e objetos fumegantes, quase infernais. Para os "melhoramentos urbanos", apresentavam-se vários personagens que, protagonistas das próprias questões em que estavam implicados, expunham soluções e se colocavam como problemas pertinentes aos impasses vividos na formação da incipiente vida urbana paulistana.

Logo abaixo do "DR. PEDREGULHO", matéria-bruta do futuro macadame, surgiam outras questões importantes em debate na cidade, que também tomavam voz de protagonistas de seus próprios embates críticos.

A falta de água potável deixava suas marcas na paisagem urbana. Os chafarizes, que poderiam ser um elemento de embelezamento e salubridade, eram, em meados do século XIX, fontes perigosas, possíveis focos de contaminação e brigas, os quais, ao longo do dia, secavam constantemente (Figura 1.14).

(fig.1.14) " Éh, éh, minha parente. Você acredita n'esse? É mentira: Moyssé não tirô água de pedra non".
Charge de Ângelo Agostini em que é representada a revolta da população paulistana
contra a falta de água nos chafarizes da cidade *(Diabo-Coxo*, 1865).

Desde 1830, a questão de escassez da água potável em São Paulo era tratada pelo poder público de forma paliativa. Como o problema da pavimentação das ruas e a indecisão quanto ao tipo de calçamento da área central, os projetos para veicular mais água para os chafarizes da cidade tramitavam das comissões técnicas para o governo da província sem efeitos que resolvessem, de fato, a questão (cf. Bruno, v.2, p.660-8).

Afluíam projetos de substituição dos encanamentos dos chafarizes, feitos até então de papelão, por tubos de ferro, mais duráveis e seguros quanto aos possíveis vazamentos de água. Aumentava-se o número de chafarizes na cidade, porém o problema da água estava no fornecimento, na construção de caixas-d'água que abastecessem constantemente essas fontes.

Em meio ao longo debate crônico da forma de se distribuir água potável para a cidade, surgia, em 1864, a proposta de canalização das águas da Cantareira. Porém o projeto era caro e exigia muitos recursos financeiros, tecnologia e interesses políticos para a sua realização. O plano foi rejeitado, e só veio a se realizar, em 1875, por meio de um contrato feito pelos poderes públicos com a Companhia Cantareira de Esgotos (cf. Bastos, 2001, p.109).

Mas os projetos e soluções não paravam por aí. Para o ano de 1864, foi aprovado pela Câmara um projeto que retirava água das fontes e mananciais do Caaguaçu (atual Avenida Paulista). Pelos cálculos, ele abasteceria os chafarizes de São Paulo diariamente por quase 24 horas. Porém, em sua execução, descobriu-se que os cálculos estavam errados e mais outra solução naufragava antes de sair do papel (Bastos, 2001, p.109).

Apesar de engavetado, o projeto da utilização das águas da Cantareira permaneceu no conceito popular como única solução para a falta de água na cidade. A população, indignada com o problema, fazia eco de suas reclamações nos jornais da época (Freittas, 1929, p.53-68). E um dos jornais que mais se bateram pelo abastecimento de água, desde 1865, foi o já conhecido *Diário de São Paulo*. Insuflado pelos outros projetos de menor importância executados pela administração da cidade, tais como a estrada da Penha, o jornal se colocava como mediador da população a pressionar o presidente da província para solucionar questões importantes para os moradores da cidade: "O povo preferiria ter água para beber, ainda que comprasse, do que ter uma bonita estrada para passear" (Freitas, 1929, p.61).

A "PROPOSTA" publicada na coluna "Gazetilha", do *Cabrião* de n.2, vinha carregada de insatisfação popular, dos anos e debates precedentes na imprensa da época. A forma encontrada pelo pequeno jornal em abordar o tema reforçava, sem dúvida, os clamores de reclamações do *Diário de São Paulo*, porém, aos comentários, incorporava a verve ficcional, criando, sobre a questão gasta de tempo, a voz da própria criatura: a "PROPOSTA".

> PROPOSTA – As águas da Cantareira dirigiram-se ao governo do município, propondo a construcção de um ramal da estrada de ferro, desde a estação da Luz até à serra do mesmo nome, com o fim de facilitar à cidade o fornecimento de água potável. Consta que o governo pediu alguns dias para *dormir sobre o caso* (*Cabrião*, n.2, 2000, p.11).

"Os melhoramentos urbanos" tornavam-se temas cada vez mais versáteis na narrativa irreverente do *Cabrião*, trocando experiências e soluções com outras questões críticas que permaneciam em debate entre a população, a imprensa e a administração da cidade.

Os urubus, tradicionais fregueses das várzeas encharcadas da cidade, presentes na paisagem da ilustração de Agostini, referente às águas nada potáveis do chafariz de Miguel Carlos, deslocavam-se, no *Cabrião* de n.1, para a várzea do Carmo, outro foco crítico do momento, um lugar tradicionalmente utilizado para lavagem de roupas, que acabara se tornando um dos lugares pestilentos da cidade (Figura 1.15).

Verdadeira agua do *Miguel Carlos*.

(fig.1.15) 'Verdadeira água do *Miguel Carlos*". *O Cabrião* de n. 2, 1866.

"A várzea do Carmo constituía uma ameaça para a salubridade pública" desde 1863. O engenheiro Carlos Rath, em 1865, apresentou projeto para a construção de um açude e para escoamento de esgoto. Para isso, o curso natural do Rio Tamanduateí foi desviado, e, por um longo tempo, foram feitas obras de dessecamento das águas paradas por onde o rio corria até então. A demora das obras feitas na várzea e a dificuldade de se chegar às margens do rio, usado pela população dos arredores tradicionalmente para a lavagem das roupas, de veículos ou mesmo para jogar detritos, culminaram em reivindicações dos moradores do "districto Norte" à Câmara, exigindo "o retorno do rio ao seu antigo leito" (Bastos, 2001, p.109).

Essas reivindicações não foram atendidas pela administração da cidade. Em 1880, outras obras tentaram modificar o traçado do Rio Tamanduateí, até que ele fosse, finalmente, retificado e encoberto no século XX. Porém, o leito natural, antigo hábitat das lavadeiras que utilizavam os pequenos portos às suas margens para chegar ao rio, transformou-se numa vala pestilenta por muitos anos, perdendo-se o hábito das lavagens de roupa. O rio próximo tornara-se distante.

Os urubus da ilustração de Agostini que sobrevoavam a várzea, seu novo hábitat, tornavam-se também porta-vozes de sua própria presença diante dos poderes públicos. Transmutados de sua veste natural, surgiam em trajes formais, caminhando em direção ao "Paço do Illustrissimo" para agradecer a sua permanência no lugar, que continuava abandonado pela administração da cidade (*Cabrião*, n.1) (Figura 1.16).

(fig.1.16) "Os representantes da carniça dirigem-se ao Paço Ilustríssimo, afim de agradecer a conservação dos monturos na Várzea do Carmo". *O Cabrião*, de n. 1, 1866.

Mudava-se a semana, e as escalas de tempo ditadas pela redação também imprimiam, ao pequeno jornal, um ritmo mais rápido em relação à sucessão das questões urbanas do momento. Permanecia no *Cabrião* o tema da salubridade urbana, porém uma questão levava à outra. Um problema gerava gancho crítico para outro, e, nesse circuito, as representações sobre a vida urbana cresciam e se aprofundavam na linguagem caricata do semanário.

Na coluna "Repentes", do n.2 do *Cabrião*, o abandono da várzea do Carmo gerava um texto-piada, improviso rápido de uma solução ainda inexpressiva para o jornal – a construção da futura Praça do Mercado.

– V. Ex. já viu a Praça do Mercado?

– Onde está ella?

– Na varzea do Carmo.

– Ah! Vi, por signal que está apenas construído o *corredor*. (*Cabrião*, n.2)

Surgia nos números subseqüentes do *Cabrião* a crítica irreverente à construção da Praça do Mercado, enganchada em "repentes" da questão abordada anteriormente, que versava sobre o abandono e o descaso da várzea do Carmo pela administração da cidade.

No fundo dessa sucessão de temas urbanos, folhetinesca e lúdica no senso de corte e composição dos fatos em tipos caricaturais, destacava-se um foco de opinião crítica em construção. Uma abordagem do momento mais elástica e reflexiva, capaz de deslocar seu eixo de atenção pelas várias questões importantes do viver urbano, pontuando, sobre estas, um fio de linhas disformes que amarravam fatos e situações apresentadas pelos poderes públicos, assim como pela imprensa da época, de formas distintas.

Os "Repentes" do *Cabrião* anunciavam a introdução das novas escalas temporais e longitudinais na representação do caráter urbano paulistano, como também na própria narrativa da imprensa caricata.

A Praça do Mercado, pelos comentários de Ernani Silva Bruno (1953, v.1), era um outro projeto debatido na Câmara desde 1860, momento em que a estrada de ferro – "A Inglesa" – estava em construção e que a edilidade sentia necessidade de que os gêneros comestíveis, espalhados por várias regiões da cidade, fossem reunidos de maneira mais organizada e salubre num único lugar.

Em princípio, o ponto crítico da proposta foi a própria edificação do Mercado na Rua Municipal:

> Em ofício de 1866, entrando em detalhes sobre o edifício desse mercado, escrevia o empresário que diante da opinião de um engenheiro – de que ficaria de aspecto muito monótono a frente do prédio, se fôsse lisa, na extensão de seiscentos palmos – mandara fazer trinta e quatro cunhais e seus respectivos capitéis, e uma moldura em baixo da cimalha (Bruno, 1953, v.2, p.686).

Ao "extenso e novo mercado da cidade" criava-se uma outra situação emblemática. De que maneira esse espaço seria ocupado? Quem poderia ocupar os "extensos corredores" do novo Mercado? O Mercado aglutinaria todos os gêneros até então vendidos nas várias ruas da pequena cidade de São Paulo? Na verdade, a presença da Praça do Mercado estabelecia uma mudança radical nos tradicionais pontos de gêneros alimentícios da cidade. Havia locais, já determinados pelo hábito, para as negras quituteiras, para a venda do peixe e o mercado aberto na Rua das Casinhas.

As linhas longitudinais do Mercado em construção respondiam pela articulação da linguagem caricatural do *Cabrião*, que acompanhava as obras em seu foco crítico da semana. O comprido "corredor", já anunciado na coluna "Repentes", do *Cabrião* de n.2, como ponto nevrálgico da obra, fora capturado pelo pequeno jornal pelo seu caráter singularizador (Figura 1.17).

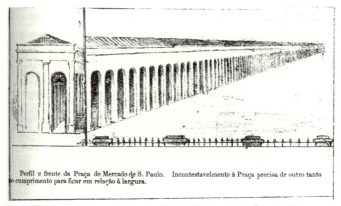

(fig.1.17) " Perfil e frente da Praça de Mercado de S. Paulo. Incontestavelmente á Praça precisa de outro tanto do cumprimento para ficar em relação á largura". O traço longitudinal realçado na ilustração de Agostini à finalização da obra da Praça do Mercado.*O Cabrião*, 24 de março de 1867.

As ilustrações caricaturais que aprofundavam a longitude dos corredores da nova "praça do mercado", oferecidas pela coluna "Gazetilha", do *Cabrião* n.24, de 17 de março de 1867, eram metáforas espaciais que buscariam realçar o esgotamento do excesso de comprimento, associado à finalização da obra.

> "Gazetilha"
> O "Cabrião" também a dá por concluída, principalmente no que diz respeito ao comprimento, onde é força reconhecer que não se deve augmentar ncm mais uma só pollegada, sob pena de leval-a ao fim do mundo... Entretanto há ainda ali uma cousinha a fazer, e que não é nem uma asneira: a plantação de árvores no pateo... Pois será isto difícil? Acaso será mister mandar vir arvores da Europa?... (*Cabrião*, n.26, 31 mar. 1867)

O final das obras da Praça do Mercado dava lugar à nova sucessão de assuntos, o uso do espaço já concluído. O tipo de ocupação tomava conta da narrativa caricatural, assim como a forma como a administração iria regulamentar a nova praça de gêneros alimentícios.

Estava armado o novo debate. Dos antigos hábitos das feiras nas ruas a um novo espaço para que todos os "gêneros" fossem reunidos, deveria a Assembléia Provincial formular regras, critérios e organização de lugares, a fim de responder à expectativa dos negociantes sem lugar fixo e das próprias resoluções da administração, confusa entre as novas propostas e os antigos problemas, e finalmente a dúvida quanto às soluções tomadas.

Ilustrações e textos deslocavam-se da construção da Praça do Mercado e passavam a comentar de forma crítica os critérios e regulamentos dos tipos de alimento que seriam vendidos ali. Uma nova forma de organização se estabelecia a partir da conclusão da Praça do Mercado.

Para a narrativa caricata, a constituição da Praça do Mercado gerava novas questões que tinham a ver com a confusão dos poderes públicos quanto à maneira que esse espaço seria utilizado pelos negociantes de gêneros alimentícios. Quase como um efeito em cadeia, esses problemas se espalhavam pelos compridos corredores do Mercado, já aprofundados pela narrativa da imprensa em sua construção caricatural.

Sobre o longo corredor que desenhava a fisionomia mais aparente do Mercado, colocava-se a dificuldade da administração pública em formular um regulamento para que ele pudesse funcionar. As discussões geradas pelo debate público quanto aos critérios de funcionamento do Mercado, na narrativa caricatural, transformavam-se numa divertida troca de papéis de gêneros, que se deslocavam do reino da necessidade para o mundo da diversão, passando obviamente pelos debates da Assembléia Provincial. Quase como num festival de verduras, hortaliças falantes, caricaturas e textos-legendas abriam a discussão dos tão aclamados regulamentos. Afinal, o "repolho é 'gênero de recreio'" e a galinha,[24] "animal de consumo"? (*Cabrião*, n.36, 9 jun. 1867) (Figura 1.18).

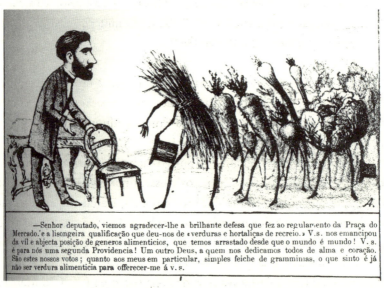

(fig.1.18) Grupo de hortaliças agradecendo a um deputado por libertarem-nas da condição de gênero alimentício. *O Cabrião*, 9 de junho de 1867.

No mesmo número do *Cabrião*, a confusão e a troca de lugares continuavam a imperar no diálogo da narrativa caricata e noticiosa, a da "Gazetilha", onde se repetia em texto que nenhum "gênero de primeira necessidade" parecia muito fixo na cidade:

---

[24] Nessa época, os galos eram também usados em jogos de diversão: as famosas brigas de galo. Da troca de lugares entre o repolho como gênero de recreio e a galinha como gênero de consumo se produz o sentido engraçado da representação dos critérios em debate na Assembléia Provincial.

PRAÇA DO MERCADO – Na assemblea provincial discutiu-se na semana finda o regulamento da "Praça do Mercado". O público divertiu-se muito com esta discussão alimentícia, e não perdeu o seu tempo porque ficou sabendo que o repolho é "genero de recreio" e a gallinha "animal de consumo"... (*Cabrião*, n.36, 9 jun. 1867).

O "mez aquoso" aprofundava a mudança de tempo, as inundações entravam em pauta no *Cabrião*. Na "Gazetilha", era anunciado:

ÁGUA – Vamos ter mais água em S. Paulo, do que tiveram os Israelitas maná no deserto. O mez aquoso aproxima-se, e a *caixa* váe receber porção *d'agua* sufficiente para innundar a Capital, se tanto for preciso. Viva a fartura! (*Cabrião*, n.5, 28 out. 1866).

Para a temporada das chuvas, redatores apontavam seus lápis e ilustradores molhavam suas penas. Entre os assuntos tratados no momento, um guarda-chuva perdido na redação do *Cabrião* anunciava, ao acaso, futuras tempestades:

GUARDA-CHUVA – Ficou no escriptorio desta redacção um guarda-chuva de doze varetas, seda cor de café e barra roxa, parece que tem pouco uso... Roga-se ao proprietário, que mande busca-lo o quanto antes... (*Cabrião*, n.7, 11 nov. 1866).

Alguns exemplares posteriores do *Cabrião*, na mesma coluna fixa, o guarda-chuva achado voltava a fazer parte dos assuntos da semana, só que, com a temporada das águas, era apanhado pelos "melhoramentos":

MELHORAMENTO – A municipalidade, segundo consta na terra, vae reunir todos os fabricantes de chapeos de sol e todas as alfaiatarias da capital, para combinar com elles sobre o meio de conseguir-se a feitura de um guarda-chuva monstro que, aberto no centro da cidade resguarde-a das "aguadas" do velho Janeiro ... A torre da Sé está indicada para ser o cabo deste famoso chapeo de chuva providencial... (*Cabrião*, n.15, 13 jun. 1867).

Apesar de o mastro da Sé já se anunciar nas pequenas matérias da "Gazetilha" como o lugar onde o cabo do famoso chapéu-de-chuva poderia ficar, nesse momento ainda esse seria o lugar privilegiado dos "cascudos" (eleitores do partido conservador) da ilustração de Agostini, que o tomavam para falar das comemorações das eleições na freguesia da Sé (Figura 1.19).

(fig.1.19) Festa dos "cascudos" na Sé. *O Cabrião*, 10 de fevereiro de 1867.

As chuvas finalmente inundavam todas as páginas do jornal, e na capa do exemplar de n.21, do *Cabrião*, de 24 de fevereiro de 1867, podia-se ver a dupla Pipelet e Cabrião remando pelas ruas da cidade, anunciando juntos fenômenos totalmente díspares; porém, ao serem colocados nos mesmos parâmetros temporais, acabavam por se combinar em critérios morais de semelhança do *Cabrião* (Figura 1.20).

(fig.1.20) "Pipelet: – Ora e esta! Se as ruas, agora, já estão innundadas assim, o que não há de ser nos dias de entrudo! Infallivelmente havemos de ter um dilúvio universal! Cabrião: – Rema. Rema, Pipelet! Vamos depressa á polícia pedir providencias! Pipelet: – Qual polícia! Dizem que também ella aprecia as molhadeiras! Queira Deos que não nos metta em algum banho!". Capa de *O Cabrião*, 24 de fevereiro de 1867.

Era fevereiro, mês dos dilúvios e também do entrudo. Este último, pela sua liberdade de gestos, extremamente popular, permaneceu como a festa popular carnavalesca até o final do século XIX. As classes mais abastadas brincavam no entrudo de forma comedida, quando de seu auge, momento em que acabavam as bisnagas de água e as laranjinhas cediam lugar aos populares, que entravam na bagunça com tinas de água, um verdadeiro dilúvio (Freittas, 1978, p.146).

Elementos que pouco se associavam como causa e conseqüência compartilhavam, na ilustração das capas do mês chuvoso, lugares paralelos em correspondência. O tempo igualava "valores" diferentes. Na opinião do *Cabrião*, qual dos dois fenômenos seria pior para a cidade, o dilúvio das águas ou o dilúvio do entrudo?

Na capa do exemplar da semana seguinte do *Cabrião*, n.22, o dilúvio provocado pelas chuvas oferecia seqüência ao entrudo. Pipelet e Cabrião permaneciam na cena, porém, longe das ruas, ficavam assistindo às "Mascaras carnavalescas".[25] No desfile, os dois foliões, o "entrudo e o dilúvio", trocam suas fantasias: de um lado da ilustração, um passante, vítima do tempo, leva um guarda-chuva com a legenda "espiritual", do outro lado, os carnavalescos brincantes do entrudo carregam a legenda "temporal" (Figura 1.21).

(fig.1.21) *O Cabrião*, 3 de março de1867.

---

[25] Título da caricatura de capa do *Cabrião* n.22, de 3 mar. 1867.

A velocidade sobre trilhos somava-se aos ritmos e barulhos diversos das ruas da cidade no *Cabrião*, acelerando mais as trocas de linguagem na narrativa caricata da vida noticiosa.

Burros e cavalos dividiam as páginas do semanário, capturando, em seus diálogos e correspondências, oscilações de escalas temporais diversas e ritmos antigos e modernos que permaneciam em transição. Charretes de "eixo móvel" e regulamentos proibindo os chiados das rodas dos bois atravessam a coluna da "Gazetilha". Logo nas páginas ilustradas, leves carruagens e carros funerários "voavam" irresponsavelmente pelas ruas da cidade (Figura 1.22).

Defuncto:—Páre, senhor; páre Sr. Cocheiro, que já me sinto desconjuntado.
Cocheiro:—Aguente-se meu amigo, preciso voltar logo, para tomar outro freguez.

(fig.1.22) *O Cabrião*, n. 3.

Defuncto: – Páre, Sr. Cocheiro, que já me sinto desconjuntado.

Cocheiro: – Aguente-se meu amigo, preciso voltar logo, para tomar outro freguez. (Cabrião, n.3)

Ao fundo dessa orquestra, em compasso de espera, permanecia a Estrada de Ferro. A cidade comportava barulhos muito diferentes. Ainda se escutava ao longe o silvo do trem, porém o avanço das tropas de animais carregando as cargas de açúcar e, depois, de café em direção ao porto de Santos já denunciava os ecos da sua presença pelas ruas da cidade.

Em 1866, a Estrada de Ferro Santos–Jundiaí continuava a ser tema no *Cabrião*. Desde o episódio do descarrilamento do trem, o grande desastre que o pobre Segismundo José das Flores, correspondente epistolar do *Diário de São Paulo*, sofreu, outras seriam as impressões e representações relativas ao funcionamento, custo e eficiência do "bixo de fogo", presença constante e perturbadora na subida e descida do Caminho do Mar até o final do século XIX.

Para a vida noticiosa e satírica do *Cabrião*, já estava fixo e firme o cronômetro de Agostini que, com traços precisos, logo no segundo número do jornal tentava suspender o avanço avassalador do trem, em forma de traço. Para isso, o caricaturista escolhia, como um dos calungas voluntários, uma nova forma de se fazer publicidade, o "homem-sanduíche", que "se" anunciava em uma colega do pequeno jornal, a *Revista Comercial* de Santos.

Agostini capturava do poder dos "pequenos" jornais, porém grandes críticos, a desproporção necessária entre dois valentes que se colocavam no mesmo caminho ou debate. De um lado, a locomotiva que vinha "segura" nos trilhos de ferro e, de outro, impedindo sua passagem, o calunga voluntário de Agostini. Um "homem-sanduíche" com uma cabeça de caranguejo no meio dos trilhos, cuja legenda acusava o trem de "progresso maldito", ameaçando a "reduzi-lo a pó". Ao lado do corajoso e quixotesco "homem-sanduíche" o calunga Cabrião fazia companhia ao "colega", assistindo ao provável embate entre as partes seguidos de legenda-comentário que insuflava a grandeza da pequena *Revista*: "o *gigantinho* é bem capaz de fazer o que diz" (Figura 1.23).

(fig.1.23) *Revista Comercial*: – Progresso maldito, conhecerás agora a força dos meus pulsos! Vou reduzir-te á poeira!!! *Cabrião*: – E o caso é, que o *gigantinho* é bem capaz de fazer o que diz". *O Cabrião*, n. 2.

O corajoso *"gigantinho"*, capaz de enfrentar o "maldito progresso", surgia, porém, em situação diversa na coluna "Gazetilha", do exemplar de n.23 de 10 de março de 1867, em chamada "arrufos". Ressentido, o jornal *Cabrião* fazia um desabafo contra a *Revista Comercial*, pautado pelas características que Agostini mais destacara na ilustração do exemplar n.2, a estatura: "A principio aquele jornalsinho achou que o 'Cabrião' não era de grande estatura; vá que seja, disse ele com os seus botões, a 'Revista' rapariga do gosto leva-se pelo tamanho das cousas" (*Cabrião*, n.23, 10 mar. 1867).

O *Cabrião* retirava do embate, ilustrado com o trem, a equivalência dos "tamanhos das cousas" e recolocava o duelo de medidas na desigualdade de opiniões dos dois pequenos jornais, que viam de pontos de vista diferentes o destino dos novos Caminhos do Mar.

> Pensa a "Revista" que o Cabrião perderá seu tempo, mettendo-se num wagon para ir á Santos puchar-lhes as orelhas? Creia que não vale a pena. Não seria melhor que á Revista se deixasse de compadrescos e denunciasse ao publico factos criminosos que chegam ao seu conhecimento? (*Cabrião*, n.23, 10 mar. 1867).

A *Revista Comercial*, eleita pelo *Cabrião* como um dos jornais foco de farpas ao longo dos dois anos de sua publicação, aparecia nas colunas do semanário, com fama de "traidora" da pequena imprensa crítica. Em meio a acusações do *Cabrião*, de sua imparcialidade de opiniões e olhos cegos quanto a questões criminosas da vida de Santos, subia aos pontos de vista diferentes quanto a antigas afinidades críticas comuns – a Companhia Inglesa que implantava a Estrada de Ferro Santos–Jundiaí, a S. P. Railway Co.: "No seu n.87 a redação do jornaleco santista faz saber ao publico que a estrada de ferro está muito boa, e que foi muito injusta quando até pouco tempo mettia-lhe as botas!" (*Cabrião*, n. 26, 31 mar. 1867).

Já em uma outra ilustração de Agostini, a presença da S. P. Railway Co. e dos desconfortos gerados pela fixação dos caminhos ferroviários em São Paulo produzia um outro tipo de embate de medidas; conflitos entre ritmos diversos que geravam na linguagem caricatural uma "charada temporal", em que um elemento retirado de hábitos antigos se propunha a solucionar um problema moderno (Figura 1.24):

Qual a differença que ha entre o condemnado que váe subindo ao patibulo, e o viajante que váe subindo os planos inclinados da estrada de ferro? E' que o condemnado váe rezando para que a corda rebente, e o viajante reza para que a corda não rebente.

(fig.1.24) *O Cabrião*, n. 3.

Qual a diferença que há entre o condemnado que váe ao patíbulo, e o viajante que váe subindo os planos inclinados da estrada de ferro? É que o condemnado váe rezando para que a corda rebente, e o viajante reza para que a corda não rebente (Cabrião, n.2).

Como se, entre hábitos antigos e novos valores, se pudesse trocar de lugar, o efeito da forma como a narrativa caricata interpretava a introdução dos novos artefatos técnicos em associação com instrumentos de uso mais antigos era engraçado e bastante emblemático.

Usar a duvidosa corda empregada na forca como elo entre os dois tempos na "charada temporal" resgatava não apenas um mero instrumento de suplício antigo que, ao longo do século XIX, ia perdendo seu uso, a alusão à corda da forca remetia provavelmente aos inúmeros suplícios e julgamentos injustos que culminaram com o caso do soldado de Santos que havia se revoltado contra a corte por não receber seu soldo. Chaguinhas, o nome do soldado, foi levado para São

Paulo e enforcado; porém, antes do desfecho fatal, a "corda de barbante", encomendada para o enforcamento, arrebentou duas vezes. Dois dias depois do caso do supliciado Chaguinhas, na ata de vereança de 22 de setembro de 1821, aparece o registro do pedido feito de São Paulo para que o procurador mandasse vir de Santos "cordas de linho competentes" (Sant'Ana, 1937, v.I, p.61).

Sobre o enforcamento de Chaguinhas, comenta Nuto Sant'Ana (1937) que o caso se tornou lenda no imaginário popular da cidade de São Paulo do oitocentos, tanto pela má qualidade das cordas de barbante que se partiram duas vezes quanto pelo fato de que "por duas vezes lhe ter sido negado o perdão" (Sant"Ana, 1937, v.I, p.66).As cordas da forca, colocadas na charada da legenda da ilustração de Agostini, estavam suspensas num duplo julgamento moral: o primeiro é que as cordas tinham fama de arrebentar com facilidade, e o segundo, pela injustiça em relação à maioria dos que eram condenados à forca sem ter culpa alguma.

Para a "charada temporal" da legenda da ilustração de Agostini, o duplo julgamento, contido na lenda da corda da forca, buscava associar a frágil "segurança" desse antigo instrumento de suplício como mais um elo duvidoso com a Estrada de Ferro. Era mais fácil a corda da forca se partir e o condenado se livrar da morte do que o viajante contar que ela não arrebentasse para evitar o provável desfecho fatal – o acidente de trem.

As confusões geradas pelo movimento da Estrada de Ferro de Santos não paravam por aí. E o jogo de trocas entre valores antigos e modernos continuava a ocupar a narrativa caricata do *Cabrião*. O tema passava a ser a interrupção dos transportes pela Estrada de Ferro no Caminho do Mar. Como encontrar saídas para transportar as mercadorias que subiam e desciam a Serra do Mar?

Nas primeiras décadas do oitocentos, o Caminho do Mar já era formado por duas estradas entre São Paulo e Santos, que continuaram sendo utilizadas depois da instalação dos trilhos da Estrada de Ferro Santos-Jundiaí. O mais antigo desses caminhos, apesar de bonito, era muito perigoso e não tinha pavimentação; o segundo, mais moderno do que o primeiro, macadamizado, não oferecia condições para que cargas mais pesadas o utilizassem, "parecia um paredão a pique". Mesmo assim, em 1858, por ele passavam, por mês, cerca de vinte mil bestas e mais de duzentos carros (Bruno, 1953, p.587).

Nos anos posteriores à inauguração da Estrada de Ferro que faria o Caminho do Mar, a situação das estradas feitas pelas bestas e pelos carros só piorava. Elas foram definidas por Visconde de Taunay como "caminho terrível". Em seus comentários, ele lembrava ainda que o Caminho do Mar parecia o caminho do Paraíso, como fora descrito nas velhas crônicas medievais, destacando que só desejava, aos inimigos, o trânsito contínuo por ele.[26]

Surgia, nos desenhos de Agostini, o calunga de um burro discutindo, de igual para igual, com um viajante que pretendia negociar seus serviços em substituição aos trens. Porém o burro dos tempos passados reivindicava pagamento à altura dos novos tempos, equivalente aos obtidos quando do funcionamento normal da Estrada de Ferro (Figura 1.25).

(fig.1.25) *O Cabrião*, 4 de novembro de 1866.

Viajante: – Oh! Senhor! Pois para levar-me a Santos, pede um tal desproposito?! Isso é mais que roubar!

Burro: – Meu caro, em tempo de figos não ha amigos. Quando funccionava a estrada de ferro você e outros desprezavam-nos; agora aguentem-se.

(Cabrião, 4 nov. 1866)

Como afirma Richard Morse (1970, p.206), este é "um breve momento em que a estrada de ferro foi posta em perigo pelas baixas taxas cobradas pelos

---

[26] Este comentário foi citado por Ernani Silva Bruno (1953, p.588).

tropeiros". "Breve momento" que, ao longo dos textos e das caricaturas do *Cabrião*, acabava por ser suspenso e prolongado, como se, ao "acaso" dos ajustes e desajustes de funcionamento e dos decorrentes acidentes e desastres causados na construção das estradas, a cena caricatural já pudesse oferecer uma dilatação mais reflexiva dos acontecimentos.

Apesar da circunstancialidade da situação representada pela introdução da Estrada de Ferro em São Paulo, as questões que circundavam sua fixação já se instalavam na imprensa caricata e noticiosa, que cada vez mais ampliava a capacidade de representar suas várias conseqüências, a fim de fixar melhor o momento. O resultado da incipiente modernização, tematizada pela presença do trem, eram as múltiplas metáforas dessas transformações caricatas que figuravam na coluna "Gazetilha":[27]

> Estrada de Ferro – ... O povo da paulicéa está todos os dias á espera de vêl-a, e apenas ouve assobio fica tudo de orelha em pé. Mas sempre ha malogro! Os torpedos minesteriaes não consentem que o carro do progresso atravesse os campos Piratininganos! Há cada ratão neste mundo! (*Cabrião*, n. 12, 18 dez. 1866).

Em 1867, finalmente se daria a reabertura oficial da Estrada de Ferro Santos–Jundiaí. Na coluna "Gazetilha", do *Cabrião* de 6 de janeiro daquele ano, persistiam os comentários ácidos ao tão esperado transporte ferroviário que cobriria a cidade de progresso. A reabertura da Estrada de Ferro inaugurava, no *Cabrião,* mais uma vez novos acidentes no Caminho do Mar.

> A scena tinha alguma cousa de pittoresco. Homens, mulheres, crianços e crianças, uns trepavão pelas pedras ou descião pelo lodo com umas caras que fazia morrer de riso no meio do risco eminente que a todos rodeava. Outros caminhavão aos pulos como os cangurús, por cima dos dormentes que dançavão

---

[27] Num Relatório Apresentado pela Comissão de Estatística de São Paulo ao Presidente da Província, em 1888, eram classificadas as extensões reais das linhas, seu crescimento comparativo aos anos anteriores, seus pontos de parada ao longo do percurso, o volume progressivo de passageiros e cargas, assim como o registro do número de acidentes para o ano de 1888, que se subdividia nesta classificação: colisões, descarrilamentos, desmanches da locomotiva, pessoas feridas e pessoas mortas. Interessante notar que esses números eram extremamente baixos se comparados com o grau de destaque que tinham na imprensa humorística.

como uma dentadura postiça mal segura, ou como as teclas de um piano que ora se abaixão e ora se elevão conforme a pressão dos dedos, que podem muito bem ser os dos pés (*Cabrião*, n. 17, 6 jan. 1867).

E finalizava o comentário decretando que, por via férrea nunca mais irá a Santos.

Os trens escapavam dos trilhos nos difíceis declives do Caminho do Mar e, como a lendária corda da forca e as antigas bestas, a caricatura de Agostini acabaria por conduzir o leitor a novas impossibilidades de soluções. Nem mesmo a conjugação dos tempos em concorrência salvava os frágeis trilhos do progresso.

A convivência de elementos antigos e modernos começava a adquirir outros significados. A lentidão, tão cara à vida provinciana e ao ritmo compassado da natureza, tomava sua consistência moderna. A permanência de novas velocidades, representadas alegoricamente pelo trem, incorporava uma outra dimensão. Da ineficiência da rapidez não surgiam apenas os descarrilamentos, desastres, abalos e avanços, como também a lentidão, que chegava em forma do novíssimo sentido do atraso. Afinal, será que só o excesso de velocidade seria sintoma dos novos tempos? E a lentidão, não poderia se investir de velocidade também?

Duas tartarugas surgem nas páginas ilustradas do *Cabrião* de n.30, de 28 de abril de 1867, puxando os vagões de trem ao longo dos trilhos, inaugurando mais um produto dos tempos modernos – o atraso (Figura 1.26).

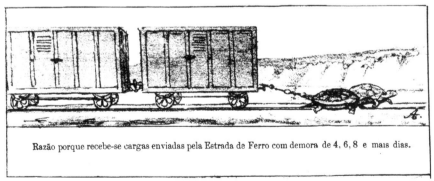

(fig.1.26) "Razão porque recebe-se cargas enviadas pela Estrada de Ferro com demora de 4 6, 8 e mais dias". *O Cabrião*, 28 de abril de 1867.

Nos comentários de Richard Morse para esse período da formação da cidade de São Paulo, o autor procurou esclarecer que tanto o custo quanto os atrasos, tão marcados nas imagens e textos do *Cabrião*, no momento de inauguração da Estrada de Ferro Santos–Jundiaí se justificavam por uma série de irregularidades, oriundas da convivência e concorrência dos transportes de animais feito pelos tropeiros, cujo um custo era mais baixo do que o transporte via estrada de ferro:

> ... o êxito da estrada de ferro foi posto em perigo pelas reduzidas taxas dos tropeiros competidores. Estes haviam sido beneficiados pela construção, na década de 1860, de uma estrada nova e melhor através da Serra, construída ostensivamente, pelo menos, com o propósito de baixar os fretes da estrada de ferro. Porém esta insatisfação quanto aos altos custos do transporte de trem tenderia a ser solucionada rapidamente, vistos os índices e tabelas que apontam que, nos anos entre 1867 e 1871, houve um aumento significativo de passageiros e mercadorias que passavam a utilizar o transporte férreo (Morse, 1970, p.206).

A última referência feita à Estrada de Ferro pelo *Cabrião* (n.47, 1 de setembro de 1867) coloca mais uma interrogação irônica diante da viabilidade econômica do uso do trem nos carregamentos de mercadorias. Novamente pelos traços seguros de Agostini, vê-se o vagão indo embora estrada afora e um ilustre senhor, "pae algodão", com as mãos apertadas observando sua carga partir na mesma direção, porém carregada na "degradante romagem das costas dos burros", em detrimento das "delicias da estrada de ferro" (Figura 1.27).

(fig.1.27) "O pae do algodão chorando as misérias e tormentos que soffre seu filho predilecto, affastado das delicias da estrada de ferro pela mão da ímpia e deshumana sorte, e condemnado á maldita e degradante romagem das costas dos burros".
O Cabrião, 1 de setembro de 1867.

Apesar dos contrastes de lugares e linguagens que apareciam, nos demais jornais citados, em relação aos ingleses, perde-se muito do colorido registrado pela imprensa caricata e noticiosa restringindo-se à avaliação das expressões caricatas como um simples "dispositivo reacional instantâneo" oriundo de uma xenofobia colonial, como afirmou Richard Morse (1970) ao analisar a presença da representação dos trens nessas folhas humorísticas paulistas.[28]

A coluna "Cartas de Segismundo" do *Diário de São Paulo*, que noticiou o descarrilamento do trem em forma de "trambolhão", ganha outra validade se pensada não apenas como um mero acidente ou xenofobia à presença inglesa, e sim como um ponto de reflexão na própria linguagem jornalística diante dos inúmeros acidentes e descompassos que marcaram as formas como os artefatos modernos foram sendo incorporados ao cotidiano da cidade de São Paulo.

De fato, o correspondente Segismundo aceitava, em sua coluna, a afirmação dos ingleses que diziam que incidentes ocasionais acontecem, porém, durante o ano de 1866, nas páginas do *Cabrião*, os acidentes continuaram a acontecer, tornando-se um "lugar temático" para os colaboradores da imprensa caricata.

Quase ao mesmo tempo...

Os ritmos da cidade cada vez mais passavam a se tornar temas fixos na imprensa caricata e noticiosa. Por suas colunas a cidade se espalhava e se diversificava em assuntos ligados ao dia-a-dia. Escritores e caricaturistas transformavam essa incipiente diversidade dos novos tempos do viver urbano na composição entre a linguagem gráfica e a escrita. Desse encontro, experimentavam tudo que era possível, diante das limitações técnicas do período.

Eram os anúncios que vinham esgarçados; as antigas biografias de pessoas ilustres transformavam-se em "quadros ilustres" humorísticos que destacavam as próprias pessoas que faziam imprensa. Opiniões, críticas e comentários jocosos incluíam, na imprensa, os espetáculos apresentados nos palcos paulistanos.

---

[28] A mordacidade e a irreverência com que jornais como *Cabrião*, *Diabo Coxo* e mesmo o *Diário de São Paulo* representavam esse momento foram analisadas por Richard Morse (1970) como uma expressão reacional oriunda de uma determinada "malícia colonial" e xenofobia aos ingleses, introdutores da estrada de ferro.

Extensas colunas surgem, registrando gírias do momento, hábitos e nomes de pessoas ilustres em definições irreverentes.

Ao caminhar para o final do século XIX, a imprensa caricata e noticiosa cada vez mais vai às ruas capturar essas informações retiradas do cotidiano, acumulando, em suas representações, as mudanças que a cidade concentra, com seus novos habitantes, imigrantes, negros libertos, caipiras, grandes latifundiários, assim como pelo seu perfil oscilante, que vai desde o mais provinciano, da pequena aldeia, ligado ao ritmo do campo, até a presença dos artefatos mais modernos, termos civilizados que se transformam, em suas várias conjugações, numa grande comédia de costumes impressa.

Em 1874, prenúncios de uma mudança radical na imprensa do século XIX chegavam em mensagens curtas e rápidas; os telégrafos anunciavam as modificações no formato e conteúdo da imprensa de perfil mais sisudo. Naquele ano, a agência telegráfica Reuter-Havas instalou uma sucursal no Rio de Janeiro. Três anos depois, em 1877, o *Jornal do Comércio*, do Rio de Janeiro, publicava as primeiras mensagens recebidas por meio dos telégrafos:

> Londres, 30 de julho às dez horas da noite – Foi malograda a tentativa feita em Millwal para lançar ao mar a fragata de guerra Independência, recentemente construída por conta do governo brasileiro.
>
> Londres, 30 de julho às 2 horas da manhã – Faleceu ontem M. Christe, antigo ministro da Inglaterra junto ao governo brasileiro (Sodré, 1999, p.215).

O *Polichinello*[29] (1876), jornal humorístico redigido por Luís Gama e ilustrado por Nicolau Huascar, inaugurava em suas colunas a rapidez das mensagens dos novos tempos. Fixavam-se, em seus primeiros exemplares, os "Telegramas", construídos em frases curtas, porém com seqüências que, naquele momento, buscavam seu sentido irreverente na articulação lenta e literária com a frase anterior. Eram sínteses que ainda não cabiam em uma frase só, mas que, em sua estrutura, mais aparente, já representavam paródias à presença da linguagem telegráfica, transformando a forma de a imprensa divulgar suas matérias noticiosas.

---

[29] O nome Polichinello vem de expressão comum à época: "segredo de polichinello", que fazia referência a uma coisa que todos conhecem e que os ingênuos fazem segredo (apud Camargo, 1981, p.9).

Telegrammas:

A cidade está em alarma: todos hablan, todos gritan, e ouve-se por entre o murmúrio confuso das massas populares um som indefinido, vago, longínquo, um nome emfim – O Oliveira!!!

*

Corre como certo que o Oliveira vae matar toda a gente do Jahú...
(*Polichinello*, n.4, 7 maio 1876)

Já na coluna "Fábulas instantâneas", em que o título sempre reverenciava o momento que passa, quem quase desaparecia era a fábula, a rapidez do "instantâneo" fazia da história, curta por natureza, o texto de um único parágrafo:

Fabula instantânea:

Vae para a Europa Ignez, e muita gente chora

Ao despedir-se della; outros não. Diz a dama:

"Bem vejo e reconheço os que me amam agora:

Quem não chora não *mama*".

(*Polichinello*, 30 abr. 1876)

O que ficou do antigo? Talvez a moral da história: "Quem não chora não mama".[30]

O *Polichinello*, jornal de tendências abolicionistas declaradas, anunciava a proximidade das ondas republicanas que já redefiniam, na imprensa, falanges políticas diversas bastante oscilantes. O próprio Luís Gama participara do primeiro Congresso Republicano da Província em São Paulo, em 1873, defendendo a abolição completa do "elemento servil"; porém, o redator logo rompeu com os republicanos, acusando o partido de ser mais reacionário que "qualquer outro da monarquia e que de democrata só tinha o rótulo" (apud Camargo, 1981, p.11).

O abolicionismo e o quadro meio descolorido das ondas republicanas já faziam seus adeptos e desiludidos. Alguns jornais caricatos ainda se definiam como ligados a falanges políticas, mas o que prevalecia, nos programas de apre-

---

[30] A expressão "Quem não chora não mama" foi muito utilizada pelo jornalista e escritor humorista barão de Itararé (Aparício Torelly), nos anos de 1940, que se aproveitava de histórias, piadas e ditos colhidos na rua (cf. André & Papi, 2002, p.XIII).

sentação da pequena imprensa caricata do final do século XIX, era uma certa "omissão" às tintas políticas até então declaradas de cunho crítico, modo pelo qual as questões do momento, incluindo a política, passavam a ser noticiadas pelos "órgãos da imprensa" (Figura 1.28).

(fig.1.28) "Impressão de um lithographo em uma lithographia imperialíssima". Ilustração de capa de *O Polichinello*, 10 de setembro de 1876.

No artigo de apresentação do *Polichinello*, esse tom de crítica engajada ao momento e à imprensa soma-se ao estilo irreverente do jornal, declarando-se ao mesmo tempo, crítico e pautado pela "gargalhada":

> Pejandos vemos os nosso orgams da imprensa de graves conceitos, de animadores aplausos e de formidáveis explosões de severidade, segundo o objecto de sua dissertação sejam fatos de alcance politico e social...
>
> Entretanto, há entre elles outros a que uma critica ainda que severa nunca será efficaz: estes factos são de si mesmo desasados ou ridiculos; para elles – a satyra; seu unico correctivo – a gargalhada (*Polichinello*, 16 abr. 1876).

Progressões geométricas, em quadros detalhados, também se faziam presentes nos jornais do final do século XIX. Chegavam as grande levas de imigrantes, representados em suas várias tipologias de origem: brancos, amarelos e "pretos". Era o reinado da estatística que invadia a vida social em quadros aritméticos claros que esquadrinhavam o perfil dos habitantes da cidade; registravam a entrada de imigrantes, a presença dos negros libertos e a densidade que esses diversos habitantes passavam a ocupar nas poucas circunscrições urbanas (Hobsbawm, 1996, p.363).

Eram europeus, na maioria italianos, portugueses, espanhóis, alemães, austríacos, russos e franceses, que vinham trazer mais movimento e linguagens diversas às ruas da cidade. Em 1880, houve um grande deslocamento da imigração voltada para a agricultura que passava a se dirigir para a cidade de São Paulo. Os imigrantes mais humildes procuravam profissões urbanas como as de mascates ou artesãos. Em 1897, o influxo de italianos superava, em número, os brasileiros na proporção de dois para um (Morse, 1970, p.240-1).

As tipologias sociais, os critérios de esquadrinhamento científico, assim como a presença dos imigrantes também transformavam a linguagem da imprensa. A seleção natural de Darwin, muito em voga no século XIX, penetrava nos jornais, que surgiam em maior quantidade, e neles os termos científicos se multiplicavam em expressões, títulos e colunas em várias línguas e etnias.[31] Porém, mesmo nascendo em grandes quantidades, todos os pequenos jornais ainda morriam na mesma proporção com que vinham ao mundo. A regra entre mortos e vivos era clara e mais antiga que os ventos darwinistas para a

---

[31] Afonso de Freittas (1914) registrou, em seu catálogo da imprensa paulistana de 1823-1914, a presença no final do século XIX, de vários jornais de idiomas diversos: *O Allioth* (1887), jornal satírico em vários idiomas, *A Procellaria*(1887), coluna de agradecimentos em várias línguas, *O Valapuk* (1889), jornal numa língua que misturava o português com valapuk (língua inventada).

pequena imprensa. E quem anunciava os mortos eram aqueles que sobreviviam aos primeiros tempos republicanos. Foi assim que o jornal humorístico *Máo* (1898) despediu-se de seus irmãos:

> Notamos com pezar em nossos corações os seguintes óbitos passados nos mezes anteriores nesta Capital:

> A Epocha
> O Anel
> O Bufo
> A Braza
> O Amor
> O Colibri
> O Jaguncinho
> A Pulga
> O Templo
> O Cabrião
> O Urubu
> O Guarany
> O Porrete
> O Arado
> A Sociedade
> La Luz
> A Faca

> As famílias dos mesmos eivamo-lhes [*sic*] os nossos pezames e assim que chegar o dia 2 de Novembro proximo collocaremos uma crôa em cada sepultura com a seguinte inscripção:
> *O Máo tem pena mas chorar não póde* (Freittas, 1914, p.812).

O final do século XIX, na Europa, já inaugurava um novo tipo de jornalismo mais voltado à informação, à extensão das colunas de variedades do que às longas crônicas políticas, e com uma linguagem mais enxuta, sintética, correspondendo cada vez mais à proximidade de comunicação gerada pelo telégrafo e os correios (Figura 1.29).

(fig.1.29) Ilustração de Agostini sem referência de data, provavelmente do final do século XIX, momento em que o telégrafo chegava ao Brasil. A ilustração faz uma representação da "União do Telégrafo e do Correio".

La Presse, *Le Petit Journal* e *Le Petit Parisiense*, na França, revelavam a valorização da informação em detrimento dos textos sisudos, críticos, para uma pequena parcela da população. O novo jornalismo de informação ampliava seu número de leitores, incluía as massas e se abria para os anúncios publicitários. Os grandes jornais do final do século XIX criavam sociedades anônimas cujo enfoque era a informação como investimento comercial.

Dessa transformação radical da imprensa, apareceria uma série de distinções e especializações no quadro dos produtores de jornais. No lugar de escritores ou homens das letras, surgiriam os jornalistas e repórteres ligados à informação.

O conteúdo das matérias e a posição desses novos jornalistas também trariam radicais modificações ao estilo da imprensa. Com o fim do jornalismo político e sisudo, desapareciam os longos artigos de opinião e um estilo literário que se revelava na forma jornalística de encaminhar a vida da imprensa.

Nas palavras do escritor Émile Zola, que testemunhava o impacto da informação na produção dos homens das letras no final do século XIX, esta, de fato, transformava o jornalismo, matando os grandes artigos, a crítica, e cedendo cada vez mais espaço "aos despachos, às grandes notícias e processos verbais, às reportagens, às entrevistas" (apud Ortiz, 1991, p.108). Porém, ainda declarava Zola, apesar da morte da literatura diante da linguagem da informação, abre-se uma nova direção para a produção literária dentro da imprensa:

> Se a literatura é uma recreação das letras, o divertimento reservado a uma classe, a imprensa está matando a literatura. Mas ela traz uma outra coisa, difunde a leitura, conclama um maior número de homens à inteligência da arte. A que fórmula ela chegará? Eu ignoro. Simplesmente constato que, se assistimos à agonia da literatura da elite, é porque a literatura de nossas democracias vai nascer (apud Ortiz, 1991, p.108).

O caminho da literatura, assim como da produção cultural em geral, já estaria quase totalmente indicado nas poucas linhas do depoimento de Émile Zola. A maior parte dos escritores e ilustradores teria como destino as revistas especializadas, voltadas para o mundo do entretenimento e da vida cultural urbana.

Artigos de fundo, artigo di... fundo, artigos defuntos

O batismo da imprensa irreverente: entre cabeçalhos e programas, aqui está ao que viemos!!!

As revistas começam com o século. Se os jornais marcaram o nosso período anterior, nascidos muitas vezes da luta política, saindo e se multiplicando, fechando e sendo substituídos, criando esse clima de participação que foram as últimas décadas abolicionistas e republicana, o 1900 muda a tônica da imprensa para as revistas. Semanais, ilustradas. E nelas se vê uma nova atmosfera. Agora é o instante da crônica social, da charge, do soneto. Os homens do governo não são mais atacados, são alvo de sátira; os fatos do dia não se traduzem em notícia, mas vêm no leve comentário; e junto com as rimas, que tomam largo espaço, há um não menor fascínio pela Academia (Ramos, 1985, p.19).

Na França, a partir de 1870, não se pode falar de história da imprensa sem nela incluir as revistas ilustradas. E, portanto, os grandes mestres da caricatura, Gill, Sennep, Daumier e Jean Effel, que espalharam seus desenhos nas famosas folhas parisienses *Le Charivari* (1832), *La Vie Parisienne*, *Le Rire* (1894), *L'Assiete au Beurre* (1901), e tantas outras já envolvidas no viver urbano e no mundo dos divertimentos. Essas folhas tinham, como temas, desde questões ligadas à esfera da política, à imprensa cotidiana, ao anticlericalismo, ao anti-semitismo, até os costumes, penetrando no formato dos assuntos diversos, da charge leve ao viver urbano. Esses eram os principais motivos da narrativa caricata na vida noticiosa da *belle époque* (cf. Lathève, 1986).

A imprensa ilustrada paulistana não deixou de receber influência direta das ondas cosmopolitas das revistas ilustradas francesas. Apesar de em São Paulo ainda haver um limitado número de tipografias e antigos métodos de impressão, os formatos, tipos e títulos dos pequenos semanários dos primeiros anos do século XX já mostravam, em comentários e pequenas ilustrações, a possibilidade de novos métodos de composição gráfica, assim como a variedade de temas retirados do próprio viver urbano.

Em São Paulo, mais do que nas outras cidades brasileiras, houve um *boom* de publicações de periódicos nas últimas décadas do século XIX, 600 publicações: "o quíntuplo das quatro décadas anteriores" (Cruz, 1997b, p.20). Para esse fenômeno da imprensa, ocorrido na "viragem" do século XIX para o XX, havia grande desproporção entre a tiragem de livros e periódicos (Fiorentino, 1982, p.28).

Monteiro Lobato, editor no começo do século XX, manifestava-se em tom de desabafo em relação ao protecionismo dos jornais em detrimento dos livros. Para a imprensa, a compra de papel estava livre dos impostos, no entanto, para os livros, o papel branco era mais caro do que a importação de um livro já impresso em Portugal (cf. Fiorentino, 1982, p.28).

Já Olavo Bilac, ao escrever a crônica de abertura da primeira revista ilustrada carioca, *Kosmos* (1904), inspirada nos moldes da *L'Ilustration Française*,[1] comemorava o advento das revistas, apesar de confirmar que elas, mais do que a imprensa em geral, colocavam terra sobre a indústria dos livros. O príncipe dos poetas acreditava ser a grande explosão da imprensa um quadro natural de evolução da "vida moderna": "Quem esta matando o livro, não é propriamente o jornal; é, sim, a revista, sua irmã mais moça, cujos progressos, no século passado e neste começo do século, são de uma evidência maravilhosa" (*Kosmos*, jan. 1904).

Para Bilac, ao contrário de Lobato, não havia o que questionar quanto ao progresso. A ampliação de temas da folha, assim como a mudança e aumento do público leitor, menos elitista, ligava-se ao advento das revistas exatamente da mesma forma como se apresentava a "vida moderna" e a forma de se fazer imprensa – em leituras leves, rápidas e breves: "A actividade humana aumenta

---

[1] Brito Broca (1975, p.228), ao discorrer sobre as revistas e periódicos voltados para a vida cultural, de variedades e literária existentes no Brasil, comentava os impedimentos gerados pelos parcos recursos gráficos e técnicos de imprimir revistas aos moldes das que eram lançadas em Paris. Em 1901, surgia em Paris uma das primeiras revistas brasileiras que publicavam desenho e fotografia, a *Ilustração Brasileira*. Só em 1904, com a *Kosmos*, revista de perfil cultural, foi que Broca registrou a viabilidade técnica e gráfica de se imprimir folhas bem-acabadas no Rio de Janeiro.

numa progressão pasmosa. Já os homens de hoje são forçados a pensar e a executar, em um minuto, o que os seus avós pensavam e executavam em uma hora" (*Kosmos,* jan. 1904).

Para dentro da imprensa, a valorização de seu novo *status* e a mudança de perfil das folhas, menos doutrinárias e mais ligadas à informação, denunciavam o seu caráter de investimento comercial voltado para um público leitor que começava a se formar, principalmente nas grandes cidades brasileiras do começo do século XX.

Para escritores revoltados com o domínio da nova imprensa e cronistas engajados ao estilo das reportagens dos novos tempos, tais como Bilac ou mesmo João do Rio, as revistas especializadas, de variedades e culturais, seriam um lugar em que descontentes e integrados se encontrariam para um novo diálogo sobre "vida literária", a arte e a própria forma de se fazer imprensa.

Brito Broca (1975, p.3), ao notar o deslocamento da produção literária, restrita aos jornais e aos livros no final do século XIX, para sua concentração nos periódicos especializados e na nova abordagem do viver urbano, comentava que a produção literária e os literatos passavam a andar de braços dados com a sua maior inimiga, a vida mundana.

Surgia a "vida literária", reflexo da euforia com a modernização da cidade, num período de calmaria política posterior à Revolta da Armada e à reação florianista de 1893 que, juntamente com as mudanças na imprensa, contribuíram para a desarticulação da produção literária. No início do século XX, refletia-se na literatura um clima de leveza e euforia que acabou se tornando célebre à época, na frase de Afrânio Peixoto, hoje bastante questionada: "a literatura é o sorriso da sociedade" (Broca, 1975).

Heloisa Cruz (1997b), na introdução ao *Catálogo de Publicações da Imprensa Cultural e de Variedades Paulistana (1870-1930)*, além de destacar o grande volume de revistas e periódicos centrados na vida cultural paulistana, registra também no conteúdo dos semanários sua grande ligação com a vida dos entretenimentos urbanos, o mundanismo e a representação dos costumes aliados à presença da fotografia, da ilustração e do humor gráfico.

Ana Luiza Marins (2001), ao definir o perfil das revistas paulistanas na virada do século XIX para o XX, observa que, nas próprias crônicas de apresentação dos periódicos, o clima de mundanismo e de velocidade dos novos tempos dirigia-se ao público como um narcótico a entretê-lo:

...tudo dependia do teor da publicação: se jocosa, o cavaco preliminar era de rigor, se dinâmica, atenta à velocidade daqueles novos tempos, apenas em duas palavras bastava dizer ao que vinha; se solene, um compenetrado a que se deve introduzia o primeiro número. No geral, todos estes artigos de fundo nada mais eram que o "narcótico habitual com que se entretem o leitor", de acordo com a apresentação da revista (Martins, 2001, p.2).

A partir das estimativas apresentadas em relação ao número total de periódicos na *Estatística da Imprensa no Brasil* para 1912, assim como o levantamento das publicações paulistas, arrolado por Heloisa Cruz (1997b) e Ana Luiza Martins (2001) para o período de 1870-1930, Elias Thomé Saliba (2002, p.39), ao abordar o humor na imprensa paulista, calcula que, entre o total das 523 revistas publicadas, "62 delas (12%) se 'auto-intitulavam humorísticos', 78 (15%), de variedades, e 179 (34%) delas se diziam 'literárias'".

Esta porcentagem de semanários de narrativa humorística tende, porém, a aumentar, se considerarmos aqueles de variedade, atualidades ou literários que muitas vezes não se auto-intitulavam apenas humorísticos, mas continham, em seus programas de apresentação, assim como no cotejo de seus exemplares elementos que os identificam com aspectos da narrativa caricata e irreverente, a qual, a partir do século XX, estaria cada vez mais associada às linguagens e temáticas advindas do mundo do entretenimento, das diversões, que penetravam a vida urbana paulistana no início desse século.

Ampliando a quantidade de periódicos humorísticos que continham em seu programa de apresentação ou no conteúdo de suas folhas traços ligados à narrativa irreverente, buscamos fazer o levantamento dessa pequena imprensa entre os anos de 1900 e 1911, a qual se encontra organizada de forma cronológica no quadro do Apêndice I.[2]

---

[2] Foram levantados, no total, 88 periódicos de narrativa irreverente pertencentes a esse período. Uma parte deles, 27 semanários, não foi encontrada; apenas existem referências a eles em comentários registrados no catálogo de Freittas (1914), Cruz (1997b) ou Camargo (1975). Um pouco mais da metade, 51, encontra-se de forma esparsa no índice do acervo da Hemeroteca do Instituto Histórico Geográfico de São Paulo (IHGSP). Dos 51 semanários do IHGSP, foram consultados 46 periódicos. Ainda uma

Entre os periódicos consultados pela leitura do catálogo de Freittas (1914) e consulta direta no acervo do Instituto Histórico Geográfico de São Paulo (IHGSP), encontram-se comentários esparsos ao perfil dessa pequena imprensa de narrativa irreverente. De forma direta ou indireta, pudemos reunir 52 programas de apresentação dos semanários de narrativa caricata[3] que vinham sempre no lançamento do primeiro exemplar das folhas.

A presença de uma grande quantidade de primeiras folhas não se deu por mero acaso, valendo aqui uma explicação. A grande incidência de primeiras folhas deveu-se ao hábito comum na imprensa da época de se enviarem os primeiros exemplares para os vários órgãos da imprensa e instituições de perfil cultural como forma de divulgação. Costume que pode ser notado ao adentrarmos os semanários que mantinham colunas fixas para esse material recebido e enviado, os famosos "Recebemos e agradecemos"(Figuras 2.1 e 2.2).

(fig. 2.1) *Arara*, 18 de fevereiro de1905.

---

menor parte, dez periódicos, encontra-se microfilmada no acervo da Biblioteca Mário de Andrade em São Paulo e na Biblioteca Nacional do Rio de Janeiro. Apesar de os periódicos dessas duas últimas bibliotecas não terem sido consultados, o registro das folhas pertencentes a eles encontra-se também no quadro do Apêndice I.

[3] Freittas (1914), ao fazer referência aos periódicos, costuma colocar fragmentos de textos dos jornais. Os programas de apresentação que informavam a quem se dirigiria o jornal e que tipo de temas abordaria foram o recurso mais usado pelo autor para exemplificar e distinguir cada um dos jornais catalogados por ele, entre 1823 e 1914.

COMO NOS RECEBERAM

Aos nossos collegas de imprensa somos immensamente gratos pela maneira gentil e cordeal com que nos receberam. Os agradecimentos, que aqui lhes deixamos consignados, estendense tambem a todos que nos enviaram as suas felicitações.

Publicar os nomes de todos os collegas e dessas pessoas seria occupar-as paginas de muitos numeros do *Arara*. Tal não faremos, e isto por motivos que desejamos guardar no mais absoluto segredo.

Não podemos, porém, furtarmo-n'os ao prazer, mesmo em risco de nos taxarem de indiscretos, de reproduzir aqui as palavras com que algumas das nossas individualidades mais em evidencia acolheram o primeiro numero do *Arara*.

Como pudemos vir ao conhecimento das phrases, que damos em seguida, é ainda outro segredo que descerá comnosco á campa.

O PAPAI GRANDE — E foi para vêr *isto* que me acordaram?

— O PAPAI PEQUENO — Que diabo tem esta gente com o Botelho?!

— O SR. JESUINO CARDOSO — Está engraçado; mas falta-lhe a violencia do meu Sirocco do Sahara.

— TRES ACTORES CONHECIDOS — Vamos lançal-o!

— UM COLLEGA — Está cheio de coises bonites.

(fig. 2.2) *Arara*, 18 de fevereiro de1905.

Os programas de apresentação em estilos diversos – em versos, totalmente ficcionais, jocosos, engajados e comprometidos com o momento e a imprensa – demonstram a forte característica literária, teatral, que impregnava a pequena imprensa de narrativa irreverente da *belle époque* paulistana.

Esse clima da *belle époque,* já mencionado, para a "vida literária", não se restringiu apenas à literatura e ao deslocamento dos escritores para as revistas e semanários culturais. Ele indicava uma mudança na própria narrativa da vida cultural, que vinha se alterando desde o final do século XIX com o crescimento das cidades. A modernização não apenas penetrava na esfera econômica, como também na produção cultural, na vida dos entretenimentos que adquiria características que conjugavam, num mesmo espaço, pantomimas, teatro de *vaudevilles*, cafés-concertos e os primeiros passos do cinema mudo.

Desse lugar na cidade onde se concentravam vários tipos de diversões, também surgia grande parte da linguagem da pequena imprensa de narrativa irreverente (Figura 2.3).

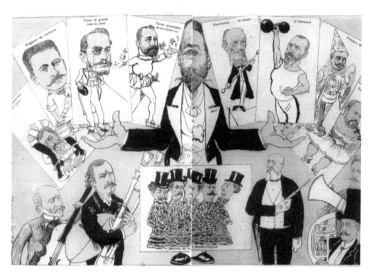

(fig.2.3) Caricatura com os títulos "Polytheama" e "Congresso Arthur Piva". Na legenda, a fusão literal da ilustração, assinada por Arturo Piva: "Grande companhia de variedades, lyrico-comico-acrobático-reformista". *Arara*, 15 de abril de 1905.

Sobre o humorismo típico da *belle époque,* comenta Elias Thomé Saliba (2002, p.66) sua característica que "almejava cultivar a bonomia", ao animar-se, às vezes, escapava da leveza bem comportada, tornando-se, pelo jogo das palavras, quase incontrolável.

Esta face híbrida do humorismo, que oscilava entre a leveza e a crítica mais cáustica ao momento era assumida nas folhas de narrativa irreverente na sua dupla presença na vida dos entretenimentos urbanos, assim como no engajamento da maioria deles com pontos de vista mais reflexivos e críticos sobre a vida noticiosa, representada principalmente pela própria imprensa.

Nota-se ainda que a força desse humorismo da *belle époque* era tão representativa do momento, que grandes pensadores do início do século XX dedicaram-lhe obras que buscaram, de maneiras distintas, compreender suas manifestações.

Sigmund Freud (1996, v.III), ao revelar o inconsciente e a vida onírica através dos sonhos, em 1905, aprofunda mais a misteriosa geografia do id, por meio dos mecanismos de *Os chistes e suas relações com o inconsciente*. O dramaturgo e romancista italiano Luigi Pirandello (1996), anos depois, publicava *O humorismo* (1908), no qual procurava analisar o humor a partir da literatura e da filosofia. Henri Bergson (2001), que antecedeu a ambos, publicou em 1899, *O riso*, obra em que buscava mostrar uma tipologia e os mecanismos do humor, rastreando, em grande parte, a vida urbana do final do século XIX, principalmente as atitudes retiradas do dia-a-dia e do mundo do entretenimento: o teatro do *vaudeville*, os artistas circenses, os jogos de palavras e as caricaturas das revistas ilustradas.

Sobre os três grandes pensadores do início do século XX, o que havia em comum, além da pertinência à mesma época, era o fato de que todos constatavam que o riso tinha uma história e se transformava ao longo do tempo. A questão, então, que permanecia e ligava os três autores talvez não estivesse nos mecanismos que produziam o riso, e sim nas formas que ele foi adquirindo no transcorrer do tempo e em determinadas circunstâncias.

Nessa perspectiva, percebe-se que a narrativa irreverente da imprensa paulistana da *belle époque* se aproximava muito das formas e casos exemplares em que Bergson, mais do que os dois outros autores, abordou o humor. *O riso*, de Bergson, assim como a narrativa irreverente da pequena imprensa da *belle époque,* estavam engajados e extremamente vinculados à vida urbana e ao mundo do entretenimento, fonte a que recorre o autor para seus exemplos dos "mecanismos" dos vários tipos de riso; lugar em que a pequena imprensa de narrativa irreverente representa o momento, recolhe seus motivos e vincula-se como fonte de sobrevivência a partir do século XX.[4]

Cruz (2000, p.112), ao analisar as folhas domingueiras paulistanas da *belle époque*, nelas aponta um certo tom lúdico e leve, característico do novo vín-

---

[4] Flávia Cesarino Costa (1999), ao analisar a narrativa do cinema mudo entre 1895-1908, aponta a existência de uma narrativa fragmentária na vida cultural que se caracterizava por conjugar, nos mesmos lugares, vários tipos de atração: teatro de *vaudeville*, circo, cafés-concertos e cinema mudo. Dessas características híbridas da vida cultural, surgia a narrativa do cinema mudo carregada de uma forte herança dos divertimentos populares, presentes na vida urbana das grandes cidades a partir do final do século XIX. Ver também Cesarino Costa (2000).

culo com uma linguagem urbana em formação e seu diálogo íntimo com o mundanismo e a vida cultural. Ao indicar tais características nas várias folhas culturais e de variedades, "cada vez mais diferente" daquela apresentada na imprensa diária, "séria e sisuda" (Cruz, 2000, cap.5, "Sai aos domingos"), sugere que essa diversidade, em grande parte, era representada pela linguagem humorística em forma de piadas, pequenos textos, miscelâneas, charge caricatural dos costumes e ilustrações fotográficas.

Essa linguagem leve, porém, não se distanciava necessariamente da arena da crítica à vida noticiosa para tratar apenas do mundanismo e do entretenimento em seu sentido mais frívolo e inconseqüente. Ao contrário, destaca a autora, desse novo lugar mais ligado às diversões, os semanários culturais construíam sobre os acontecimentos uma nova abordagem que conjugava a diversão, a leveza e o bom humor como forma de contraponto à vida noticiosa, os costumes e as figuras em destaque da cena política (Figura 2.4).

(fig.2.4) Em cena no pano de fundo do Teatro Municipal ainda em obras, a parte "Arte Suprema", título da ilustração. Nos bastidores, em "pano de bocca": miscelânea de personagens conhecidos da vida urbana paulistana. *A Vida Paulista*, 9 e 10 de agosto de 1908.

Para a imprensa de narrativa irreverente e noticiosa do 1900, sua vinculação à vida cultural foi mais importante para sua proximidade com as revistas no século XX que a mudança de seu formato, ligado ao jornal no século XIX. Entre a diversidade dos hebdomadários, jornais ou revistas presentes na *belle époque* paulistana, o mais importante foi o surgimento de uma nova linguagem no conteúdo das folhas. Leve, sem dúvida, mas também crítica, irreverente, sensível ao momento e, ao mesmo tempo, fiel ao seu passado histórico.[5]

A vida cultural da *belle époque* acatava esse "sorriso leve", civilizado e cosmopolita que se apresentava nas revistas em forma de pequenos textos, comentários rápidos e desenhos caricaturais dos costumes, mesmo quando, muitas vezes, a narrativa humorística perdia o limite do "riso mais contido" e se tornava totalmente instável, crítica e impertinente, criando, com a própria mecanização dos jogos de palavras, vítimas e algozes de seus motivos cômicos (Saliba, 2002, p.53).

Os programas de apresentação das pequenas folhas vão dizendo ao público leitor, ao longo da primeira década do século XX, seus grandes, pequenos, divertidos, críticos, teatrais, literários "a que viemos". A maioria, de forma única, particular e fundamental, defendia em verso ou prosa seus registros de identidade e pertencimento ao momento.

Mesmo transitórios e circunstanciais, todos os programas de apresentação revelavam o "vir a ser" dessa pequena imprensa de narrativa gaiata que pouco ou quase nada guardou de sua própria história.

> Os artistas criam a sua própria casta, uma sociedade dentro da sociedade. A proliferação das revistas e manifestos na época moderna é outra indicação de tal mundo no interior do mundo; pois cada revista ou manifesto não sugeriu um mundo mais amplo, mas os seus próprios termos, colocou a miniatura como um todo (Karl, 1985, p.41).

> E dito isto, tara tata chim!... (*O Buraco*, 1901).

---

[5] A composição entre texto e caricatura em meados do século XIX, exemplificada no primeiro capítulo deste livro pelo *Cabrião*, *Diário de São Paulo*, *Polichinello* e alguns outros periódicos de estilo humorístico, mostra como a narrativa caricata já representava de forma crítica a vida urbana e o jornalismo. Mesmo com recursos técnicos limitados, a representação caricata da vida urbana e noticiosa já tinha seu lugar na imprensa.

Ser ou não ser, eis a questão

Identidades trocadas, afirmar não ser o que de fato se era: assim muitos programas se apresentavam. Jogos de cena que se utilizavam do contraste, de lugares trocados entre o palco e a rua, a fim de mostrarem aos leitores-platéias seus programas de apresentação.

O Bilontra (1900), nascido no começo do século XX, apresentava-se negando seu vínculo de batismo com a peça teatral das "revistas do ano" que, no final do século XIX, ganhava sucesso no Rio de Janeiro. *O Bilontra* de Artur Azevedo e Moreira Sampaio fora encenado no palco do Teatro Lucinda, no Rio de Janeiro.

Ao longo do pequeno programa de apresentação de *O Bilontra* paulistano, lançado na cidade de São Paulo em 7 de junho de 1900, desdobravam-se os vários sentidos da *bilontragem* encenados no palco e distribuídos pela cidade. Aliás, a expressão "bilontra" era sinônimo de trapaceiro, golpista, peralta, malandro etc. (Magalhães Jr., 1966a, p.46). (Figura 2.5).

(fig. 2.5) Título de *O Bilontra*, 9 e 10 de novembro de1901.

Eram vários os *bilontras* que circulavam de forma ambivalente pelo programa de apresentação de *O Bilontra*. Dos sinônimos possíveis, a maioria repetia no pequeno semanário crítico e humorístico o que já se havia apresentado no palco, no final do século XIX.

A própria peça teatral *O Bilontra,* de Azevedo e Sampaio, ao anúncio de sua apresentação, já marcava seus vínculos associativos com a *bilontragem,* gíria re-tirada das ruas da cidade carioca, e com a imprensa humorística e caricata que começava a surgir com mais força no final do século XIX. Aluísio Azevedo, escritor e caricaturista, desenhava uma caricatura-reclamo dos dois revistógrafos, assim como também concebera todos os figurinos de *O Bilontra.*

Os autores da peça deixavam bem claro, em versos fáceis e espontâneos, que a gíria ainda não se encontrava no *Dicionário de Morais.* Porém, a partir de seu sucesso ao ser encenada como "revista do ano", o termo que, até então, era gíria passou a ser léxico e vinha recitado com música: "Pode o bilontra ser um velho, pode também ser um fedelho!" (Magalhães Jr., 1966a).

Os personagens das "revistas do ano" também seguiam à risca a representação de tipos caricaturais retirados da vida noticiosa carioca. Era assim que funcionavam as "revistas do ano", encenadas por Artur Azevedo e Moreira Sampaio, muito próximas daquilo que era tramado na imprensa e na rua (Magalhães Jr., 1966a, p.45 e Carvalho, 1987, p.59).

O desenrolar da peça teatral que causou uma revolução lexical é um caso exemplar da troca de lugares e jogos de cena da qual a vida cultural urbana se nutria ao findar do século XIX. Notava o próprio Artur Azevedo, que com a peça *O Bilontra,* havia descoberto uma fórmula de sucesso ao retirar das ruas a gíria *bilontra* e ao tornar público um acontecimento registrado, a princípio, na crônica policial e judiciária do Rio, ocorrido em 1886, e que possivelmente havia sido comentado nos jornais da época: o "Processo do Bilontra – Falso Baronato da Vila Rica".

O caso judicial se passara com um negociante português de madeira que desejava profundamente conseguir um título de barão reconhecido pelo imperador, como forma de ascender socialmente. De seus suspiros públicos, um esperto *bilontra* capturou os anseios do negociante. O *bilontra,* conhecido como Miguel José Lima da Silva, resolveu dar um golpe no negociante português e, ao mesmo tempo, pregar-lhe uma peça. E foi assim que o negociante rapidamente, por "três contos de réis", obteve seu título de barão de Vila Rica, falsamente reconhecido pelo imperador. Porém, o título durou pouco e logo o pseudobarão descobriu a falsidade do título e a *bilontragem* do embusteiro. Dessa feita, o *bilontra* foi acusado, pelo negociante, de fraude e estelionato e levado a julgamento. À época da peça de Artur Azevedo, o autor da peça impingida ao negociante português passava ainda por responder ao processo do "Barão". Comenta Magalhães Jr. (1966a, p.50) que a peça teatral antecipou o julgamento, chegando mesmo a influenciar a decisão final dos tribunais: "É manifesto que esta causa não depende mais dos tribunais e sim do teatro, que já a evocou, aproveitando-a para uma 'revista do ano'".

O povo ria-se do golpe dado ao barão e encenado nos palcos. O falso barão, indignado com a posição caricatural e crítica em que fora representado na "revista do ano", buscava a coluna, "a pedidos" dos jornais, a fim de reclamar a forma como havia sido tratado nos palcos. À vida das ruas misturavam-se as representações do palco, numa troca de lugares com distintos critérios de julgamento.

Do efeito da peça teatral que se abria em forma de léxico noticioso pelas ruas da cidade carioca no final do século XIX, surgia a interpretação local do pequeno semanário paulistano. *O Bilontra*, ao afirmar-se na imprensa, capturava de forma bastante sutil a confusão entre o palco e a rua, promovida no final do século XIX: "Si bem que o mundo está cheio de bilontras da peior especie, para que o leitor não nos acuse de havermos escolhido um titulo original, qual o desse neologismo, em poucas linhas traçaremos o nosso programma justificando o nosso aparecimento" (*O Bilontra*, 7 jun. 1900, apud Freittas, 1914, v.XIX, p.850).

Ao longo do pequeno programa de apresentação da folha, desdobravam-se os vários sentidos da *bilontragem*, adaptados com facilidade à realidade paulistana: o padeiro quando enganava no pão, o homem que bolinava nos bondes da cidade e o empresário que anunciava programas líricos que não se realizavam, e até mesmo um verso da peça *O Bilontra*, de Artur Azevedo, retirado do palco e citado no texto. Porém, a todas as referências de semelhança, *O Bilontra*, impresso humorístico, negava "neologismo" e apontava, no último parágrafo da apresentação, de forma canhestra de riso leve, um "causo" particular, de uma pequena *bilontragem* que revelava, de fato, o seu próprio ser *bilontra*:

> Numa republica de estudantes, aqui na Paulicéa, existiu um rapaz de nome Jeronymo Lontra, o qual tinha todos os vícios; jogava, bebia, era capeira terrível, enfim, um heróe, de mil aventuras. Os lentes temiam-no, as lavadeiras fugiam delle aterrorizadas porque servia-se dellas e não pagava etc., etc. Um bello dia o Lontra adoeceu, apanhou uma doença que hoje seria dada como sendo peste bubônica; como era devasso, não cuidou da saúde e... zás... morreu. Atraz do Lontra, entrou para o Republica o Machado, um rio-grandense, espadaúdo,

que lhe levava as lampas em tudo e por tudo. Dahi o neologismo. *Si non é vero...* (*O Bilontra*, 7 jun. 1900, apud Freittas, 1914, v.XIX, p.850)

"*Si non é vero...*" dos dois Bi-Lontra locais passava do falso embuste à verdadeira identidade e vice-versa, revelando, entre os termos, a ambigüidade da narrativa caricata em sua correspondência com o palco, as ruas e a imprensa noticiosa.

Mas os deslocamentos ficcionais e a teatralização como forma de envolver o leitor e desviá-lo do tráfego normal dos acontecimentos também poderiam ser notados com grande ênfase em outros programas de apresentações dos semanários de narrativa irreverente.

Na apresentação de *O Buraco,* de 9-10 de março de 1901, novamente o batismo da primeira folha dava lugar às justificativas do título do jornal, que, numa longa digressão, buscavam tirar o leitor do buraco comum, sujo e fétido das ruas da cidade insalubre, para, de fato, mostrar um outro buraco que nada se assemelhava à referência mais imediata da vala dos dias.

O buraco de *O Buraco,* jornal humorístico e bisbilhoteiro, estava mais próximo da fenda de uma fechadura que permitia entrever a cidade misteriosa dos folhetins parisienses, dos *budoires* e das *demi-mondaines*; mundos velados e censurados pelos pais das damas de boas famílias, possíveis leitoras a quem o semanário também se dirigia. No deslocamento de *O Buraco*, ao contrário de *O Bilontra*, entre o ser e o não ser, a semelhança era realmente mera coincidência, o *Buraco* era outro.

Já *O Bolina* (1900), também expressão comum à época, assumia o seu nome logo de cara. Como afirma Luís Martins no seu *Rio de Janeiro do meu tempo*, a expressão "bolina" estava um pouco distante da sua primária origem náutica: a "bolina" é um cabo que "ala para avente do barlavento de uma vela", para que o vento bata melhor na vela, "o navio que marcha a bolina, aderna". O mesmo se dava em 1892, na cidade carioca, com a novidade da chegada dos bondes elétricos. Todos queriam "adernar" de bonde elétrico, conhecer a velocidade. Dessa versão urbana, surgia o "bolina" dos bondes. Como comentava Artur Azevedo à época, o "bolina" era o sujeito que sentava ao lado das mulheres bonitas "à espera do vento favorável".[6]

---

[6] As citações de Artur Azevedo e Luís Martins têm como referência a definição para a gíria "bolina" de Antenor Nascentes (1953, p.19).

Para o semanário humorístico paulistano, o "bolina" ampliava seu sentido, distribuía-se pelas colunas da folha, não para incomodar as damas, mas para não deixar as ruas da cidade à deriva. *O Bolina* apresentava-se, em seu programa, a fim de "vigiar" a vida urbana: "era na ordem das coisas um simples delegado da bolinagem e manteria, além de outras, as seções seguintes: Cemitério, Meios de Vida, Exposição e Labyrintho" (Freittas, 1914, v.XIX, p.859).

O Azeite (1903), por sua vez, nem buscava ser o seu equivalente. Apresentava-se como um verdadeiro representante da classe dos enferrujados. Porém, assim como os outros jornais irreverentes, isso era mero jogo de cena; entre o ser e o não ser um representante da classe dos enferrujados, o programa de apresentação de *O Azeite* acabava por interrogar o leitor sobre seus verdadeiros domínios: "a nossa muito artística e adiantada capital de S. Paulo quem é que não azeita?". E finalizava fazendo uma longa digressão sobre os vários assuntos que eram "azeitados" na cidade, desde a política até os costumes (*O Azeite*, 1 jun. 1903).

O jogo de cena que invadia as apresentações da vida humorística e noticiosa às vezes também contaminava a periodicidade das folhas, fixada, em sua maioria, nos cabeçalhos. Flechas eram lançadas duas vezes por semana por *A Flecha* (1902). Papagaios com sotaque espanhol cantavam uma vez por semana no *El Loro* (1904). E morcegos voariam todas as sextas-feiras, no lusco-fusco, soprando e mordendo, pelo anúncio da periodicidade de *O Morcego* (1901).[7]

Os postos das redações também variavam de identidade e localização. Entre vários endereços fixos na cidade, sobrepunham-se os remetentes provisórios, circunstanciais ou ficcionais. *O Garoto* (1900) se fixava numa "mesa do Café Guarany", *A Pistola* (1901) mantinha sua munição na Praça das Armas, e *O Magro* (1903) estabelecia suas oficinas provisoriamente "ali na esquina".[8]

Seus redatores, a contento do cenário, também se apresentavam, muitas vezes, investidos da fantasia das folhas, e entre redatores e colaboradores diversos surgiam os pseudônimos[9] fixos e os personagens móveis, batizados para

---

[7] Ver Apêndice I, coluna que registra a periodicidade dos semanários de narrativa irreverente entre 1900-1911.

[8] Ver Apêndice I, coluna que registra endereços dos semanários de narrativa irreverente entre 1900-1911.

[9] Esclarece R. Magalhães Jr. (1966a, p.23) que freqüentemente os escritores utilizavam pseudônimos para não revelarem sua verdadeira identidade, posto que o estilo utilizado nos periódicos era às vezes totalmente circunstancial e voltado para temas momentâneos. Porém, esclarece Magalhães Jr., os pseudônimos

viverem o tempo de suas folhas. *A Tesoura* (1900), periódico saído da Cadeia Pública, tinha, como redator, o Tremeterra; secretário Pica-Pau e gerente, o Buscalo. Já o redator de *O Buraco* era Rabelais Júnior, alusão atualizada do antigo e célebre sátiro Rabelais. O *Magro* (1903) optava por aproveitar os efeitos de sua raiz lingüística, fazendo do seu redator um prolongamento bem-humorado de seu título: M.Agriço.[10]

Uma grande parte dos semanários de narrativa irreverente do início do século XX assumia a linguagem teatral, incorporando-a na síntese da semana. Para dentro da notícia, surgiam alusões aos populares personagens circunstanciais do teatro ou da literatura que dialogavam sem cerimônia com os registros miúdos dos acontecimentos cotidianos.

Outras vezes a teatralização e a vida literária cediam lugar aos desfiles dos corsos carnavalescos, à musicalidade dos cafés-concertos e às sonoridades das ruas da cidade. *A Tesoura* e *O Buraco* são títulos de semanários que já haviam surgido com os mesmos nomes no final do século XIX, na vida cultural paulistana, ligados a clubes carnavalescos da cidade. A troca de linguagens entre as várias formas de representação traduzia-se na vida noticiosa e irreverente em seu desfile da "capital artística", o mundo dos divertimentos das folhas. Entre o palco e a rua, na mudança volátil das identidades móveis, esses pequenos semanários desfilavam entre "o ser e o não ser".[11]

Um breve aceno do tempo

O recurso do jogo de cena, porém, não era a única maneira de exposição das folhas. Em vários programas de apresentação, havia o deslocamento dos acontecimentos; voltando-se ao passado, as formas e instrumentos antigos eram atualizados a fim de registrar o momento.

---

também eram utilizados na imprensa para "fazer render" o número de redatores e dar a impressão que o jornal tinha uma "legião" de colaboradores.

[10] Ver Apêndice I, coluna que registra redatores e ilustradores dos semanários de narrativa irreverente entre 1900-1911.

[11] Sobre as "Revistas do Ano", ver Süssekind (1986) e também R. Magalhães Jr. (1966a). Sobre o carnaval, ver Tinhorão (2000); Cunha (2001) e Moraes (1997).

A Farpa (1900), jovem ainda, nascia buscando, no passado, no deslocamento temporal, bases para sua crítica atual. Incorporando em seu programa a antiga máxima em latim: "causticando homens e costumes, sem rebuços", lembrava a sua homônima que dez anos antes, havia defendido a "gloriosa" República. Por meio do antigo dístico, a jovem *A Farpa* atendia às mudanças do momento, mas esclarecia em seu programa que iria garantir a fidelidade ao jornalismo humorístico, crítico e noticioso, como a sua antecessora que, em 1890, "pregava sem rebuços a República". *A Farpa* de 1900 estava diante de uma "República desiludida", na qual, com as antigas armas, batia-se contra aqueles que diziam representar o regime republicano: "O povo não batterá palmas: – Só angélica paciencia fará aturar estes padastros da pátria" (*A Farpa*, 11 nov. 1900).

O programa de apresentação de *A Farpa* se associava ao humorismo da imprensa engajada na luta republicana, que publicava, no final do século XIX, matérias jornalísticas voltadas para a "ilusão republicana". Entre os jornalistas humorísticos que oscilavam de uma crítica mais corrosiva ao abrandamento da pena ao regime republicano, destaca-se o nome de Hippolyto da Costa, que seria bem reverenciado nos semanários humorísticos paulistanos do início do 1900, aos quais pertencia a jovem *A Farpa* (cf. Saliba, 2002, p.64).

O *São Paulo Illustrado* (1903), longe de ter um homônimo ou neologismo que explicasse seu batismo, com a mudança de título e de cidade, conhecido até então como *Santos Illustrado*, um jornal com inúmeras caricaturas, justificava sua presença na cidade de São Paulo pelo mesmo fato que se traziam tantos habitantes à capital. O semanário de arte, humorismo, crítica e literatura desejava se modernizar. "Ésta mudança de séde, condição sine quá non dos melhoramentos que pretendiamos introduzir no nosso modesto periódico, dadas as insuperáveis difficuldades materiaes que se nos oppunham na bella cidade de beira-mar" (*São Paulo Illustrado*, 12 set. 1903).

As mudanças de sede, porém, assim como de nome, esclarecia o programa de apresentação do *São Paulo Illustrado*, não atingiriam de forma alguma a crítica à vida social da cidade de Santos; ao contrário, somar-se-iam às "impressões humorísticas na bella capital do Estado... Trata-se, pois de uma simples ampliação".

O semanário *São Paulo Illustrado*, ao voltar-se aos leitores paulistas, o "povo de Piratininga", mais uma vez reafirmava o humor oscilante da imprensa caricata. Porém, diferente dos semanários já citados, em seu programa de apresentação anunciava como novidade a composição de seu perfil ilustrado e literário em distinção pela "pena" e pelo "lápis": "Nosso lápis será acerado, mas é leal como uma espada; nossa pena será aguçada e leve, mas não se transformará jámais em arma traiçoeira de aggressão" (*São Paulo Illustrado*, 12 set. 1903, apud Freittas, 1914, p.954).[12]

Já o semanário ilustrado, humorístico e literário *Cri-Cri* (1907) anunciava-se ao público acusando de mentirosos todos os programas do jornalismo. "Quem lê hoje um programma de jornal tem a mesma sensação de riso escarninho que experimentava certo sujeito ao lêr o necrológio de um ilustre varão" (*Cri-Cri*, 1º dez. 1907).

Astuto com os jogos de palavra, o pequeno semanário propunha-se a dar combate a esse jornalismo, mostrando-se distinto dele. Para isso, apesar de se afirmar "inimigo das velhas usanças", assumia, como instrumento de crítica, objeto que "andava esquecido pela nova geração", o cri-cri. Com a atualização de um antigo instrumento em desuso que imitava o canto dos grilos, o semanário *Cri-Cri* introduzia elementos bastante modernos na forma de compreender as frágeis distinções entre o que era "velho" e o esgotamento daquilo que se dizia novo, mas que no fundo esvaziava-se na rotina dos dias. O cri-cri atualizado, mediante uma ágil inversão promovida pela narrativa humorística, entrava no programa de apresentação do *Cri-Cri* como instrumento de crítica e contraponto à nova, porém já desgastada, linguagem rotineira da própria imprensa.

Como contraponto a essa imprensa do momento, o *Cri-Cri* defendia seu lugar em distinção dos programas jornalísticos que ele mesmo acusava de mentirosos: sair da rotina do jornalismo, tornar-se crítico, seria fazer como a "Moda que é amiga do Tempo". E rapidamente, substituindo a roupa já desgastada da imprensa pelo antigo instrumento posto em uso, o *Cri-Cri* acompanhava o tempo e se propunha, com seus ponteiros precisos, a "começar uma carreira com processos novos de vida": entrando em todos os lugares da vida política e administrativa da cidade, assim como pelas ruas, bares, salões e teatros, a fim de "arrepiar a epiderme dos fatos" (*Cri-Cri*, 1º dez. 1907).

---

[12] Pelos comentários de Freittas, vale a pena ressaltar que os proprietários dos jornais, os irmãos Valladares, eram hábeis caricaturistas e literatos. Nos pequenos semanários irreverentes pesquisados, há várias alusões e brincadeiras envolvendo a presença de Cícero Valladares e Anatolle Valladares na vida da imprensa paulista.

Versos e quadrinhas irreverentes a serviço da vida noticiosa

Em grande parte da imprensa de narrativa irreverente, a arte literária vinha a burilar de forma mais ou menos harmoniosa o conteúdo das apresentações. Era nas pequenas folhas que escritores e ilustradores do início do século XX iniciavam-se no mundo das letras. Dos mais famosos, os ilustres acabavam por se tornar as próprias atrações dos programas de apresentação de lançamentos dos semanários.

A Farpa (1910), por exemplo, nascia investida de aura literária. Quem assinava seu programa era Amadeu Amaral, grande escritor paulista das primeiras décadas do século XX. Com versos bem burilados, vinha *A Farpa* sendo tramada. Faziam-se inúmeras digressões dos vários sentidos da palavra "farpa" a fim de "aliviar" a sua alusão mais direta de instrumento pontiagudo feito para criticar. Amadeu Amaral, ao dirigir-se ao leitor, utilizava-se de um paralelo, a forma de o toureiro abater o touro e lhe colocar as lanças ou as farpas: "A FARPA! Exclamarás, burguez, com susto, a estremecer como uma carpa. E eu te convencerei, burguez, sem custo, de que ainda é cedo para ter medo d'A FARPA. Não será instrumento de supplício, nem zagaia de preto..." (*A Farpa*, 9 fev. 1910) (Figura 2.6).

(fig.2.6) Página do programa de apresentação de *A Farpa*, 9 de fevereiro de 1910.

E para "alivío" de peso do ataque fatal ou da crítica à vida noticiosa, o poeta Amadeu Amaral mostrava, ao longo dos versos, toda a sua habilidade em "tourear" a frase, até tornar o abate uma composição entre as farpas e o corpo do touro:

> Pois ahi tens a simile pefeito da nossa FARPA, a bandarilha de poro que, sem maldade, mas com arte e geito, vae, sem esforço, cair no dorso do toiro...
>
> São leves... Quasi não produzem dores: de sangue quando muito um fraco esguicho. E é tão bonito vel-os, multicores, bailando, os ferro, ao pulo e aos berros do bicho! (*A Farpa*, 9 fev. 1910).

Aquilo que, à primeira vista, poderia sugerir pender para o mau riso, cruel, repleto de farpas, acabava por ser burilado pelos versos e chegava ao último ato do "abate" e do verso um momento de composição de palavras livres de sua alusão mais direta: o estilo literário aliado ao riso leve retirava de *A Farpa* as farpas agudas de um humor mais corrosivo e pesado sugerido pelo título do semanário.[13]

O Bohemio (1901) também versejava, porém seus versos procuravam retirá-lo da sua situação de suspensão. Unido ao progresso, "fortificado a Tropon",[14] ressuscitava o antigo *Bohemio* de 1881 (Freittas, 1914, p.591), combinado e firme com as quadrinhas dos novos tempos:

> Na Berlinda – O Bohemio –
> Isto já faz de um lustre
> Que, d´alleluia ao repique,
> Nasceu um menino ilustre,
> Travesso, formoso, chic.
>
> Sahiu de horroroso susto
> Hoje volta: eil-o, está bom,
> Corado altivo e robusto,
> Fortificado a *Tropon*. (Freittas, 1914, p.876)

---

[13] O título de *A Farpa* também fazia alusão a outros semanários humorísticos de mesmo nome que vinham desde o final do século XIX, com o advento da República, 1890, como o já citado, *A Farpa* de 1900.

[14] O fortificante Tropon também é utilizado no programa de apresentação do *Garoto* (1901).

Já o *L'Asino* (1901) escapava do tom alegre ligado à arte de versejar, para registrar, em seu cabeçalho, uma divisa rimada e engajada que perguntava e, ao mesmo tempo, definia qual o lugar do jornalista naquele momento (Figura 2.7):

(fig. 2.7) Ao lado do título do *L'Asino*, a divisa versificada e italiano, em homenagem ao jornalismo, 4 de julho de 1901.

Chi da vita? I gionalisti.
Chi infama? I giornalisti.
Chi diffama? I giornalisti.
Gli oziosi, gli invidi e i tristi! (Freittas, 1914, p.877)

Os programas de apresentação em formas mais versejadas também buscavam o leitor para um diálogo direto e de fácil memorização. Tais como anúncios publicitários, eram feitos para serem oferecidos, fáceis de lembrar, rimar e assinar, como este de *O Mosquito* (1901):

O Mosquito está na ponta
Como o grande capitão,
Pois é de facto o que eu digo
Por ter grande tamanho.
Elle espalha suas notícias
Com grandes palhaçadas
E tem um grande petisco
Em fazer suas talhadas.

Assignatura mensal
É de mil e quinhentão,
Pois não é grande massada
Entregar sem rabiscão. (Freittas, 1914, p.883)

Termos concretos, detalhes técnicos e fatos imprecisos

A linguagem dessa imprensa gaiata e noticiosa não media limites de experimentação. Se existia uma regra geral para esses semanários, talvez a única fosse o reaproveitamento da linguagem, capturada nas mais diversas áreas da vida cultural. Nessas circunstâncias, alguns periódicos arrolados apresentam-se exageradamente contaminados pelos contornos das linguagens técnicas, "termos concretos" e específicos que tomavam o ambiente cultural urbano paulistano no começo do século XX, denunciando um certo esgotamento das formas de conhecimento que se firmaram durante o século XIX.

Afirma Frederick R. Karl (1985), ao conceituar o moderno e o modernismo, que a grande utilização de expressões literárias retiradas do conhecimento científico, do evolucionismo, do positivismo, assim como de áreas definidas em que esses termos eram aplicados, na criminologia, antropologia e sociologia, apontava para uma grande crise na forma de o pensamento ocidental representar o mundo a partir do final do século XIX. A linguagem, como elemento sensível dessas mudanças do período, representava por meio da palavra os limites da ciência do homem.

> O modernismo nasceu do reconhecimento de que, nos interstícios do conhecimento, existe um universo inteiro de coisas que não podem ser mapeadas: de que nas junturas de todos esses dados abundantes há outros que não possuem coordenadas a não ser no espírito do artista... (Karl, 1985, p.115).[16]

---

[16] Para se compreender o clima cultural e intelectual que motivou o modernismo, ver também Alan Bullock, "A dupla imagem", e James McFarlene, "O espírito do modernismo", em Bradbury & McFarlene (1999).

A dúvida se estabelecia na narrativa irreverente da imprensa do início do século XX ao denunciar o esgotamento das tradicionais certezas pelas quais se pautavam o conhecimento e a própria linguagem. Sua linguagem tornava-se, com a própria velocidade da modernização, dos novos tempos, fragmentária, cheia de mutações e liberdade com as palavras que, de fato, distanciavam-na de uma abordagem realista das estruturas econômicas e sociais do momento. A fuga, como expressão dessa dúvida em relação aos fatos reais, ao modo como eles se apresentavam, gerava um número infinito de jogos de palavras, associações e indistinções que oscilavam entre a valorização de grandes descobertas científicas ao longo do século XIX e os limites claros dessas "certezas" na forma de se apreender o mundo.

Da Cadeia Pública, redação do jornal *A Tesoura* (1900),[17] saía o primeiro periódico paulistano que se apresentava em linguagem totalmente criminológica. Entre zigomas salientes, crânios escarafunchados e delinqüentes atávicos, a divisa de *A Tesoura* – "*Castigat ridendo mors*" – articulava novas direções às detalhadas descrições e registros dessa ciência que auxiliava as funções da polícia. Nas mãos dos "tesoureiros" da Cadeia Pública de São Paulo, os grandes ensinamentos da criminologia de Cesário Lombroso seriam utilizados para a crítica de todos, inclusive dos próprios presos, investidos de seu maior delito do momento, o jornalismo:

> A vós todos zigomas salientes, craneos cinocephalos, faces asymetricas; a vós todos delinqüentes atávicos occasionaes, impulsivos e passionaes, que povoaes este ameno logar, principalmente a nossa obra, auguramos saude antes de tudo. Vós não nos conheceis pessoalmente, é verdade; mas não importa: nós somos a maledicência; é quanto basta. Offerecemo-vos um jornal rabiscado á mão e vós nos offereceis uma machina rotativa Marinoni. O nosso programma é o non plus ultra dos programmas: porisso não existe.
>
> Fallaremos mal de todos, até de nós mesmos.

---

[17] Em 1887, já havia sido lançado em São Paulo um outro semanário humorístico de mesmo título, destinado a fazer a pilhéria leve e inofensiva dos ricos e dos pobres (cf. Freittas, 1914, p.651).

Entre as tantas formas de delinqüência que aqui se manifestam faltava uma:
– O Jornalismo, mas a nossa caixa cervelotica fecundava o bernaculo deste novo delicto.

É chegada a hora da manifestação.

A cadeia tem um jornal e deve a nós, ás pretuberancias do nosso ângulo facial. Que o deus Lombroso tenha misericórdia de nós!!

Ao trabalho! Ao trabalho! (Freittas, 1914, p.860)

Já *A Arara* (1905), aproveitando-se da linguagem e dos instrumentos técnicos utilizados pela polícia, em busca da verdade e dos paradigmas do positivismo e evolucionismo, a fim de fazer uma "melhor apreensão da realidade", armava seu programa de apresentação com métodos científicos e instrumentos considerados imparciais em relação à forma mais fiel e real de registrar os acontecimentos. Porém, ao correr do seu texto de apresentação, ao se aproximar em demasia das semelhanças pelas objetivas fotográficas, lamentava a "fatalidade do meio", os limites oferecidos por este, e acentuava, pela narrativa irreverente, o que de mais próximo era possível o semanário chegar com esse equipamento todo – distorções dessa realidade cientificamente observada:

O Arara será apenas um registro dos acontecimentos, uma vasta colleção de fichas... antrophometricas. Tudo caberá no seu programma, desde o bric-a-brac da política e das letras, até a informação trivial das occorrencias da rua; tudo que contribuir para a reconstituição dos typos que nos acotovelam, dos fatos que quebram a monotonia dos fatos deste labutar constante da vida.

Procuraremos não ser unicamente observadores imparciaes, e reproduzir nestas páginas despretenciosas o documento humano com a fidelidade da placa photographica.

Pode accontecer que aqui ou alli, o contorno seja carregado, os detalhes deformados, a perspectiva geral mais ou menos alterada. *Não será culpa, porém, da objectiva; é a fatalidade do meio: é o calor tropical a cuja acção não nos podemos furtar* (*A Arara*, 11 fev. 1905, grifo meu).

Nos dois programas de apresentação, uma mesma encruzilhada se fazia presente para a imprensa de narrativa irreverente e noticiosa: nas entrelinhas dos textos, colocava-se o riso leve à crítica aguda no esgotamento das formas de se representar a realidade – estava provado ser possível unir uma abordagem irreverente ao se fazer a matéria noticiosa, pois os fatos poderiam, de fato, ser totalmente imprecisos.

Por entre lacunas: ainda uma necessidade

Nas primeiras frases de apresentação dos programas dos periódicos era comum que as folhas anunciassem que viessem a "preencher uma lacuna" ou "necessidade" na "vida desta capital artística" ou na "imprensa indígena da paulicéa". Por mais variações que essas expressões chegassem a ter, desde meros recursos lingüísticos ou até a justificativa mais aparente da fácil articulação do estilo cômico em se apropriar de termos e expressões circunstanciais da imprensa em geral, poderíamos pensar nesses enunciados para além da própria paródia, ato quase mecânico da representação caricata da vida noticiosa. Entre tantas afirmações de lacunas e necessidades, existia um lugar em que esses periódicos tentavam distinguir-se da imprensa em geral, nas apresentações.

O Gaiato, de 10 de junho de 1905, apresentava-se em seu programa avisando que viria a preencher uma lacuna que "dia a dia se fazia sentir na imprensa paulistana". A lacuna nada mais era do que a falta de um jornal dedicado ao "rapazio alegre", leve e apenas recreativo. *O Gaiato*, garoto, brincalhão, surgia na imprensa para ser somente um riso leve, preocupado em comentar a vida dos divertimentos na cidade.

As lacunas não eram, porém, "só sorrisos", e outros lugares se abriam entre elas, tomando sentidos mais combativos às necessidades. Para alguns semanários, em seus programas de apresentação, a lacuna tornava-se sinônimo de necessidade de órgãos de crítica mais "séria" na imprensa paulista. Foi nesse terreno das necessidades que *A Ronda*, de 30 de julho de 1908, revista semanal, ilustrada e de atualidades, apresentava-se ao público leitor.

Com um calunga-rondante batendo continência, ao lado do seu primeiro artigo de fundo intitulado "Nós", *A Ronda* anunciava ser uma necessidade, "à vista do que ai vae de abusos e desmandos". Avisava que estava "tudo errado", mas que o leitor ficasse sossegado, pois ela, *A Ronda*, iria tratar de tudo que estava errado, desde a máquina administrativa até fatos nacionais "seriamente afim de merecer a gratidão da Pátria e o favor em nikeis dos camaradas". E finalizava com as insígnias habituais do teatro de variedades: "E... arreda, que lá vae chanfalho!" (*A Ronda*, 30 jul. 1908) (Figura 2.8).

(fig. 2.8) Programa de apresentação do primeiro número de *A Ronda*, com "rodante" batendo continência para os leitores, 30 de julho de 1908.

Da ausência de uma imprensa "só sorrisos", feita apenas para divertir, para um tratamento mais "sério" dos fatos, as lacunas e necessidades entravam na ordem do dia e disputavam lugar na imprensa, a fim de se fazerem singulares na forma de abordarem o momento.

Sem programas e muito menos lacunas a preencher!!!

Se, contudo, as lacunas tornavam-se um lugar repetido demais nos programas de apresentação do jornalismo em geral, pelo recurso cômico as pequenas folhas negavam, de partida, sua existência, a fim de distinguir melhor seus espaços. Assim, surgiam crônicas de apresentação "sem lacunas a serem preenchidas" ou mesmo "sem programas", que negavam, como recurso estilístico, qualquer lugar em meio ao jornalismo já existente.

Representando na maioria das vezes a crise de significados que se instalava na linguagem, a negação de lacunas e programas funcionava, na imprensa de narrativa irreverente, da mesma forma como a máxima de Montaigne, "tudo já foi dito", utilizada em várias apresentações e prólogos de obras literá-rias do início do século XX, ou ainda o clima de *déjà vu* e recusa de qualquer criação diante do que já havia sido descoberto, afirmado por Flaubert, no final do século XIX, em seu *Bouvard e Pécuchet*: "Não escrevo mais – para que escrever? Tudo o que há de belo já foi dito". Porém toda essa negação de criar idéias novas fazia parte de um "horror à linguagem", em que o "nada direi além do que já foi dito" referia-se mais a um desejo dos artistas em tentar dizer alguma coisa de outra forma, a fim de restituir à linguagem uma verdade perdida. No caso dos programas de apresentação, indicada pela singularidade dos seus próprios criadores (Schneider, 1990, p.32-3).

Essa tensão da linguagem, que surgia de várias formas nas oscilações de lugares presentes na maior parte dos programas de apresentação dos semanários pesquisados, tornava-se mais clara nas crônicas que partiam, de fato, da revelação de uma crise de representação da própria comunicação.

"Sem programas e muito menos lacunas a preencher", os programas de apresentação provocavam a exposição de outra maneira de a imprensa de narrativa irreverente fazer uma representação noticiosa da realidade, diversa daquela que estava sendo produzida pelo jornalismo da época.

O semanário ilustrado *A Arara* (1905) fazia o caminho oposto às justificativas das folhas que mostravam, em seus programas, que preenchiam uma lacuna ou necessidade na imprensa paulista. O periódico deixava claro em seu programa que não iria preencher lacuna "na capital artística" e justificava: "os jornaes que existem são demais para parte da população que lê". Dizia ainda que não criticaria sistemas de governo e colocava a monarquia, a república e o anarquismo em pé de igualdade, "os homens é que estragam tudo..." (*A Arara*, 11 fev. 1905).

Assim *A Arara*, ave irritadiça, definia-se, sem preencher lacuna nenhuma diante de uma "republica desiludida", mas pairando sobre todas as faces dos acontecimentos pela simetria de seu própria título: de frente para trás e de trás para frente, sempre uma ARARA a vigiar os fatos do momento.

O *Gil Braz*, alusão ao hebdomadário ilustrado francês *Gil Blas* (1894) e também ao romance homônimo de Lesage, *Gil Blaz*, de aventuras picarescas, escrito no século XVIII e traduzido para várias línguas, mantinha em seu programa a composição da arte literária e da imprensa de narrativa irreverente.

Com um pé na ficção – "traz uns braços musculosos e ágeis usados no manejo da espada e da guitarra..." – e outro na alusão aos semanários caricatos franceses – "Divertir-se mas como o queria Jules Janin, o cronista incomprável..." –, o semanário *Gil Braz* também se apresentava, em 3 de agosto de 1903, afirmando que não preencheria qualquer lacuna no "jornalismo indígena". Afinal, repudiava as questões políticas e nem pretendia colaborar para o progresso do civismo nacional, apenas desejava viver e rir. Porém, como o "nada" dos outros programas de apresentação, *Gil Braz*, ao vir a público afirmando não desejar preencher alguma lacuna, colocava à mostra toda uma crítica ao jornalismo vigente, negando incluir-se em qualquer maneira como a imprensa "indígena" representava os acontecimentos. É o que se pode depreender quando, ao longo do seu programa, em linguagem evolucionista, comenta o momento do seu aparecimento "num meio onde viçam e prosperam, como repolhos e couves tronchudas em terreno adubado e fresco todas as modalidades do espirito accaciano...".

Diante desse quadro já anunciado anteriormente, de esgotamento da própria forma de representar o momento – em que o meio só faz nascer um tipo de espírito –, *Gil Braz* propõe-se, por meio de sua publicação "acentuadamente artística e literária", criar uma outra alternativa "ao jornalismo encruado": "um novo núcleo de talentos jornalísticos e literários, até agora inexistentes" (Freittas, 1914, p.929).

Dificilmente poderemos saber dos contornos que esse periódico tomou ao longo de suas publicações. A falta de seqüencialidade às vezes é um grande limitador, porém não poderia deixar de destacar, além do seu programa de apresentação que abria, à vida irreverente e noticiosa paulistana, uma outra forma de representar a realidade, o registro de seus colaboradores e redatores que, à época, reunia grandes nomes da produção cultural paulistana: Antonio de Godoy, Amadeu Amaral, Wenesláu de Queiroz, Gomes Cardim, Leopoldo de Freitas, Augusto Barjona, Annibal Machado, e outros.[18]

Apesar da crise gerada pelas indefinições do momento que passavam a ser registradas na própria forma das apresentações, essa ausência de lugares defi-

---

[18] Ver Apêndice 1. Há, na íntegra, o nome daqueles que participaram do semanário *Gil Braz*.

nidos acabava por apontar para articulações da linguagem, formas de representações que ampliavam seus espaços. O estilo literário antevisto pela presença de escritores fazendo as apresentações, assim como colaborando nas folhas, indicava, na imprensa de narrativa irreverente e noticiosa, um lugar possível de suspensão e experimentação de novas linguagens que jogavam com o registro fiel dos dias e uma singular representação ficcional do momento.

A chave do tamanho

Num desenho de Agostini para *Cabrião* (1866), de quando o governador da província de São Paulo foi inaugurar a Estrada de Ferro, mostrava-se um pequeno calunga diante de uma porta enorme; entre ele e a porta, seu esforço de levar a chave à fechadura. Sensível ao momento, Agostini não pensou duas vezes em acentuar o tamanho já reduzido do governador diante da porta, que representava a inauguração da Estrada de Ferro. Depois de tantos problemas gerados por falhas técnicas e declividades geográficas, na implantação e fixação dos trilhos na Serra do Mar, a inauguração só poderia ser capturada com "uma chave do tamanho". Ao longo do século XIX, inúmeros foram as ocasiões em que as regras humorísticas da métrica ao avesso foram utilizadas a fim de se representar os descompassos dos acontecimentos do momento (Figura 2.9).

(fig. 2.9) O "Governador da Província" de fato sendo levado
até a porta de abertura da estrada de ferro inglesa.
O Cabrião, 17 de fevereiro de 1867.

No início do século XX, o jogo de tamanhos já chegava com a experiência de quase um século na pequena imprensa de narrativa irreverente, porém a antiga técnica se deparava, no 1900, com o deslocamento dessa imprensa da arena política para a vida cultural e dos entretenimentos. A experiência acumulada durante o século anterior, com métricas diferentes, não mais estava a serviço da representação direta da realidade, somente também como era uma das maneiras de esses periódicos se auto-identificarem na vida cultural da *belle époque.*

Dessa crise métrica que não se utilizava somente de correspondências diretas entre a realidade vista e a sua representação por meio das semelhanças, surgia um jogo de métrica bem mais complexo, em que os motivos primários apenas disparavam múltiplas possibilidades que alimentavam o jogo de palavras tramado pela narrativa irreverente. Dos títulos de batismo dos jornais aos programas de apresentação, essas chaves do tamanho já passam a dar identidade aos "pequenos" semanários que, como poderemos perceber, adquiriam tamanhos extremamente duvidosos.

Eles eram atribuídos de grande potencial para iluminar pequenos assuntos, como *O Olophote* (1904), homônimo de outro semanário nascido do clube carnavalesco Girondino em 1894, que esquecia seu dístico anterior, "jornal sem eira e nem beira", para se afirmar, pela métrica, órgão de "grande olophotagem" (Freittas, 1914, p.961). Outros, como *O Athleta,* de 15 de setembro de 1901, inspirado na vida esportiva que cada vez mais tomava as seções de divertimentos, apresentavam-se de forma diminuta e humilde: "este pequeno orgãozinho, que, respeitosamente enverga o manto da humildade, para cumprir o sagrado dever – saudando a briosa *imprensa paulistana".* Mesmo aqueles que deveriam ser pequenos de fato, como *O Mosquito* (1901), com "a chave do tamanho" surpreendiam o leitor em seu programa de apresentação, rimando, numa quadrinha ligeira, suas propostas hiperdimensionadas pelo jogo das palavras:

> O mosquito está na ponta
> Como o grande capitão,
> Pois é de fato o que eu digo,
> Por ter grande tamanhão.
> (*O Mosquito,* 14-15 set. 1901)

Outros eram diminutos até a olhos vistos, como *O Micróbio* (1900), mas se transmutavam de tamanho pela valorização de lugares que ocupavam nos avanços científicos do momento, em sua conjunção com os "novos conceitos poéticos" que nesse período buscavam aproximações com os modelos figurados do universo microbiológico (cf. Bradbury & McFarlane, 1999, p.65).

E ainda havia os menores de aparência física. Era o caso de *O Furinho* (1901), que se chamava assim por ser o semanário de menores dimensões lançado pela imprensa paulista no começo do século XX, media 6 x 10 cm. Porém, em sua apresentação, ele anunciava uma longevidade desproporcional ao tamanho que ocupava. *O Furinho* era pequeno em tamanho, mas grande em ancestralidade – ele nada mais era do que neto do *Furão* e filho do *Furo* (cf. Freittas, 1914, p.862).

Existiam também os pequenos de fato, os pirralhos: aqueles nunca vinham desacompanhados, nem para o seu batizado. *O Pirralho* (1911) era uma homenagem carinhosa aos pequenos entregadores de jornais que, a partir do começo do século XX, substituíam os ex-escravos, os auxiliares das tipografias, e tornavam-se o mais novo símbolo da imprensa nascendo todas as manhãs. Por meio dos seus gritos, as primeiras notícias espalhavam-se pelas ruas da cidade. Ali estava *O Pirralho*, nascido em 1911, pequeno, porém de grandezas literárias surpreendentes (Figura 2.10):

(fig. 2.10) Primeiro número de *O Pirallho*, 17 de agôsto de 1911. Em 1911, Voltolino desenha um "Pirralho" solitário como capa do pequeno semanário humorístico.

...com extravagante precocidade, rimou *Sobrinho* com *Biscoitinho*. Os circumnstantes pasmados viram n'isso uma grande vocação de poeta declarada. Logo, porém, vieram affirmar-se os seus puros instinctos de crila incorrigivel, caçoador e risonho. Ficaram portanto, desvalorisados os seus calmos precedentes (*O Pirralho*, 12 ago. 1911).

Apesar de precoce nos dotes literários, afirmava o programa de apresentação de *O Pirralho* que ele ainda era pequeno para sair sozinho pela vida noticiosa da capital. Por isso, convidou, para madrinha de ocasião, Mimi Aguglia, atriz que encenava uma peça na cidade, e, para padrinho, "o colosso de Mascagni", pianista que também andava por São Paulo sendo homenageado. Padrinhos da vida artística que passavam ocasionalmente pela cidade de São Paulo. Nada mal para aquele que seria um dos maiores semanários de narrativa irreverente da cidade no início do século XX.[19]

Rei morto, rei posto

Os vínculos de familiaridade e herança não eram apenas recursos usados na "chave do tamanho", a métrica ao avesso era uma das formas de articulação e representação do momento.

Tradicionalmente de curta duração e com periodicidade sempre duvidosa, esses jornais, apesar de fundados na circunstancialidade e mudança, procuravam travar, com o seu tempo e com o leitor-assinante, vínculos que talvez durassem mais do que suas efêmeras passagens pela vida cultural paulista.

A hereditariedade tomava rumos quase espirituais no caso de *O Clarim*, nascido em 25 de maio de 1906, e já vinha impresso em seu cabeçalho ser o sucessor do *ex-Jocoso* (1902). A reencarnação de *O Clarim* era praticamente a "transmigração" de *O Jocoso*; nesse clima, sua apresentação justificava seu aparecimento pelo acréscimo dos anos incorporados do antecessor; assim, da he-

---

[19] Ver "*O Pirralho*, uma revista de transição", em Broca (1991).

reditariedade, *O Clarim* não nascia pequeno, surgia já de matéria amadurecida (Figura 2.11):

(fig. 2.11) Chamada-título de *O Clarim*, que destaca em subtítulo seus vínculos com o ex-*Jocoso*. 25 de maio de 1906.

Dizem os entendidos em assuntos de espiritismo e transmigração, que a alma humana tende sempre a aperfeiçoar-se, encarnando-se e reencarnando-se até chegar ao estado completo de perfeição... Com a matéria dá-se, pouco mais ou menos a mesma cousa: ella forma-se, transforma-se, reforma-se e deforma-se, isto é, nasce, aperfeiçoa-se, envelhece e morre, para mais tarde volver o novo aparecimento e novas mutações. É a evolução.

Não se eximiu o "Jocoso" à ordem natural das cousas. Formou-se e cresceu, bonitinho, alegre, risonho e *jocoso*; começou então a echoar mais longe, deixando ouvir sons mais rutilos e mais fortes, até que se transformou em "Clarim" (*O Clarim*, 25 maio 1906).

A participação dos imigrantes na vida da imprensa também não se limitava às suas funções como integrantes na produção dos jornais. Além da presença de muitos tipógrafos, ilustradores e redatores, semanários de língua italiana, germânica, espanhola, dos mais variados assuntos, eram lançados na cidade de São Paulo desde o final do século XIX, momento da "grande imigração". Os que mais se destacaram em quantidade foram os jornais publicados em língua italiana,[20] entre os quais surgia um grande número de semanários literários e humorísticos que tendia a se utilizar da sucessão de nomes, a fim de também garantir sua perpetuidade. Porém, no caso dos semanários italianos irreverentes, essa passagem denunciava uma singularidade. Mais do que o leitor-assinante e a sobrevivência registrada nas sucessões anteriores, a morte de um jornal e o início de outro da mesma "famiglia" garantiam, no imaginário dos imigrantes, a passagem entre dois mundos: o antigo, a Itália, e o novo, o Brasil. A imprensa ítalo-brasileira também se apresentava como um passaporte de ida e volta para uma população de desenraizados que ainda vivia na interferência da dupla cidadania (Figura 2.12).

(fig. 2.12) Ilustração no semanário *Nova Cruzada*, aludindo ao jornal diário *Fanfulla* e à transição do imigrante entre o "velho" e o "novo" mundo, 1 de janeiro de 1904.

---

[20] Ver Franco Cenni (2001). O autor faz um levantamento dos jornais italianos no Brasil, dando destaque àqueles surgidos em São Paulo do final do século XIX, período da grande imigração, ao início do século XX. Além disso, faz referências a redatores, ilustradores e tipógrafos que trabalharam na imprensa paulista.

O *Cara-Dura* (1900) foi o primeiro jornal humorístico, caricato e noticioso italiano registrado na cidade de São Paulo no início do século XX. Seu nome foi uma alusão aos bondes da Light, os *caradura*s, que transportavam os trabalhadores paulistanos no início do século XX. "Caradura" também era a forma como se chamavam os bancos dos bondes, por "olharem" uns para os outros. Dessas associações, o termo "caradura" tornou-se traço de personalidade para os também conhecidos descarados ou sem-vergonhas (Figura 2.13).

(fig. 2.13) Ilustração do cabeçalho do *Cara-Dura*, 29 de janeiro de 1905, em que a mixórdia entre a crítica aos costumes, o humor e a linguagem italiana se declaram logo no cabeçalho de título.

Apesar de afirmar, em seu cabeçalho, ser "*Il Giornale piu stupido del mondo*", ao longo dos anos em que foi publicado teve um irmão que não poderia deixar de ser, *O Sem Vergonha*. No seu número de apresentação, de 15 de agosto de 1904, anunciava-se "*fratello unico de Caradura*", que, como o irmão, tinha dupla nacionalidade, vinha todo escrito em italiano e mantinha os títulos e cabeçalhos em português (cf. Freittas, 1914, p.959). Mas a linhagem não parava por aí. Naturalizando-se cada vez mais, em 29 de maio de 1906, anunciava-se o valentão *Tira Prosa*, "*sucessore a Cara-Dura*". Como *O Clarim*, o herdeiro direto do *Cara-Dura*, o *Tira Prosa* nascia já com seis anos de experiência do seu antecessor direto (Figura 2.14).

(fig. 2.14) Cabeçalho do *Tira Prosa* com o subtítulo declarando seus vínculos de sangue com o *Cara-Dura*, 29 de agosto de 1906.

Assim eram as transmissões e heranças entre os semanários de narrativa irreverente. Apesar da circunstancialidade que os caracterizava e da falta de periodicidade que impunha, muitas vezes, seu desaparecimento ou mudança de nome, atrelavam-se entre si das maneiras mais diversas e criativas, registrando ao seu modo o momento fugidio.

Aos nossos "leitores-anunciantes", as folhas se apresentam

Como última referência à versatilidade e às formas de apresentação que estavam inclusas nas primeiras folhas dos semanários e em seus títulos e cabeçalhos, damos destaque ao leitor-assinante e aos anunciantes que permaneceram citados, mesmo que de maneira subentendida, em todos os textos tratados.

Historicamente, os leitores-assinantes foram de fundamental importância para a sobrevivência dos jornais, que apenas ganharam a atenção dos anunciantes comerciais a partir do final do século XIX, motivados pelo aumento populacional da cidade; leia-se do mercado e da concorrência, que ampliava as formas de abordagem dos clientes potenciais (cf. Ramos, 1985).

Da mescla do anúncio com o leitor-assinante, os programas estabeleciam discursos e formas de abordar ambos que oscilavam entre o reclame direto de uma mercadoria a ser consumida – no caso o jornal – e as práticas ficcionais elaboradas, que chegavam a incluir o leitor e o anunciante no corpo do próprio texto de apresentação.

Com essa perspectiva, o "leitor-anunciante"[21] tomou, nos semanários, um lugar singular, passivo e ativo, em que a suscetibilidade ao público beirava em alto grau a participação do leitor ficcional ou ideal[22] no corpo da matéria.

Entre as inúmeras formas de os textos se apresentarem e se dirigirem ao leitor, algumas tornam-se o próprio conteúdo do programa. São textos fechados, rápidos, que misturam a linguagem das famosas quadrinhas com os anúncios reclamos, a fim de vender de forma direta as assinaturas da mercadoria jornal. Exemplo claro desse procedimento apareceu na apresentação do já citado *O Mosquito*, de 14-15 de setembro de 1901:

> ... Assignatura mensal
> É de mil e quinhentão,
> Pois não é grande massada
> Entregar sem rabiscão. (Freittas, 1914, p.883)

Ainda no terreno dos "leitores-anunciantes", o programa de apresentação de *O Morcego* (1901), no formato da crônica rápida, mas enxuta, inclui no conteúdo do texto os avisos ou explicações comuns aos assinantes que ficavam normalmente abaixo dos cabeçalhos.

---

[21] Aqui tomo a liberdade de fazer uma fusão do leitor-assinante com o anunciante, sonoridades e sujeitos que, em determinados contextos, compartilhavam de um mesmo lugar, no caso, a crônica de apresentação dos semanários.

[22] Para definir o "leitor ideal", que não se refere a taxas quantitativas ou qualitativas de recepção dos jornais, optei por seguir os caminhos de Roger Chartier (1996), ao apontar nos textos a voz de um leitor ficcional, "leitor ideal" que cumpre a função de dirigir uma leitura escolhida pelo autor. Esse leitor pode aparecer no texto de forma explícita ou implícita. Ver especialmente a introdução à edição brasileira de Alcir Pécora, em Chartier (1966).

AVISO SÉRIO – ... Todo aquele que não extranhar a visita do animalejo dilecto e desejar a sua volta todas as semanas, religiosamente, ao lusco-fusco das tardes, nada mais tem a fazer sinão nos dar parte dos seus intuitos e isso sem perda de tempo, porque tambem, sem perda de tempo, e de outras cousas mais preciosas, cortaremos logo as azas ao Morcego, que não vivie só de sopros: *morde também...* nas assignaturas (*O Morcego*, 6 set. 1901, apud Freittas, 1914, p.881).

Era comum, nos periódicos de época, um pequeno olho explicativo que normalmente vinha nos primeiros exemplares e se dirigia ao leitor que não desejasse mais receber o jornal, e quisesse devolvê-lo à redação ou à posta restante. Nas *Novelas humorísticas de João Camacho* (1938), de Judas Isgorogota e José Niccolini, a alusão irreverente a esse hábito da imprensa ficou registrada no lançamento do pequeno jornal redigido pelo personagem João Camacho, *A Tribuna Livre*, publicado numa cidade do interior paulista, chamada Coaguatá. Conta o narrador de *Novelas* que o jornaleco "veiu à luz com a respeitavel tiragem de trezentos e cincoenta numeros". No do primeiro dia, logo abaixo do artigo de apresentações, aparecia este torturante aviso: "– Todos os que não devolverem este exemplar, serão considerados assinantes". Daí sobrevém o contraste, provocado pelo humor irreverente, na frase seguinte: "Foi uma chuva de devoluções. Houve gente que nem siquer leu o jornal, tal a ansiedade por devolve-lo". Resultado final surge na fala admirada de Camacho ao seu auxiliar na tipografia: "– Está vendo? Nós imprimimos trezentos e quarenta e nove e já recebemos quase quatrocentos de volta!... A 'Tribuna Livre' firmou-se, assim, na conveniente tiragem de cem exemplares por semana" (Isgorogota & Niccolini, 1938, p.9).

Os dados estavam lançados para a "Tribuna Livre", seu resultado final calculado numa aritmética às avessas talvez indique o destino de muitos pequenos jornais humorísticos do começo do século XX: a soma das devoluções era ainda maior do que a das tiragens. Dentro desse jogo entre o julgamento real da recepção do público leitor, fundamental para as futuras tiragens dos jornais, o tom gaiato das crônicas de apresentação que se apropriavam dos "avisos sérios"[23] encontrava sua fórmula singular de "aliviar" a tensão entre ambos. Para *O*

---

[23] *O Pirralho* (1911), em seus primeiros números, também abusa desses anúncios gaiatos ao leitor, proporcionando um alívio à questão fundamental para os pequenos semanários de narrativa irreverente – a forma de sobreviverem.

Morcego, restava apenas o vôo solitário anunciado na frase final de seu programa de apresentação: "Caso o achem, porém repugnante, feio, afugentem-no logo, espantem-no pra cá outra vez, e estamos entendidos" (*O Morcego*, 6 set. 1901, apud Freittas, 1914, p.881).

Já *O Garoto* (1900) deixava para o último parágrafo da apresentação uma referência mais direta ao leitor; na verdade, dirigia-se a ele o tempo todo de forma indireta, mas era só no final que, de fato, revelava-lhe as intenções de sua crônica de apresentação, fazendo uma inclusão talvez comercial ou metafórica do fortificante Tropon[24] no corpo de texto:

> O motivo, porém, de nossa chronica é avisar que o Garoto apparecerá todos os domingos e que toda correspondência deverá ser dirigida, para redação, onde desde já se recebem as generosas listas do Anno Bom e Reis.
>
> Acceitamos franca collaboração sujeita ao azul e no nosso escriptorio estara sempre um preto musculoso nutrido a *Tropon*, recebendo 120$000 mensaes, para dar os desforços pessoaes aos que desejarem satisfação (*O Garoto*, 30 dez. 1900).

Diferente da abordagem mais direta das apresentações anteriores, mas também se utilizando da suspensão do tempo pela digressão do texto para se aproximar do "leitor-anunciante", *O Garoto* mostrava novas atribuições do jornal em relação aos seus leitores ideais: entre poucos adjetivos, anunciava-se, no final da crônica de apresentação, protegido dos próprios "leitores-colaboradores" pela censura da "tinta azul e "um preto musculoso nutrido a *Tropon*".

Estabelecia-se desse anúncio final do programa de apresentação um outro plano importante dos semanários, no qual o leitor não surgia apenas como um assinante passivo, como também um possível colaborador ativo do jornal, da mesma forma que o semanário não buscava, em sua apresentação, somente convencer uma pessoa a comprar uma assinatura da folha. Na apresentação do texto de abertura, deslocando-se do lugar de interesse meramente comercial,

---

[24] Provavelmente, a idéia de anúncios publicitários não cumprisse ainda a função, declarada posteriormente, ligada à venda dos produtos. Porém, sua presença registrada no texto já anunciava a articulação da linguagem irreverente com a publicidade, fórmula de grande sucesso para ambos ao longo das primeiras décadas do século XX. Ver, sobre publicidade e humor, Ramos (1985) e Saliba (2002, p.80).

O Garoto negava-se a se colocar totalmente nas mãos desse leitor-colaborador, anunciando logo de partida seu poder de veto e crítica diante do que, em sua redação, chegasse em forma de "collaborações".

Outra maneira de incluir o "leitor ideal" nas apresentações registrava-se pelo programa de *A Bola*, de 28 de junho de 1902, que, ao detalhar a quem se referia o jornal, colocava o seu leitor ideal ou seus leitores em duas dimensões diferentes: ao mesmo tempo que se dirigia a ele como comprador do jornal, incluía-o em sua crônica de apresentação como personagem dos acontecimentos que trataria na vida noticiosa.

> O Circulo do nosso giro, nós o meditaremos pelos kilometros em que se espraia esta amorável Paulicéa; *vês portanto, que temos campo onde á farta respiguemos. Enxergas aquelle sujeito hypertranscendente?* [grifo meu] Tem a epiderme desde o berço fadada para o alfinete da Musa. Não tenhas medo contudo, não nos exporemos ao risco de irmos parar á Escola Correcional; *não lhe farei dor* [grifo meu], apenas lhe provocarei uma carantonha de despeito ou um tregeito de ira passageira. *Também não serás esquecido* [grifo meu], poeta esguio que ai passas, versejador insomne da bohemia, phyloxera da imprensa, ente exótico em que se distingue num corpo de girafa uma cabeça de Meduza; *nem a ti* [grifo meu], ravinhoso burguez, que te acastellas por detráz dessas lentes, a cujo *peso mal resiste esse focinho de probascida, te relegará ao olvido o lápis da pandega* (A Bola, 28 jun. 1902, apud Freittas, 1914, p.900).

Mas também poderiam ser encontrados jornais em que o "leitor ideal" não participaria como personagem e que ofereciam uma fenda para que ele pudesse olhar aquilo que lhe ficava inacessível. Esses jornais poderiam ser incluídos no rol daqueles periódicos considerados "pornográficos", por utilizarem uma linguagem de baixo calão ou colocarem seus leitores em lugares pouco apropriados. Mas, afinal, quem eram esses leitores?

O já citado *O Buraco* (1901) abria a apresentação de seu programa definindo-se como um desses jornais que conduziriam o leitor para lugares inacessíveis. Através do seu buraco, poderiam se espiar coisas e fatos não permitidos pelos pais das moças de boa família.

Apresentar-vos O Buraco gentis leitores e famosos bohemios...

É um jornalsinho travesso e gaiato que vos descreverá atravez dum finíssimo véu, os mysterios das alcovas os idylios dos namorados e os desejos das sogras.

Irá semanalmente, como a nivia mariposa esvoaçar pelos elegantes boudoirs de famosas *demi mudaines*, reclamar um olhar e uma caricia, um osculo quem sabe? de lábios nacarinos cobertos de dourada penugem.

Formosas odaliscas hão-de esconder-se da mamã para lel-o [grifo meu], e, caso sejam surprehedidas em flagrante, occultal-o-hão no seio, entre finíssimas rendas e dois pomos que muito velho guloso cobiça, e muito Adão famito anhella provar.

E vos rapaziada do sexo forte um conselho. Se vos habituardes a ter o Buraco ás vossas disposições, não vos esqueces de que *Tropon* é o único remédio que vos salvará da morte, porque a muita leitura debelita e estraga o organismo.

E sem mais preâmbulos: o Buraco vèm prencher uma lacuna na imprensa indígena e *almejar um lugar sob o travesseiro das damas gentis...* [grifo meu] (*O Buraco*, 9-10 mar. 1901).

Lugares inacessíveis, damas de boa família, rapaziada do sexo forte, eram esses os "leitores ideais" do pequeno *O Buraco*, que, entre outras folhas, inaugurava um ponto de vista entre os acontecimentos da cidade, dos lugares obscuros que iria visitar, e o leitor, que poderia ter acesso a eles por meio do semanário. Eis aí mais um caminho de que a vida noticiosa e irreverente fazia-se representante.

Outros jornais, porém, cumprindo à risca o ato de registrar tudo que se passava na *Paulicéa*, lançavam mão de mais do que a explanação e a forma de mostrar os lugares e o perfil das pessoas que, seriam incluídas neles. No regime de suspensão que articulava o humor com a vida noticiosa, algumas apresentações perseguiam o passante, mostravam seus tipos ilustrados e deixavam o seu leitor, que até então acompanhava de fora o *panegírico* da folha, sujeito à possibilidade de ser o próximo passante a ser capturado e incluído pela "objectiva" do jornal. Esse era o programa de apresentação do *Zé Povo*, surgido em 12 de outubro de 1911, totalmente ilustrado, que esbanjava em articulações entre seu texto de apresentação e as caricaturas de tipos urbanos da cidade: eram

Juliettas e *Romeus*, *smarts*[25] do Triângulo,[26] freqüentadores do Castellões[27] e ainda aquele que estava apenas lendo o jornal: "Leitor amigo, attentae bem, quem sabe se não vos apanhamos o carão?" (*Zé do Povo*, 12 out. 1911) (Figura 2.15).

(fig. 2.15) Programa de apresentação do jornal *Zé Povo*, que mesclava, entre o texto, caricaturas de tipos da cidade de São Paulo, 12 de outubro de 1911.

Já *A Lua* (1910), que também inaugurava o deslumbramento das ilustrações, compartilhando lugar com os textos de variedades e humor, transformava seu programa de apresentação num misto de *glamour* da arte, totalmente

---

[25] Eram considerados *smarts* tipos que se vestiam com ternos bem trajados e freqüentavam a área central da cidade.

[26] O Triângulo era a maneira de se fazer referência às três ruas da área central que, entre si, tomavam o formato de um triângulo. Eram elas: a Rua Direita, a Rua XV de Novembro e a Rua São Bento. Nessas vias, concentrava-se muito da vida artística, comercial e mundana da cidade, que encontraremos fartamente comentadas e registradas nas colunas e matérias dos jornais de narrativa irreverente do começo do século XX.

[27] O Castellões foi uma confeitaria muito comentada por memorialistas e ficcionistas que a ela fizeram referência para falar dos lugares de sociabilidade na cidade de São Paulo da *belle époque*. Localizava-se na Praça Antonio Prado.

"enluarada" pelas novas possibilidades apresentadas do encontro luxuoso entre forma e texto, e a mensagem mais direta ao "leitor ideal", aquele que no fim das contas saborearia os prazeres da ilustração "em papel *glacé* e tintas mil", e não poderia deixar de "galanteá-la sobejamente" (Figura 2.16):

(fig. 2.16) Cabeçalho ilustrado por YôYô do programa de apresentação de *A Lua*, em que o seu Pierrot captura um Degas, ou talvez um leitor, de janeiro de 1910.

Só assim, Ella (A Lua) poderá fazer frente aos seus gastos desmedidos e ás suas bizarras extravagancias de rapariga romantica e exquisita, nas suas descidas e passeatas cá pela terra, pos cá o *degas*, o seu apaixonado amante *Pierrot*, está como quasi sempre, com os bolços numa situação impossível de arcar por muito tempo com todos os luxos e todos os caprichos de uma namorada assim tão nova, assim tão exigente, assim tão catita. Disse (*A Lua* Nova, jan. 1910).

Assim como *A Lua*, que faz do seu aparecimento um estado espetacular, *O Bicho*, surgido em 4 de setembro de 1909, que aludia ao costume popular na cidade à época, o jogo do bicho, singularizava o hábito das ruas por meio do batismo do semanário. Dessa associação com o jogo, em seu programa de apresentação o bicho tentava se fazer reconhecer pelo leitor: "É verdade, que neste traje assim empapelllado e colorido é a primeira vez que appareço...". E, nesse clima de intimidade, ia capturando o leitor, que passava a ser, no corpo do texto, a vítima ideal das formas de se obter dinheiro fácil, acentuadas no jogo do bicho, assim como pelo próprio jornalismo:

> Sou amigo de todos e pretendo dóra avante adquirir mais sympatias entre os meus camaradas, porque preciso do *arame*[28] e para obtel-o é necessário cahir na grossa *cavação*.[29]
>
> O meu programa será *engrossar*,[30] pegar nos *bicos*[31] das actuaes e futuras *chaleiras* e *pilherear com amigos* [grifo meu], sem os offender, é claro e assim poderei *caval-o* com mais facilidade fazendo também alguma *figuração*[32] (*O Bicho*, 4 set. 1909).

Das gírias circunstanciais, à época fartamente utilizadas nos jornais irreverentes para criticar e atacar aqueles que viviam de lucros fáceis, apresentava-se *O Bicho* aos leitores. Quase como o resultado semanal da *bicharia*, o jornal rapidamente retirava o seu "leitor" daquele lugar confortável de espectador passivo dos acontecimentos e passava a incluí-lo como um dos agentes fundamentais nas tramas e assuntos de *O Bicho* (1909). Eis aí mais uma face dos "leitores anunciantes" dentro dos programas de apresentação.

Agora vamos ver como as folhas de narrativa irreverente funcionavam, literalmente, por dentro, a sua mecânica.

---

[28] Expressão da época muito usada nos jornais irreverentes ao comentarem sobre a obtenção fácil de dinheiro (ver Viotti, 1956; e Nascentes, (1953).

[29] Outra expressão utilizada com a gíria *arame* para falar sobre forma de se obter dinheiro de maneira pouco lícita (ver Viotti, 1956; e Nascentes, (1953).

[30] Sentido figurado de "elogiar" (ver Viotti, 1956; e Nascentes, (1953).

[31] Associado a *chaleira*, "pegar no bico da chaleira", bajular, lisonjear (ver Viotti, 1956; e Nascentes, (1953).

[32] As expressões em itálico "arame", "cavação", "engrossar", "bicos", "chaleiras" e "figuração" estavam relacionadas ao clima político da época. Principalmente às disputas à presidência da República entre hermistas e civilistas, nesse momento do aparecimento de *O Bicho*. Todos os semanários irreverentes do final da primeira década se aproveitam de fatos, expressões e criam, sobre eles, as mais diversas representações. Como exemplifica Elias Thomé Saliba (2000), "pegar no bico da chaleira" foi uma expressão surgida nesse período e ligada a Pinheiro Machado.

A mecanização das folhas

A arte não reproduz o processo de mecanização,
mas torna-se um novo modo de experiência.
(Karl, 1985, p.40).

A mecanização dos meios de comunicação e da impressão foi de fundamental importância para a expansão da imprensa no início do século XX. Os novos prelos utilizados pela grande imprensa eram comemorados em pequenos comentários dos semanários de narrativa irreverente paulista. Surgiam as Marionis e outras tantas marcas de prelos, capazes de multiplicar os exemplares e combinar textos e imagens como, durante o século XIX, nunca havia sido possível. Aliados à maior capacidade de produção, impressão e composição, estavam os correios e telégrafos, principais responsáveis pela distribuição dos jornais, assim como meio de comunicação fundamental para que leitores e os próprios produtores de jornais mantivessem contato com os acontecimentos do momento.[1]

Apesar de sua péssima fama, que atravessara o século XIX e permanecia ao longo da primeira década do século XX em pequenas notas e comentários críticos dos semanários satíricos, por meio dos correios se faziam entregas em

---

[1] Ver Gordinho (1991), especialmente o capítulo 2, "O começo da modernidade", em que a autora destaca a presença de máquinas tipográficas mais antigas, utilizadas na maior parte pelos pequenos semanários, e as grandes máquinas, em menor quantidade, apenas nos grandes diários como *O Estado de S. Paulo*. Ver também Martins (2001), capítulo "A oficina das palavras", em que a autora faz vários comentários sobre a presença da tipografia voltada para a produção das revistas no início do século XX.

locais distantes do interior paulista, recebiam-se jornais de várias partes do mundo[2] e correspondências de leitores e colaboradores das folhas (Figura 3.1).

(fig. 3.1) A legenda logo abaixo da caricatura, *O Cri-Cri* vem com os seguintes dizeres: "Chega agora o Serviço Postal. É uma administração perfeita". *Cri-Cri*, 1 de março de 1908.

Pelos correios e telégrafos, as notícias ampliavam os assuntos das folhas irreverentes do começo do século XX. Até mesmo nomes de jornais e chamadas de texto passam a dialogar com o imediatismo que esses meios de comunicação e expressão sugeriam. Chamadas com o título de "Última hora", "O Momento Político", clichês e pequenas matérias com legendas-título "Nossos Instantâneos" ou a remissão literal aos "telegramas" compartilhavam lugar com colunas cada vez mais fixas de cartas, correspondências, postas restantes, telegramas e instantâneos que, em formatos e estilos diversos, dialogavam de forma bastante singular com as transformações da imprensa via mecanização das palavras.

Muitos anos antes que os pequenos semanários de narrativa irreverente do começo do século XX começassem a publicar, em seus cabeçalhos de primeira folha, endereços de redação, oficinas e valores de assinatura, a antiga tradição do final do século XIX registrava, em todos eles, talvez um único ponto fixo

---

[2] Martins (2001, p.97-110) faz um levantamento bastante minucioso dos semanários culturais estrangeiros lidos por vários escritores brasileiros, apontando para a sua forte influência na produção da imprensa paulistana do início do século XX.

entre as variáveis que atingiam a curta história da maioria dos semanários irreverentes naquele momento. O ponto de contato desses pequenos jornais era sua posta restante: um dos poucos elos de comunicação das pequenas folhas com seus leitores, colaboradores e demais interessados. Desse lugar histórico de contato e recebimento de mensagens, a posta restante transformou-se na porta de entrada da imprensa, coluna fixa freqüente na maioria dos semanários paulistanos do início do século XX.

Essas colunas de nomes diversos, todos derivados da matriz "posta restante", veiculavam, na forma de matérias-mensagem normalmente curtas, o que os jornais supostamente haviam recebido em primeira mão pelos correios, fossem recebimentos ficcionais ou, de fato, reais. A partir do registro de sua entrada, sucediam-se os comentários críticos do jornal que poderiam incluir, excluir ou apenas agradecer as mensagens recebidas.

Sem detalhar por ora o conteúdo dessa coluna de entrada de mensagens, o que destacamos aqui é o papel fundamental da posta restante como um dos importantes elos entre a mecanização da imprensa e a incorporação dessa mecânica nas próprias folhas irreverentes.

Da mesma maneira que a posta restante, o material veiculado pelos correios, as correspondências, que na forma de colunas assumiam o estilo epistolar de cartas e bilhetes, foi incorporado às folhas em locais fixos. Em princípio, nada mais do que metáforas e alusões aos serviços postais presentes na distribuição e motivos de criação das matérias irreverentes.

Parte dessas alusões e metáforas presentes nos pequenos semanários pode ser compreendida pela importância dos meios de comunicação na história da imprensa. Principalmente em sua pertinência à imprensa no começo do século XX, momento em que o jornalismo passou a se afirmar como um grande veículo de comunicação de massa.

A convivência entre os correios e a imprensa, contudo, é bem antiga. Poder-se-ia mesmo dizer que essa adquiriu, de fato, características de periódico a partir do momento que os serviços postais apresentaram maior regularidade. Desde o século XVII, na França, passaram a se fixar postas em várias cidades do interior (cf. Rizzini, 1968, p.60).

Por intermédio das postas fixas, as correspondências, ou cartas particulares que tratavam das novidades ocorridas em Paris ou demais cidades ligadas pelos correios, passaram a veicular com mais constância as narrativas epistolares que, pela mudança de periodicidade, também adquiriam um estilo singular na forma de comentar os acontecimentos do momento.

Essas cartas constituíam-se quase em crônicas da semana. Assim que o correio passou a se fixar nas pequenas cidades dos arredores de Paris por meio das postas, essas narrativas epistolares começaram a ser recebidas em intervalos de tempo previsíveis, mais ou menos de oito dias. Talvez, dessa regularidade temporal tenha se originado a freqüência semanal da imprensa, que marcou a maioria da distribuição dos periódicos até o final do século XIX, quando começa a se revelar a grande imprensa diária que tomava força. O período mínimo de uma semana, ao longo do século XX, permaneceu ditando a freqüência da maioria dos pequenos semanários ou revistas de variedades, ilustradas, humorísticas ou mesmo de atualidades (cf. Rizzini, 1968, p.60).

O estilo epistolar com teor de atualidades, desenvolvido nessas primeiras correspondências, também marcou o começo da carreira de muitos escritores ilustres. A confecção das cartas, trocadas, em sua maioria, entre pessoas de um mesmo círculo social, era dinamizada pelos comentários a fatos ocorridos ao longo da semana nos locais de divertimento, na vida íntima, ou mesmo em palestras sobre questões políticas e econômicas, em voga naquele momento.

O interesse despertado pelo estilo epistolar tornara-se uma forma tão difundida nos circuitos dos salões que as cartas enviadas a um único remetente passaram a ser divulgadas para vários receptores, sendo comumente lidas em voz alta e depois lembradas pelos ouvintes durante um longo tempo. Mlle. Scudéry, em seu livro *Les conversations nouvelles*, incluiu um capítulo sobre a forma de se escrever as cartas de novidades. Essa mesma senhora não ia à casa de Mme. de La Fayette sem levar as últimas cartas de sua filha, suas cartas de *nouvelles* (cf. Rizzini, 1968, p.65), as quais causavam tanta sensação nos ouvintes. Muitos escritores, como Aretino, a própria Madame de Sevigné ou Voltaire, depois do enorme sucesso que obtiveram com suas correspondências, acabaram por reuni-las e publicá-las em formato de livro.

Além da formação de um estilo narrativo epistolar e de atualidades, oriundo das mensagens veiculadas através da fixação dos correios, esse veículo de comunicação destacou-se historicamente na imprensa como a forma primária de distribuição dos jornais para um grande público. Portanto, sem os serviços postais, a imprensa, como a compreendemos hoje, um órgão de comunicação de massa, estaria fadada ao fracasso.

Já a distribuição dos jornais na rua e a venda avulsa das folhas, ao contrário do que podemos imaginar, foram conquistas recentes. Havia gazetas manuscritas em Paris no século XVII e existiam lugares fixos para se ler as notícias. A árvore de Cracóvia foi uma destas "bolsas de notícias de Paris". Outros pontos fixos, onde essas folhas poderiam ser encontradas, foram os salões, cafés, praças e pontes da cidade, lugares em que jornais eram fixados e muitas vezes lidos em voz alta para uma grande maioria de analfabetos que habitava a cidade de Paris (cf. Weber, 1988; Ortiz, 1991).

Poucas pessoas tinham condições de comprar jornais, e quando os adquiriam, utilizavam assinaturas enviadas pelos correios. A venda avulsa não existia. Para a vida noticiosa, a concepção de rua como lugar de distribuição da notícia surgiu somente no final do século XIX. A rua, até então, era um dos lugares de maior vigilância policial das grandes cidades européias, como Paris e Londres. Nelas a polícia se aprimorava em perseguir gazetineiros, chegando a levantar, entre a população que freqüentava as ruas, falsos suspeitos, como barbeiros e lavadeiras, ambos classificados pela justiça na categoria de "desocupados" em geral.[3]

O uso dos pseudônimos ou de textos anônimos também buscava preservar a curta vida dos jornais e a integridade de seus colaboradores. Dificilmente temos registros de escritores que deixaram suas contribuições nas gazetas (cf. Rizzini, 1968, p.63).

A opção de sobrevivência que restava a esses tablóides manuscritos era ficar longe das ruas, mediante a venda de assinaturas prévias. Dessa maneira, os jornais estiveram restritos, por um longo tempo a determinado número de assinantes-leitores e a alguns pontos fixos na cidade.

No Brasil, a imprensa só veio a conquistar as ruas, a venda avulsa, no início do século XX (cf. Sodré, 1999, p.226). Em todo o século anterior, sua venda estava vinculada a postos fixos, localizados em livrarias ou nas próprias oficinas e redações dos poucos jornais.

---

[3] Interessante notar que, nos *Relatórios da Secretaria de Justiça e Segurança Pública* de São Paulo, do início do século XX, entre as várias apreensões, feitas nas ruas da cidade, na categoria profissões/prisão, a maioria é registrada como "desocupados", "vagabundos" e jornaleiros, demonstrando que, nessa época, a rua ainda era, de fato, um lugar perigoso para a imprensa.

Em São Paulo, durante o século XIX, assinantes que morassem fora da cidade eram extremamente raros. Quando havia necessidade, a distribuição para lugares distantes tinha que ser feita pelos correios, que à época se associavam aos limitados serviços ferroviários, animais de carga, como os burros, ou aos homens a pé. O funcionamento precário das redes de comunicação entre a capital paulista e as cidades do interior tornava o serviço de entregas uma forma pouco confiável de envio dos exemplares aos distantes assinantes-leitores.

Provavelmente, esses raros assinantes recebiam esporadicamente seus exemplares, o que resultava em inúmeras reclamações tanto dos jornais quanto dos próprios leitores, que muitas vezes deixavam de assinar as folhas pelos constantes extravios.

Anúncios e comentários, apanhados em *Cabrião* (1867) em meados do século XIX, já atestam de forma bem clara as falhas dos correios na entrega dos jornais para seus assinantes-leitores. Os comentários sugeriam extravios de correspondência e certa incompetência dos funcionários dos correios:

> O "Cabrião" não póde coservar-se silencioso, como quizera á respeito do modo porque é feito o serviço postal. Por maior pontualidade que haja na remessa do jornal, chovem as reclamações de muitos pontos, especialmente de Cunha, Sorocaba e Una. A cousa assim não vai bem. É certo que ha por ahi muito agente relachado, mas para tudo ha remédio (*O Cabrião*, 10 fev. 1867).

As reclamações quanto à má distribuição também surgiam nas notas da imprensa humorística, justificada pelas longas distâncias e ausência de linhas férreas e postas restantes, que restringia ainda mais a periodicidade da imprensa paulista no século XIX. Talvez um dos motivos do forte caráter regionalista da imprensa no Brasil, e particularmente em São Paulo, tenha como fundamento a deficitária rede de transportes, que deixou, durante muito tempo, as grandes cidades do país "isoladas" das outras regiões.

> Em 1867, enquanto se inaugurava, em Campinas, o primeiro locomóvel a vapor – o da fábrica de chapéus dos irmãos Bierrenback – estabelecia-se o correio diário em carros entre essa cidade e a capital da província. Entre São Paulo e a Corte, ainda em 1873, a correspondência era levada por navios da Companhia de Navegação Paulista, de cinco em cinco dias. Mas nesta altura, entre

Santos, S. Paulo, Jundiaí, Campinas e Itu, era transportada por ferrovias e, portanto, diária, o que dava à imprensa paulistana possibilidades novas de distribuição (Sodré, 1999, p.208).

Na virada do século XIX para o XX, os serviços postais já haviam aberto mais de 75 agências postais no interior paulista, porém os transtornos quanto à entrega e à eficiência de seus serviços continuavam a ser motivo para as matérias dos jornais alegres em toda a primeira década do século XX.

"Com o 'Correio'"
É a terceira vez que o desmazelado serviço postal, pela já célebre Repartição do Correio, nos devolve jornaes, muitas vezes sem procurar o destinatario.
O Dr. Gomes Cardim que tem caixa sob n. 809, reclama a falta da nossa revista.
Porque?
Porque o carteiro naturalmente em concluios hermistas, deixa a sua obrigação, pela politiquice do rebenque.
Demais a mais o Dr. Gomes Cardim já uma vez pedia que sua correspondencia fosse collocada na caixa.
Qual a razão dessa falta de escrupulo e attenção?
Só o correio o sabe. (*O Pirralho*, 23 dez. 1911).[4]

A fixação de um número maior de postas restantes pelo interior paulista, apesar da precariedade dos serviços do correio na primeira década do século XX, significava um aumento substantivo do número de assinantes-leitores. Simultaneamente, a possibilidade de comunicação entre cidades até então ina-

---

[4] Apesar de não se incluir, de forma direta, no tema tratado aqui, penso ser importante apontar que, nessa pequena nota de *O Pirralho* (1911), a narrativa irreverente se apropriava das questões críticas já tratadas no *Cabrião* (1867), de maneira totalmente diversa desse primeiro jornal. *O Pirralho*, ao representar as falhas do correio, ia além da crítica direta às questões técnicas, usando-as muitas vezes apenas como motivo para experimentar novas formas de expressão da linguagem: diálogos diretos misturados a piadas ligadas ao clima político de disputa entre hermistas e civilistas, encabeçada por personagem vítima das falhas do correio e oriundo da própria vida cultural paulistana – Gomes Cardim. Ver em citação no livro de Nelson W. Sodré (1999, p.263), uma outra pilhéria crítica envolvendo o nome de Gomes Cardim, publicada na *Platéa*, que, com tema diverso, porém de intenção bem próxima da feita por *O Pirralho*, dava a nota de que o "colega Gomes Cardim" fora levado pela polícia por estar lendo, no bonde, o livro de Eduardo Prado, *A ilusão americana*.

cessíveis acabava por ampliar a geografia temática das próprias folhas, que tornavam o interior paulista "conhecido" em suas matérias e ilustrações, até há pouco tempo definido, nas legendas dos mapas, apenas pelo termo genérico de "terrenos desconhecidos".[5]

Por meio de colaborações, anúncios publicitários, deslocamento de repórteres ficcionais ou reais, essas cidades do interior passavam a participar da vida dos vários semanários de narrativa irreverente paulistanos. Pelas postas restantes, migravam para dentro das matérias e ilustrações desses periódicos as mais variadas correspondências entre poetas, escritores, colaboradores, ilustradores, fatos diversos, ou mesmo a presença dos imigrantes, principalmente os de origem italiana, dirigindo-se à capital paulista.

Da diversidade de pessoas e hábitos, em deslocamentos geográficos, o humor crítico e mordaz representava o trânsito de linguagens e perfis humanos presentes nas transformações da paisagem. Os tipos urbanos, duplas de calungas em diálogos desencontrados nas ruas, cartas dialetais de linguagem já estilizada do que era apanhado sonoramente pela cidade e, acelerando mais os tempos, as mensagens em estilo telegráfico, curtas, rápidas e muito pouco diretas.

Aliados modernos na distribuição e confecção das correspondências epistolares, surgiam os telegramas. Mais rápidos e em notas mais curtas do que as correspondências, as mensagens telegráficas, sem tantos vínculos históricos com a imprensa, despontavam nas colunas dos semanários paulistanos desde o final do século XIX, momento em que começaram a se implantar os primeiros telégrafos no Brasil.

No início do século XX, ainda no formato de colunas fixas dos semanários, os telegramas passavam a ser incorporados pela narrativa irreverente, justamente por causa de seus atributos mais peculiares: a mensagem sintética, às vezes quase incompreensível pela quantidade de palavras abreviadas, sinais cifrados, e sua capacidade de informação imediata. De suas características estruturais pre-

---

[5] "Os terrenos desconhecidos" eram registrados nas legendas do mapa do Estado de São Paulo como áreas que ainda não haviam sido reconhecidas oficialmente. No livro de Garcia Redondo (1912, p.25), *Cara alegre*, em uma de suas crônicas, "O Phonógrapho", o protagonista Julião "vive numa zona remota de S. Paulo que no mappa ainda figura, neste adeantado começo de século XX, com a legenda significativa e pouco edificante de terrenos desconhecidos".

sentes nas colunas fixas das folhas, ampliavam-se as possibilidades lúdicas e colocavam, sobre a brevidade das mensagens, a confusão dos mesmos tempos.[6]

As postas restantes

José Agudo, em seu livro *Cartas D'Oeste* (1914), inicia a narrativa com a descrição de um tipo bem urbano da cidade de São Paulo, Juvenal Paulista. Esse personagem se caracterizava por ser um sujeito que pouco saía da cidade, fora algumas escapadas para Santos ou Rio de Janeiro. De resto, o tal Juvenal não "arredava" pé do Triângulo central de São Paulo. Ninguém sabia onde ele morava, mas as pessoas que o conheciam sabiam que era em São Paulo e que tinha uma caixa no correio, "apezar da distribuição postal ser cada vez mais passível de melhoras, que sempre vão ficando adiadas para as calendas gregas" (Agudo, 1914, p.6).

Juvenal Paulista, personagem-tipo urbano de São Paulo, sem lugar registrado de moradia, porém com caixa postal determinada, talvez seja uma representação bastante interessante do caráter das folhas humorísticos que, como ele, resumiam-se a dar como única referência fixa, a posta restante (caixa postal). Pouco ou nada se sabia dos endereços das redações e oficinas dos pequenos jornalecos dos primeiros anos do século XX.

Como colunas, as postas restantes ocupavam um lugar fixo na maior parte dos jornais caricatos de São Paulo, entre 1900 e 1911. Apareciam com vários sinônimos: no semanário italiano *La Birichina* (1902), "Piccola Posta"; no *Nova Cruzada* (1904), "Nossa Carteira" ou, de forma mais literal, "Posta Restante"; no *Cri-Cri* (1907), "Correio sem Sel-o", seguido de uma chamada-título maior de "Cartas Multadas"; em *A Ronda* (1908), "Mochila de Papeis"; em *O Bicho* (1909), "Carteira do Bicho"; e em *O Pirralho* (1911), o "Pirralho Carteiro".

O que chegava nas "postas restantes" dos semanários de narrativa irreverente? Poder-se-ia dizer-se que quase tudo, em forma de miscelânea. Leito-

---

[6] Na interessante pesquisa de Laura Antunes Maciel (1998), *A nação por um fio*, a autora atenta para o fato de que, no início as mensagens telegráficas brasileiras produziram uma enorme quantidade de confusão entre aqueles que enviavam os telegramas e os que recebiam. Ambos, muitas vezes, não dominavam os códigos telegráficos. O fato provavelmente gerou um anedotário grande nos semanários de narrativa irreverente do início do século XX.

res que enviavam colaborações, como a de "Domenico Torre – Votra poesia aud à prossima numero" (*La Birichina*, 4 set. 1902), de jornais do Rio de Janeiro, de São Paulo, de outras capitais do país ou mesmo de distantes cidades do interior: "Recebemos e agradecemos: O brilhante diário de Benjamin Motta[7] e de P de Ambrys, *A Tribuna de Jacarey. – A República de Itú – O Jornal da Tarde.* – O soberbo último número da *Vida Paulista – O Correio de Amparo*" (*Nova Cruzada*, 1 jan. 1904).

Pequenos bilhetes e mensagens de redatores e ilustradores participantes da confecção dos jornais e que adicionavam suas pilhérias às pequenas notas enviadas às "caixas": "*Bicho-mór* – Nem se discute. Acceitar a sua colaboração equivale a contar com mais um forte elemento para sustentar a nota do Bicho. *A casa é sua* [grifo meu]" (*O Bicho*, 4 set. 1909).

Ao se fixarem como colunas dos jornais irreverentes, as colunas de "postas restantes" aproveitavam ao máximo as características mais aparentes das caixas postais do correio, porém se distanciavam de sua mecânica real ao subverterem esses motivos primários por meio do conteúdo e do estilo em que viriam as enigmáticas mensagens, tramadas, na maioria das vezes, na redação dos próprios semanários.

Dessa proximidade com a redação dos jornais, as colunas de "postas restantes" dos pequenos semanários também proporcionavam um ar de intimidade que quase cheirava à "cozinha" dos "bastidores da notícia". O formato da coluna, construído em mensagens curtas, repletas de pseudônimos e frases entrecortadas, parecia colocar o leitor em contato com uma conversa já começada há muito tempo. Essa estrutura de mensagens cifradas logo à entrada dos jornais também servia de chamadas rápidas a possíveis colaborações e colaboradores que apareceriam em outras seções dos semanários: "*Sr. Jua* – Capital – Recebemos e muito de coração agradecemos os esplendidos desenhos que offereceu á RONDA. *O cabeçalho esta de primeira ordem e havemos de inagural-o em setembro próximo* " (*A Ronda*, 27 ago. 1908, grifo meu).

A maneira pela qual, nas "postas restantes", os redatores dirigiam-se ao público leitor, supostamente aquele que enviara a colaboração ou a mensa-

---

[7] Personagem da vida literária paulista que teve suas obras criticadas em vários jornais irreverentes do período.

gem, também era expressa em estilo bastante singular. Além dos freqüentes cordiais agradecimentos pelo envio de colaborações, recebidas ao longo da semana, seguiam-se comentários críticos, por vezes de "dura" pilhéria ao material "enviado" à redação.

> *Um apreciador da Ronda* – Capital – Agradecemos os seus parabéns, porque são sinceros, mas recusamos os seus versos, porque são quebrados. Vejá lá si isto tem geito de verso, meu camarada:
> "Vendo um enterro que passava,
> Zé-Bedeu de Faria Porto
> A um padre que perto estava
> Perguntou quem era o morto.
> Diz o padre aixando assumpto
> Para dar á troça expreção:
> O morto é aquelle defunto
> Que vai dentro do caixão".
> *Aquele padre,* aixando assumpto, *está de lhe tirar o chapéo. O amigo não* aixa? (*A Ronda*, 13 ago. 1908, grifo meu).

O escritor Cornélio Pires, em entrevista dada a Silveira Peixoto (1940), comentava passagem bastante semelhante a essa, encontrada nas colunas de "posta restante" de *A Ronda*. O poeta humorístico, ao ser inquirido sobre o início de sua carreira como escritor, contava a Peixoto (1940, p.210) que começara sua carreira enviando um curto soneto para um pequeno jornal da sua cidade, Tietê, que logo foi publicado. "Por que será, querida minha Alice, que quanto mais procuro te deixar, mais, no teu rosto, estampa-se a meiguice, para melhor, assim, me cativar?".

Ainda dizia o conhecido escritor humorístico que a alegria de ver seu primeiro trabalho publicado logo foi suspensa por uma carta enviada à sua casa, parodiando o soneto: "Por que será, Cornélio, amigo meu, que quanto mais procuro te querer, mais te afiguras tipo de sandeu, para melhor, assim, me aborrecer?" (Peixoto, 1940).

Confessava o autor que os tais versos paródicos o deixaram por alguns dias um pouco amargurado, mas o ocorrido não o impediu de criar outros tantos sonetos, o que veio a fazer logo em seguida. Afirmava Pires que a crítica feita aos seus primeiros versos aprofundou muito mais o gênero singular de que dizia ter sido inventor – "os sonetos caipiras".

Nos versos que se seguiram a essa primeira contribuição do autor, o efeito duplo da crítica já poderia ser notado. Ainda nos seus comentários, dizia ele que, "o feitiço havia virado contra o feiticeiro". Pois os tais "sonetos" inventados por Cornélio Pires acabaram por fazer enorme sucesso ao entrarem, sem querer, pelas mãos de um amigo que queria lhe fazer troça, na "posta restante" de uma revista carioca famosa à época. Da crítica ao primeiro soneto enviado para o jornal de Tietê, fora o autor sucedido pela surpresa e boa acolhida da segunda publicação, entrada pela "posta" de *O Malho* (Peixoto, 1940, p.211):

> Um dia, vieram perguntar-me si já vira o "Almanaque do Malho". Respondi que não. "Trás quatro sonetos de você, em pagina especial" – disseram-me. Sai correndo, fui à livraria da cidade e pedi o tal almanaque... Lá estavam os meus versos! Foi um deslumbramento! E dessa vez, não recebi qualquer parodia.

Desses primeiros sonetos de Cornélio Pires enviados para os jornais, nasciam outras tantas criações do autor que se tornaram freqüentes nos semanários de narrativa humorística paulistanos do início do século XX. Destacavam-se, entre eles, as famosas colunas de correspondências epistolares caipiras que provavelmente foram, em sua maior parte, escritas por Cornélio Pires, "o inventor do soneto caipira".[8]

As "postas restantes" eram como portas de entrada dos semanários e assumiam uma abordagem bastante interessante, como as notas críticas das folhas irreverentes. Ao mesmo tempo que eram "duras" nos comentários às mensagens, dando-se liberdades de rabiscar sobre o suposto material enviado pelos colaboradores, essas críticas tornavam-se logo leves e íntimas do suposto re-

---

[8] Cornélio Pires provavelmente escrevia as colunas de correspondências caipiras registradas na revista *A Farpa* (1910), "Cartas Matutinas", com pseudônimo de Bastion, e, em *O Pirralho* (1911), "Correspondência da Xiririca", como Fidêncio da Costa. Em ambos há indícios claros de sua participação e colaboração. Sobre Cornélio Pires, ver Dantas (1976, p.57) e Saliba (2002, p.157), em que o autor oferece ao leitor um quadro de humoristas paulistas da *belle époque*. Ver também o Apêndice II, no final deste livro.

ceptor e para o próprio leitor. Por um tipo de mecanismo de dupla entrada, essa crítica irreverente nunca matava o seu motivo primário de "troça", apenas destacava suas linhas mais agudas e multiplicava as possibilidades do assunto, mesmo que essa, na maioria das vezes, viesse a público pelo crivo crítico bem-sucedido de colunas das "Cartas" já "Multadas".

> Correio sem sel-o
> "Cartas multadas"
> *Pedro C.* – Aguarde ocasião e não perca a *Ilusão...*
> *Lálá – Ca* veio ter o seu *Desengano*. Não direi que se desengane de ser poeta, porque nutro sólidas esperanças de vel-o ainda hombrear com Bilac e outros daqui a cinconeta annos. Com tudo acho melhor dedicar-se ao lapis e deixar a lyra *si et in quantum...*
> *A. L.* – Obrigado pelos elogios. *Mal recompensado* não devia o amigo chamar ao soneto que me envia, mas o precioso tempo que nelle perdeu. N. Nobre. (*Cri-Cri*, 1907, n.19).

As "postas restantes", como também aponta o depoimento de Cornélio Pires, serviam como entrada de brincadeiras, desafios literários e ilustrados, para um circuito fechado de redatores, jornalistas ou pessoas ligadas à vida cultural. Seu teor de intimidade, sugerida nas mensagens-comentário, às vezes vinha acompanhado de apelidos, pseudônimos que indicavam essa circulação da matéria que, ainda considerada "prima", já se fazia pilhéria crítica e recriação literária.

Tanto Rubem do Amaral como Monteiro Lobato, que, além de livros publicados colaboraram nas revistas e jornais da época, comentavam suas primeiras contribuições à imprensa. Amaral acentuava o prazer que tinha em inventar pseudônimos dos mais diversos a fim de "farpear" melhor com suas "vítimas" (cf. Peixoto, 1940, p.189), e Lobato adicionava, ao prazer da invenção dos inúmeros pseudônimos, a liberdade de escrever de forma crítica para essa pequena imprensa: em ritmo de "desabafos", "de mim para mim", "sem a menor consideração pelos leitores eventuais" (Peixoto, 1940, p.17).

> *Snr. Tripa* – Recebemos o seu artigo sobre *il terzo atto della Divina Comedia*. Apezar de interessante, não o publicamos porque o amigo compreenderá

que a obra de Dante não é de hoje. Foi publicada a 25 séculos. Portanto ninguém mais deve fazer-lhe a critica atualmente...

Passamos agora a responder a sua última carta:

Sabemos perfeitamente que o trabalho de nosso caricaturista não presta, mas que fazer? Não pudemos arranjar outro.

O amigo sabe que fizemos vantajosas propostas a Tom e Maramao para virem fazer o nosso jornal, á vista do sucesso desses dois artistas geniaes na ultima phase do seu Pasqualino. Tom e Maraméo recusaram altivamente, e nós, com a alma cheia de dor, fomos constrangidos a contractar il povero Voltolino que andava se empenhando para trabalhar num semanario como todos sabem.

Publicamos hoje a sua segunda carta do carcamano (d'abax'o Pigues). Fique certo de que conservaremos o incognito (*O Pirralho*, 26 ago. 1911).

Repletos de mistérios e códigos impenetráveis do pequeno mundo da imprensa, o "Sr. Tripa" poderia muito bem ser um dos correspondentes epistolares macarrônicos[9] de *O Pirralho* (1911). Talvez o "Sr. Tripa" fizesse suas cartas macarrônicas, porém, por meio da coluna das "Cartas do Abaix'o Pigues", redigidas por Annibale Scipione (Oswald de Andrade) em *O Pirralho*, descobrimos que o "Tripa" era o editor-chefe do *Pasquino Coloniale*, em que o caricaturista Voltolino (Lemmo Lemmi), citado nessa "posta" de *O Pirralho*, também ilustrava. Logo, a alusão pilhérica a Voltolino e ao "Sr. Tripa" articulava os famosos "elogios às avessas", típicos do estilo irreverente dessa coluna, colocando ambos na "berlinda", a fim de torná-los mais evidentes e próximos. Provavelmente, para os leitores de *O Pirralho*, tanto Voltolino como o "Tripa" eram pessoas bastante conhecidas. Voltolino foi um dos ilustradores do início do século XX que mais colaboraram na imprensa paulista.[10]

Além das colunas de "posta restante" serem nas folhas um lugar interessante para desvendarmos personagens desconhecidos que participaram da vida da imprensa paulista, seria importante destacar o papel dessas colunas como

---

[9] O macarronismo epistolar, fartamente utilizado nas colunas de correspondências, era considerado uma "língua estrangulada", representação do que era oralizado pelas ruas da cidade. *O Pirralho* foi o semanário paulistano que mais concentrou correspondências macarrônicas, do italiano, do caipira e até do alemão.

[10] Para ver a grande participação de Voltolino na imprensa paulista, o trabalho mais completo é a pesquisa de Ana Maria Belluzzo (1992).

espaço multiplicador de matérias e colunas que surgiam espalhadas em outros espaços das folhas.

"A posta", nesse sentido, reunia temas diversos, aludia a nomes já conhecidos da imprensa ou apresentava novos nomes, pseudônimos desconhecidos, em princípio, que passavam a se tornar mais evidentes à medida que se repetiam em colunas próprias ou ilustrações já divulgadas nas ambivalentes mensagens das "postas".

A mecânica das folhas, por meio das colunas de "posta restante", foi sem dúvida um subversor de regras, programado para não cumprir de maneira alguma o registro ordenado dos recebimentos postais. A insubordinação foi a grande organizadora dessas colunas que nunca obedeciam a quantidades exatas do número de entradas e nem de saídas. Se havia alguma regra, talvez a única fosse a de multiplicar ou dividir tudo que estava registrado nessa coluna. A semelhança era mera aparência, o que valia era a transposição e a equivalência desses mecanismos fixos coordenados na própria produção e distribuição dos jornais. Por meio das colunas de "postas", a vida noticiosa poderia ser transformada, suspensa, prolongada, duplicada, ou mesmo transposta; as cartas eram, de fato, "sem sel-o".[11]

Logogrifos telegramas

Na maior parte das folhas irreverentes do início do século XX, a coluna de telegramas era um outro ponto fixo nos jornais. A idéia de imediatismo das informações por meio de telegramas expandia o poder de comunicação da imprensa em geral e transformava a linguagem dos pequenos jornais satíricos, sintonizados com o momento.

Um dos grandes fatores para a expansão da imprensa foi a utilização de mecanismos mais rápidos de captação e transmissão das mensagens. A invenção dos telégrafos, no final do século XIX, somava-se ao surgimento da imprensa diária e às máquinas de impressão mais modernas.

---

[11] "Cartas sem sel-o": subtítulo da coluna de posta restante da revista *Cri-Cri* (1907).

O ano de 1896 foi considerado um ano-chave na história da imprensa, assim como na divulgação de mensagens via telégrafos. Nesse ano foi fundado, na Grã-Bretanha, o jornal com verdadeiras características populares, o *Daily Mail*, de Alfred Harmsworth. Um ano antes, Gugliemo Marconi chegou à Grã-Bretanha com um novo equipamento que alterava o funcionamento dos telégrafos a fio: o telégrafo sem fio, e os irmãos Lumière haviam inventado o cinematógrafo (Bradbury & McFarlene, 1999, p.45).

Em princípio, o telégrafo sem fio foi considerado apenas um substituto dos telégrafos com fio e não uma forma nova de comunicação e divulgação das mensagens: "na verdade, o fato de as mensagens transmitidas pelo rádio poderem ser captadas por pessoas estranhas parecia mais um retrocesso do que um avanço".[12]

No Brasil, a primeira agência telegráfica ligada à imprensa foi instalada em 1874. A agência telegráfica Reuter-Havas teve sua sucursal no Rio de Janeiro. A partir de então, as notícias que chegavam pelo correio ou pela imprensa estrangeira passaram a vir do exterior pelos telégrafos, provavelmente com fios.

No dia 1º de agosto de 1877, o jornal *O Comércio*, do Rio de Janeiro, já publicava os primeiros telegramas enviados em 30 de julho, registrados em vários horários diferentes. Em 1895, era, vez do jornal carioca *A Notícia* também publicar, pela mensagem captada pelos telégrafos, as lutas em Cuba. Os leitores ainda incrédulos com a capacidade de transmissão tão rápida dos acontecimentos chegaram a duvidar das informações publicadas nesse jornal, só vindo a acreditar quando confirmadas pelo jornal *O Comércio* no outro dia (cf. Sodré, 1999, p.267).

A partir de 1897, com a ampliação de serviços dos correios, o volume de tráfego dos telégrafos também começa a aumentar. Porém, a eficácia de recepção e emissão das mensagens não se dava sem que ocorressem inúmeras reclamações dos usuários em relação à morosidade e aos erros nas mensagens telegráficas. Os problemas ocorriam pelas constantes interrupções no tráfego e com a mão-de-obra técnica. As propostas de solução passavam pela duplicação das linhas, aquisição de aparelhos mais velozes e, o mais complicado, a formação de técnicos mais habilitados (cf. Maciel, 1998, p.54-7).

---

[12] Abril Cultural, *História do Século 20: 1900/1914*, p.7.

Entre os vários problemas de adaptação e introdução de aparelhos mais atualizados, como o Baudot, que permitia a transmissão e recepção simultânea das mensagens, os telegrafistas acabavam sendo os principais provocadores de falhas e interrupções do sistema de emissão e recepção das mensagens. Por dominarem precariamente os códigos telegráficos, eles freqüentemente usavam os telégrafos em "conversas" informais em "circuitos de diferentes resistências", o que causava "instabilidades" na qualidade das mensagens (Maciel, 1998).

Em razão do baixo nível cultural dos técnicos telegrafistas as confusões e a má qualidade das mensagens eram públicas e notórias entre os usuários. Paralelo aos limites técnicos e humanos, surgia, para a fixação do mecanismo dos telégrafos e seu funcionamento, todo um debate sobre a padronização da linguagem telegráfica – "as convenções na linguagem e a redação dos telegramas – se clara ou cifrada" –, a fim de condicionar a telegrafia nacional ao código internacional. O código Morse foi a forma mais popularizada desse alfabeto telegráfico padronizado, no qual, a cada combinação de sinais gráficos, representava-se uma letra do alfabeto oficial. Através do código Morse mandavam-se "mensagens de amor, pêsames ou negócios... num mesmo estilo de linguagem lacônica, seca, rápida e econômica", decodificadas depois por teleimpressores ou máquinas de escrever (Maciel, 1998).

A esse ambiente carregado de controvérsias e soluções, originadas pela implantação dos telégrafos, somava-se o seu grande poder de atração, representado pelo imediatismo das mensagens. A imprensa diária foi uma das primeiras a adotar as mensagens telegráficas como aliadas na recepção e publicação das notícias jornalísticas.

A idéia de imediatismo das mensagens combinada à sua presença na imprensa diária, também se incorporava às folhas irreverentes de forma bastante singular. Em grande parte, refletindo mais uma vez esses curtos-circuitos que mediavam a mecanização dos novos tempos e a forma como eles eram implantados. Para os jornais de narrativa irreverente paulistanos que circularam nos primeiros anos do século XX, a presença de colunas fixas, com o título "Telegramas", foi uma constante.

A fixação das colunas e a disposição das mensagens eram uma alusão clara aos telegramas publicados na grande imprensa. Porém, o viés irreverente em que a vida noticiosa era abordada por essa pequena imprensa, o estabelecimento das colunas, não viria sem um reaproveitamento da própria linguagem telegráfica.

De pontos próximos ou distantes, através dos telégrafos com fio ou sem telégrafo algum, as mensagens cifradas chegavam à imprensa de narrativa irreverente. Sintonizadas as ondas do momento, os pequenos jornais mostravam as possibilidades de versatilidade dos breves telegramas ao serem retransmitidos nas colunas das pequenas folhas.

Mais próximos da cidade, surgiam, na coluna "Telegramas" de *O Bolina*, de 13 de dezembro de 1900, mensagens emolduradas com subtítulos relacionados a fatos diversos, ocorridos na circunscrição urbana: "um duelo", "um capoeira", "uma vingança", "uma demissão", "um empastelamento de jornal", "um incêndio", "uma tentativa de suicídio", "uma encomenda de Santos", ou mesmo "um escândalo".

Obedecendo às regras telegráficas, as breves mensagens precisavam o lugar e o dia dos acontecimentos, porém a precisão era apenas aparente. A brevidade e a disposição das colunas, ao serem lidas, davam lugar a pequenos fatos ocorridos entre pessoas conhecidas ou, ainda, diálogos tramados de uma mensagem telegráfica que lhe era sucessiva.

No telegrama "Demissão", que teve lugar na "Redação do *Commercio* no dia 1 (retardado)" (grifo meu), uma curta mensagem avisa que "*Neves Junior* demitiu-se desta redacção para não levar outra..." (grifo meu). Já no telegrama sucessivo a este, com o título "Empastelamento", enviado da Repartição Central no mesmo dia 1 (retardado), a mensagem completava, de forma engraçada, o código cifrado da anterior: "O Chico de Castro prometeu empastelar o *Commercio* inclusive o *Neves Junior*" (*O Bolina*, 13 dez. 1900, grifos meus).

Já a coluna "Telegramas", de *O Azeite*, de 1º de junho de 1903, recebidos diretamente dos "fios da Light and Polvora", mantinha seus temas e locais ligados a diversos pontos da cidade: ruas e lugares de diversão, sucedidos pelo registro do dia da semana em que as mensagens chegaram. Porém, novamente a precisão só durava na definição mais aparente do período da semana e na brevidade da mensagem. Os temas tratados nas mensagens telegráficas eram todos retrabalhados ficcionalmente, buscando, no caso, ter como foco o próprio órgão emissor das mensagens telegráficas. As mensagens com notícias de ruas e lugares da cidade se fechavam em torno do semanário *O Azeite*, que azeitava toda a coluna "Telegramas": "Villa Buarque, 31 – Azeitamento por todas as ruas, janelas, portas, portões, cocheiras, bonds, egrejas, jardins e etc. Em todo lugar é só azeite" (*O Azeite*, 1 jun. 1903).

O Athleta, de 15 de setembro de 1901, atrevia-se a sair um pouco da vida das mensagens enviadas da própria cidade de São Paulo e fazia um giro que partia de pequenos fatos ocorridos com pessoas conhecidas no bairro das Perdizes, em São Paulo, para diversificar sua recepção de mensagens telegráficas em outros pontos do Estado: Araras e Ribeirão Preto.

Já *O Mosquito,* nos dias 14 e 15 de setembro de 1901, além de se deslocar da cidade de São Paulo e ir comentar fatos diversos ocorridos na Penha e em Cotia, trazia uma outra singularidade que apontava novos caminhos para a linguagem caricata e noticiosa. A sucessão dos telegramas, que por hábito, funcionavam como encadeamento de temas em seqüência assumia com muito mais precisão o tempo, registrando, em sua coluna, as horas e minutos das mensagens que se seguiam. Na narrativa da pequena imprensa de humor não bastava mais o imediatismo, o jogo das palavras lançava, nas mensagens telegráficas, a composição lúdica entre o tempo e o espaço. As colunas de "Telegramas" passavam a adquirir a precisão dos movimentos em encadeamento contínuo:

> Penha 10 hs. 35 ms.
>
> O povo está todo espantado de vêr um anjo com azas na torre. Julgam que é o fim do mundo que está próximo.
>
> *Penha* 11 hs. 36 ms.
>
> Facto verificado. Era uma moça que por causa de ter uma corcunda um pouco extensa o povo pensava que era azas (*O Mosquito,* 14 e 15 set. 1901).

Já no semanário *A Arara,* de 5 de agosto de 1905, a precisão dos fatos ligava-se aos acontecimentos da semana. Entre Rio e São Paulo, surgiam *flashes* alternados de acontecimentos variados ocorridos nas duas cidades. Dos assuntos políticos, um telegrama do Rio, dia 1º, comentando o fato de o padre Valoise "que fôra excomungar o governo do Dr. Tibiriçá". Da vida dos divertimentos por telegrama vindo de Santos, do dia 1º, anunciava-se que Coquelin, famoso artista francês, fora desafiado pelo padre Severino para bater-se em duelo. Os motivos do tal duelo escapavam da coluna de "Telegramas", de *A Arara,* para se alojarem de forma "cifrada" na coluna de "divertimentos" ao lado, na qual os comentários críticos sobre os espetáculos da semana nos vários teatros da cidade de São Paulo destacavam a presença de Coquelin no Teatro Santana (Figura 3.2):

(fig. 3.2) Capa do *Arara* anunciando a estréia do artista Coquelin na capital paulista, 29 de julho de1905.

Foi embora a troupe Coquelin, que trouxe em reboliço durante cinco noites os diletantes e apreciadores de theatro. Apesar das descomposturas do Padre Severino de Rezende e de uns discolos que o acompanharam, porque um tolo acha sempre um outro tolo para acompanhá-lo... (*A Arara*, 5 ago. 1905).

A extrema precisão da imprensa irreverente, sensível aos acontecimentos do momento e multiplicadora em suas colunas, das possibilidades temáticas desses eventos, aliava-se de forma bem-sucedida à linguagem das mensagens telegráficas, fazendo com que ambas, às vezes, passassem a compor diálogos diversos que poderiam "incorporar" suas próprias matrizes fixas. O final da coluna "Telegramas", de *A Arara*, anunciava mais uma trama lúdica capturada pela pequena imprensa de narrativa irreverente. Quem assinava a coluna era uma alusão paródica à própria sucursal dos telégrafos implantada no Rio de Janeiro em 1877, a pioneira agência de telégrafos Reuter-Havas, a "Hovas", de autoria do cronista de plantão de *A Arara*.

Já *O Garoto*, de 6 de janeiro de 1901, semanário burlesco que ia aos limites da linguagem lúdica, brincava com as distâncias, transformando a precisão das mensagens e seus locais de origem em transmissões truncadas, ambíguas e extremamente duvidosas.

Do "Interior" chegava uma mensagem inútil de Bananal, do dia 5, onde a população estava bestificada: "Nada de novo acontecia". Mantendo-se no "Interior", vinha duvidosa mensagem da capital, Rio, dia 5, onde sabia-se por meio de telegrama vindo "de não sei onde" que o vapor que levava o ator Chaby para a Europa havia naufragado. E, por último, uma mensagem em trocadilho de Salto de Itu do dia 5, em que a confusão se dava justamente na brincadeira com o nome truncado da cidade: o Salto de Itu, cujo salto do rio Itu fora negociado pela Câmara a um importante sindicato estrangeiro, deixou a população ao mesmo tempo feliz e intrigada: "A população aplaude a idéa, mas acha-se intrigada por saber como será transportado o Salto" (*O Garoto*, 6 jan. 1901).

Do "Exterior", a primeira mensagem duvidosa chegava de Nova York, do dia 4 (retardado), e anunciava a naturalização do Dr. Fernando Albuquerque, *capitalista brasileiro* nos Estados Unidos: "*A população de lá comemorou*" (grifo meu). *De Paris*, do dia 5, vinha a notícia de que a Light and Power, instalada "*aqui* no Brasil" (grifo meu) seria vendida a um sindicato brasileiro, "em virtude desta notícia os fundos baixaram muito, reinando pânico no mercado do café". De lá ou daqui? (*O Garoto*, 6 jan. 1901).

O *Cara-Dura* de 29 de janeiro de 1905 publicava sua coluna de mensagens telegráficas em língua italiana pelo "Sistema Cara Dura", o qual utilizava a valorização da simultaneidade para fazer, a seu modo, a transmissão dos acontecimentos na Europa para os imigrantes italianos de São Paulo e dar sua nota crítica local dos fatos que se sucediam "lá e aqui".

De Roma, do dia 14 "(ore concialiative)", ligava-se em sucessão ao seguinte telegrama também de Roma, 14 "(ora de pentimento e reparazione)", que se deslocava para o grande acontecimento do momento, o conflito russo-japonês em "Porto Arturo" em "(ora felici)" para finalmente chegar a São Paulo "(Brasile)" em "ultima ora" e "ultimissima", em que se juntava simultaneamente a crítica aos fatos locais.

Os telegramas, porém, não se fixavam apenas nas colunas. Na verdade, a linguagem das mensagens telegráficas se espalhava pelas várias matérias e ilustrações gráficas das folhas, causando efeitos muito próximos da simultaneidade gerada por sua matriz primária. Os mecanismos de transmissão rápida e as mensagens cifradas dos telégrafos provocavam na linguagem da narrativa irreverente uma profusão de cabos, circuitos, códigos cifrados que, já sem fios, animavam-se nos embates da língua.

Em *O Jagunço*, de 23 de novembro de 1903, uma nota-piada sobre um incêndio num depósito de lixo que ocorrera durante três dias colocava de imediato os dois proprietários, ausentes no momento do sinistro, no "local" da ocorrência, através dos telégrafos sem fios: "Quando se deu o sinistro estavam fora da capital o sr. Paschoal G. e Vicente R. que logo compareceram ao local vindo ambos pelo telegrapho sem fios".

Em *A Lua*, de março de 1910, o telégrafo entrava na matéria através de uma composição com o cinema. Logo no título "Cinema Telegraphico" se dava a breve cena apresentada na matéria que nada mais era do que a discussão enigmática entre dois sujeitos no trem, motivados pela forma como um deles fazia a leitura de *A Lua*:

> – O sr. está lendo "A Lua", de cabeça para baixo?
>
> – Orá, vá se catar, seu ignorante! Entáo pensa que não sei que quem sabe lêr pode ter o jornal em qualquer posição e lel-o de cabeça para baixo, de lado, como quizer?
>
> – Ora, vá para o diabo! Aposto que você é *analphabetico*! (*A Lua*, mar. 1910)

O desfecho final da forma "correta" de ler o jornal resultava, porém, na acusação incorreta de "*analphabetico*" do outro, que lia *A Lua* de cabeça para baixo, talvez extremamente pautada pelo clima de "comédia ortografica" que reinava em debate no mundo das letras, sugerindo para este um grande anedotário. Em linguagem mais cifrada ainda, para a imprensa de narrativa irreverente, esse julgamento crítico era apenas circunstancial, pois bastava modificar sua posição e novas possibilidades de transmissão telegráfica surgiriam.

Da mesma forma que os poderes do telégrafo causavam ruídos nos textos, os desenhos caricaturais também passavam a multiplicar as possibilidades da linguagem mecânica dos telégrafos. No *Cri-Cri*, de 10 de janeiro de 1909, surgia pela pena do caricaturista Yôyô o "Telégrafo sem fios", um desenho de dois amantes unidos por várias linhas imaginárias (Figura 3.3).

(fig. 3.3) *Cri-Cri*,
9 de janeiro de 1909.

Mantendo a idéia da sintonia dos telegramas sem fios, em *A Lua* (1910), uma outra ilustração de Yôyô afinava ainda mais as mensagens telegráficas, ao mostrar uma dama decodificando, sem sombra de dúvida, os gestos que intrigavam tanto seu pai (Figura 3.4):

(fig. 3.4) Legenda abaixo da
ilustração: "– Que diabo,
estará fazendo aquelle rapaz com
aquelles gestos, nenê?
– Quem sabe si é mudo, papae!
Com os seus botões
– Já sei: amanhan, às 7, á janella."
A Lua,
fevereiro de 1910.

A linguagem telegráfica, por sua permanente repetição e diversificação, alfabetizava-se cada vez mais nas folhas, sendo capaz de penetrar no mundo dos jogos de palavras, território liberto da vida real, em que as palavras cifradas revelavam-se nas dobraduras da língua.

As famosas charadas, cada vez mais presentes nos jornais de humorísticos, também surgiam aliadas aos telegramas em uma de suas composições mais complexas – os logogrifos –, em que a adivinhação está numa palavra prévia, fixa, que, em conjunto, tem as mesmas letras que aquela combinada de formas diferentes. Com o título de "Logogriphos Telegrammas", um dos colaboradores[13] de *A Lua* lançava sua "charada telegráfica" aos leitores do semanário:

> "Logogriphos Telegrammas"
> Um gatuno roubou nesta cidade
> 1, 3, 4, 2, 3
> 6, 3, 11, 2, 8
> 9, 5, 11, 2,
> 7, 12, 11, 2, 10.
> (*A Lua* Cheia, fev. 1910)

Talvez fosse possível ler *A Lua* em posições diferentes. Bastava que se compreendessem os vários malabarismos da língua.

Correspondências macarrônicas

> Nho By politico ex-influente, vai ao correio remmetter uma carta importante.
> Mas Nho By sabe que o Correio anda levado da breca. Por precaução, tira uma cópia da carta e fechando as duas no mesmo envelope explica: Isto é para que, no caso d'uma-se extraviar, a outra chegue ao destinatário.
> (*O Pirralho*, 2 set. 1911)

---

[13] As colaborações na seção de charadas dos semanários normalmente eram feitas por leitores dos semanários.

Ao longo da primeira década do século XX, inúmeras correspondências "duplicadas" chegaram aos jornais irreverentes da *Paulicéa*. Em *A Farpa*, de 9 de fevereiro de 1910, em sua coluna "Utile Dulci", que se auto-explicava como seção útil, agradável e séria, porém não triste, Pepê, seu colunista, fazia um levantamento minucioso do movimento postal na América Latina para saber qual o povo sul-americano que leu e escreveu mais durante o ano de 1907.

Depois de apanhar índices numéricos detalhados dos objetos que haviam circulado pelos correios argentino, brasileiro, uruguaio, chileno e peruano, o "estatístico de plantão" dividira-os pela população de cada país, dando lá uma conta que colocava aritmeticamente 101 objetos para os argentinos, 87 para os uruguaios, 26 para os brasileiros, também 26 para os chilenos, e 5 para os peruanos. Ou seja, pela matemática, os brasileiros seriam mais analfabetos que os argentinos e os uruguaios. Porém, o comentador das amostragens adicionava que a "farpada" não era tão dura se substituíssemos o Brasil e pensássemos apenas nos leitores paulistas, que, de todos os brasileiros, destacavam-se da média nacional de alfabetizados. Tornando a fazer todos os cálculos apresentados pelos países, só que trocando os dados gerais do Brasil apenas para objetos recebidos pelos correios paulistas, as análises de Pepê obtinham outros resultados bastante otimistas. Desse novo cálculo, o Brasil, representado exclusivamente por São Paulo, saía do terceiro lugar no *ranking* dos leitores sul-americanos, avançando facilmente para a segunda posição:

> Cada paulista recebeu e expediu, em média, 68 objetos, ou mais do triplo da média dos brasileiros em geral. De tal arte a garbosa Farpa pode estar tranqüila: ha de ter leitores, muitos leitores. Vejam lá, agora se não querem desmentir! Olhem que seria uma vergonha... (*A Farpa*, 9 fev. 1910).

Ao mesmo tempo que o volume de leitores aumentava no Estado de São Paulo, o número de cartas registradas nos jornais se diversificava. Instaurava-se, a partir do início do século XX, um tipo de "comédia ortográfica", que em grande parte repousava na narrativa epistolar das correspondências.

Por meio das colunas de correspondências surgiam cartas em dialeto caipira, italiano e até mesmo germânico que, numa ortografia quase fonética, representavam, de forma irreverente, os principais acontecimentos do momento que refletiam diretamente na vida da cidade de São Paulo.

A utilização da crônica epistolar como forma de representar os acontecimentos recentes já se notava na imprensa de humor desde meados do século XIX.[14] Como a já citada coluna epistolar do *Diário de São Paulo* (1865), de Segismundo das Flores, pseudônimo de Pedro Taques de Almeida Alvim.

Apesar de as cartas de Segismundo já indicarem a fixação do estilo epistolar em colunas, nos relatos do século XIX, as expressões e palavras ainda sofriam um cuidado ortográfico que buscava estabelecer um certo distanciamento entre o comentário do cronista e a linguagem utilizada nas ruas. Em muitas passagens, o protagonista das cartas, Segismundo, muito mais do que um mero caipira, vítima e narrador de suas desventuras na cidade de São Paulo, foi para a imprensa alegre um tipo de mediador-tradutor da presença de um início de mecanização da vida urbana. Expressões utilizadas na grande cidade que, em seu relato, produziam termos "incompreensíveis", mais que ainda poderiam ser traduzidos, mediados, a fim de se tornarem compreensíveis ao vocabulário do receptor das cartas. Segismundo, ao relatar os acontecimentos a um suposto compadre-leitor, habitante do interior do Estado, traduzia para esse homem do campo as distinções e equivalências entre o mundo urbano em formação e os antigos hábitos arraigados também presentes na cidade.

As colunas das cartas de Segismundo sem dúvida já anunciavam, pela linguagem satírica, mudanças e distinções na narrativa que, por mais que já se fizessem diversas, ainda ocupavam um circuito de traduções e equivalências eqüitativas entre o campo e a cidade: assim, um "ó de casa" do interior tornava-se surdo anúncio de presença humana na capital, mas o surgimento à porta da casa da estranhíssima "mulatinha", termo domesticado na capital da conhecida "cabrinha" do interior paulista.

O choque e as distinções entre o campo e a cidade, em meados do século XIX, ainda não estavam tão fortemente vinculados ao estranhamento e à confusão de termos e expressões da linguagem representados na imprensa de narrativa irreverente a partir do século XX.[15]

---

[14] Sobre a presença das correspondências epistolares desde meados do século XIX, ver o primeiro capítulo deste livro.

[15] Sobre a confusão na linguagem e o modo de representar a realidade a partir do final do século XIX, é interessante lembrar a própria crise de representação do modernismo, em que, como afirma Frederick

Em 1900, às radicais transformações urbanas pela qual passava São Paulo, adicionava-se o grande adensamento populacional da cidade, resultado dos constantes deslocamentos do interior para a capital, assim como do grande fluxo imigratório europeu a partir do final do século XIX, principalmente de indivíduos de origem italiana.

Os termos distintos das epístolas da imprensa, até então traduzidos e explicados pela mediação de um "tradutor", passavam nesse momento a sofrer as mesmas alterações da cidade em transformação. O ritmo e as formas da linguagem se transformavam com a velocidade das mudanças ditadas principalmente pela rápida metropolização de São Paulo num curto período de tempo (cf. Saliba, 2002, p.155).

Das interferências de várias temporalidades representadas nas crônicas epistolares, manifestava-se, de forma peculiar, uma das facetas dessas mudanças que, ao mesmo tempo, incorporavam a modernização urbana, a linguagem dos imigrantes e atualizavam, para as letras, antigos hábitos coloniais também presentes na cidade.

As colunas de "Cartas" dessa época aproximavam-se dos sons das ruas, denunciando a diversidade de linguagens presentes na cidade, a fala dos caipiras, dos italianos e até mesmo dos pesados coronéis, assim como seus diversos ritmos. E também, reverenciavam antigos nomes de ruas, encostas e lugares muitas vezes já ausentes do viver urbano, porém totalmente presentes na memória coletiva de seus habitantes (cf. Saliba, 2002, p.177).[16]

Sem tradução, mas ainda com uma advertência, em *O Buraco,* de 9-10 de março de 1901, um amigo do jornal, K.Gado, registrava na folha seu achado na Rua Barão de Iguape, uma carta que fora publicada "respeitando a ortographia": "Maria querida do meu coração A Snra: não imagina cuanto eu sufri onte por você: Você não mi espero na ginella, e eu Passa pra la i pra ca sem consegui vê a Sra...".

Da pequena carta com apenas a advertência colocada fora do original, "respeitando a ortographia", anunciava-se nos pequenos semanários paulistanos a

---

Karl (1985, p.79), "os meios de perceber as coisas fundam-se em 'jogos'", no caso dessa pequena imprensa, jogos com a linguagem que acabam por causar "ruídos" na transmissão dos assuntos.

[16] Sobre a convivência de hábitos antigos e novos no viver urbano paulistano, ver prefácio de Maria Odila Silva em Pinto (1994, p.17).

interferência dos novos tempos por uma outra via, em que a própria linguagem fonética tornava-se foco de intromissão dos "cânones" literários.

Comentou Amadeu Amaral, em um pequeno estudo intitulado "A Comédia Orotographica", de 1924, que a partir da primeira década do século XX o mundo das letras brasileiras passou a sofrer uma grande crise de parâmetros da linguagem. Assim, como na França ou Portugal, onde se discutia a atualização das regras ortográficas para que elas acompanhassem as mudanças da língua ao longo do tempo, os debates também se acaloravam na vida cultural nacional. "Como na França", advertia Amadeu Amaral, a proposta de uma reforma ortográfica nas letras brasileiras foi considerada por muitos jornalistas e literatos uma "revolução fonética" que poderia desfigurar a língua e romper seus laços com a tradição (Amaral, 1924).

Defendendo a reforma ortográfica[17] proposta, no final da primeira década do século XX, por Medeiros e Albuquerque e outros membros da Academia Brasileira de Letras, Amaral argumentava que uma revisão das regras que regulavam os sinais ortográficos não viria abolir nem desvirtuar a língua, ao contrário, proporcionaria a ela uma sistematização que nunca antes havia existido no Brasil. E, ainda mais, contra a crítica dos anti-reformistas que argumentavam ser a reforma o rompimento com a tradição da língua, Amaral esclarecia que a sistematização ortográfica atualizaria os vínculos perdidos com a língua, em razão das discrepâncias entre o que era falado nas ruas e aquilo que era regulado por sinais ortográficos há muito ultrapassados e em desuso.

> Ortographia não é língua: é apenas um sistema de sinais destinados a representar as palavras. Língua é a língua que se fala, que vive nos sons de que se compõe os vocábulos, nas formas orais que estes assumem, nas infinitas combinações a que eles se prestam (Amaral, 1924, p.64).

A reforma ortográfica foi derrotada naquele momento, porém a discussão sobre a língua e a forma de se escrever, principalmente na imprensa, permane-

---

[17] Em 1907, ocorreu a primeira tentativa de simplificação ortográfica proposta pela Academia Brasileira de Letras. Ela foi satirizada por Carlos de Laet em crônica famosa do mesmo ano, intitulada "Karta".

ceu como emblema de época nos "duzentos escritores, originalmente chistosos, que o reproduziram sob diferentes formas..." (Amaral, 1924, p.73) (Figura 3.5 a, b, c, d).

(fig. 3.5a) "Na sua autopsia dos hymnos nacionais o finíssimo causeur começou a justiça por casa: só não tocou no hymno da Proclamação da República... Não sabemos porque!..." Caricatura de Medeiros de Albuquerque, ilustrada por YôYô, aludindo ao debate sobre a reforma ortográfica.
A Vida Paulista, 1908, n.128.

(fig. 3.5b) Primeiro e segundo quadros-piada relativos às várias formas de se ler *A Vida Paulista*, 1908.

(fig. 3.5c) " O Pirralho pede texto para esta charge. Dará um doce a quem tiver mais espírito". Em *O Pirralho*, o escritor dos "sonetos caipiras", Cornélio Pires, tentando entrar na Academia Paulista de Letras montado em um burro, 2 de setembro de 1911.

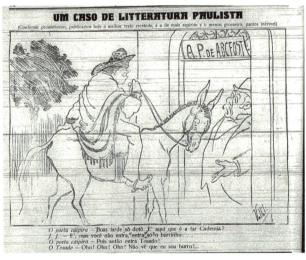

(fig. 3.5d) *O poeta caipira* – Boas tarde sô doto. É aqui que a tar Cademia?
J.J. – É, mas você não entra só o burrinho...
O poeta caipira – Puis antão entra Tosado!
O Tosado – Ohn! Ohn! Ohn! Não vê que eu sou burro!...
Em exemplares seguintes, entravam Cornélio Pires e o burro, investidos na legenda "diálogo de burros",
7 de outubro de 1911.

A linguagem dialetal, no entanto, fartamente utilizada nas cartas epistolares dos semanários paulistanos, articulava-se com sua proximidade à vida dos entretenimentos, do teatro de costumes, dos *vaudevilles* e cafés-concertos, muitas vezes com apresentações encenadas e concebidas pelos mesmos colaboradores dos pequenos semanários de narrativa irreverente. Em um mesmo circuito, entre o palco e a vida na imprensa, havia a versatilidade dos produtores, escritores que, ao mesmo tempo, poderiam ser cenógrafos, ilustradores e tipógrafos. Dessa versatilidade dos colaboradores da imprensa em se deslocarem com facilidade pela vida cultural também resultava essa maior autonomia da linguagem em sincronia com a vida noticiosa.

Desde o final do século XIX, o teatro de costumes passou a ocupar lugar de destaque na vida cultural da capital federal e de São Paulo. Para o Rio de Janeiro, as "revistas do ano" de Artur de Azevedo, que em tom de comédia passavam em revista os principais acontecimentos da vida carioca, já indicavam seus "ganchos" com o formato das colunas jornalísticas. Seus tipos revisitavam os tons e os sons da rua, comentando, de forma irreverente, "instantâneos" do momento que desfilavam pela imprensa da época.

Muito próximo do que poderia ser visto nos palcos cariocas, a pequena imprensa paulista, como as "revistas do ano", pautava seus exemplares de fevereiro, o mês do Carnaval, representando, de forma caricatural nas folhas, os blocos que desfilavam pelas ruas da cidade. No semanário *Cri-Cri*, de 1907, à época do Carnaval, todos os desenhos e charges aludiam aos fatos e acontecimentos comentados na imprensa ao longo do ano[18] (Figura 3.6).

(fig. 3.6) Um dos carros alegóricos do *Cri-Cri*, que colocava em desfile a imprensa paulistana, 1 de março de 1908.

---

[18] Sobre a teatralização dos costumes e a linguagem das ruas, ver Süssekind (1986) e Araújo (1981), que fazem uma minuciosa coleta de temas do mundo das diversões, publicados na imprensa paulistana no início do século XX, entre eles, repetiam-se no mês de fevereiro os blocos carnavalescos com temas ligados à vida noticiosa.

Em São Paulo, a influência dos entretenimentos mais populares também se fazia notar de forma marcante nos pequenos semanários de narrativa irreverente. Além das peças cariocas que eram encenadas em turnês nos palcos da cidade, escritores paulistas montavam suas próprias tramas locais. Arlindo Leal[19] talvez tenha sido um precursor desse tipo de teatro voltado para a fonética das ruas. Em 1899, lançou a peça *O boato*, em que três camponeses, pai, mãe e filha, falavam uma língua que era uma mistura de italiano com português. Admirados com a capital paulista, os personagens italianos comentavam coisas que eram totalmente incompreensíveis para o caipira que contracenava com os *"carcamanos"* (Carelli, 1985, p.74).

Se a vida nas ruas estava mais próxima da imprensa, a linguagem dos teatros estava dentro das redações dos jornais irreverentes. Do circuito dos bastidores da imprensa não seria difícil que o encenado no teatro transpusesse o palco e fosse se alojar nas colunas dos semanários, ou vice-versa, bastava que se adotassem os procedimentos jornalísticos para que os atos e cenas se transformassem em colunas dos semanários de humor: "Policia e Policiaes: Drama tragico-comico lyrico dançante e iterminável. Systema Aprigio de Godoy e espirito Arlindo Leal" (*O Garoto*, 30 dez. 1900).

Vários escritores da *belle époque* paulistana participavam da vida artística dos palcos e da imprensa. Alguns deles, como Cornélio Pires e Juó Bananére, esse último pseudônimo de Alexandre Marcondes Machado, tornaram-se conhecidos "correspondentes humorísticos" dos semanários de narrativa irreverente paulistas.

Em dialeto caipira, surgiram as primeiras formas de correspondência que se utilizavam da linguagem das ruas. Como "quadros vivos", entravam os caipiras humildes, coronéis, crianças, mulheres ou famílias inteiras discorrendo sobre o deslocamento do campo para a cidade.[20]

---

[19] Arlindo Leal também participa como crítico de teatro, cronista e editor de jornal da imprensa paulista do começo do século XX. Há registros sobre sua participação, como colunista de "Palcos e Salões" da cidade, no pequeno semanário humorístico *O Garoto* (1900) e, na *Vida Paulista* (1903), como diretor literário. Ver Apêndice I, quadro dos "periódicos da imprensa irreverente paulistana entre 1900-1911".

[20] Essas correspondências ainda tinham fortes vínculos com as "Cartas de Segismundo" de meados do século XIX; porém, como já acentuamos, a linguagem das cartas do começo do século XX assumia as dissonâncias fonéticas como estilo narrativo, deixando, para fora do relato, notas e explicações em relação às mazelas ortográficas surgidas na transposição do que era falado nas ruas, encenado nos palcos e fixado nas colunas das folhas recreativas.

Se, para a primeira correspondência que registramos em *O Buraco* (1900), a carta achada na rua sugeria esse ruído ortográfico, em *O Jagunço* (1903), o rumor já havia se incorporado à rima da correspondência que, em forma de soneto, relatava uma curta mensagem de saudade:

> Cumpadre, peguei na penna
> Pra lhe escrevê esta carta
> Pra sabê noticia sua
> E da minha cumade Martha
>
> Esta noite tive um sonho
> Que a cumade ia morrê
> Fiquei tão aborrecido
> Que vancê nem ha de crê...
> Zé K.Della
> (*O Jagunço*, 22 nov. 1903)

Além da ortografia caricatural, o tema da saudade, do amigo distante, acentuava as relações de cisão e diferenças entre o campo e a cidade, mundos cada vez mais diversos e menos equivalentes na representação da imprensa de narrativa irreverente.

Raymond Williams (1990, p.208), em seu livro *O campo e a cidade*, aponta as transformações de significado que o binômio campo/cidade passou a adquirir nas representações literárias inglesas a partir do final do século XIX, momento em que a vida urbana concentrou, dentro de si, os valores de inocência e vício que, até então, distinguiam o universo do campo e da cidade. Para a cidade de São Paulo, que passava por processo de metropolização semelhante às grandes cidades européias, o deslocamento e as distinções entre o campo e a cidade, centralizados na vida urbana, tornava-se bastante ambivalente nas crônicas epistolares humorísticas de linguagem caipira. A forte distinção do caipira nas correspondências, mais do que denunciar sua presença na fala urbana, buscava afirmar diferenças entre as várias linguagens presentes no ambiente urbano, principalmente a dos imigrantes, a fim de preservar, do processo de desaparição social, a língua falada nas ruas da cidade.

Do conteúdo dos novos missivistas caipiras essa mudança de valores e lugares também se faria presente. Os correspondentes/repórteres das pequenas folhas não estariam apenas comprometidos com decodificar e traduzir ao leitor distante os distintos valores da vida urbana e rural. No começo do século XX, a marcha ou fuga da cidade colocava, na antiga representação caricatural do caipira, fatos e acontecimentos da própria vida urbana. Afinal, o distante caipira das cartas fazia parte integrante da formação da vida urbana paulistana.

Aliando-se a essa narrativa que já utilizava a oralidade das ruas nas correspondências como forma de registrar o fato noticioso, surgia, na pequena imprensa, a linguagem italiana, de ortografia estrangulada e expressões que não poderiam se definir nem como dialetais nem como um "italiano mal escrito".

A definição mais adequada para essa linguagem que passava a tomar as colunas epistolares seria o macarronismo literário, um tipo de estrangulamento feito quase a propósito de temas e sons que, de fato, surgiam da fala dos imigrantes italianos com misturas de caipirismo. O macarronismo, longe de ser uma língua mal falada, fosse ela em estilo italiano, caipira, germânico ou português, ganhava seu real valor por ser uma forma caricata de abordar os fatos do momento.

A língua quebrada, "estrangulada", por sua sonoridade semelhante à fala confusa das ruas, tornava-se cada vez mais, nas correspondências, uma atitude anárquica de aproximação crítica e irreverente da realidade por meio da literatura. Como afirmou Otto Maria Carpeaux (1978), a escrita "macarrônica", distorcida, estropiada, não procurava ser dialeto, mas uma atitude de "rebeldia ortográfica" produzida na própria técnica da linguagem humorística. Explicava ainda que normalmente a expressão macarronismo é utilizada quando queremos dizer que uma pessoa não conhece bem a língua que fala. Porém, durante a primeira década do século XX, as narrativas epistolares macarrônicas paulistas faziam a dissonância da língua de maneira totalmente proposital, correspondendo muito mais ao verdadeiro sentido do macarronismo que, nas palavras do mesmo ensaísta, referia-se mais à correta técnica literária do que ao uso "errado" da língua. Se havia alguma distorção, era totalmente caricatural:

> O macarronismo foi antigamente usado em muitos países, sobretudo nos séculos XVI e XVII na França, na Espanha e principalmente na Itália, onde chegou a surgir um grande poeta macarrônico: Teófelo Folengo, autor de uma

epopéia herói-cômico, Baldus, em língua misturada de italiano e latim, livro que exerceu profunda influência sobre Rabelais e Cervantes (Carpeaux, 1978, p.251).

A presença de correspondências em macarronismos diversos se destacou e cresceu nos semanários de narrativa irreverente a partir do final da primeira década do século XX. Nos primeiros anos de 1900, seu aparecimento nos semanários era apenas esporádico, seus colaboradores surgiam em uma ou outra folha com pseudônimos circunscritos aos relatos da nota. A partir de 1908, podemos encontrar sucessivamente nos semanários *A Ronda* (1908), *O Bicho* (1909), *A Lua* (1910) e em *O Pirralho* (1911) as várias colunas de correspondências fixas em linguagens macarrônicas do alemão, caipira e italiano.[21]

Em *A Ronda*, Luigi Capalunga,[22] que já havia escrito de forma esparsa no *Gil Braz* (1903), passava a ter sua coluna fixa. Com o título "Bilhetes do Bom Retiro", Capalunga narrava os fatos e acontecimentos vistos pela óptica dos imigrantes que se fixavam na cidade de São Paulo.

A forma das correspondências, nessas colunas fixas de Luigi Capalunga, começava a definir o caráter dos relatos macarrônicos da imprensa. Com seu estilo italiano em mixórdia com o português, deslocava seus assuntos do bairro do Bom Retiro, região em São Paulo onde se concentrava grande parte dos imigrantes italianos no início do século XX, para a capital federal. Porém, ao fazer o deslocamento em forma de comentários noticiosos de fatos ocorridos entre as duas grandes cidades, Capalunga deixava claro o tema de fundo de todas as suas correspondências – o processo de naturalização dos imigrantes italianos e suas posições políticas diante da recém-proclamada República brasileira.

Em 6 de agosto de 1908, nas correspondências da coluna "Bilhetes do Bom Retiro", o tema da naturalização dos imigrantes e as questões nacionais podem ser vistos exemplarmente por meio de um fato ocorrido no Rio de Janeiro e veiculado na grande imprensa. Um vigário da Candelária havia se negado a colocar sobre o esquife de um jovem morto a bandeira brasileira. Luigi Capalunga, indignado com o fato comentado nos jornais, colocava-se totalmente contrário ao ato do vigário e à total ausência de repreensão de sua atitude por parte do

---

[21] Ver Apêndice II com quadro de correspondências epistolares macarrônicas entre 1900-1911.

[22] Luigi Capalunga assinou uma matéria do *Gil Braz* de 3 de agosto de 1903 sob o título "O Fechamento". A matéria vinha na forma de correspondência, em que o colaborador se dirigia ao redator do semanário.

"presidente Alfonso Piuma".[23] Permitindo-se uma posição crítica por meio de uma explicação macarrônica, Capalunga colocava-se nos seguintes termos:

> Io figai infuricato da veritá con quel vicario d'una boia, e si estasse a Rio in quel momento, lo vigario teneva da'a vedê.
>
> Perché io sono brasilero di origne taleana, cio é, io sono taleano ana-turalizado per la legge do'os ventre libero, – quella leggs che ággia e tengo il mio infadamento già pagato (*A Ronda*, 6 ago. 1908).

E mais adiante, além de deixar bem claras a sua cidadania brasileira e a origem italiana justificada na naturalização pela lei do ventre livre, buscava reforçar sua crítica comentando as práticas e o respeito à bandeira em todos os países que ele, imigrante naturalizado, havia passado como caixeiro viajante antes de chegar ao Brasil. Transpondo o tema do respeito à bandeira para o Brasil, afirmava o correspondente: "aggio ariparato che il popolo si penza che questa robba di bandeiera é medesimo che pane coós tramusso!" (*A Ronda*, 6 ago. 1908).

Mas os deslocamentos não paravam por aí, dos assuntos gerais da vida nacional que tinham como foco a capital federal, a naturalização e a forma como atuavam os regimes republicanos de outros países mais civilizados, o missivista voltava-se, em comentário final da crônica, aos fatos locais que versavam naquela semana sobre Vicenzo Vacirca, jornalista italiano que, nas palavras do colaborador, "metteva porcheria sopra do'os giornale". Porém, ao contrário do que se poderia imaginar, Luigi Capalunga, que na questão do vigário da Candelária havia criticado as posturas do Governo, mudava de atitude crítica com a proximidade do acontecimento e apoiava e aplaudia a decisão da Justiça em expulsar o seu "conterrâneo" do país: "Io dico zimplicemente chi il capo di polizi ággia fatto molto bene. Il Vacirca mi avveva prestato da mé cinque mila rése e nom mi quereva da apaga" (*A Ronda*, 6 ago. 1908) (Figura 3.7).

---

[23] Trata-se do presidente Afonso Pena.

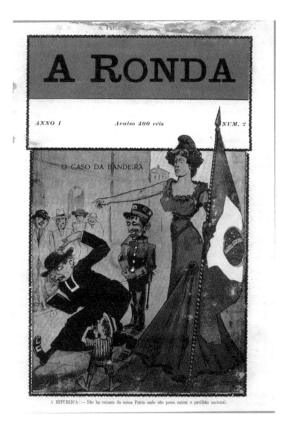

(fig. 3.7) A REPÚBLICA: – Não há recanto da nossa Pátria onde não possa entrar o pavilhão nacional. Capa de *A Ronda* colocando em destaque a questão do "vigário da Candelária", abordada no mesmo exemplar na coluna espistolar de Luigi Capalunga.

Como num jogo de espelhos de tamanhos diferentes, a coluna dos "Bilhetes do Bom Retiro" articulava a crítica mais contundente às questões mais próximas do imigrante, como a naturalização, por meio de assuntos que estavam distantes, como o acontecido no Rio de Janeiro, deixando a situação próxima; a expulsão de Vicenzo Vacirca, italiano e jornalista como o próprio missivista, a crítica leve e divertida, o *nonsense* dos fatos locais. O final do bilhete ainda valia uma nota explicativa quanto à "comédia ortografica". Para aliviar ainda mais o fechamento da coluna em forma de *post-scriptum*, o correspondente pedia desculpas por não escrever bem o "maledetto portughese".

Ao mesmo tempo que esse "taleano" fixava nas correspondências um estilo cada vez mais freqüente na imprensa de narrativa irreverente, do pincel de

174 Paula Ester Janovitch

Voltolino surgia o pequeno calunga de Luigi Capalunga,[24] "di calza xadrez (ma non xatrez de cateia, per Dio!) e uno apalitó nuovo che mi fú presentato da mio patrizio Occhi Aperti, che calaborra inzima do'o 'Cri-Cri'" e outros apetrechos que foram citados na coluna de "Bilhetes do Bom Retiro", de 7 de setembro de 1908, como uma "cravata 'arte non vô'", trocadilho alusivo a uma viagem que o missivista não fez para a capital federal, onde acontecia a "Ex-Pozicione Anazionale"[25] (Figura 3.8).

(fig. 3.8) Caricatura de Voltolino do colunista macarrônico Luigi Capalunga. *A Ronda*, 20 de agosto de 1908.

---

[24] O boneco de Luigi Capalunga não foi incorporado à coluna "Bilhetes do Bom Retiro", surgiu apenas numa ilustração esporádica, de título "Nossa Homenagem", em *A Ronda* de 20 de agosto de 1908, assinada por Voltolino. No comentário à charge apresentava-se Luigi Capalunga como colaborador de *A Ronda*, "cujas columnas vem de ha tempos abrilhantando as fulgurações do seu talento peregrino. O sr. Luigi Cappalunga, além de barbeiro no Bom Retiro, é capitão da Guarda Nacional".

[25] Exposição Nacional ocorrida no Rio de Janeiro em 1908, que mobilizou a construção de pavilhões de todos os estados do Brasil.

Mas se as viagens do repórter macarrônico se limitavam a circular pela cidade, o retrato caricatural do "taleano peregrino", que se auto-representava por meio da crítica lúdica e irreverente armada na fragilidade da condição de imigrante fixando-se no novo mundo, completava-se exatamente dos fragmentos dessa realidade quebrada, fragmentada, construída a partir do Bom Retiro, mas já fixada semanalmente em *A Ronda*.

Em 1909, no semanário *O Bicho*, as correspondências macarrônicas tomavam um outro acento fonético e eixo no território nacional. Era a língua alemã misturada com o português que se estabelecia em forma da coluna "estropiada". A "correspondência de Santa Catharina" trazia, como colaborador, Franz Büller, que escrevia de *Xoifille* (*Zandas Gadarrina*).

O sul do país passava a tomar força representativa dentro da vida noticiosa e política brasileira. Lá fixavam-se as colônias agrícolas de imigrantes europeus, principalmente alemães, e também começavam a se implantar estradas de ferro que facilitariam as comunicações entre o extremo sul do país, o Rio Grande do Sul, e a cidade de São Paulo. Na esfera política, era também nessa região que a campanha hermista tomava corpo, por intermédio de Pinheiro Machado, um dos grandes líderes políticos que apoiavam o nome de Hermes da Fonseca para a presidência do país.

A coluna da "Correspondência de Santa Catarina", de *O Bicho*, fixava-se na região onde a presença dos imigrantes alemães se fazia mais representativa no Brasil. Com características bastante reclusas, a colônia alemã do sul, diferente dos italianos na cidade de São Paulo, fechava-se em sua própria língua e costumes. O Estado de Santa Catarina, principalmente a cidade de Joinville, foi um dos grandes núcleos de concentração dos imigrantes alemães. A correspondência macarrônica de Santa Catarina somava-se à correspondência caipira e italiana para articular a vida noticiosa e irreverente paulistana.

A colônia alemã em São Paulo não era tão representativa quanto a dos imigrantes italianos, porém os alemães estavam extremamente ligados ao desenvolvimento da imprensa, dos métodos de impressão e tipografia na cidade. Destacavam-se como importantes tipógrafos e eram representados por um jornal que, a partir do século XX, tornara-se um diário da cidade, o *Diário Alemão*.[26]

---

[26] Joseph Love (1982, p.131) comenta que, em 1935, os dois jornais estrangeiros de maior circulação

Trata-se de um dos grandes periódicos produzidos em São Paulo, freqüentemente atacado pela imprensa de narrativa irreverente paulista. Isso se justificava por suas posições protecionistas, ligadas aos imigrantes e descendentes de alemães no Brasil, e ao pangermanismo, que, desde o final do século XIX, com a invasão dos exércitos alemães à França, tornara-se um foco constante de críticas para a maior parte da imprensa paulista que considerava a França um grande modelo de cultura e civilização.

As correspondências de Santa Catarina de Franz Büller, muito próximas dos mecanismos utilizados pelo "peregrino taleano", de *A Ronda* (1908), aproveitavam-se da condição de imigrantes naturalizados e da linguagem "estrangulada", para fazer a crítica noticiosa dos acontecimentos do momento.

De longe, buscavam criticar os fatos nacionais e expressar sua posi-ção sobre a vida republicana brasileira. Um caso exemplar, registrado em *O Bicho* de 2 de outubro de 1909, foi o assassinato de dois estudantes acadêmicos no Rio de Janeiro por agentes da polícia: "Gaussou muitinhos dristessa tendro do golonia allemão aguella notizia da zuk-cezos da Rio Xanerra gue o bolizia fazinhou tois matamendos no tois meninas da gollécha do cademicos" (*O Bicho*, 2 out. 1909).

Divulgado na imprensa com grande indignação, o crime, promovido pela própria polícia do Rio, passava a ser debatido nos jornais como mais um foco de atitude "incivilizada" protagonizado pelo estado republicano. Aos comentários levantados pela imprensa carioca, a coluna de F. Büller articulava e posicionava sua crítica por meio da legislação germânica.

De Hamburgo, na Alemanha, o colaborador aludia a princípios mais civilizados, aos quais todos deveriam obedecer. "Zoltatas na Prrassil brresisa fazinhar o insdruimento no capeçatas, e zapêr ingumbritar o órdem tendro tas limidamendas do lei, gomo no Hamburgo do Allemanha" (*O Bicho*, 2 out. 1909).

Envolto na linguagem macarrônica alemã, o correspondente, distante dos acontecimentos, colocava sua opinião e crítica sobre questões que atingiam também os próprios imigrantes, focos constantes das "injustiças" promovidas pela polícia na cidade de São Paulo.[27]

---

eram o *Diário Alemão,* que atingia uma produção de 20 mil exemplares, e o *Fanfulla,* jornal da colônia italiana, que saía com 35 mil exemplares diários.

[27] Boris Fausto (1984, p.59), em seu livro *Crime e cotidiano*, aponta que, entre brasileiros e estrangeiros presos em São Paulo entre 1894-1916, 55,5% eram imigrantes: italianos, portugueses, espanhóis e outros.

O final da matéria procurava voltar ao particular de forma irreverente e leve. O correspondente despedia-se para continuar seu trabalho como agricultor, aliviando o conteúdo mais contundente da correspondência macarrônica ao regar sua plantação de batatas com o folclórico "jóps duplo" alemão.[28]

Apesar de escolher o missivista distante para comentar a vida noticiosa, a correspondência de Santa Catarina buscava aproximar-se dos acontecimentos da cidade de São Paulo, puxando, para dentro de suas crônicas, "ganchos" locais que lhe servissem como aliados.

Em formato de dupla correspondência, *O Bicho*, de 25 de setembro de 1909, combinava duas colaborações, uma que se mantinha periódica nos vários exemplares e outra, esporádica, que se apresentava como um tipo de "reforço" provisório ao correspondente de Santa Catarina. Da correspondência provisória de São Paulo surgia uma carta assinada por Fred Smith. Em estilo macarrônico, o missivista de ocasião procurava apoiar as cartas do seu, "batrizia", Franz Büller de Santa Catarina: "Gariszimo redaktorr ti jornal 'Pijo'. Eo scriv purr zinhorr isto garta purr pordestarr gontre os gazoad ki zinhorr voz con minho badrisia e amica Franz Büller ti Zanda Catarrinas" (*O Bicho*, 25 set. 1909).

O apoio nesse caso não estava diretamente relacionado ao conteúdo crítico e irreverente das matérias, e sim à presença manifesta de certas afinidades germanófilas de algumas pessoas da vida cultural paulista.

Nesse sentido, o reforço dado ao colaborador de Santa Catarina pelo amigo paulista não se manifestava como uma voz solidária de um "batrizia", mas um foco crítico-humorístico quanto a predisposições de pessoas ligadas à imprensa que estavam próximas do forte nacionalismo germânico, assim como da imprensa local, representada pelo *Diário Alemão*.

Não é por acaso que, logo no primeiro exemplar de *O Bicho* (1909), no qual o correspondente de Santa Catarina apenas se apresentava aos leitores, seu *postscriptum* já indicava um dos fortes motivos das epístolas macarrônicas em alemão: "P.S Vasse o fovor de veja si está in Zan Baulo un dal Zinhorr Urrbana de Vasconcellas que gôsta muita dos mias batrizias" (*O Bicho*, 4 set. 1909).

Nem um pouco por menos acaso ainda o nome do Sr. Urbano de Vasconcellos aparecia referendado novamente na "posta restante" de *O Bicho*. A "Carteira do

---

[28] "O chope duplo".

Bicho" repetia e deixava claro, ainda, a postura do aliado provisório paulista, Fred Smith, ao distante colaborador de Santa Catarina:

> *Urbano Vasconcellos* – O Sr. pede-nos uma coisa materialmente impossível. Como deixar de publicar as suas façanhas, si o sr. não as sabe fazer as escondidas? Deixe de amar... as *alemôas*. De ser casa de penhores, etc., etc., que o deixaremos em paz. Ao contrario, *pau*... no sr. bem entendido. (*O Bicho*, 2 out. 1909).

Outro traço particular das correspondências em estilo macarrônico, já estabelecidos na imprensa da narrativa irreverente, estava além de sua presença freqüente nas folhas: a maneira alternada de estilos e acentos fonéticos como as colunas epistolares apareciam nos diversos semanários.

Em *A Farpa*, de 9 de fevereiro de 1910, iniciava-se uma coluna fixa de cartas macarrônicas caipiras em forma de sonetos. Eram as "Cartas 'matutinas' (correspondências de um matuto em viagem de recreio a capital federal)".

O "matuto" de *A Farpa* se apresentava, na sua primeira carta, como Coroné Bastião. Diferente das primeiras correspondências caipiras comentadas anteriormente – que acentuavam mais o humor de suas notas nos "erros ortográficos" das missivas, adicionados a um certo estranhamento "com ares de ingnorância" de situações e objetos comuns ao viver urbano – o "matuto" de *A Farpa* tornava à cena impressa apontando agora o esgotamento da presença de possibilidades técnicas no ambiente da cidade e um certo questionamento em relação ao excesso de valorização dado aos hábitos e linguagens civilizados e urbanos, tão propalados pelos próprios meios de comunicação.[29]

Esse "novo caipira", surgido no final da primeira década do século XX, aparecia fortalecido pela valorização do homem do interior, reforçada em grande parte pelo sucesso das reportagens do engenheiro e jornalista Euclides da Cunha sobre a saga do sertanejo, ao fazer a cobertura do conflito ocorrido em Canudos. A imagem do sertanejo, "antes de tudo um forte", no que seria depois

---

[29] Esse esgotamento pode ser reforçado por outras narrativas epistolares do período, editadas em forma de livros, como as *Cartas D'Oeste*, de José Agudo, publicadas em São Paulo pela editora "Pensamento", em 1914, e uma curta crônica intitulada "O Phonográpho", de Garcia Redondo, incluída em seu livro *Cara alegre*, publicada na cidade de Porto, em Portugal, pela editora Livraria Chardron em 1912. Sobre o esgotamento dos valores urbanos e civilizados, assim como a presença da mecanização nas representações literárias, ver Süssekind (1987).

reunido em seu livro *Os sertões*, modificava a representação do caipira que, diante do questionamento e esgotamento dos valores urbanos e civilizados, tornava-se, no final da primeira década do século XX, um interessante contraponto crítico:

> *Caipira* ou *snob,* jeca ou cosmopolita – a redundância paródica aplicava-se em cópias deformantes das alternativas de comportamento individual na metrópole cosmopolita: ligar-se a um passado difuso, ou, na realidade, inexistente, ou a um futuro definido apenas em termos de um perfil intrinsecamente superficial. A perplexidade em face das exigências e valores de uma nova sociabilidade parecia apenas aumentar o hiato entre o passado e o presente – sobretudo quando a modernidade parecia apenas mais um novo jogo de cena... (Saliba, 2002, p.188).

Nesse contexto, a viagem para a capital federal, empreendida nas "Cartas 'Matutinas'", iniciava uma marcha às avessas ao que havia de mais civilizado no país, a cidade carioca. A primeira das cartas endereçadas ao "Cumpadre Canudo Sinfronio da Chaminé" relatava a viagem de trem do missivista e sua família para a capital federal, contando as coisas "dereita e avessa" que haviam ocorrido durante o percurso. De todos os percalços do trajeto, o pior deles foi enfrentar os mecanismos do trem, sua velocidade, o cheiro de carvão e as chacoalhadas que ele dava, fazendo com que os passageiros chegassem a cair uns sobre os outros.

Nos breves comentários do Coroné Bastião, a viagem não se fizera sem uma grande confusão entre os passageiros: um pequeno virava de "cambaiota" sobre uma "véia" que se "azédava", vindo dos outros a "chacota". Da confusão que se armava no trajeto, um homem resolveu tirar a navalha e começou a ameaçar os passageiros e o próprio mecanismo do trem. Foi então que o missivista resolveu intervir, pois ele conhecia muito bem como desarmar o "matuto". Explicou ao pobre homem que ameaçava a todos, inclusive ao trem, que era impossível "arreliá o tremsinho". Ao correr de sua explicação, o trem foi parando, "os baruio se acabaram" e finalmente todos chegaram a salvo na Estação Central do Rio de Janeiro.

Na capital federal, outros embates passavam a denunciar os limites e choques do contato entre "os novos caipiras" e o modo de viver urbano. Instalada num hotel, a família dos "matutos" começava sua investida na cidade.

Numa segunda correspondência, o motivo da primeira confusão, relatada pelo missivista ao "Cumpadre", deu-se quando o casal de caipiras resolveu ir passear distraidamente pela avenida e sofreu a abordagem de um "marreco", estudante que pulou na frente da mulher de Bastião e "zaz-tráz", mexeu num botão de uma máquina que trazia à mão. Assistindo a toda a ginga do tal "marreco", o Coroné tornou-se valente como seu "Cumpadre" que havia desarmado no trem. Ficou zangado com o "marcreado" e ameaçou o fotógrafo com uma navalha, caso este não quebrasse o retrato que havia tirado da sua mulher: "seu desgraçado, ou vancê quebra o retrato ou te furo lado a lado" (*A Farpa*, 16 fev. 1910).

Nesse momento, o missivista passava a relatar a chegada da polícia, que os levara, ele e a sua mulher, para a delegacia, deixando que o tal fotógrafo fosse embora:

> Foi um serviço mar feito,
> D'estes poliça de luxo,
> Pois não prendero o sujeito...
> E estufando muito os bucho
> Gritaro: "segue dereito,
> Quando não, leva cartucho"...
> (*A Farpa*, 16 fev. 1910)

Depois de algumas quadrinhas descrevendo a maneira violenta com que a polícia os tratou, tornava a aparecer em cena o tal repórter fotográfico, motivo de toda a confusão passada na avenida. Pela sua explicação ao delegado e ao casal de "matutos", a confusão parecia finalmente se esclarecer e ser compreendida por todos os envolvidos:

> ... Disse que era do jorná
> E que tinha os seus contrato
> Pras moça fotografá.
> Me explicou que era instantaneo
> Que ele fazia nas rua,

Mais de mil tira por anno
E ninguém nunca se amúa.
Cahi memo num engano,
Tava no mundo da lua.
(*A Farpa*, 16 fev. 1910)

Diante da explicação, o casal de "matutos" escapou de passar a noite na cadeia, porém, no final da correspondência, o missivista, que até então assinava Coroné Bastião, retirou o Coroné, apenas assinando Bastião. O título de coronel, na confusão da rua, havia desaparecido.

Os contrastes sugeridos nessa correspondência macarrônica caipira acabavam por denunciar um novo tipo de representação dos choques e contrastes urbanos, armado pelo uso excessivo de novos artefatos técnicos na mecânica utilizada pela própria imprensa.

De fato, os "instantâneos" tirados pelo fotógrafo atulhavam-se por todas as revistas ilustradas, de variedades, humorísticas ou de atualidades da *belle époque*. A utilização da fotografia como clichê, assim como a reportagem feita nas ruas, surgia na coluna macarrônica do "matuto" indicando o seu viés mais negativo, a invasão de privacidade dos meios de comunicação em relação aos habitantes da cidade.

O próprio fotógrafo da correspondência era descrito, pelo missivista, quase como um selvagem em busca de suas presas que andavam pelas ruas. O barulho da máquina ao tirar a foto, o "*zaz tráz*", também indicava ao leitor uma outra metáfora de instrumento já banalizado na vida urbana, que facilmente era transposto na linguagem pelo mecanismo mais arcaico do som da navalha. A máquina ou seu equivalente, a navalha, ao colocar-se em uso, completava essa impressão do fotógrafo como um gatuno, um selvagem que buscava retirar, roubar algo de sua vítima, no caso, o retrato.[30]

O engraçado dessa correspondência, que buscava seu motivo no estranhamento do caipira em contato com a vida civilizada, também não se

---

[30] Susan Sontag (1986, p.24) tece alguns comentários sobre a febre de fotógrafos que invadiam a cidade de Londres no final do século XIX, os quais se comportavam como "feras esfomeadas à procura de uma vítima". Ver também os comentários de Gonzaga Duque (1997), em "A estética das praias", sobre a presença dos repórteres fotográficos e o esgotamento dos "instantâneos" urbanos.

apoiava tanto no contraste da ignorância dele diante do instrumento "supostamente desconhecido" e vítima de situações que ele não dominava, pois, nesse momento, o "matuto" já demonstrava dominar os códigos da vida urbana. Sua presença, como contraponto aos hábitos civilizados, estava muito mais em colocar à mostra o *nonsense* de situações estranhamente banalizadas na vida urbana e o papel da própria imprensa ao utilizá-las de forma excessiva.

Nesse sentido, a marcha à civilização, empreendida pelo "matuto" no seu passeio à capital federal, não buscava rebaixar o caipira nem valorizar a vida rural em detrimento ao mundo urbano. Distante do campo, a crítica irreverente estava voltada para uma crise de valores dentro do próprio viver na cidade. O missivista caipira da *Farpa*, nesse caso, cumpria o papel de "arreliar" as máquinas emperradas da civilização e, por meio da sua provocação macarrônica, colocar à mostra, ao leitor, justamente o avesso dessa civilização.

A última carta do "matuto" que pudemos consultar no semanário *A Farpa* (1910) foi publicada em fevereiro, mês do Carnaval. Nessa correspondência, Bastião, já integrado à capital federal, deixava sua família no hotel e ia para a rua se divertir com os novos amigos que havia conhecido na cidade. Com dinheiro no bolso e animado a gastá-lo, o missivista relatava a sua ida ao "Concerto Avenida" com os tais "amigos espertalhões da cidade". Lá acabou por conhecer "umas madamas" que falavam uma língua confusa, mais confusa que a dele própria. Porém, nada disso se tornou impedimento para o correspondente.

Entre a língua engraçada do caipira, que provocava risos nas francesas, e a fala atrapalhada delas, que ele mal compreendia também, ambos passavam a se entender muito bem. A francesa virou amante do correspondente "endinheirado". O missivista, envolvido que estava nas suas aventuras na capital federal, terminava a carta afrancesando seu nome e pedindo ao seu "cumpadre" que, dali para frente, trocasse a sonoridade dele, de Coroné Bastião para "Monsiu coroné":

> Agora quando escrevê,
> Meu nome troque de som
> É só no francez p'ra mué:
> Acceite um abraço bem bom
> Do cumpade de vancê:
> Monsiu coroné.
> (*A Farpa*, 23 fev. 1910)

A troca de sons e estilos dos colaboradores era cada vez mais freqüente nas colunas humorísticas dos semanários do final da primeira década do século XX. No semanário *A Lua* (1910), escolhia-se um outro foco de narrativa epistolar macarrônico que tornava a alterar temas e sons da vida noticiosa de São Paulo. As eleições que dividiam a cidade, a opinião da imprensa entre hermistas e civilistas, deslocavam novamente as colunas de correspondências para o sul do país. De lá se publicava a coluna de "Cartas Pomeranas", de Fritz Helmolz.

Dava-se ênfase à Alemanha, apresentando-se personagens que iam e voltavam da cidade de Colônia. A coluna de correspondência de *A Lua* fixava-se em Pelotas ou, em sotaque macarrônico alemão, em "Belotas", no Rio Grande do Sul. A coluna de cartas d'*A Lua*, repleta de comentários e alusões aos imigrantes no país e às formas de se fazer política na Alemanha, procurava manter, como foco de crítica irreverente, a maneira como o processo de eleições locais se realizava.

Em princípio, o comentário às eleições e a indicação da preferência da colônia alemã ao nome de Hermes da Fonseca são tratados com um certo tom de descaso, como se, entre o nome de Hermes da Fonseca e Rui Barbosa, para o missivista, não houvesse diferença alguma.

> As home serrias assigna a xornal purque nun fala na politika e mexa com Barboza e com Herma na mesma lugar. Minhas baretesca vai os eleiçon vota na elles dois. Um non gosta Herma purque é um zoldada que a nossa Rei acha burra. Outras diz que Barboza só fala, não faiz cousa que presta. Continua assim que vosseis va faiz progressas na xornal (*A Lua* Cheia, fev. 1910).

Essa neutralidade, destacada no trecho citado, surgia, porém, de maneira bastante duvidosa e caricatural na correspondência seguinte, de março de 1910. O missivista, em princípio desviando-se do assunto principal em comentários digressivos sobre a cidade de Colônia, na Alemanha, e na arte de plantar batatas, passava finalmente a se aproximar do tema central da crônica, as eleições, por intermédio de uma visita do marechal Hermes à cidade de "Belotas", onde o colaborador declarava haver muitas "pandeiras prasileiras. Allemons eu só vê treis. É pouca" (*A Lua*, mar. 1910).

Já na terceira correspondência publicada no mesmo mês de março, o tom irreverente do macarronismo alemão tornava-se explícito quanto às preferências ao nome de Hermes da Fonseca. Por intermédio de seu porta-voz, Fritz, o favoritismo do marechal Hermes surgia representando a colônia de imigrantes alemães que, em língua macarrônica, seguia os mesmos caminhos do tradicional voto de cabresto, fartamente representado pela voz dos personagens caipiras nas suas idas e vindas à cidade de São Paulo. A diferença, no caso, surgia pelo deslocamento de contexto, do interior paulista para o sul do país, entre "Belotas" e a Alemanha do "*kaiser*":

> Quanda vem as enloçons de 1. de Marzo eu fui deu a vote na Hermes. Eu feiz isto purque minhas companhiro diz que ella foi visita a Kaiser na Allemanha ... As xentes allemons só quer as Hermes; mais as praseleras barece goste da Ruy. Eu non sei estes coisas. Mais quanda xente baga cervexa e pede vote Marschall sempre deve fais isto (*A Lua* Crescente, mar. 1910).

A força do macarrão, o poder misterioso da batata, o efeito líquido da cerveja e o que o milho tem a ver com isso!!! Uma congestão de línguas promovida por *O Pirralho*

Em 1911, as correspondências macarrônicas, que, ao longo da primeira década do século XX, haviam aparecido nas várias colunas de narrativa irreverente dos semanários paulistanos, surgem reunidas num único periódico, *O Pirralho*. Nas narrativas epistolares publicadas no pequeno semanário, desenhava-se um panorama da vida noticiosa e irreverente a partir da condição de desenraizamento e fixação dos vários imigrantes e migrantes da cidade de São Paulo do começo do século XX.

O Pirralho, nas palavras de Brito Broca, foi um dos semanários humorísticos mais representativos da *belle époque* paulista. Destacava-se na imprensa humorística também por apresentar uma profusão de macarronismos epistolares, nos quais o ensaísta dava especial ênfase a Juó Bananére e ao ilustrador Voltolino. Broca (1991, p.339) ainda salientava que esse macarronismo das correspondências entrava em perfeita sintonia com a linguagem irreverente e demolidora do pequeno jornal, que se unia ao clima transitório pelo qual passava a própria cidade em transformação: "a revista se ligava por um lado ao clima 1900, e como, por outro, já pronunciava o Modernismo".

A esse clima de transição, característico da *belle époque* paulista, e que talvez tenha como uma de suas representações mais bem-acabadas a linguagem macarrônica das correspondências epistolares de *O Pirralho* (1911), podemos adicionar os comentários de Saliba (2002), que, ao analisar o caráter macarrônico de vários escritores paulistanos, indica-nos neles um estilo de "linguagem de transição", em sintonia direta com a metropolização paulista:

> Segundo uma caracterização geral – que não esconde, contudo, sua pontinha de paradoxo –, neste período de sua história, a cidade de São Paulo testemunha a transição de uma sociedade regional com certas consonâncias universais para uma sociedade cosmopolita de consonância inteiramente provinciana. A crônica paulista foi macarrônica porque, não dispondo de uma estética definida, buscou, por meio de uma linguagem de transição, sintonizar-se com aquela sobreposição de tempos sociais na urbanização paulista (Saliba, 2002, p.177).

Diferentemente das colaborações anteriores já comentadas, as correspondências de *O Pirralho* estavam circunscritas à geografia paulista. Mais distante da capital paulista, apenas a "Correspondência da Xiririca", de Fidêncio da Costa, talvez um refúgio apenas sonoro. As "Cartas do Abaix'o Pigues" e o jornal pró-alemão, "O Biralha"[31] eram, ambos, relatados da própria cidade de São Paulo.

Em três línguas diferentes, e motivados pelos acontecimentos do momento, faziam todos a sua nota irreverente, utilizando-se das articulações mais diversas para produzirem, em cima dos fatos, seu ponto de vista crítico e humorístico.

Seus correspondentes: em princípio, um italiano, Annibale Scipione (Oswald de Andrade), e, depois, seu sucessor Juó Bananére (Alexandre Marcondes Machado), um caipira, Fidêncio da Costa (Cornélio Pires) e um alemão, Franz Kennipperlein,[32] formavam o pequeno exército de colaboradores macarrônicos de *O Pirralho*.

---

[31]   "O Biralha", na verdade, era uma coluna de *O Pirralho* em forma de jornal.

[32]   Não é possível saber qual era o verdadeiro nome do autor do macarronismo alemão, mas, pela proximidade com o macarronismo italiano, poderia ser o próprio Oswald de Andrade ou Alexandre Marcondes Machado, o Juó Bananére, sucessor de Annibale Scipione.

186 Paula Ester Janovitch

Todos de origem humilde, dois imigrantes e um caipira, estes mosqueteiros parlapatões de diferentes origens assumiam, em *O Pirralho,* uma identidade própria, construída por uma conjugação extremamente bem acabada entre narrativa literária e os acontecimentos da vida noticiosa em transição, menos oscilante que as correspondências macarrônicas citadas.

Na condição de proximidade com os acontecimentos, os correspondentes de *O Pirralho* assumiam a mixórdia macarrônica, a língua "estrangulada", já como uma forma de se fazer jornalismo. Com essa atitude de enfrentamento dos fatos, os colaboradores abandonavam os *post-scriptum,* comentários ortográficos expressos que, nas correspondências macarrônicas até aqui, observadas tinham em sua maioria a função caricata de "retificar" a escrita errada dos imigrantes e dos caipiras presentes na cidade. Em *O Pirralho,* passavam a fazer seus relatos sem grandes explicações ortográficas nem distanciamentos do ficcional para o noticioso. Permitiam-se a "mistura intencional e literária" das várias línguas.[33]

Em *O Pirralho,* seus correspondentes eram todos macarrônicos. Escudeiros do semanário, declaravam-se, em princípio, seus fiéis colaboradores. Respaldados pelo *status quo* de jornalistas, quase repórteres das ruas, antes de qualquer outra identidade, poderiam nesses trajes se aventurar com maior liberdade nos perigosos caminhos da crítica irreverente diante dos fatos e acontecimentos da vida urbana que lhes eram extremamente próximos.

Annibale Scipione dizia-se amigo do *Pasquino Coloniale,* da *Fanfulla* e da *Ilustração Paulista,* declarando-se, logo na segunda publicação de sua coluna, feliz por ser colaborador de *O Pirralho.*

Juó Bananére, ao entrar em alguma enrascada nas suas investidas como repórter pela cidade, logo apelava para sua identidade de *"redatore"* de *O Pirralho.* Era como jornalista, *"colaboradore do Piralho",* que ele tentava se proteger da perseguição da polícia, das referências pejorativas de "carcamano", "engraxate" e outras tantas expressões cuja intenção era rebaixar seu lugar na vida social da capital paulista.

Fidêncio da Costa, em situações extremas de "desenvolvimento geométrico de qüiproquós",[34] que começavam, em sua maioria, de bate-bocas nas ruas

---

[33] Essa mistura intencional, como destaca Carpeaux (1978, p.251), seria mais elaborada na coluna de "Cartas do Abaix'o Pigues", de Juó Bananére.

[34] "Desenvolvimento geométrico de qüiproquós" é um termo muito utilizado por Henri Bergson (2001)

da cidade onde normalmente envolviam-se outros personagens também presentes – policiais, detentores da ordem, italianos, "engraxates" e "jornaleiros" ou mesmo figuras conhecidas da imprensa e da política –, tomava as mesmas atitudes que os macarrônicos italianos.

Freqüentemente, as brigas terminavam na Polícia Central, um dos locais preferidos pelos cronistas macarrônicos para revelarem, em forma de desfecho, as reais posições sociais dos seus jornalistas-calungas em relação às situações e acontecimentos em que se viam envolvidos.

Em uma das andanças de Fidêncio da Costa pela cidade, podemos ter um exemplo desse "desenvolvimento geométrico dos qüiproquós" que aumentava o teor de crítica e irreverência, à medida que repetia lugares, personagens e acontecimentos, relatados por ele ou por pessoas que lhe eram próximas.

Na coluna de 26 de agosto de 1911, Fidêncio sai do hotel e vai andando pela cidade à procura de seu compadre, de quem havia se perdido. Logo que vai para a rua, dá de cara com a "pirraiada uns intalianho bauriento que nem baitaca na roça de mio... Praga dos quinto!". Depois resolve pegar um bonde, "esse dianho desse vagão grande que anda assustano a gente na rua". E acaba por entrar no *reservado*, bonde que não tinha livre acesso: "O desgraçado do home combradô me tropelô do bonde dique aquillo num era p'ro meu *oradá-se*". Já com raiva de "tá largado na rua", acabou virando uma esquina e dando uma "imbigada" no compadre "nho Rodorpho",[35] político paulista que aparecia freqüentemente caricaturado nas correspondências dos macarrônicos. O desfecho final da carta de Fidêncio da Costa é a felicidade do apadrinhamento do político Rodolpho e a volta para Xiririca, repleto de promessas e deveres com o amigo.

Em um outro exemplar das correspondências macarrônicas de *O Pirralho*, de 16 de setembro de 1911, o "desenvolvimento geométrico dos qüiproquós" envolve uma dupla coluna de correspondências, a do caipira Fidêncio da Costa

---

ao explicar as maneiras como o humor se liga às formas "rígidas" (fixas), a repetição de acontecimentos ou personagens, tornado-os sua plataforma ideal para efeitos de riso.

[35] Rodolfo Miranda foi um dos personagens da política que mais apareceram em *O Pirralho* durante o ano de 1911. Além de ser um político paulista que participou, como ministro da Agricultura, no governo de Nilo Peçanha, sua presença freqüente nos quadros e matérias dos jornais deveu-se fundamentalmente ao seu apoio a Hermes da Fonseca nas eleições presidenciais de 1910; sendo um aliado do governo hermista., era foco de crítica de *O Pirralho* (cf. Antunes, 1999, p.87).

188 Paula Ester Janovitch

e a do italiano Annibale Scipione. A confusão entre os dois correspondentes se inicia na tradicional festa na Penha.[36]

A festa de Nossa Senhora da Penha era uma das poucas tradições que "resistiam ao avanço do progresso". Porém, no começo do século XX, seu aspecto havia se desvirtuado das procissões religiosas para o divertimento mais profano. A imprensa paulistana, de uma maneira geral, combateu "com vigor o desvirtuamento da festa, chegando a caracterizá-la como um autêntico bacanal" (Cf. Moraes, 1997, p.103; e Elazari, 1979).

Na coluna de Annibale Scipione, o colaborador começava sua carta avisando que quase não pôde escrever a correspondência por causa de um "gaipira che se dice ingolaborador do *Piralho*" que ele havia encontrado na festa da Penha, com o qual teve um desentendimento. Nas palavras de Annibale, o bate-boca entre as partes havia se dado porque, estando um pouco "sborniato", acabara por pisar, sem querer, no pé do caipira, porém logo pediu desculpas. Mas o caipira não o desculpou e partiu para cima dele com uma "linguage piore dos turco".

Depois de um lançamento de bananas e xingamentos entre as partes, conta-nos Annibale Scipione que o caipira foi embora e ele acabou na Polícia Central. Logo que entrou, o pobre *clown* macarrônico pensou estar a salvo das garras da Justiça, pois havia reconhecido, entre os representantes da lei, antigos amigos da "scuola no grupo du Bó Ritiro": "– Siamo in familia! Disse io. Inveis os treis mi fizero chi nó me cunhecia, e o Nacarato[37] mi domandó con um'aria terrbile". O Nacarato, ignorando conhecer o colaborador do jornal, ainda lhe pergunta seu nome. Esse, já desesperado, tentou fazer que os tais amigos dos velhos tempos lembrassem do passado em comum, das "troça du Paysandú", das brincadeiras de todas as noites "du acusado, lá, d'abaix'o Pigues, cinque anni fá!". Vendo que nada os fazia lembrar dele, Annibale Scipione, numa manifestação de desilusão, passou a atualizar o lugar de cada um dos seus "antigos amigos", revendo dessa maneira o seu próprio lugar diante dos novos "desconhecidos":

---

[36] A festa da Penha ocorria exatamente uma semana antes da publicação das correspondências, 7 e 8 de setembro (ver Santarcangelo, s. d.; Penteado, 1962).

[37] Antonio Naccarato, delegado de polícia de São Paulo (cf. Antunes, 1999, p.87).

O Guastini s'intende de fazere a prosa puché é o repertorio inzima do o Fanfulla, e buta a gardolhina inzima da a cabeça, per la marona! Ma io també son giornalista, giornalista matricolado, che scire ingópa o *Piralho*, chi si pensa?

Io mi stavo fazendo o bernacchio intimamende. O otro, o Domenico també mi fazia chi nó mi cunhecia, aquelle incaxadógolos! Intô io fiquê indisperato e disse na cara dos treis: – Eh! Voi bure siete daliani! Eh! Inudile che mette a chamériga! Da-lia-ni! (*O Pirralho*, 16 set. 1911).

Já na coluna de Fidêncio da Costa do mesmo exemplar, o tal "qüiproquó" começado na Penha ganhava uma outra versão. O caipira iniciava sua correspondência de 16 de setembro comentando o sucesso do jornalzinho na cidade da Xiririca, para depois discorrer sobre um bicho-do-pé que havia curado um pouco antes de ir à festa da Penha, local em que deu com um "intalianão pitano um pito fedido de fumo macaio", o qual pisou no "bixo arruinado" do seu pé. Depois de ele afastar o italiano com um "soco nas costa" e vários xingamentos de "num inxerga lazarento!", Fidêncio da Costa relatava a reação do italiano: o "carcamano virô danado" e perguntou a ele se sabia com quem estava falando – "Io sô Annibal Scipione, espector do futuro governo no Baixo o Bigues". Novamente a resposta do caipira-colaborador, no desfecho do bate-boca, colocava cada personagem em seu lugar real na cidade: "– E o que é que eu tenho cuisso? Intaliano marcriado!" (*O Pirralho*, 16 set. 1911).

A distância ficcional pautada pela localização geográfica dos correspondentes – utilizada até então nas colunas epistolares das "Cartas Pomeranas", de *A Lua* (1910), nas "Cartas Matutinas", de *A Farpa* (1910), e na "Correspondência de Santa Catharina", de *O Bicho* (1909), para criar os focos críticos e irreverentes das colunas – também passava por várias modificações ao adentrar nas colunas de *O Pirralho,* em 1911.

As "Cartas" de *O Pirralho* não necessariamente deveriam seguir de tão perto as pegadas do correio e nem haveria tanta necessidade de distanciamento dos fatos para que os jornalistas macarrônicos pudessem dar seu ponto de vista crítico sobre acontecimentos que, muitas vezes, estavam ligados à condição de suas personagens repórteres, representados nas correspondências.

As narrativas epistolares macarrônicas de *O Pirralho* maquinavam um giro duplo logo à sua manufatura, ao mesmo tempo que refletiam o crescimento da imprensa a partir do começo do século XX, aproveitavam-se do seu novo *status*

para "expor" de mais perto, entre o ficcional e o real, as condições de desigualdade vividas pelos próprios colaboradores e habitantes da cidade de São Paulo.

Um dos fatores dessa proximidade com os fatos nas correspondências deveu-se às radicais mudanças na imprensa. O jornalismo cada vez mais adquiria
características e estilos narrativos próprios que o distanciavam da literatura. A
imprensa do início do século XX transformava-se numa grande empresa, com
direito a endereço de redação, oficinas e tipografias próprias, assim como um
quadro de redatores, ilustradores, fotógrafos, colaboradores e correspondentes fixos.

As correspondências macarrônicas calcadas nas mudanças registravam, em
seu formato, os novos tempos da imprensa. Porém, preservavam um híbrido
literário e noticioso que talvez desse o tempero jocoso e crítico das transformações ocorridas no meio noticioso do momento.

Nos exemplares de *O Pirralho*, de 1911, Annibale Scipione e Juó Bananére
faziam questão de externar seu endereço fixo num lugar que, com esse nome,
já havia desaparecido da cidade, porém permanecia como referência de uso na
memória coletiva dos moradores de São Paulo, o Abaixo Pigues. Franz
Kennipperlein, redator-chefe de um jornal inteiro de uma coluna, comentava
ser o seu periódico produzido no bairro da Vila Mariana. E Fidêncio da Costa,
pelo interior paulista, logo no título da sua coluna elegia Xiririca como sua
cidade de pouso.

No começo do século XX, escritores e jornalistas começavam a criar a moda
das viagens à Europa. Em 1889, fora o ilustrador e fotógrafo Ângelo Agostini,
porém, de lá silenciara seu pincel sobre os fatos que ocorriam no Brasil, sendo
substituído, na *Revista Ilustrada,* por Artur Miranda (cf. Sodré, 1999, p.255). Já
em *O Micróbio*, de 1901, encontramos o primeiro registro de uma coluna de
um correspondente provavelmente ficcional enviado para Paris, para de lá fazer suas notas e comentários-paródia ao pequeno jornal alegre.

A coluna "Cartas de Paris", publicada em *O Micróbio* e assinada por Sadlac,
alusão clara ao escritor Balzac,[38] apontava para esse corpo fixo de correspon-

---

[38] Balzac foi um autor que se destacou por deixar um dos maiores legados sobre a crônica do cotidiano
parisiense do século XIX, *A comédia humana*. Todos os extensos volumes de sua obra podem ser lidos em
português em edição revista pela Editora Globo (1989). Outra contribuição, menor, de Balzac refere-se a
um ensaio de 1836 que versava sobre a "cólera" do escritor em relação à imprensa parisiense (Balzac, 1999).

dentes-colaboradores da imprensa, talvez já com um certo tom de crítica ao início do afastamento do estilo literário na maneira de se fazer as reportagens jornalísticas. Para a imprensa de humor, restava a paródia dos deslocamentos e a crítica ao início da separação da crônica literária, combinada ao relato dos acontecimentos.

Sodré (1999, p.251-355) nos aponta que, com o surgimento da grande imprensa no 1900, o jornalismo despedia-se dos tão prezados "artigos de fundo" e do viés literário que até o final do século XIX se misturavam às matérias, destacando o caráter e a posição dos jornais e de seus colaboradores.[39] Saliba (2002), referendando as afirmações de Sodré (1999), ao analisar a forma como Juó Bananére auto-intitulava suas crônicas "artigos... di funto", atenta para o trocadilho do cronista que declarava, de forma gaiata, a morte de uma forma de se fazer notícia que ia se perdendo na grande imprensa do início do século XX.

Nessa época a publicidade, os anunciantes, assim como a grande valorização de comentários sobre partidos e personalidades tomaram conta dos espaços legados, até então, aos artigos mais longos e à crônica bem trabalhada. Era por meio da publicidade, dos vínculos partidários, da venda dos jornais nas ruas que essa nova imprensa conduzia seu dia-a-dia noticioso.

Para a pequena imprensa de narrativa irreverente, que crescia paralela e como reflexo das mudanças da grande imprensa, aumentavam as caricaturas, pequenas charges e críticas em forma de "piadas-fábulas" que apontavam para o clima de "inverdades" que invadia as matérias das folhas. A impressão geral dessa crítica bem humorada refletia um certo infortúnio adquirido pela penetração do mercado nos jornais, mesclado talvez à desilusão com os novos tempos republicanos. Nas caricaturas e textos dos pequenos semanários, reunia-se todo esse material de reclamações e ausências adquirido a partir de 1900. Quem perdia era o novo leitor, pois a maioria dos grandes jornais, apesar de mais acessíveis ao público em geral, afastavam-se de um caráter combativo e reflexivo, importante para a formação de opiniões críticas e fundamental para o meio que se transformaria, rapidamente, em um dos maiores veículos de comunicação de massa.

---

[39] O autor faz extensos comentários e distinções em relação ao formato que a grande imprensa tomou a partir do início do século XX.

Ironicamente, o período de 1900, que havia lançado a grande imprensa e combinado a imagem com a palavra na forma técnica mais bem acabada da composição, também se transformava no início da perda de "aura" literária ligada à matéria jornalística. Vários escritores[40] que participavam da vida da imprensa e da produção literária percebiam a importância dos jornais como órgãos divulgadores da vida cultural; porém, ao mesmo tempo, como um veículo cada vez mais autônomo, de linguagem própria, no qual ficava distante o estilo literário.

Para os pequenos semanários, revistas ilustradas, de variedades, atualidades e humorísticas de caráter "lúdico" e divertido, migraram muitos dos cronistas, poetas, escritores e ilustradores (cf. Martins, 2001).[41]

Dessa nova forma de jornalismo que se apresentava no 1900, surgiam também os correspondentes macarrônicos, que faziam, entre muitas atribuições, a revisão da grande imprensa, possibilitando ao leitor uma crítica divertida e reflexiva sobre a forma como o próprio veículo de comunicação representava a vida noticiosa.

Annibale Scipione, lembrando como contraponto os grandes jornais da cidade e seus ilustres correspondentes macarrônicos, divertia-se ao pensar que seria colaborador de um jornal pequeno chamado *"Piralho"*: "Má isso num é nome – *Piralho*. Nome é *Fanfulla, Curéo*, també *Ilustraçó Paolista*, donde é redatore o Capalunga"[42] (*O Pirralho*, 19 ago. 1911).

O colaborador italiano ainda justificava o nome da sua coluna, "Cartas do Abaix'o Pigues", como um lugar da cidade de São Paulo onde ele e sua família

---

[40] No começo do século XX, João do Rio, cronista e jornalista carioca, fazia um inventário na *Gazeta de Notícias* com vários escritores de destaque sobre a situação da literatura em 1900. Entre as várias questões que gostaria de destacar no *Momento Literário*, dou ênfase à imprensa, se era ou não prejudicial à produção literária. A maioria dos escritores que responderam ao inquérito de João do Rio não negara a importância da imprensa para a divulgação de seus nomes ou mesmo de sua sobrevivência, porém todos também salientaram a forte mudança de estilo na grande imprensa, que os excluía pouco a pouco (cf. Rio, s. d.).

[41] Para Martins (2001, p.67), "o surgimento da revista a partir do jornal confirmava a clássica evolução histórica do jornal para a revista literária, confinando naquele a informação de cunho político e cotidiano e neste, a contribuição literária e os projetos culturais".

[42] Luigi Capalunga, pseudônimo de autor não identificado, inicia as colunas de correspondências macarrônicas em determinados pontos fixos da cidade. Seus "Bilhetes do Bom Retiro", de *A Ronda* (1907), são os antecessores diretos das "Cartas do Abaix'o Pigues", escritas por Annibale Scipione e Juó Bananére em *O Pirralho*.

moravam.[43] Juó Bananére, por sua vez, que viria suceder Annibale Scipione na sua coluna de correspondência, ingressaria, depois, como colaborador "redattore" pela "adesão" a essa região perdida da cidade, fazendo, para ela, em uma de suas primeiras correspondências, uma apologia histórica e hilariante de rara beleza.[44]

Em passagem da sucessão rápida, foi o próprio Annibale Scipione o introdutor de seu colega *Juó Bananére*, que, bem a contento da narrativa irreverente, não anunciou a chegada do colega, apenas deu uma "deixa" da presença do novo colaborador por meio de um breve comunicado introdutório à primeira correspondência de Bananére à coluna: "Li comunico agóra uma letera muito bonita che mi xigó agurinha sopra uma organisaçó che stavamos urbanisano no prospero distrito do Abax'o Pigues. Io no mi tinia mitido purché agore facio solamende o giornalista" (*O Pirralho*, 14 out. 1911).

Em seqüência na coluna, seguia-se uma carta de Bananére ao redator Annibale Scipione fazendo seus comentários sobre o conflito entre turcos e italianos e outras questões relativas à cidade de São Paulo: "*Garô Scipione, Cumpà*, Stô danado por causa que os turco ston fazendo o medo diante dos taliana...".

Juó Bananére, como Annibale Scipione, incorpora à região do Pigues outras atribuições, sua barbearia, com dupla função, de barbearia e jornalismo, uma mais popular e outra mais intelectualizada, que fincaria o *locus* permanente de sua coluna de correspondências em *O Pirralho*.

Tanto para Annibale Scipione quanto para Juó Bananére, o Bom Retiro, "distrito" ancestral das colunas de correspondência de *O Pirralho*, como o Pigues, também seria um dos "lugares de memória" dos poetas macarrônicos na cida-

---

[43] Na nota de rodapé, adicionada à reedição das "Cartas do Abaix'o Pigues", de Juó Bananére, o autor Benedito Antunes (1999, p.87) comenta que o Piques, hoje compreendida pelas ruas do Bexiga: Rua Santo Antonio e Rua do Ouvidor, e, na região do centro, as ladeiras de São Francisco, José Bonifácio, Dr. Falcão Filho e Largo da Memória, era uma região densamente povoada por imigrantes italianos no início do século XX. Já o memorialista Paulo Cursino de Moura (1980, p.133-47), ao lembrar o Piques na década de 1930, afirma seu caráter lendário em São Paulo, nascido quase com a cidade. Descreve suas casas de barro mal perfiladas, o leilão de escravos que se fazia em suas ladeiras e reclama do pouco que restou desse lugar: "Na atualidade nada existe do passado. O Anhangabaú, enterrado. O Tanque Reúno, morto. O chafariz das águas da 'cerca dos padres de São Francisco', como chamavam em 1790, extinto. Só a pirâmide ereta, firme, ascensional".

[44] A coluna de Juó Bananére a que faço referência foi publicada em *O Pirralho*, de 9 de dezembro de 1911, e tinha, como título, "A Pedra do Abaix'o Pigues – A Sua Origine – O Bigode do Capitó – O Xero do Hermese – O Xapéllo do Garonello Piadade".

de de São Paulo, constantemente retomados nas colunas epistolares como maneira de rememorar lembranças já perdidas pelos novos contornos do espaço urbano. Os poetas retiravam desses lugares vínculos perdidos pelas transformações. Por meio da freqüente alusão a locais que se apagavam das ruas e da paisagem dos habitantes, os jornalistas macarrônicos resgatavam um certo lirismo urbano.[45]

Quanto a Fidêncio da Costa, ele fixava seu lugar ficcional na cidade apresentando-se como amigo de Cornélio Pires, e, como ele, dizia ter resolvido escrever "úas coisa p'ra ponha no seu jorná que'muito brincadô mais num é bandáio" (*O Pirralho*, 19 ago. 1911). A Xiririca,[46] cidade que imprimia um efeito sonoro macarrônico, de fato localizava-se no sudoeste paulista, porém, ao contrário dos dois outros correspondentes que valorizavam seu local de correspondência em regiões da cidade, no caso do correspondente caipira o efeito era exatamente o contrário. A escolha de um lugar fora da capital, no interior do Estado, tinha a exata função de manter certo afastamento e distinção, ainda que regional, entre o protagonista e os outros correspondentes imigrantes e suas desventuras em São Paulo.

Talvez a Xiririca apenas surgisse como um contraponto, quase um refúgio fonético, para o que Fidêncio da Costa viveria e veria ao se deslocar para a cidade. A capital paulista, nesse sentido, seria sempre o lugar escolhido pelo correspondente como matéria a ser abordada em suas colunas.

Franz Kennipperlein, o redator-chefe do "Biralha", justificava sua colaboração contando que, um dia em que estava vindo da Vila Mariana, viu seu "cumpadre Xuão"[47] comprando um leitão para fazer "zalaminha". Depois, na Rua XV de Novembro, escutou um "daliano" gritando "Gombra a Biralha". Ven-

---

[45] Elias Thomé Saliba, "Contra a modernização da metrópole" (mime Jornal da Tarde de 06/02/1999), 30/3/1999, p.3.

[46] A Xiririca, como outras cidades do Estado de São Paulo, surge em notas e comentários dos semanários da cidade. No início do século XX, os semanários não apenas chegavam com maior freqüência nas várias cidades do interior, como também essas pequenas cidades, até então desconhecidas, passavam a virar matéria nos jornais, em forma de coluna social, "instantâneos" fotográficos de muitos correspondentes que se espalhavam pelo interior do Estado paulista a fim de dar a nota local e ao mesmo tempo ampliar seu público leitor. A povoação da Xiririca localizava-se a sudoeste da capital paulista, às margens do rio Ribeira do Iguape. O que se destaca nos comentários retirados dos "*Apontamentos*", de Azevedo Marques, é que seria uma região rica em minas de ouro, de chumbo e mármore (Azevedo Marques, 1954, t.II, p.313-14).

[47] Xuão era um dos pseudônimos de Voltolino.

do que todo mundo comprava, ele resolveu levar um também. Quando abriu o jornal, ficou danado da vida com a forma como o *kaiser* estava sendo retratado: "num xufas te cherfeches muido runhes, tormindo gome um borgo e um muiê muido veia, barrezendo Mariqueinas, meu muiê, querendo mará as bê telle". E então resolveu dar sua colaboração pró-alemã para o jornal "Biralha" (*O Pirralho*, 9 set. 1911).

O "Biralha" surgia como uma coluna em forma de jornal dentro de *O Pirralho*. As questões internacionais e o fortalecimento da Alemanha, que ameaçava sua vizinha, a França, expandiam por si só o espaço da coluna do colaborador Franz Kennipperlein, que ganhava posição de redator-chefe do "Xornal allemong" e direito a colunas internas de telegramas, artigos de fundo, correspondências e ilustrações conforme os conflitos se acirravam e eram mais debatidos na imprensa.

Por vários exemplares do "Biralha", a força do exército alemão era alimentada por aquilo que era mais folclórico aos hábitos dos imigrantes alemães, a cerveja e a batata. O próprio jornal se dizia fabricado em folhas de batata e vendido por peso. Já a cerveja adquiria seu poder literário por ser líquida, razão fundamental pela qual tornava o exército do *kaiser* cada vez mais forte.

Como contraponto a esse poderio alimentado pela cerveja e batata, surgia a França, vítima histórica do exército alemão. Com a Guerra Franco-Prussiana desencadeou-se na Europa uma pandemia de varíola que deixou meio milhão de mortos. Tantos os britânicos quanto as Forças Armadas alemãs já tinham introduzido a vacinação contra a varíola na primeira metade do século XIX, tornando-a obrigatória a partir de 1874. Os franceses "ficaram para trás em nome da liberdade" e morreram em grande número (cf. Weber, 1988, p.84).

Fragilizada pelas invasões e epidemias, a França era caracterizada, na coluna macarrônica alemã, pelos próprios efeitos colaterais da civilização, que também chegavam à cidade de São Paulo:

> Vranza esdá un nazon muido vragunhes, bor gauze guê pepe muido abzindo, zoltades esdá muido runhes, nong zaber bader gom as bé gondre a achong goma os allemongs, nong der gabezades bontudes! Donnerwettrl un borguerries. Muido indeligende, muido xenerroses elle esdá (*O Pirralho*, 16 set. 1911).

A contraposição da Alemanha, forte por meio de seus exércitos bem nutridos, contra a França, fraca e medrosa, não se concentrava apenas nas questões internacionais. Sugeridos por "ganchos" nacionais, hábitos locais dos próprios imigrantes, o possível conflito entre as nações européias, carregado de macarronismo alemão, também era reaproveitado nas questões locais, nos choques e conflitos vividos pelos correspondentes na capital Paulista (Figura 3.9).

(fig. 3.9) Caricatura de Voltolino na coluna *"Biralha"*, em que um soldado alemão persegue uma pequena francesa, armado com uma injeção na mão. *O Pirralho*, 23 de setembro de 1911.

As manobras alemãs em São Paulo também oscilavam com os conflitos internacionais. Vistas pela representação da imprensa alemã paulistana, a "Biralha" tornava-se um jornal pequeno, germanista e perseguido. Em contrapartida, essa mesma representação de minoria sugeria um outro duplo que aproximava a coluna produzida em folhas de batata da pequena imprensa de narrativa irreverente, invertendo sua direção de perseguida para o lado dos aliados, de nota crítica e humorística.

A coluna das "Cartas do Abaix'o Pigues" também estava atenta aos acontecimentos internacionais, principalmente no momento que os conflitos europeus passaram a atingir diretamente a Itália.

A Itália, em princípio, entrava como assunto noticioso do conflito na Europa por causa da reivindicação da Tripolitânia (atual Líbia), que estava nas mãos dos turcos. Porém, esses também reivindicavam a Tripolitânia como território incorporado aos seus domínios. A invasão dos italianos a essa região da África, assim como dos exércitos do *kaiser* à França, era o outro grande impasse internacional tratado com proximidade nas correspondências macarrônicas de *O Pirralho* em 1911.

Mais uma vez, misturavam-se lugares e temas para se fazer a crítica irreverente dos acontecimentos. Na defesa dos italianos, Annibale Scipionne construía uma crônica que partia do descobrimento do Brasil. Na antiga tradição da história da descoberta, começava-se narrando, em paródia, a vinda de Pedro Álvares Cabral, que teria sido pego por um vento e assim acabou por descobrir o Brasil, sem querer. No momento da chegada de Cabral, o correspondente macarrônico trocava habilmente o lugar tradicional do índio na recepção do português, atualizando-o por algo comum à vida dos italianos na cidade de São Paulo. E, assim, a versão macarrônica descobria o Brasil: quando os portugueses desembarcaram aqui a primeira coisa que viram foi "o bonde cara-dura cheinho di daliani". Havia italiano de todo tipo, engraxate, vendedor, jornalista e até mesmo o primeiro fundador do distrito do "Abaix'o Pigues" (*O Pirralho*, 30 set. 1911).

Do descobrimento do Brasil e da participação inesperada dos italianos pelo que havia de mais representativo na vida dos habitantes da cidade, o bonde caradura,[48] Annibale Scipione deslocava os mesmos mecanismos locais para comentar a disputa entre turcos e italianos no conflito europeu:

> Também cho descobri o Tripoli fu Christoforo Colombo, in modo tale che também os turco quando chigáro lá pra vendê u sabonete pras ruas, tivero que comere o macarrone eo a pommarola engopa, atuinha!

---

[48] O bonde caradura, no final do século XIX, era o bonde antigo da Companhia Paulista, puxado a burro, que a companhia Light atrelou ao elétrico. De passagem mais barata que os "Reservados", também muito citados nas crônicas de Juó Bananére, foi o meio de transporte adotado pelos trabalhadores, principalmente italianos. De sentido ambíguo, pois ao mesmo tempo fazia alusão ao bonde e a uma atitude, surgiu o *Cara-Dura* (1900), semanário irreverente de língua italiana.

198 Paula Ester Janovitch

Simmágine che agora aquelles disgraziado si diz che o Tripoli é d'elles e
també a Cyrenaiga. Disafore!

Ma, per la marona, elles vô eunecê os muco dos daliano.

Chi si pensa? Si pensa intó che a gente é bóbo?

O Tripoli é daliano, e basta! E sempr´avanti Savoia!!! (*O Pirralho*, 30 set. 1911).

O "Biralha" também dava sua nota sobre o conflito entre turcos e italianos.
Porém, partia da comparação entre a nação francesa e a italiana para, ao fim,
mostrar que entre italianos e franceses não havia de fato semelhança alguma.
As afinidades estavam entre o espírito patriótico alemão e os decididos italianos. E aconselhava seus colegas "invasores" uma das suas várias estratégias
gastronômicas, obrigar os turcos a comer macarrão: "O Idalia devia esdar
mantando muido brados te magarrons enfenenatos barra acapar com dudas os
durgos zavades fendetorres tê zabonete" (*O Pirralho*, 30 set. 1911).

Dos hábitos mais aparentes que iam da alimentação à linguagem dos vários grupos envolvidos nos conflitos europeus e presentes na cidade, articulava-se o próximo e íntimo com os acontecimentos distantes. O macarrão se
unia à força da batata e ao poder líquido da cerveja para derrubar os turcos. A
frágil França, afetada por sua *overdose* de civilização, aproximava-se por condição de "fraqueza" aos turcos, vistos pejorativamente como vendedores de sabonete das ruas de São Paulo.[49]

Era nesse jogo de representações em deslocamento que o conflito se passava lá na Europa e também em São Paulo. Porém, como recriação literária, a
representação diferia das ruas, onde o resultado da diversidade de línguas e
hábitos eram os choques com a polícia, a estigmatização entre os próprios habitantes mais humildes, o estranhamento de linguagens e a forte personalização
da política, promovida pela forma como se estabelecia a vida republicana na
administração da cidade.

A imprensa de narrativa irreverente, em suas correspondências fixas, mas-
tigava as referências pejorativas produzidas do próprio convívio urbano com
os acontecimentos do momento e devolvia tudo isso em forma de jogo lúdico,

---

[49] Os turcos eram tratados, aqui, como a última posição dos despossuídos imigrantes na cidade de São
Paulo, que Annibale Scipione chega a comparar, num momento de raiva, à linguagem do caipira Fidêncio
da Costa, no "qüiproquó" ocorrido na festa da Penha ao dizer que sua "linguage piore dos turco" (*O
Pirralho*, 16 set. 1991).

ponto de reflexão crítico e satírico possível de envolver a participação do próprio leitor. Esse, muito provavelmente, ao ler as colunas epistolares, divertia-se, poderia até mesmo identificar-se, mas, sem dúvida, ao se divertir, suspendia e aumentava as possibilidades de refletir criticamente sobre a veracidade dos fatos já conhecidos pela sua divulgação na grande imprensa e das situações vividas como habitantes e leitores no cotidiano urbano paulistano.

Diferente da imprensa em geral, a reportagem alegre não se preocupava em mostrar um "furo" jornalístico ao leitor, e sim em expor em um material de reflexão e opinião crítica, as várias possibilidades nas quais esses assuntos, já "mastigados" pela imprensa em geral, poderiam transformar-se por meio da flexibilidade lúdica.

Com essa intenção na representação dos acontecimentos, sabonetes, macarronadas, cervejas, batatas e roças inteiras de milho tornavam-se versáteis, bélicos, estratégicos, frágeis, críticos e íntimos para aqueles que produziam as matérias e para os que liam as colunas de correspondências macarrônicas.

Epílogo, 1911 – A versão macarrônica da inauguração triunfal do Teatro Municipal

Assim como na imprensa de narrativa irreverente, os conflitos internacionais eram revistos pelas distinções entre hábitos e condições vividas dos imigrantes e migrantes na cidade de São Paulo. Os grandes acontecimentos da cidade, como a inauguração do Teatro Municipal, também mobilizavam, nas "colunas epistolares macarrônicas", conexões e alianças internacionais a fim de colocar seu ponto de vista sobre o futuro da vida dos divertimentos na cidade.

Em vários semanários anteriores à data da inauguração, o Teatro Municipal, já aparecia como um tema recorrente da imprensa de narrativa irreverente. Surgiam críticas à maneira como a administração municipal encaminhava sua construção, à grandiosidade da obra e à forma protecionista com que haviam levado a obra a contento.[50]

---

[50] Nas palavras de Carlos Lemos (1993, p.59), houve uma disputa entre vários candidatos para a construção do Teatro Municipal; a escolha de quem desenvolveria o projeto e construção ficou a cargo do escritório de Ramos de Azevedo, porém, com várias insinuações de bastidores sobre um certo protecionismo quanto à indicação do seu nome.

A essas manifestações de crítica ao processo de construção do Teatro, viriam juntar-se, à época da inauguração, os comentários críticos quanto à forma seletiva e protecionista com que o Municipal faria sua grande abertura em 1911.

Um turbilhão de caricaturas de tipos humildes e personalidades ilustres participava das matérias e ilustrações a respeito da abertura do Teatro. Em *O Pirralho* (1911), caipiras dialogando com a polícia, políticos nas escadarias e correspondentes macarrônicos tentavam entrar pela porta dos fundos do monumental Teatro. A maioria dos pequenos jornalistas, se entrava, dirigia-se ao "galinheiro" (lugar mais popular dos teatros), se não, permanecia do lado de fora discutindo, em língua truncada, as mazelas dos bastidores da grande inauguração (Figura 3.10).

(fig. 3.10) "O Zé Pagante":
– Eu também posso entrar?
O porteiro: – Você! Só depois do espetáculo".
O correspondente Fidêncio da Costa, ilustrado por Voltolino, em uma de suas investidas para entrar no Teatro Municipal no momento de sua inauguração. *O Pirralho*, 16 de setembro de 1911.

De pano de fundo, além das denúncias de exclusão presentes em todas as notas críticas e irreverentes de *O Pirralho*, a abertura do Municipal entrevia grandes mudanças para a vida cultural e de lazer na cidade. O Teatro simbolizava uma cisão arquitetônica entre o mundo monumental da arte e a vida artística, um dos lugares de honra das folhas irreverentes da primeira década do século XX.

A construção do Municipal concentrava uma expectativa civilizacionista, tanto da oligarquia cafeeira que se fixava na cidade quanto da administração pública e seus projetos de embelezamento da área central, a qual definia, nessa pequena região, o "Palco" para as grandes representações nacionais e internacionais.

Da construção à abertura do Teatro, a crítica gaiata acompanhava a idéia de grandiosidade e de exclusão contida desde a sua concepção até sua inauguração. A fachada do Municipal, em seu estilo monumental, neoclássico, produzia um contraponto arquitetônico à diversidade cultural representada pelos pequenos salões, circos, cafés e incipientes cinematógrafos móveis da cidade, como o Polythema, de telhado de zinco, ou o São José, teatro de melhor acústica da cidade.[51]

Diante disso, a grande abertura do Municipal, acompanhada pelos correspondentes macarrônicos de *O Pirralho*, seria o desfecho paródico de um processo de construção que já apontava para uma mudança de lugares na vida dos divertimentos.

Nas colunas do "Biralha", a inauguração surgiria por meio da discriminação à imprensa alemã que não fora convidada a participar do grande evento. Indignado, o redator-chefe do "Biralha" declarava:

> Eu esdá brodesdando enerzigamenda gondre tois vados. O brimerra quê o inaugurrazon breziza esdar dogando u obera allemongs gome Thannhauuser, Lohegrinn, Aghrrr!!!! Mein Gott, esde zini esdá ponidos, nong borguerries oberas inclezes.

---

[51] Sobre a vida dos divertimentos urbanos, ver Janovitch (1994). Ver também o memorialista Cícero Marques (1944 e 1942); Rago (1991); e Moraes (1997).

202 Paula Ester Janovitch

> O segundo vado esdá gondre o *gomminzong guê esdá somende tendo endradas barra as xornaes prazilerras*. Xoraes allemongs nong boder esdar endrado. Esde vado esda em galamitade! (*O Pirralho*, 16 nov. 1911, grifo meu)

Já na coluna de Fidêncio da Costa, "Correspondência da Xiririca", o relato da inauguração do Teatro Municipal aparecia nas próprias circunstâncias de desigualdade e exclusão que o caipira-redator vivia na cidade de São Paulo:

> P'ra se destrai um poco, fui inté no *Estado* comprá um viete pra i no theato municipá... Mais quá sêo Redatô, aquelles praga vendero tuda as entrada pros atravessadô uns tar cambista (num é vendedô de cambito) que me pidiro duas pellega de 100 por um lugarzinho no gallinhero! Mais dexe está: "Sõ muito amigo do Numa e do Ramo Zevedo, e se elles num mandarem ua entrada p'ro cabroco polista da gema, eu escangaio cum tudo e passo um galope nos tais e num home de um jorná que é protegedô dos cambista". E cum esta, inte a vorta (*O Pirralho*, 16 nov. 1911).

A grande imprensa, representada aqui pelo jornal diário *O Estado de S. Paulo*, colocava-se como a maior detentora das informações, e, no caso, dos próprios bilhetes para se entrar na nova casa. Na situação inversa, estava a pequena imprensa de narrativa irreverente, a qual, pelo relato do caipira-redator e do correspondente alemão, mantinha-se em dificuldades para conseguir um "bilhete" de entrada. Apesar de ambas as correspondências abordarem a exclusão e as dificuldades de participar da abertura do Teatro, em versões distintas, as duas ampliavam pontos de vistas diversos e divertidos ao leitor diante do grande monumento.

Ao contrário do "Biralha", que buscava nos exércitos alemães reforço para suas manobras locais, Fidêncio da Costa traçava outros caminhos para entrar no Teatro. Aliava-se aos políticos de situação, dizia-se amigo de Hermes da Fonseca, de Rodolfo Miranda e do próprio construtor do Teatro, Ramos de Azevedo, buscando, por meio das antigas formas de se fazer política, a troca de favores que talvez lhe facilitasse o ingresso na abertura do Municipal.

Tanto para o correspondente macarrônico do "Biralha", aliado dos exércitos alemães, como para o caipira-redator, que se dizia amigo daqueles que construíram o Municipal, o resultado, porém, seria a recolocação em seus lugares.

O colaborador alemão não participou da grande abertura, ficou de fora e foi ao jornal reclamar, indignado. O caipira-redator, depois de muitas embrulhadas, entrou, mas foi para o pior lugar do Teatro, o "galinheiro", e, com ele, vários conhecidos colegas da imprensa: "junto cumigo tavum o Guastini[52] falano napulitano c'o Jerame e nho Lúlú Piza[53] tava tudo de fraque e infiano o dedo no nári!" (*O Pirralho*, 30 set. 1911). Mesmo com companhia, estavam todos no "galinheiro", bem distantes da platéia e do camarote local, onde se viam os representantes ilustres da cidade.

Nesse sentido, como um *clown*, o caipira-redator, assim como o correspondente alemão, apesar de lutarem com todos os seus estratagemas para não saírem do jogo lúdico da vida cultural, nem dos palcos da cidade, assumiam nas respectivas colunas, a eterna derrota dos exércitos alemães nas questões locais e a desilusão com os antigos amigos do Bom Retiro, que, em todas as embrulhadas vividas pelos colaboradores, tornavam-se "desmemoriados". Para os missivistas irreverentes, ficava o gosto "meio amargo" de reportagem inconclusa. Mas um novo exemplar de *O Pirralho* se sobreporia a essa derrota "circunstancial", e os calungas macarrônicos tornavam a se alimentar novamente dos macarrões, batatas, sabonetes, chopes e sabugos de milho. As agruras do momento apenas estimulavam novas troças e descobertas paródicas desses *dom quixotes* que insistiam em avançar, com arte e alegria, contra os moinhos do tempo.

---

[52] Mário Guastini foi um jornalista que se destacou na imprensa paulista, trabalhou em vários matutinos da cidade, como o *São Paulo Jornal*, e escreveu um livro de memórias, *Tempos idos e vividos* (s. d.), que revela muito dos personagens e dos jornais paulistas do começo do século XX.

[53] Lulú Piza, ou Luís Piza Sobrinho também foi repórter de vários matutinos paulistas. Na obra de memórias de Mário Guastini (s. d., p.103) aparecem referências a participações suas em grandes reportagens da cidade, como o primeiro "Crime da Mala", de 1908.

O olhar mecânico

As imagens fotográficas, incorporadas pelos semanários ilustrados do começo do século XX, eram, em sua maior parte, na forma de "instantâneos". Da possibilidade de introduzir imagens fotográficas na composição das folhas, a fototipia destacou-se por prover, ao momento fugidio, um lugar de destaque, no qual, ao mesmo tempo que se assemelhava ao real, capturava o já visto, dando aos sujeitos retratados uma moldura especial que os singularizava da massa indistinta que ocupava as grandes cidades a partir do final do século XIX.

Da grande utilização da imagem fotográfica, tanto nos semanários ilustrados como nos periódicos em geral, a imprensa de narrativa irreverente paulistana do início do século XX tratou de representar seu uso, mesmo que muitas vezes ele não estivesse incorporado à composição dos pequenos semanários. Sua presença ou ausência nas pequenas folhas não destituiu ilustradores e redatores de estreitarem diálogos com essa nova técnica que também apontava mudanças na linguagem da própria imprensa.[1]

Historicamente, a introdução dos "instantâneos" na imprensa não surgiu sem ter sido precedida por uma farta utilização da imagem em várias áreas da vida social como forma de identificação e alusão ao real. Na verdade, seu poder de semelhança, deixando de lado os detalhamentos técnicos, remete a uma mudança mais radical da forma de representar os indivíduos a partir de meados do século XIX.

---

[1] Comenta Frederick Karl (1985, p.89) que a fotografia, a partir de meados do século XIX, promoveu uma alteração vertiginosa na representação pictórica. Citando Susan Sontag, o autor coloca em ênfase seu ilusório poder de representar a realidade como se, "esta constituísse um número infinito de pequenas unidades", e conclui que, de sua grande presença quem sai perdendo é a pintura. Porém, como ressalva Karl, para além dos perdedores, a presença da fotografia no desenvolvimento da arte moderna subverteu a arte, fazendo que esta última se afastasse cada vez mais da realidade.

O crescimento das cidades, em fins do século XIX, acarretou, como uma de suas conseqüências mais imediatas um grande adensamento populacional urbano, um *boom* humano que necessitava ser minimamente controlado e contido. A busca de métodos que distinguissem os vários grupos que começavam a imigrar para as grandes cidades européias justifica, em parte, a valorização dada à representação dos caracteres fisionômicos dos indivíduos – as aparências.

Para o controle social urbano, a antropologia criminal, nessa época, desenvolveu métodos de identificação e classificação dos grupos sociais que tinham como medidas, as próprias partes do corpo. Estas classificações antropométricas, que passaram a compor uma leitura do caráter dos indivíduos, foram incorporadas pela criminologia a fim de se aperfeiçoarem métodos de identificação e tipificação dos grupos sociais presentes nas cidades (Haroche & Courtine, 1987, p.14).

Os registros policiais, já informados pelo detalhamento físico dos indivíduos, acabaram utilizando a imagem fotográfica como mais um instrumento descritivo para a formação de suas categorias de controle e identificação. À medida que a imagem fotográfica e os processos criminais se aproximavam, ambos tornavam-se práticas complementares na narrativa dos processos policiais. Como uma linguagem composta para o controle social, a fotografia ascendeu da categoria de mera ilustração dos processos textuais para se tornar, ela mesma, um indício de prova diante da reconstituição do real.[2]

O reconhecimento fotográfico dos indivíduos, em cidades como Paris e Londres do final do século XIX, foi de fundamental importância para o controle social. Não se sabia mais o nome das pessoas, nem o que faziam e muito menos a que famílias pertenciam. O anonimato passou a fazer parte da característica das grandes cidades em metropolização, onde indivíduos desenraizados vinham dos lugares mais diversos do mundo. Nesse sentido, o desenvolvimento de métodos de identificação pelas aparências surgiu como forma de assegurar um tipo de contenção e reconhecimento dessa massa humana anônima que se fixava nas cidades.

---

[2] Sobre a linguagem dos indícios e sinais, ver o ensaio: "Sinais: raízes de um paradigma indicitário", em Ginzburg (1989, p.143).

Correspondendo a esse clima de investigação e classificação meticulosa dos grupos sociais por códigos vinculados à aparência, também surgia uma série de estudos que buscava localizar, nas partes do corpo, os vários comportamentos dos homens. Um dos grandes expoentes dessa corrente de pensadores foi Charles Darwin (2000), que publicou, em 1872, seu estudo sobre *A expressão das emoções no homem e nos animais*. Sua intenção era mostrar as similaridades emocionais entre homens e animais, e, para isso, Darwin concentrou suas pesquisas em relacionar as emoções a partes do corpo humano e demonstrar que, a partir de seus vários movimentos, um tipo de comportamento diferente poderia se manifestar. Expressões como o desgosto não precisariam ser compreendidas pelos motivos que as provocaram, bastava procurar no tipo de expressão facial da pessoa – "a circulação se torna lânguida, a face empalidece, os músculos ficam flácidos, a cabeça pende sobre o peito contraído..." –, e por meio desses indícios desenhados nos movimentos musculares da face, Darwin afirmava ser possível saber, por exemplo, quando uma pessoa "ouviu más notícias" (Sennet, 1988, p.217).

O estudo de Darwin sobre o comportamento do "Homem e dos animais", assim como, nas ciências médicas, os métodos de medição craniana desenvolvidos por Bertillon – a fim de afirmar com mais precisão se um indivíduo era ou não criminoso –, ou mesmo a localização de *id*, *ego* e *superego*, apontados por Freud, em princípio, por meio da frenologia, demonstravam o lugar de destaque que a leitura das aparências ocupava nas representações sociais do final do século XIX (Sennet, 1988, p.218).

Assim como, para as ciências, cada comportamento poderia ser encontrado nas várias partes do corpo, a vulnerabilidade dos corpos que poderiam ser lidos também se tornava um dos temas literários do final daquele século. O medo de ser visto por dentro, como também, o temor de não ser reconhecido assumiam os pontos extremos da convivência entre as várias classes sociais que ocupavam os grandes centros urbanos.

Nas representações culturais a valorização das aparências, a leitura pelo caráter, chegava em forma de uma nova narrativa. Romances policiais, como os de Sherlock Holmes, escritos por Conan Doyle, tornavam-se exímios guias para os habitantes das ruas londrinas. Seguir pistas, acumular indícios, perceber detalhes entre uma aparente massa de pessoas homogêneas, a fim de descobrir o verdadeiro culpado no meio da multidão. No fundo, todos os habitantes das grandes cidades tinham que ser um pouco detetives e aprender a linguagem dos detalhes e sinais, para se esconder ou para se distinguir da massa anônima.

Essa duplicidade em relação ao reconhecimento por parte dos indivíduos poderia ser sentida de duas maneiras diametralmente opostas. O temor do reconhecimento, de o corpo começar a falar descontroladamente, estava mais vinculado às classes consideradas perigosas – os trabalhadores, as crianças ou mesmo os ambulantes que ocupavam permanentemente as ruas. Para sobreviverem aos inúmeros inquéritos policiais, eles deveriam apagar todas as pistas da natureza e se tornar o máximo possível parte da massa anônima homogênea. Já para a elite burguesa, o "físico burguês" seria valorizado, a leitura do caráter pela aparência, as "fisiologias" estariam diretamente ligadas a um desejo de distinção e visibilidade diante da multidão (cf. Haroche & Courtine, 1987, p.26, n.13).

Os antagonismos, ambivalências e oscilações entre essa duplicidade de reconhecimentos na vida social tornavam-se grande parte do que seria representado pela narrativa irreverente dos semanários durante a primeira década do século XX.

Por meio de caricaturas, retratos, fotografias e descrições comportamentais, o mundo das aparências passava a ser um filão importante da imprensa, principalmente para as folhas ilustradas que estavam ligadas à vida dos divertimentos e ao mundanismo, parte integrante dos entretenimentos.

Carlos Henze, um dos cronistas que escreviam matérias de estilo caricatural na revista carioca *Kosmos* (1904), publicou várias matérias irreverentes sobre a linguagem da anatomia dos detalhes que mostravam o clima oscilante de crítica e incorporação que se vivia no início do século XX em relação à fotografia.

Em matéria de 9 de setembro de 1905, sobre a "A Physionomia e as Mãos de Eleonora Duse", o cronista iniciava sua coluna no semanário explicando, em nota de rodapé usar o nome de Carlos Henze em homenagem à memória de Adolf Henze, um dos mais famosos "chiromanticos da Alemanha". Carlos Henze afirmava ser seu "preceptor", um tipo de "amador das sciencias ocultas".

Na leitura da anatomia de Eleonora Duse, o cronista-ocultista não economizaria descrições vindas da analogia com as fisiologias, desde comparar sua fronte com a de um leão até localizar melhor o tamanho da cabeça e transformar a descrição dos detalhes em características que remetiam rapidamente à antropometria: "o crânio é redondo-mixto, inclinando-se para o gênero *dolichocephato* (segundo Retzius, são os crâneos que quando de cima tem a forma oval)..." (*Kosmos*, 9 set. 1905).

Desses malabarismos de análises fisionômicas, misturadas com medições e cálculos possíveis de partes do corpo, o Henze brasileiro partia para os tipos de características de personalidade, "imaginativa-sentimental", localizada pelo seu tipo de fronte, "sinuosa e vasta", e assim por diante, com as várias partes do corpo até chegar às mãos, onde "adivinhava" mais e mais elementos da personalidade de sua ilustre escolhida da semana.

Da mesma forma que nessa primeira matéria sobre Eleonora Duse, outras crônicas de Henze seguiriam a linha das adivinhações e análises de pessoas ilustres e detalhes do corpo humano,[3] paródias claras às interpretações da personalidade e dos tipos sociais por meio das representações das aparências, tão em voga no final do século XIX.

Os eleitos das colunas de Henze, como se pode perceber em uma outra matéria saída em 10 de outubro de 1907 sobre o rei D. João VI, não eram, porém, escolhidos apenas por serem, seus tipos, ilustres. As "adivinhações" sobre o rei D. João VI são um caso exemplar do tipo de seleção feita pelo cronista que, apesar da alusão à figura pública, apenas "usava-a" para falar de temas da atualidade já tratados no próprio semanário da *Kosmos* pelo estudioso Mário Bhering: "O muito que ultimamente se tem escripto a respeito de D. João VI, notadamente o estudo do Sr. Mario Bhering, publicado no número de Agosto desta formosa Kosmos, despertou-nos o interesse de sujeitar a imagem desse rei a uma indagação physionomica" (*Kosmos*, 10 out. 1907).

O resultado das adivinhações sobre o rei, o leitor poderia imaginar – um inquérito minucioso de medidas cranianas e demais detalhes que não poupava adjetivos "elogiosos" à personalidade e às atitudes do monarca, muito conhecido do público leitor. Mas, mais do que destacar caricaturalmente sua figura, Henze dialogava com a supervalorização das aparências que ainda fazia parte

---

[3] Sobre as interessantes crônicas de Carlos Henze no semanário ilustrado *Kosmos*, foram ainda encontradas matérias sobre "Boccas", em julho de 1906, e "Narizes", em fevereiro de 1907. A coleção completa da revista *Kosmos* pode ser consultada, em São Paulo, na Biblioteca da PUC e na Biblioteca da Faculdade de Letras da USP. Ver ainda o estudo de Antonio Dimas (1983) sobre essa revista, um excelente guia para compreendermos os diversos tipos de temas abordados em suas folhas.

das análises sérias, científicas, de várias matérias que eram produzidas nas mesmas folhas, muitas vezes em colunas vizinhas do mesmo exemplar.

A visibilidade tão almejada pelas classes burguesas teria também, na pequena imprensa de narrativa irreverente, um refúgio para o seu desfile de mundanismo e civilidade que se traduzia muitas vezes numa perscrutação de gostos, lugares de passeio e diversões que se singularizavam nas colunas de "instantâneos", "adivinhações mundanas" e nos pequenos "retratinhos psicológicos".

Em princípio, essas descrições de perfis, fisionomias sociais ou mesmo os "retratinhos" aludiam à presença da nova técnica fotográfica de forma indireta, por meio dos seus cabeçalhos, da abordagem dos desenhistas que, às vezes, animados com os novos termos técnicos e o poder de captação rápida da imagem, passavam a introduzir fotógrafos e fotografados como motivos e expressões de suas ilustrações caricaturais.

Se a presença da fototipia, contudo, não se fez sentir imediatamente na pequena imprensa, principalmente nos semanários voltados para o humor, não há como negar que a introdução da nova técnica no jornalismo carregava consigo uma transformação que alterava não apenas a composição mecânica, como também temas e expressões da própria narrativa jornalística.

No decorrer dos primeiros anos do século XX, a ilustração fotográfica iria adquirir cada vez mais importância na conformação da linguagem de entretenimento, principalmente os "instantâneos fotográficos" que "hegemonizariam a linguagem da imprensa domingueira" (Cruz, 2000, p.112).

Walter Benjamin (1985a, p.129), ao definir o lugar do autor na imprensa, especialmente de entretenimento, alude à grande presença da fotografia, matizando as semelhanças, mas que, ao ser incorporado em seu sentido de "progresso técnico" pelos intelectuais, pode promover nas matérias, ou em seus "cliques", "um valor de uso revolucionário" mediante a modificação da abordagem: bastaria que "os escritores começassem a fotografar".

A "ilusão ótica", um dos sinônimos utilizados para se falar da imagem fotográfica no começo do século XX, propiciava às folhas maior visibilidade e semelhança com o real, porém, na proporção que esse desejo de semelhança e visibilidade tomava mais espaço na imprensa, os antagonismos e as ambiguidades relativas à valorização das aparências também surgiam como motivos a serem intensamente representados nos semanários de narrativa irreverente ao comentarem o momento.

Kodak gaiata

Um dos diálogos primários da fotografia com a imprensa no Brasil veio a público por meio de uma caricatura na *Semana Ilustrada,* do Rio de Janeiro, em 13 de março de 1864. A ilustração, intitulada "Fotografia Malograda", era representada em dois quadros:

> No primeiro quadro, via-se um fotógrafo que avisava a um grupo prestes a ser retratado: "Vocês não tenham medo, meus caboclos, isso não dói não; enquanto eu conto um... dois... três... estão os seus retratos prontos". Passava a contar: "Um... dois". E quando chegava no três, o grupo espantado já estava fugindo discretamente sem que ele visse (Süssekind, 1986, p.32).

Um lado assustador da fotografia era mostrado pela ilustração caricatural da *Semana Ilustrada,* antes mesmo que os processos mecânicos inserissem o retrato fotográfico na composição das folhas. Sem dúvida, a fuga dos "caboclos" do quadro demonstrava certo estranhamento dos retratados diante do aparelho fotográfico, mas, ao mesmo tempo, a cena descrita já prenunciava, por meio da arte e , a invasão de privacidade que se seguiria ao longo do século XX devido à grande utilização da imagem fotográfica em série: um "roubo da alma das pessoas" ou de, "aura", feito em larga escala, de forma comercial e silenciosa como o que se materializou na "fuga dos caboclos" (Figura 4.1) (cf. Benjamin, 1985b, p.219-41; Sontag, 1986, p.13-32).

(fig. 4.1) Caricatura publicada na revista ilustrada francesa *Le Rire* aborda, de forma crítica, a violência inglesa na guerra dos Boers. A dama inglesa está "armada" de uma máquina fotográfica e procura capturar o retrato dos nativos africanos. Os nativos mostram-se desconfiados e amedrontados diante do pequeno instrumento de aprisionar imagens, 23 de novembro de 1899 (Lethève, 1986, p.99).

Em 1896 lançavam-se, na *Gazeta de Notícias* do Rio de Janeiro, os *portrait-charges* dos políticos, escritores, atores e personalidades, numa série intitulada "Caricaturas Instantâneas" (Sodré, 1999, p.300). Nesse mesmo período, surgiam em São Paulo, assim como no Rio de Janeiro, estúdios fotográficos, nos quais as famílias elegantes iam fazer os seus *portraits*, fotografias emolduradas como um quadro. Os estúdios eram verdadeiros palcos cenográficos, que buscavam entrar em harmonia com a vida privada das famílias. Inúmeros fotógrafos passaram a sobreviver graças aos *portraits* tirados em seus estúdios fotográficos (cf. Kossoy, 1984).

Às ruas da cidade, a fotografia chegaria com mais dificuldade. Os aparelhos fotográficos eram extremamente pesados, bem como a revelação das fotografias, que tinha de ser feita imediatamente após serem batidas, pois os métodos químicos de revelação ainda não garantiam a durabilidade das pesadas placas fotográficas.

Pelas ruas aventuravam-se poucos fotógrafos. Em São Paulo, Militão de Azevedo ficou famoso por seus postais que, com muito sacrifício, conseguiu reunir num álbum em que procurou registrar as diferentes imagens da cidade de forma comparativa, em dois tempos diversos (1862-1887) (cf. Laurito, s. d.).

No fim do século XIX, porém, os pesados aparelhos fotográficos passavam a ser substituídos por máquinas mais leves, próprias para o movimento nas ruas. Da mesma maneira, os *portraits* tirados nos estúdios fotográficos também se tornavam mais versáteis ao acompanharem o deslocamento das famílias, da vida privada para as ruas centrais da cidade. Nas revistas ilustradas, em modo de desfile elegante, entravam os antigos *portraits*, em forma de "instantâneos" fotográficos que tomavam uma versão mais "mundana" do antigo retrato da família, num novo palco que se estendia às ruas centrais – os estúdios cenográficos a céu aberto da reportagem fotográfica.

No começo do século XX, a imagem fotográfica era incorporada à própria linguagem da vida cultural. Gonzaga Duque (1997, p.41), crítico de arte, em seu comentário sobre a exposição do pintor José Malhoa, publicado na revista *Kosmos* de julho de 1906, afirmava que o pintor parecia "kodakizar" os tipos retratados, tal era a naturalidade dos seus quadros. Já Lima Barreto rejeitava a introdução das imagens fotográficas, referendando seu lugar "oportunista" nas revistas ilustradas e de variedades do início do século XX (cf. Martins, 2001, p.145).

Nessa época, os pequenos semanários recreativos paulistanos também registravam, de forma crítica, a presença dos fotógrafos e das imagens fotográficas no formato das colunas de "instantâneos" da imprensa.

O "olhar mecânico", retirado dos estúdios, longe dos palcos cenográficos e dos registros policiais, tomava o formato das molduras das folhas. Sua presença nos periódicos aproximava mais ainda o diálogo da narrativa caricata com a nova técnica. Era como se a linguagem irreverente passasse a se "kodakizar" diante da presença do "olhar mecânico" na imprensa.

Os primeiros *flashes* dessa aproximação podem ser registrados numa pequena coluna do semanário *O Garoto*, de 30 de dezembro de 1900, intitulada "Photographia Grotesca". Logo abaixo do título da "fotografia", o nome do retratado alimentava o poder da imagem que, ao contrário de vir ilustrado, nascia de um texto descritivo. Uma paródia gaiata ao indivíduo retratado originada em suas características físicas – as aparências – para, entre os trejeitos, desandar em sua face caricatural. No final da coluna, como não poderia deixar de ser, quem assinava era o "fotógrafo de plantão", Valério, alusão clara ao conhecido fotógrafo paulista Valério Vieira (Figura 4.2).

(fig. 4.2) *O Garoto*, 30 de dezembro de 1900.

Já no exemplar seguinte de *O Garoto*, publicado em 6 de janeiro de 1901, materializava-se, em forma de desenho caricatural, o próprio fotógrafo Valério Vieira. A ilustração de título "Os Nossos Yankees", assinada pelo caricaturista carioca Raul Pederneiras, apresentava o fotógrafo de perfil com uma legenda que já indicava a recepção ambivalente dada pela imprensa de narrativa irreverente à presença da fotografia e dos fotógrafos nos quadros do periodismo: "O activo industrial, photographo-nephelibata – Valerio Vieira" (Figura 4.3).

(fig. 4.3) *O Garoto*, 1 de janeiro de 1901.

A "Photographia Grotesca" e "Os Nossos Yankees" representavam a imagem fotográfica pelo seu avesso. No primeiro caso, ao poder instantâneo da imagem fotográfica, o "fotógrafo de plantão", Valério, provocava uma suspensão do tempo que se prolongava pela sua descrição "grotesca", a qual extrapolava propositalmente as molduras fixas do retrato e as características físicas do retratado. No segundo caso, era o desenho de Raul que fazia o "retrato" caricatural do próprio fotógrafo, colocado na ilustração à moda da época, de perfil.

A presença de Valério Vieira como um tipo de interlocutor da imagem fotográfica, em *O Garoto* (1901), provavelmente estava ligada à fama de seus malabarismos de fotógrafo de estúdio que já passava a ocupar espaço na imprensa. Sua fotomontagem, premiada em 1904 nos Estados Unidos, os "Trinta Valérios", produzida em laboratório no final do século XIX, era um retrato bastante emblemático: multiplicava a imagem do rosto do próprio Valério pelos 30 corpos de espectadores contidos na cena retratada (Figura 4.4).

(fig. 4.4) "Os Trinta Valérios", de Valério Vieira, fotomontagem produzida em 1890 (*Nosso Século, 1900/1910*, 1985 p.74).

Além das possibilidades técnicas de montagem que esse retrato revelava, até então mais comuns à pintura,[4] o que vinha impresso nessa imagem era a capacidade que o fotógrafo e a fotografia tinham de alterar a realidade. Os

---
[4] Michel Foucault desenvolve comentários sobre uma pintura de Velázques, *Las meninas*, que tem, como um de seus grandes motivos, a presença do pintor retratada no quadro. Sua presença, observa Foucault (1985, p.21), coloca o espectador diante do "campo do olhar do pintor".

"Trinta Valérios" provavam que até a semelhança com a realidade poderia ser produzida artificialmente.

Em *A Arara*, de 6 de maio de 1905, o caricaturista Borges Mattos, provavelmente em diálogo com as possibilidades de multiplicação da imagem fotográfica, captou de forma muito feliz o que Valério Vieira produziu com sua fotomontagem. Transpondo a multiplicação dos rostos, utilizada nos "Trinta Valérios" para sua ilustração intitulada "O Retrato", Mattos repetia, na moldura de um quadro, o rosto de um político que estava em pé ao lado de seus correligionários. Em "O Retrato", mais do que a repetição do mesmo rosto, o desenho se animava, espalhando pela moldura e no dorso dos espectadores mais rostos e variações do que a emblemática técnica da fotomontagem de Valério Vieira podia proporcionar (Figura 4.5).

(fig. 4.5) "O Retrato", de Borges Mattos, no *Arara*, 6 de maio de 1905.

Para o motivo central do quadro emoldurado pelas cabeças repetidas do político em destaque, o hábil ilustrador também promovia uma inversão bastante interessante: se, para a moldura, ele homogeneizava o mesmo rosto substituindo todas as faces dos correligionários, para o motivo central do quadro, ele destacava uma cartola solitária.

A cartola, como em várias outras ilustrações caricatas, foi utilizada em seus diversos significados. Era um adereço de uso comum das pessoas elegantes no começo do século XX, e, por seu excesso de uso como distinção social, também se tornava sinônimo de indivíduo "bem trajado com fumaças de importância" (Nascentes, 1953, p.36). Distinguir a cartola como motivo central do quadro e multiplicar a face do político pela moldura e nas faces dos vários partidários sugeriam a característica personalista do retratado, que deixava todos os seus correligionários com a sua própria face; porém, ao mesmo tempo, por não ocupar o motivo central do quadro, apenas as molduras, fazia-se uma crítica à sua indistinção, pois seu rosto poderia ser substituído por uma cartola. Talvez esta fosse a principal característica do "retrato": uma falsa semelhança perturbadora.

A ilustração de B. Mattos, que, sem a menor sombra de dúvida, representava uma crítica a questões políticas do momento aproveitando elementos conhecidos do público leitor, se pensada num nível mais profundo, ao buscar na fotografia a paródia ao artificialismo e à sua possibilidade de ilusão, ela colocava em questão os princípios de semelhança e verdade tão valorizados pela imprensa em geral na sua abordagem da vida noticiosa. A semelhança poderia ser uma montagem, e quem já havia afirmado isso era o próprio autor da fotomontagem "Os Trinta Valérios".

Em 1908, no semanário *Vida Paulista,* de 23 e 24 de agosto de 1908, uma nova alusão a Valério Vieira em forma de caricatura fechava o circuito da presença do fotógrafo e das suas fotografias em diálogo com a narrativa irreverente. Por meio de uma fotomontagem às avessas, em que no desenho, era inserido um retalho do rosto do fotógrafo, surgia Valério Vieira com uma cabeça maior do que o corpo, atrás de uma máquina fotográfica.

O título da caricatura ficava por conta da coluna fixa do semanário, "Kodak Gaiata", lugar em que se faziam semanalmente os "instantâneos caricaturais" de personalidades da cidade de São Paulo. Na coluna desse número, o agraciado foi o fotógrafo, que olhava firme para o leitor. À ilustração, seguia-se a legenda, com um comentário que referendava o poder personalista do fotógrafo, e, talvez mais do que isso, o caráter pessoal da fotografia em sua introdução na imprensa:[5] "Valério artista, em pose enfocando a humanidade que vive a retratar-se (salvo seja!)" (*Vida Paulista*, 23 e 24 de agosto de 1908) (Figura 4.6).

(fig. 4.6) *A Vida Paulista*, 23 e 24 de agosto de 1908.

Somadas à valorização do caráter pessoal do fotógrafo e da fotografia, comentados aqui pela participação de Valério Vieira na imprensa de narrativa irreverente paulistana, outras formas de diálogos e correspondência da pre-

---

[5] Inúmeras outras referências ao fotógrafo Vieira podem ser vistas nas folhas de narrativa irreverente paulistana do início do século XX. Revistas de atualidades e entretenimento mais bem-sucedidas, principalmente aquelas de caráter empresarial, passavam a definir, em seus cabeçalhos, redatores fixos, ilustradores, diretores artísticos, literários e também fotógrafos. O nome de Valério Vieira incorporava-se ao quadro de colaboradores fixos do *Cri-Cri* (1907). Algumas fotografias tiradas por ele, ou fazendo alusão a seus *portraits* de estúdio, também eram publicadas em exemplares esparsos de *A Ronda* (1908). Ver Apêndice I.

sença do "olhar mecânico" iriam se destacar no registro satírico durante a década do século XX.

Instantâneos e flagrantes

O retratista luta contra o tempo; o caricaturista, ao contrário, prende-se a ele. O caricaturista faz o seu modelo descer do pedestal. Se o retratista pinta o modelo como este deseja ser visto pelos outros, o caricaturista revela como os outros deveriam ver o modelo.

(Fonseca, 1999, p.19)

Como um jogo, numa mesma revista poderiam circular "instantâneos" caricaturais e "flagrantes" fotográficos tirados numa mesma rua central da cidade.

Nas revistas ilustradas, os "instantâneos" fotográficos tornavam-se uma febre. Porém, ao modismo das imagens fotográficas feitas para dar maior visibilidade ao pequeno mundanismo e à vida dos divertimentos da cidade, adicionava-se nos semanários a noção clara de ser este um rico filão para a venda de um número cada vez maior de exemplares das folhas.

As grandes revistas ilustradas de São Paulo, como *A Ronda* (1908), *Cri-Cri* (1908) ou mesmo *A Lua* (1910), chegavam a oferecer clichês para seus possíveis leitores. Esses clichês poderiam vir como um "instantâneo fotográfico" do assinante num passeio pelas ruas da área central, ou mesmo transpostos pela imagem de sua casa comercial.

Por essa abertura e venda de espaços nas folhas ilustradas, pode-se compreender o grande número de "instantâneos" fotográficos que invadiam as revistas. Apareciam homens, mulheres, crianças, casais, jornalistas, empresários e tipos populares folclóricos das ruas centrais desfilando num mesmo giro, com rostos e gestos tão parecidos que, às vezes, o que os diferenciavam eram as legendas: para quem tinha paciência de lê-las.

O reporter photographico de um collega local, a uma moça, a quem ia tirar o instantaneo: – Minha senhora, quando eu disser – prompto! Faça o favor de dizer o seu nome em voz bem alta. Assim hão de reconhece-la imediatamente (*A Lua*, fev. 1910).

Apesar, porém, de que, no começo do século XX, nas próprias revistas ilustradas paulistanas, o contraponto irreverente já denunciasse o esgotamento da fórmula dos "instantâneos fotográficos", o mundanismo e o clima de civilização tornavam-se regra, tal como nas grandes cidades européias.

Com um grande crescimento urbano, na virada do século XIX para o XX, a população quase triplicada pela presença de imigrantes europeus e migrantes vindos do interior de São Paulo, a valorização das aparências e a distinção de classes eram seguidas à risca nos semanários, como nas representações ilustradas dos grandes centros europeus. Ainda que, em São Paulo, a idéia de multidão ainda estivesse apenas em seus prenúncios, todo um mundo de revistas, filmes, livros e os próprios jornais diários já faziam, da "*foule*" e das classes "*dangerouses*", expressões da presença alarmante das altas taxas demográficas que se concentravam na capital paulista.

Para a vida elegante paulistana, a necessidade de distinção e singularização das classes abastadas deslocava-se do ambiente fechado do lar, da vida privada, do antigo uso colonial das mantilhas que escondiam os rostos das moças e das rótulas, que preservavam a vida da casa separada da rua, para as ruas, palco de visibilidade, tema das colunas do "farfalhar de sedas" das damas elegantes e dos "manequins ambulantes" dos cavalheiros.[6]

A visibilidade das aparências, promovida pelos semanários ilustrados, tornava-se uma das formas mais usadas pela pequena elite local para marcar essa diferença de lugares sociais da cidade. Dos desfiles dos elegantes da "Rua Quinze às quintas" ao passeio na área central, em forma de "flagrantes" e "instantâneos", singularizava-se um exército de indivíduos que buscavam se destacar na vida social da capital paulista.

A própria área central da cidade, o Triângulo, principalmente a Rua XV de Novembro, era o local eleito para esses "flagrantes", em que se retratavam os encontros descomprometidos, o passeio às compras de mulheres ilustres da capital, a fachada de casas comerciais de pessoas conhecidas e as redações dos próprios jornais anunciantes.

---

[6] Tanto "Farfalhar das Sedas" como "Manequins" fazem alusão a colunas de desfiles elegantes, publicadas no semanário *Nova Cruzada* (1904).

O foco fotográfico dos "instantâneos" voltava-se quase exclusivamente para o viés celebrativo e publicitário desse pequeno quadrilátero central, mapeado repetitivamente na vida elegante da imprensa.[7] Nas colunas de "instantâneos e flagrantes" dos semanários humorísticos, toda uma linguagem, associada à presença da técnica fotográfica, dialogava com esse giro elegante na área central da cidade.

A narrativa irreverente dos semanários, concentrada nos lances apanhados nas ruas, repetia o barulho incômodo do *"zaz traz"* armado das *kodaks,* em paródias aos "instantâneos" e "flagrantes" fotográficos. Seu foco, contrariando a palavra antônima, nada mais era que o resultado de um grande número de impressões desfocadas dessa diversidade de *flashes* já retratados nas folhas ilustradas da época.[8]

O giro elegante pelas ruas centrais da cidade

Os "instantâneos" caricaturais, localizados no giro dos elegantes pela área central da cidade, reproduziam os mesmos roteiros dos clichês fotográficos; porém, ao repetirem seus motivos, revelam recombinações inéditas que, num tom quase anárquico, insistem em misturar calungas grandes e pequenos, classes sociais e sotaques distintos, a fim de descaracterizar de modo lúdico o regime da descrição e credibilidade das aparências como revelação fiel do caráter das pessoas ou fatos do momento. Na narrativa irreverente, nomes, legendas, "flagrantes" e grandes reportagens tiradas das ruas tornavam-se totalmente maleáveis e multiformes.

Em desfile pelo "Triângulo às quintas", entre máscaras que escondiam as faces e corpos das senhoras em desenhos caricaturais sobrepostos a instantâneos fotográficos, circulavam, sem a menor dificuldade, *"Mme e Mlle Quelquechose",*

---

[7] Ana Luiza Martins (2001, p.469-75), ao tratar da valorização da área central, promovida nos "instantâneos" das revistas ilustradas, aponta que essa região da cidade, ao mesmo tempo que concentrava os grandes empórios comerciais paulistanos, simbolizava o que a cidade tinha de mais cosmopolita e civilizado.

[8] Revistas como *Vida Moderna* (1907), *A Cigarra* (1914), que surgiram nas primeiras décadas do século XX, em São Paulo, são representativas desse viés mais celebrativo, civilizado e mundano da presença dos clichês fotográficos nos semanários ilustrados e de atualidades da época.

borrão das legendas fixas dos clichês estilizados do francês que dava mais ênfase caricatural às pessoas em destaque (*A Lua*, jan. 1910) (Figuras 4.7 e 4.8).

(fig. 4.7) Fotografia do "Triângulo às quintas", coluna freqüente nos exemplares de *A Lua*, 1910.

(fig. 4.8) Paródia caricatural da coluna "Triângulo às quintas", também publicada em *A Lua*, 1910.

Da rapidez da imagem fotográfica em capturar seus personagens, os "instantâneos" irreverentes deslocavam-se para as colunas de desfiles elegantes. Em forma de notas mundanas, essas colunas fixas e gaiatas prolongavam o sabor dos detalhes do desfile das roupas dos elegantes, por meio da falta de parcimônia nas descrições repletas de adjetivos e mais adjetivos às vestimentas dos escolhidos da semana.

A linguagem caricata em sentido literal capturava o excesso das adjetivações das revistas ilustradas e, aos acentos civilizados, retirados do francês, que qualificavam os pequenos detalhes da roupa e acessórios dos elegantes em desfile pela área central, essas colunas gaiatas revestiam-se pelo excesso da própria língua civilizada, a fim de dar ênfase ao esgotamento dos qualificativos, hábitos e modismos presentes na representação mais celebrativa da vida elegante da cidade.

Da coluna fixa "Sur le Troittoir", de *O Bicho*, de 25 de setembro de 1909, circulava, à moda francesa, no desfile da Rua XV de Novembro:

> *Mr. Guilherme Prates* – Complet costume tailleur cachemire clair quadrilée. Gillet fantasie á *João Minervino*. Cravate vert avec joly epenge d'or.
>
> *Mr. Dr. Alipio Borba* – En jaqueton a la dernier mode sans aberture dernier, pantalons très large systeme norte americain. Col Santos Dumont avec joly cravate. Up to date!

A flexibilidade da língua era grande na abordagem do desfile dos elegantes, não se limitando apenas à paródia à língua considerada civilizada. Se, num extremo, utilizava-se o máximo da civilização e se passava do excesso de adjetivos em francês para a incorporação integral da língua civilizada, do lado simetricamente oposto, o desfile elegante e irreverente poderia surgir em uma ortografia totalmente fonética e "quebrada", tornando-se uma descrição em "reforma ortografika":

> Do alto do subterraneo do noço iskritorio vimos paçar na rua 15: *Karvalinho, da Pharmacia Murtinho* – kom xapéo de kasca de cenoura, gravata de suko de uva kom alfinete de alho sativo, kalças e paletó de lan de morcego e botinas de pelika de tatu (*O Bicho*, 2 out. 1909).

No fundo dessa cena divertida, em que a narrativa irreverente descrevia elegantes em vestimentas disformes, surgiam, em cores fortes, os antagonismos desse pequeno mundo das aparências que se alimentava de um circuito bastante restrito e repetitivo. Com tantas vestimentas e *performances* das aparências presentes na imprensa, principalmente aquela voltada para o mundanismo e o entretenimento, seria possível ir além dos limites das aparências?

À distância de um bigode

A supervalorização da identidade, pela distinção das aparências, em íntima correspondência nos semanários ilustrados funcionava num duplo sentido para a narrativa irreverente das folhas. Ao mesmo tempo que lhe fazia contraponto, acusando o esgotamento da fórmula, ela, incorporava da nova técnica, sua linguagem e conteúdo à sua própria maneira de criticá-la.

Numa pequena caricatura em dois quadros saída no semanário *Nova Cruzada* (1903), o duplo desses perfis mundanos parecia se revelar nas barbas dos caricaturistas, ou no bigode de seus retratados. Intituladas "Instantâneos", duas caricaturas em seqüência, assinadas por Senior, colocavam, no primeiro quadro, um rosto masculino, de perfil, com um enorme bigode, olhando para o seu próprio nariz, e o comentário: "De um *barrado* olhando para a ponta do nariz", para, no segundo quadro, colocar o mesmo rosto quase de frente com uma outra legenda dirigida de forma mais direta ao leitor: "De um *coió* sem sorte" (Figura 4.9).

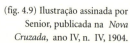

(fig. 4.9) Ilustração assinada por Senior, publicada na *Nova Cruzada*, ano IV, n. IV, 1904.

Em princípio, a caricatura não tem grande poder de atração. Porém, com traços simples, os "Instantâneos" de Senior apontam para os limites da aparência. Olhar para dentro de si como se estendesse a visão ao limite do aparentemente possível, questionar a finitude da superfície e, finalmente, expor-se de rosto inteiro ao leitor, mostrando-lhe todo o *nonsense* desse retrato sem qualquer profundidade contida, na gíria popular e extremamente brasileira expressa na legenda do segundo quadro: "*coió* sem sorte".[9] Eis uma curta descrição pitoresca para esse pequeno e híbrido "instantâneo" caricatural de um bigode em auto-reflexão nos primeiros semanários de narrativa irreverente paulistanos do começo do século XX.

Esse estranhamento primário do próprio rosto, apanhado no "instantâneo" caricatural do "*coió* sem sorte", seria, porém, a partir de então, motivo de reflexão em inúmeros calungas caricaturais e colunas de textos irreverentes, em que um enorme número de detalhes físicos, objetos pessoais ligados a seu uso mais corriqueiro, distribuir-se-ia democraticamente.

> As pessoas levavam seriamente em conta as aparências umas das outras nas ruas. Acreditavam poder esquadrinhar o caráter daqueles que viam, mas o que viam eram pessoas vestidas com roupas cada vez mais homogêneas e monocromáticas. Descobrir uma pessoa pelas aparências tornara-se portanto uma questão de procurar pistas nos detalhes (Sennet, 1988, p.203).

Grande parte das caricaturas dos semanários ilustrados que têm por tema os "instantâneos" da rua surge com calungas, tipos sociais que, aliados a tiradas do momento, estão sempre a questionar, por intermédio do que vestem ou como estão retratados sobre a sua própria identidade. Sou um tipo *Smart*? *Up-to-date*? Sou caipira? E outros inúmeros "seres ou não seres" que se revelavam por meio da diversão, colocando um ponto de distinção mutável sobre o lugar de verossimilhança e reconhecimento que a febre das aparências lançava no mundo da imprensa ilustrada (Figura 4.10 a, b, c, d).

---

[9] Antenor Nascentes (1953, p.46) comenta que a expressão "*coió* sem sorte" surge no final do século XIX, no teatro de variedades carioca, ligada em princípio a uma artista chamada Jeanne Cayot. Mal ela aparecia em cena, a platéia gritava "Cayot!...Cayot!", a quem ela dava atenção chamavam de "*coió* com sorte", e a quem ela nem olhava, "*coió* sem sorte". Ainda nos comentários de Nascentes, Sílvio Romero registra a expressão antes do ano de 1890.

(fig. 4.10a) – Mas qual será o melhor meio de livrar-me dos gatunos?
– Você que é smart, apite e deite...
a correr...
A Vida Paulista, n. 129, 1908.

(fig. 4.10b) "Um nobre smart".
Cri-Cri, n. 39, 1908.

(fig. 4.10c) *A Ronda*,
20 de agosto de 1908.

(fig. 4.10d) Gostou? Eu sou sempre assim? *O Bicho*,
2 de outubro de 1909.

As faces nunca eram fixas e poderiam mudar totalmente de personalidade no jogo de "figuras duplas" do *Cri-Cri*. Em duas posições diferentes, a mesma figura adquiria uma dupla identidade. Se, de frente para o leitor, surgia o rosto de uma misteriosa cigana legendária, com a folha virada de cabeça para baixo, o rosto da ciganinha se transformava na face de um "turco", possivelmente inspirada nos recém-imigrantes que perambulavam pelas ruas da cidade de São Paulo (Figura 4.11 a, b, c).

(fig. 4.11a) Uma cigana que, vista ao contrário, se transforma num turco. "A ciganinha" virada para cima. *Cri-Cri*, abril de 1908.

(fig. 4.11b) A transformação da "ciganinha" em "turco" na inversão da figura dupla.

(fig. 4.11c) Sabonete de meia! Cularinho bra biscosso! A barato! O "turco", "árabe", "mascate", vendedor ambulante das ruas da cidade, fartamente representado nos semanários ilustrados paulistanos. *O Bicho*, 2 de outubro de 1909.

O mesmo processo de duplicação poderia ser visto no desfile de elegantes da coluna fixa "Instantâneos"; da *Vida Paulista*, n.131. Dividida eqüitativamente entre "As Bellas" e "Os Feios", a dupla coluna não se limitava à condição de sobrepor adjetivos opostos. A "bella" tornava-se mais bela ainda ao ser identificada rapidamente como a filha do Papai Grande, apelido dado pela imprensa ao marechal Hermes da Fonseca. Já os "feios" sofriam de revelações mais complexas. O sujeito descrito enfeiava-se cada vez mais à medida que passava da descrição de maus tratos mais aparentes, bigodes "barbaramente sacrificados", à alusão das semelhanças. Pelo "enfeiamento" descrito na coluna, aproximava-se progressivamente dos grupos de imigrantes humildes da cidade, extremamente estigmatizados na imprensa da época.

Em princípio, a feiúra do misterioso "feio" da semana era comparada à de um turco – "por ter sido achado muito parecido com estripulento sudito de Abdul Hamid quando passava por Monaco" –, para, depois, numa outra passagem pelo Velho Mundo, ser reconhecido na verdade como japonês. Entre a "feiúra" do turco e do japonês, o redator da coluna aliviava o comentário final com humor bastante preconceituoso: "Antes japonês ovado que turco amarrado..." (*Vida Paulista*, 9 e 10 agosto de 1908).

O engano ou a falta de nitidez com as identidades que mudavam facilmente de aparência, lugar enfatizado na narrativa irreverente, também era provocado pelo excessivo uso de acessórios vinculados aos tipos sociais que desfilavam a moda elegante nas colunas de "instantâneos". Em uma outra ilustração do *Cri-Cri* (1908), uma simples cartola colocada à cabeça de um cavaleiro traduzia-se numa impressão de rosto comprido. Porém, bastava retirar o chapéu para que a face real se mostrasse totalmente achatada. Pura ilusão produzida com auxílio de um dos acessórios que mais apareciam nos semanários ilustrados da época, o chapéu [10] (Figura 4.12 a, b).

---

[10] O chapéu como utensílio muito utilizado na época poderia, sozinho, reconstruir grande parte da história do mundo dos divertimentos da cidade de São Paulo nas primeiras décadas do século XX.

(fig. 4.12a,b) Na primeira seqüência da ilustração, o "primeiro engano óptico". Na segunda seqüência da mesma ilustração, um "segundo engano" em formato diverso do primeiro.
Cri-Cri, 27 de setembro de 1907.

Do movimento dos passantes das ruas, registrado em vários "instantâneos" ilustrados, outros enganos poderiam ser cometidos entre o que uma pessoa parecia ser e o que realmente era. De costas, o cavaleiro animava-se com o perfil da "bela pequena", de frente, "que ilusão, é mais caracassa que a minha sogra" (Figura 4.13).

(fig. 4.13) Outros dois momentos apanhados de temas circunstanciais da época, que criam seus motivos através da "ilusão óptica". *A Vida Paulista*, 4 e 5 de setembro de 1908.

Na coluna fixa "Film d'Art", de *A Lua*, de janeiro de 1910, esta visão borrada pela quantidade de adereços e acessórios sintetizava-se de forma bastante interessante na presença dos postiços em combinação com um outro processo de "ilusão ótica", o cinematógrafo. Numa crônica em curta metragem assinada por Pathé Fréres, surgia *Mme P...*, que desfilava pela "Cidade-Arte" tendo, no olhar, todo o "fulgor de Mulher *Hellenica*". Com inúmeras adjetivações de seu rico traje, em ritmo de cenas cinematográficas, "*toillete colante de etamine* azul celeste", em que se poderiam vislumbrar, no lusco-fusco, as "linhas de seu corpo", terminava o cronista Pathé Fréres revelando o esgotamento da fórmula e a consciência dos "postiços" como farsa sobreposta ao verdadeiro caráter do retratado: "Mme que nos perdoe, mas Mme... enche-se... Ah! Os postiços..."[11] (Figura 4.14).

---

[11] *A Lua* tem uma série de crônicas interessantes sobre o desfile elegante, os artifícios das aparências, unido à ilusão da linguagem cinematográfica, imagem em movimento.

(fig. 4.14) Publicidade de *A Lua*, com ilustração de postiços aproveitados na coluna fixa "Film d'Art" do mesmo semanário, março de 1910.

Decifra-te ou devoro-me

Mas os "instantâneos" da moda não paravam por aí. O divertimento do momento em comentar quem desfilava com o que também poderia ser apanhado de outra forma. Surgiam inúmeras maneiras de se fazer um retrato. E as colunas de descrições irreverentes da vida mundana revelavam as várias modalidades em que os "instantâneos" poderiam se metamorfosear.

Na velha legenda do "decifra-me ou devoro-te", calcada na imagem da esfinge egípcia, as adivinhações mundanas, os enigmas verbais que brincavam com as iniciais dos nomes de pessoas conhecidas da sociedade ofereciam ao leitor uma possibilidade de completar a imagem do possível retratado. Bastava ser um pouco fotógrafo e compartilhar, com o redator, o reconhecimento das pistas dadas em relação ao sujeito a ser decifrado (Figura 4.15).

(fig. 4.15) Ilustração de Raul, publicada em *A Vida Moderna:* a inversão do conhecido dístico "decifra-te ou devoro-me" para jogo de palavras calçado em circunstâncias políticas, tendo como personagens os conhecidos políticos Pinheiro Machado (a esfinge) e Rodrigues Alves (o egípcio) na época de eleições, 20 de fevereiro de 1913.

Ao contrário, porém, da visibilidade rápida, novamente surgia a linguagem irreverente produzindo enganos e ilusões propositais, sobrepostos ao jogo de pistas verbais que revelariam o nome do sujeito eleito. Na verdade, além do destrato declarado da narrativa irreverente quanto à valorização das aparências, seu foco mais profundo fixava-se na própria superficialidade deles e nos pequenos enigmas verbais que procuravam nomes por meio de características físicas num circuito extremamente fechado. Os eleitos sem dúvida teriam que ser muito conhecidos para os leitores das revistas; caso contrário, como encontrar seus nomes no meio da multidão?

Seria impossível decifrar os tais enigmas em meio ao número enorme de passantes que se fixava na cidade de São Paulo? Na prática, os jogos paródicos propostos nas colunas de narrativa irreverente também revelavam nomes, porém deslocavam para um circuito mais particular ainda, no qual se ressaltavam os traços mais agudos dessas buscas em estilização das "adivinhações".

À primeira vista, esse processo parecia complexo. Mas era mais simples do que o jogo de enigmas em que, de fato, o leitor teria que seguir as descrições do cronista para adivinhar o nome do retratado. No caso das colunas de narrativa gaiata, não se exigia do leitor participação direta alguma no processo de busca. Pois o sentido das descrições caricaturais, inventadas pelo cronista, substituía o desafio da "adivinhação" via semelhanças da figura enigmática apresentada.

Já a revelação dos nomes permanecia fixa, a fim de dar manutenção ao *nonsense* das descrições. Se a regra geral do jogo dos enigmas seria revelar o nome do retratado mediante certa pertinência desse ao pequeno círculo do leitor, este também seria o principal foco de atenção das colunas de "instantâneos", "retratinhos" e "flagrantes" enigmáticos que surgiam na imprensa de narrativa irreverente com seus "jogos de enganos".

Nos "Retratinhos" de *O Bicho* (1909), o escolhido do redator Será Sino, do dia 2 de outubro, era o misterioso M. R. Logo de partida, o produtor de pistas desviava-se da descrição fiel das aparências – ele era "baixo, gordo e *caixa d'oculos*, porque sem os ditos nada vê" – para entrar num processo infindável de detalhes e obviedades que acabava por expressar todo o *nonsense* desses detalhes físicos. As pistas reais eram substituídas por uma série de digressões, quase etologias às avessas que, a todo momento, deslizavam do senso comum, facilmente encaixáveis em qualquer indivíduo, aos motivos mais fúteis e inexpressivos que marcavam a escolha do eleito da coluna:

> Ao iniciar esta secção que o homem d'"Bicho" me confiou, com a condição de escolher escrupulosamente as pessoas que nella devem figurar, veiu-me logo à mente o M. R. porque ainda hontem bordejou numa *roda* em que eu estava e como de costume contou algumas *rodellas* (*O Bicho*, 2 out. 1909).

Na coluna de "Retratinhos", excedia-se com grande realce a superficialidade das escolhas, assim como a homogeneidade das descrições. O que diferenciaria um retratado do outro? Que tipos de motivo levariam uma pessoa a ser escolhida para as colunas de narrativa irreverente? Desvalorizando-se o lugar das iniciais e os próprios sujeitos retratados, o humor tratava de trazer, para próximo de si, de seus próprios interlocutores, iniciais e nomes que estivessem ligados à vida da imprensa ou mesmo dos fatos noticiosos do momento (Figura 4.16).

(fig. 4.16) Busto do Upton, collarinho do Simões Pinto, face de Hollander, orelha do Albertini (com o "s" da rabeca), cabelo do Quevedo, nariz do Viotti, pince-nez do Giovannetti, olhos do Pipoca e chapéu do Rotellini. Dá-se um prêmio a quem mandar o nome deste produto híbrido. Mistura de nomes e caracteres físicos de pessoas ligadas à pequena imprensa e ao entretenimento na cidade de São Paulo. *Cri-Cri*, 10 de maio de 1908.

Do rol dos bastidores das redações relacionavam-se iniciais de pessoas que partiam exatamente do mesmo ponto dos jogos de adivinhação mundana. Das aparências aos detalhes engraçados, muitas vezes o retratado acabava sem ser descoberto. A diversão dos "jogos de enganos" estava justamente na forma de embaralhar aparências, hábitos e funções, tornando a identidade do sujeito, pelo excesso de digressões, uma imagem totalmente turva, borrada, diante de atributos e utensílios extremamente semelhantes.

Na *Vida Paulista*, de 19 e 20 de julho de 1908, na coluna "Em Flagrante", o rápido Zás-Tráz, seu redator, escolhia como personalidade do momento a ser clicada as enigmáticas iniciais de S. P. Logo no segundo parágrafo das descrições o cronista já revelava suas pistas impossíveis nelas deixando expresso o próprio esgotamento da fórmula.

Afirmava Zás-Tráz que o retratado era jornalista. Porém, São Paulo tinha um número grande de jornalistas, repórteres e colaboradores. Adicionava, à sua função na imprensa, vocação paralela de poeta, porém com um detalhe, poeta de "versos puros". Quantos jornalistas com perfil de escritores, poetas, havia na cidade? Bastava olhar os semanários. Então, oferecendo mais detalhes a fim de ajudar na revelação do retratado, afirmava o redator que ele trabalhava num relicário misterioso "em segredo, muito segredo". Tão misterioso que seria impossível talvez até ao próprio redator saber mais informações sobre ele.

Com todas essas pistas que se esgotavam nos próprios limites da fórmula, o leitor não teria a menor chance de identificar o retratado. Mas, quase com toda a certeza, o redator não estava preocupado em conduzir o seu leitor para o caminho da revelação das iniciais do retratado, e sim muito mais do que isso, suas pistas buscavam levá-lo de forma divertida ao próprio anacronismo das descrições contidas no fundo desses jogos.

Entre as inúmeras paródias que multiplicavam as colunas de enigmas ilustrados e elegantes, a narrativa irreverente denunciava, em suas várias abordagens, os limites dessa estrutura fechada e fixa que procurava de maneira gaiata, singularizar a identidade dos sujeitos retratados por meio do jogo de leituras inúteis e termos totalmente vagos (Figura 4.17).

(fig. 4.17) Ilustração de cabeçalho da coluna fixa
de *A Vida Paulista*, "Em Flagrante",
19 e 20 de julho de 1908.

Quereis conhecel-o melhor, quereis vel-o, elegante e poseur, sem affectação e orgulho, no seu natural?

Ide ao *Sant'Ana* ou ao *Polytheama* e encontrareis, na fila da imprensa, o seu vulto esguio, de altura interessante e vistosa... (*Vida Paulista*, 19 e 20 jul. 1908).

Uma reportagem fotocaricaturada

Em 1913, no semanário ilustrado paulista *Vida Moderna*, vinha publicada uma carta do escritor maranhense Coelho Neto em agradecimento ao semanário pela reportagem fotográfica, publicada nas suas folhas, alusiva à sua peça teatral *Pastoral*. Entre os elogios, o escritor expressava a importância do repórter fotográfico na vida noticiosa da imprensa.

A reportagem photographica é actualmente a nota flagrante que o lápis registra. A objectiva surpreende. Não é repórter o indivíduo que para tomar uma notícia, espera que lhe abram caminho e vai, de vagar e canhestro, pedindo licença através da turba, até chegar ao centro onde deve colher o informe. O reporter rompe com o ariete, escala, vareja... mergulha no abysmo... Ora se tanto se permite ao repórter do lápis, porque não se pode conseder que o reporter photographico accenda o magnésio que faz luz sobre o caso? Atire, meu amigo, detone atrôe e enfeie os recintos onde houver algo que lhe convenha, e continue a dar "instantâneos" ao publico, que o tem como um dos seus melhores informantes, porque é o que lhes entra pelos olhos (*Vida Moderna*, 10 abr. 1913).

Nesse clima de euforia dos comentários de Coelho Neto em relação à reportagem fotográfica, surge, alguns anos antes, no semanário *A Ronda,* de 7 de setembro de 1908, uma reportagem fotográfica irreverente que buscava estilizar o aparecimento dessa nova categoria dada à fotografia e ao "reporter photographico".

Da própria utilização da fotografia e da reportagem das ruas, calcada no giro às avessas da caricatura, materializava-se, em *A Ronda* (1908), um auto-inquérito irreverente sobre os limites e as possibilidades da técnica fotográfica na vida noticiosa.

A reportagem de *A Ronda*, intitulada "Independência ou Morre! Onde Foi o Grito?", tinha, como repórter especial, um tipo popular da cidade: Preto Leôncio, ex-escravo liberto que perambulava pelas ruas gritando palavras a esmo contra os italianos, a favor da princesa Isabel e ressuscitando seu antigo senhor de quem havia adotado o nome, o conselheiro Leôncio Carvalho (Marques, 1944, p.17).

Deslocava-se da atualidade para abordar uma das passagens mais referendadas na história da Independência do Brasil, o momento em que Dom Pedro I dera o grito. A reportagem fotográfica de *A Ronda*, feita por Preto Leôncio, partia de um ponto de vista totalmente dessacralizador, inseria na investigação da legenda nacional personagens e técnicas próprias da atualidade, empreendendo, por meio do momento, uma outra abordagem histórica, a qual, pelo anacronismo dos fatos e pela condição do repórter fotográfico, um ex-escravo andarilho colocava o leitor em contato com um duplo artificialismo de representações: tanto as luzes do "magnésio" noticioso quanto a veracidade da legenda histórica.

Imagens fotográficas ilustrando a crônica dos acontecimentos seguiam os passos do "repórter", que partia da área central, a redação de *A Ronda*, parando em seus pontos prediletos, bares e confeitarias, até tomar o bonde para chegar ao lugar sacralizado historicamente como "o lugar do Grito". Ali Preto Leôncio era fotografado, tendo ao fundo o Museu do Ipiranga, e mostrava o que, até então, não havia sido revelado, um manuscrito inédito escrito pelo próprio punho de Dom Pedro I com os seguintes dizeres: "Foi aqui que eu dei o grito, São Paulo 7 de setembro de 1822" (Figura 4.18 a, b, c, d).

(fig. 4.18 a, b, c, d) Quatro seqüências fotográficas da reportagem feita por Preto Leôncio. Da partida do semanário *A Ronda* até o lugar histórico do "Grito..." e o documento feito pelo punho de Dom Pedro I, provando ser ali "o lugar do grito". *A Ronda*, 14 de setembro de 1908.

Leoncio tomando o bonde no largo do Thesouro.

Leoncio, no local do grito, toma suas notas.

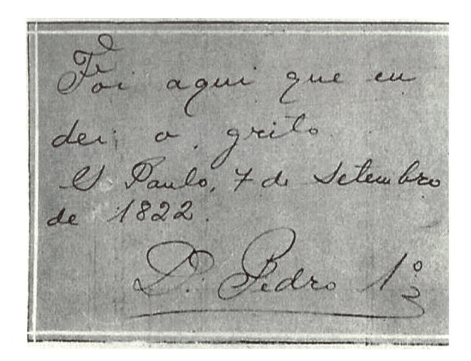

Colocando cores fortes no faro dos repórteres, por meio de um personagem que vivia pelas ruas da cidade, era possível investigar com mais veracidade ainda o verdadeiro lugar do histórico grito dado por Dom Pedro I, assim como, com o registro fotográfico, mostrar provas inéditas ao leitor, que só poderiam ser reveladas pela composição bem-sucedida entre imagem fotográfica, crônica investigativa e sensibilidade do repórter eleito. Eis o grande "furo" de Preto Leôncio. Até a fotografia poderia transformar-se na sua caricatura.

O que estava na mira da "reportagem fotocaricaturada" de *A Ronda* era o próprio processo investigativo das matérias fotográficas, tão em voga nos jornais, que buscavam referendar sua auto-imagem por meio de princípios voltados à veracidade, à autenticidade e ao ineditismo dos fatos apresentados. As "luzes do magnésio" que "entram pelos olhos", tão valorizadas por Coelho Neto em seus elogios à *Vida Moderna* (1913), revistos na reportagem de Preto Leôncio, de *A Ronda* (1908), tinham limites cada vez mais nítidos. (Figura 4.19 a, b).

(fig. 4.19b) Fotografia tirada na *Vida Paulista* à ocasião do falecimento de Preto Leôncio, considerado, pela imprensa paulista, um "tipo popular" da cidade de São Paulo. Sua morte coincidiu com a "reportagem foto-caricatura" publicada na *Ronda*, provável homenagem ao conhecido personagem das ruas da cidade. *A Vida Paulista*, 14 set. 1908.

(fig. 4.19a) Fotografia de estúdio tirada de Preto Leôncio observando seu retrato de repórter. O autor da fotografia provavelmente é Valério Vieira ou Mazza, pois ambos colaboravam na *Ronda*. *A Ronda*, 14 set. 1908.

Museu de Glórias

Para a política, a linguagem das aparências também causava sensação. Inspirada na biografia e nos grandes feitos de líderes políticos em destaque, a narrativa irreverente roubava o esqueleto dos antigos quadros biográficos, dedicados a enfaixar pessoas ilustres e sua história de vida, para, em seu lugar, transpor do momento um "eleito" a ser colocado em destaque de maneira totalmente circunstancial. Na maioria das vezes eram escolhidos líderes políticos que, por seu desempenho duvidoso, estavam na "berlinda", ou aqueles que circulavam em comentários da grande imprensa.

Na revista *A Arara* (1905) surgia uma coluna fixa intitulada "Museu das Glórias",[12] na qual, a cada semana, uma personalidade era caracterizada. Repetia-se o formato das descrições físicas dos biografados, porém as aparências não duravam muito, e logo se passava a comentários sobre as ações mais "surpreendentes" do eleito da semana. Essas colunas não se restringiam a criticar a personalidade do escolhido, muitas vezes ele tornava-se o motivo primário de a narrativa irreverente alçar vôo e multiplicar fatos e ações de outros tantos políticos que seguiam, à regra, a matriz retratada.

Na coluna "Museu das Glórias", de 22 de julho de 1905, o escolhido foi o famoso coronel Piedade, conhecido e criticado, na maioria dos semanários irreverentes paulistanos da primeira década do século XX, principalmente por sua participação na Guarda Nacional, mais conhecida como *Briosa*.[13] Logo no início da coluna, o redator de *A Arara* já desfigurava a idade do eleito da semana a fim de dar destaque à sua antigüidade, associação clara aos seus métodos conservadores e arcaicos de fazer política: "Ninguém lhe conhece a edade".

---

[12] "Museu das Glórias" inspirava-se também na moldura literária em que eram colocadas pessoas ilustres no século XIX, nas quais se valorizavam suas vidas e feitos.

[13] Nas correspondências macarrônicas de Juó Bananére, em *O Pirralho* (1911), um dos personagens do momento político paulista mais abordado era o coronel Piedade, rebatizado por Bananére como "Coronel Piedadó". Outras referências sobre o coronel José Piedade podem ser encontradas no livro de memórias de Mário Guastini (s. d., p.264), em que, entre muitos comentários elogiosos de Guastini, a vida política do coronel José Piedade deixava claro que, por pertencer à Guarda Nacional comandada por Carlos de Campos, foi motivo de pilhérias de toda a espécie. Já nas memórias de Jacob Penteado (1962, p.197), a *Briosa*, que no século XIX havia prestado enormes serviços à Nação, no começo do século XX "acabou sendo um viveiro de 'coronéis de roça' que, não possuindo patentes, apelavam para os governantes para que lhes concedessem patentes".

Sobre seus feitos, principalmente aqueles mais fundamentais que, numa biografia celebrativa, poderiam vir a fechar com chave de ouro a sua carreira pública, o cronista resumia, em poucas frases, algumas contribuições secundárias, das coxias a líderes políticos atuantes na Câmara:

> Na sua velhice, sempre verde e "vigorosa" ainda dois discursos aos senadores Pinto Ferraz e Pereira da Rocha. E, se a nossa litteratura política registra em seus annaes esses dois monumentos de fina ironia e alto saber, deve-se ao Coronel Piedade. Elle é portanto um benemérito do Estado (*A Arara*, 22 jul. 1905).

A valorização das atitudes do coronel, principalmente aquelas que mais se destacavam como questões problemáticas na sua vida política, transformava-a-nas em atos de caráter pessoal, não deixando de oferecê-las como atitudes modelares a serem trilhadas por seus seguidores indiretos, em plena atividade:

> Os srs. Rubião Junior e Herculano de Freitas,[14] para só fallarmos dos ornamentos da Câmara, *devem-lhe* [ao coronel Piedade] a elegancia da attitude e a pacholice do gesto com que estes dois eminentes políticos deslumbram e offuscam os seus companheiros. Uma única coisa o Coronel não lhes ensinou: é fazer oposição ao governo. *Conservador até alli*!! (*A Arara*, 22 jul. 1905, os grifos são meus).

Esse efeito que retirava da personalidade do retratado, no caso o coronel Piedade, uma crítica irreverente que se ampliava para outros políticos e correligionários do momento só poderia, porém, ser alcançado se a personalidade e o reconhecimento do retratado fossem repetidamente reconhecidos e caricaturados na imprensa em geral.

O coronel Piedade, de fato, era um personagem que freqüentava os vários semanários da cidade ao longo da primeira década do século XX. Surgia dese-

---

[14] Herculano de Freitas, líder da Câmara em São Paulo, também era um nome da política que apareceu em descrições e ilustrações dos semanários de narrativa irreverente. No *Gil Braz* (1903), numa coluna intitulada "Caricatura", seu perfil foi minuciosamente descrito, quase como um desenho, e em *A Arara*, na coluna "Museu das Glórias", apareceria sua biografia irreverente, alguns meses após a do seu colega coronel Piedade, 18 de novembro de 1905.

nhado em trajes militares na *Vida Paulista* (1908), de 7 e 8 de junho, que também emoldurava seu retrato em coluna fixa de ilustrações, a "Figuras e Figurões".

Aos moldes do "Museu das Glórias", a coluna "Figuras e Figurões" colocava em versão caricatural o retrato do eleito da semana: o coronel J. Piedade surgia em cima de um cavalo, com os braços cruzados, olhando firme para o lado, enquanto o pobre animal em que montava, já cansado, olhava para baixo. A legenda referendava novamente o caráter militar e conservador do coronel Piedade: "Prompto para o que dêr e vier"[15] (Figura 4.20 a, b).

(fig. 4.20 a) Coluna fixa do *Arara*, "Museu das Glórias", com a matéria biográfica sobre o Coronel Piedade, 12 de agosto de 1905.

---

[15] Quem assinava a ilustração dessa coluna da *Vida Paulista* era YôYô.

(fig. 4.20 b) O Coronel Piedade, representado na coluna fixa de *A Vida Paulista*, "Figuras e Figurões", 7 e 8 de junho de 1908.

O fato da semana

Os *flashes* rápidos da fotografia rapidamente distinguiam um aspecto do retratado, o qual também surgia como motivo dos "Ecos da Semana" dos semanários de narrativa irreverente. Em sua maioria, eram tratados em seu viés mais caricatural e fartamente representados em forma de ilustrações que se articulavam com outros temas, tratados no mesmo exemplar dasemana.

Essas colunas móveis ilustradas tinham como motivo a síntese de um fato em destaque na semana. Podia ser qualquer acontecimento da vida esportiva, do mundo dos divertimentos, da política, ou mesmo relativo a alguma nota de sensação que havia se transformado em polêmica na grande imprensa do período.

A cada semana, como já vimos, os temas tratados nos semanários diversificavam-se conforme as circunstâncias. Na maioria das vezes, o retrato da semana seria a imagem caricatural que se destacara e que surgia multiplicada em várias outras colunas das folhas. Nos "Ecos da Semana", o fato em destaque, ao contrário de se fechar num diálogo circunscrito, sofria efeito diametralmente oposto, ocupava o lugar de elementos mobilizadores de outros acontecimentos espalhados na própria folha.

Visto de forma mais contemporânea, poder-se-ia afirmar que os "Ecos" em destaque funcionavam próximos aos "ganchos" das folhas. Porém, cabe lembrar que, no caso tratado, os motivos eram totalmente gaiatos e anárquicos.

Na coluna fixa de *A Arara*, as "caricaturas da semana" poderiam ser a síntese de vários acontecimentos que se reuniam em uma dupla página da folha: quadros de flagrantes da cidade, a passagem de algum artista que houvesse mobilizado a atenção da opinião pública, ou mesmo a caricatura de alguém, cujas atitudes da vida política estivessem em pauta no momento. Muitas vezes, entre os fatos selecionados não havia conexão alguma, bastava considerá-los em vários quadros que permaneciam no mesmo período em destaque (Figura 4.21).

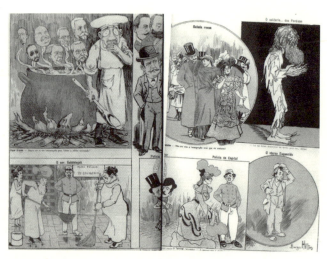

(fig. 4.21) Na *Arara*, o quadro fixo da semana ocupava duas folhas inteiras. " Policia da Capital", " O Eterno esquecido", O snr. Subdelegado", "Salada Russa", "O solitário... das Perdizes", 12 de agosto de 1905.
No *Arara*, o quadro fixo da semana ocupava duas folhas inteiras do semanário, 12 de agosto de 1905.

O efeito mobilizador dos principais fatos da semana às vezes alcançava um grau tão alto de motivação que, em algumas situações, espalhava-se pela maioria dos temas tratados em um mesmo exemplar. Normalmente esses acontecimentos mais mobilizadores eram aqueles que causavam sensação; questões polêmicas circunstanciais que se tornavam comentários na cidade.

Nos esportes, poderemos citar o "Circuito de Itapecerica", de 1908, no qual, pela primeira vez, a cidade de São Paulo assistiu a um campeonato de velocidade com carros. O "Circuito" atraía a atenção nas folhas pelo ineditismo nacional do evento e pelo fato, nada obscuro para as folhas, de que todos os motoristas que participaram da corrida faziam parte de conhecidas famílias da elite paulistana.

Retratar o acontecimento, mesmo que esse retrato fosse uma representação de fatos e temas já noticiados nos diários da cidade durante a semana, não indicava o verdadeiro motivo que um acontecimento de sensação poderia provocar nas várias colunas de humor dos semanários. O fato da semana, nesse caso, mais do que se destacar dos outros temas, provocava a mobilização de outros assuntos tratados. Tudo dependia da força de recepção e da polêmica do assunto em destaque.

Assim, o "Circuito de Itapecirica", como era hábito na narrativa irreverente, não se limitou a comentar ou ilustrar o próprio acontecimento; como fato já registrado na imprensa, e com o destaque dado a ele, tornava-se um excelente motivo para ampliar seu raio de correspondência com outros temas do momento (Figura 4.22 a, b, c).

(fig. 4.22a) Phantastico encontro do automóvel do sr. Ricardo Vilella com um trem da futura estrada de ferro de M' Boy, de concessão do engenheiro Buccolini. Em *A Ronda*, os "Ecos do circuito", 6 de agosto de 1908.

(fig. 4.22b) Instantâneo do "Cri-Cri", no celebrado circuito. Em *Cri-Cri*, os "Ecos da semana", 2 de agosto de 1908.

(fig. 4.22c) W. L. – Se faltar gazolinas teremos bloperiz-the-loop em vez de circuito... Em *A Vida Paulista*, o político Whashington Luís pilotando um dos carros do circuito, 1908.

Rompendo com os limites do "Circuito", a velocidade dos automóveis dava vazão a um número enorme de acidentes que passavam a transformar os carros de corrida e seus ilustres motoristas em representantes máximos do alto índice de atropelamentos por velocidade na cidade.

Outro caso exemplar de evento que causou sensação, tornando-se mobilizador de grande parte dos temas tratados no mesmo exemplar da folha, refere-se ao primeiro "Crime da Mala", ocorrido na cidade em 1908.

A Ronda, de 10 de setembro de 1908, publicou o crime da mala na capa de sua revista e deu, em dois exemplares seguidos, uma cobertura que ia das ilustrações fotográficas que reconstituíam o crime a entrevistas e comentários com os envolvidos no caso.

Todos os dados recolhidos – cartas do assassino, depoimentos da mulher da vítima e suspeita de conivência com o assassino – passavam a circular pelas várias colunas do semanário. A mala, dentro da qual fora achado o comerciante de sapatos Farhat, pela violência do crime e impacto das imagens, tornou-se um ícone emblemático do próprio crime.

Bastava colocar o desenho de uma mala, ou fazer alusão a qualquer expressão que se aproximasse da palavra "mala", que essa já se tornava um elemento disparador do seu motivo, o crime. No bojo dos acontecimentos do "Crime da Mala", calungas desenhados no *Cri-Cri* (1908) e em *A Ronda* (1908) carregavam, para seus pequenos diálogos-piada, fragmentos do crime que se incorporavam à linguagem para apimentar de confusão e trocadilhos as cenas corriqueiras do dia-a-dia da cidade (Figura 4.23 a, b).

(fig. 4.23a) A mala transmuta-se por trocadilho da charge em "ama-la", *A Ronda*, 17 de setembro de 1908.

(fig. 4.23b) Já no *Cri-Cri*, é a corda que vira trocadilho de mão dupla e passa a ocupar o lugar da expressão "dar corda", n. 41, 1908.

"– Vou ama-la para o resto dos meus dias.

– Hein você quer a mala?" (*A Ronda*, 17 set. 1908).

"– Qual a sua opinião sobre o crime?

– A minha opinião é que se a D.Carolina não désse corda ao Trad, este não enforcaria o Farhat" (*Cri-Cri*, n.41, 1908).

O "Crime da Mala", assim como o "Circuito de Itapecirica" poderiam ser seguidos de uma série de outros fatos em destaque que passariam a circular pelas várias colunas. Talvez estes "instantâneos" da vida noticiosa apontassem mais do que a força de propulsão dos acontecimentos noticiosos nos pequenos semanários, e sim para, além de seu motivo de atração e sensação, a capacidade de mobilização e flexibilidade deflagrada quando apanhados e representados pela narrativa irreverente. Na sua dispersão pelas colunas, os "ecos" da semana sofriam um efeito cascata: tornavam-se porosos, repletos de entradas e saídas que iam muito além da mera representação do "instantâneo" fotográfico. Transformavam-se em vários rumores dissonantes para a reflexão do momento.

Epílogo, 1911 – *O Pirralho*, uma revista ilustrada sem imagens fotográficas

Em 1911, com o nascimento do *O Pirralho*,[16] as manifestações do esgotamento das fórmulas ligadas à valorização das aparências nas revistas ilustradas apareciam sintetizadas na apresentação do pequeno semanário humorístico, já em seus primeiros exemplares. Dos comentários de um grande jornal diário da cidade, *A Gazeta*, quanto ao aparecimento do pequeno semanário, destacava-se a observação referente à ínfima presença das fotografias como ilustração da folha humorística: "A caricatura é de Voltolino, que rouba, em boa hora, todo o espaço á photographia, só representada nesta primeira edição pelos 'portraits' de Piedro Mascagni e Mimi Aguglia"[17] (*O Pirralho*, 19 ago. 1911).

---

[16] Sobre *O Pirralho*, ver Chalmers (1976, p.45-50), especialmente as páginas em que a autora analisa os vários momentos desse semanário: do jornalismo "panfletário", de início, à sua "literatização".

[17] Piedro Mascagni e Mimi Aguglia eram os padrinhos escolhidos por *O Pirralho* para o seu batizado.

O esgotamento da representação fotográfica nos meios de comunicação, manifestado aqui pelos comentários do jornal *A Gazeta* quando do lançamento do pequeno semanário, era referendado por *O Pirralho* no mesmo número, numa pequena nota de "declarações ao leitor".

Entre caricaturas e pequenos textos, o corajoso semanário expunha, de forma irreverente, sua maneira singular de assumir um lugar como semanário ilustrado. Sobre uma série de promessas em forma de paródia, feitas pela maioria dos semanários ilustrados em seus números de apresentação, *O Pirralho* inaugurava um ataque direto e declarado à valorização dos "instantâneos" fotográficos, principalmente à febre desses nas revistas ilustradas, suas "irmãs" de formato.

Numa pequena coluna intitulada "As Cavações do Pirralho", em forma de paródias às várias promessas feitas na maior parte das revistas ilustradas, *O Pirralho* reunia os motivos que o levaram a não utilizar a imagem fotográfica em suas colunas. Ao mesmo tempo, sintetizava o que, de maneira esparsa, outros semanários denunciavam em pequenas ilustrações e colunas de narrativa irreverente, acatando a "inevitável" presença da fotografia em suas folhas (Figura 4.24).

(fig. 4.24) A coluna "As Cavações do Pirralho" que mistura texto e caricatura.
Ilustrações de Voltolino, *O Pirralho*, 26 de agosto de 1908.

> O *Pirralho* publicará o retrato, seguido de biographia e elogios, de todas as pessoas que comprarem o *Pirralho* na rua.
>
> O *Pirralho*, seguindo o corajoso exemplo do *Correio da Semana* publicará retratos fornecidos pelos gabinetes authropometrico da polícia, enaltecendo os meritos dos retratados.
>
> Como diversas revistas paulistas, O *Pirralho* também tera os seus titulos de "Victimas Perpétuas", conferidos aos exmos snrs. que contribuirem.
>
> Como outros semanários illustrados desta capital, de publicação pontual, O Pirralho será independente e publicará o retrato dos seus redactores intrevistados pelos politicos importantes (O *Pirralho*, 26 ago. 1911).

Cabe ressaltar que em nenhum dos semanários ilustrados pesquisados que se utilizavam da narrativa irreverente havia uma proposta tão diametralmente contrária à utilização da fotografia como ilustração, principalmente quando essa negativa era declarada logo à apresentação do novo semanário aos leitores, num momento em que a utilização da fotografia tornava-se a principal característica da maior parte das revistas ilustradas e culturais ligadas à vida dos divertimentos.

Nesse sentido, a posição de O *Pirralho* na imprensa paulista foi totalmente inovadora e corajosa: negava-se a olhar o mundo através da "lua córnea".[18] Ao excesso de uso da fotografia na imprensa, oferecia a farta utilização das ilustrações caricaturais e as crônicas humorísticas, literalizando a imagem fotográfica. A narrativa irreverente surgia, em O *Pirralho,* como a vela que traria ao momento as nuanças perdidas pelo sumiço das sombras – as aparências não enganavam tão bem! (Figura 4.25).

---

[18] "A Lua Cornea" foi um título dado por Monteiro Lobato a um ensaio sobre a fotografia no começo do século XX, publicado em seu livro *A onda verde e o presidente negro* (Lobato, 1950, p.17).

(fig. 4.25) O recurso utilizado pelo fotógrafo de *O Pirralho* para fazer sua fotografada sorrir: uma escultura de Rodolfo Miranda, político da época e "hermista" declarado nu. *O Pirralho*, 26 de agosto de 1911.

O jogo dos Quatros Cantos e a linha torta do Triângulo Central

Em março de 1910, *A Lua* publicava, entre os mais variados temas ligados à história e às origens da cidade, uma matéria bastante particular para a vida da imprensa de narrativa irreverente em São Paulo. A crônica procurava explicar, aos leitores, as origens do Triângulo formado pelas ruas Direita, XV de Novembro e São Bento, geografia em que se concentrava a maior parte da vida econômica e política da capital paulista. Local onde a imprensa fixava endereço de redação e palco importante para o conteúdo de suas matérias.

Era entre as ruas do Triângulo e adjacências, o comércio começava a tomar força, transformar-se em vitrine e passarela para a vida elegante. Era ali, nos estreitos caminhos que cruzavam as ruas, que se reuniam os divertimentos da cidade. Lugar ao qual redatores, escritores, poetas, ilustradores e fotográficos se dirigiam, a fim de fazer as notícias que seriam impressas nas oficinas e tipografias espalhadas pela área mais periférica da região central da cidade.

As origens do Triângulo, nas palavras do redator de *A Lua*, não poderiam ser explicadas pela formação de seus ângulos ou inclinações, e, mesmo que isso contivesse alguma lógica, não poderia ser este o ângulo da matéria, pois o próprio redator confessava que pouco ou nada dominava da matemática. Por seus limites estreitos com essa área, restava a vastidão da história. Afirmava o redator que a origem do Triângulo remetia a época muito antiga, tempo em que os carreiros subiam de São Vicente, atravessavam a cidade para tomarem a direção da Ponte Grande e, no caminho, costumavam parar ali, onde seria, no futuro, o Triângulo. Nessa região, sem cálculos, os viajantes descansavam fumando um cigarrinho.

Um dia, em uma dessas viagens permanentes que repetiam a passagem pela área central da cidade, passou uma comitiva de quatro carreiros que resolveu descansar um pouco em lugar já conhecido à época como "Quatro Cantos".[1] Então, cada um deles colocou seu carro em um dos cantos do "Quatro Cantos". O primeiro carreiro, ao descansar, pegou o seu isqueiro e acendeu um cigarro. O segundo, vendo o cigarro do primeiro aceso, saiu do seu canto e foi até o canto do primeiro para acender o seu cigarro também. O terceiro carreiro, vendo o cigarro do segundo aceso, também saiu do seu canto e foi pedir fogo para o segundo carreiro, que já sentado, descansava no seu canto. Da mesma forma se sucedeu com o quarto carreiro: vendo que o terceiro estava com seu cigarro aceso, saiu do seu canto e foi pedir fogo no canto desse carreiro.

Depois de acesos todos os cigarros, cada um voltou para o seu canto e todos descansaram mais um pouco. Até que, de repente, um vento mais forte apagou o cigarro do primeiro, depois, do segundo, em seguida, do terceiro e, por último, do quarto. Os carreiros, então, já sabedores da troca de favores e deslocamentos entre os quatro cantos, resolveram aplicar novamente o mesmo método para os cigarros que se apagaram, e foram novamente acendendo-os sucessivamente, como da primeira vez. Dessa feita, os quatro caipiras riram muito e resolveram transformar aquela troca de favores e lugares num jogo, batizado ali mesmo de jogo dos "Quatro Cantos".

Após descansaram e brincaram muito com esse jogo, resolveram continuar a viagem. Como seus ancestrais, pegaram a direção da rua conhecida como São Bento. Mas, dessa vez, um dos carreiros, talvez animado com a descoberta do jogo dos "Quatro Cantos", acenou com a possibilidade de fazer um novo caminho. Um segundo logo aceitou a idéia, mas os outros dois divergiram do primeiro e do segundo e mantiveram-se no mesmo caminho de sempre.

Os que se aventuraram pela nova trilha descobriram a conhecida Rua Direita, porém se arrependeram, pois era um caminho extremamente tortuoso. Durante o trajeto, acabaram encontrando um "*lago*",[2] depois conhecido como "*largo* da Sé", onde tiveram que dobrar para um outro caminho. Esse outro caminho passou a ser conhecido como a Rua XV de Novembro, que fechava o tal desenho do conhecido Triângulo. Quando os quatro conseguiram se reunir

---

[1] Local onde a Rua São Bento formava uma confluência com a Rua Direita, em época que ainda não existia a Praça do Patriarca. Afirma Antonio Barreto do Amaral (1980, p.374) que "durante mais de século e meio, até cerca de 1840, foram os Quatro Cantos o ponto mais concorrido da cidade à hora das Ave-Marias".

[2] Como se depreende da citação de *A Lua* que se segue, as palavras "lago" e "largo" se colocam em forma de trocadilho, no qual a sonoridade da primeira pode ser substituída pela segunda.

novamente num "roçadinho", no encontro de um dos vértices do Triângulo, passaram a travar o seguinte diálogo entre eles:

— Então, que tal o caminho, companheiros! Perguntou um dos que tinham seguido a via recta.

Os outros, os da divergência, percebendo o riso de ironia do interlocutor, responderam não sem corar da mentira:

— É uma via direita – d'ahi o nome de rua Direita apezar de tão torta –

(necessidade de mentir...) – O diabo é que encontrámos um lago, – Este lago foi muito mais tarde entupido e trasformado em largo. Quem não acredita é quem não tem fé e mais vale a fé que a descoberta de Cook.[3] – Tivemos de dobrar – prosseguiram os carreiros que se haviam desviado – para chegar aqui.

— E esse caminho tambem era direito?

— Não! Um pouco *arrevezado*. – Si elles outra vez mentissem, Deus meu! teriamos duas ruas Direitas sem o serem.

Isso se passou no dia 15 de Novembro de 1520. D'ahi o nome da rua Quinze de Novembro.

Mas deixemos estes pontos lugubres da história para voltarmos á alma do Triangulo. Sim, o Triangulo, cuja origem acabo de narrar, tambem tem uma alma. Aquelles modestos sulcos dos carros dos quatro caipiras, transformados mais tarde em caminhos e depois em ruas, e finalmente no sumptuoso Triangulo central, possue uma alma, digna de ser prescrutada, de ser ouvida e comprehendida (*A Lua*, mar. 1910).

A partir do começo do século XX, a imprensa de narrativa irreverente tornava-se parte do mundo dos divertimentos. Pelo seu estilo narrativo, sua forma de representar o momento transformava-se num laboratório de linguagens que resultava em matérias noticiosas impregnadas de jogos e teatralizações. Sismógrafo dos tempos modernos, por sua vocação em captar todos os focos da atualidade como motivos inspirados de suas acrobacias da linguagem, os pequenos semanários eram, sem dúvida, um importante veículo de informa-

---

[3] Cook descobriu, em 1909, o pólo Norte, não sem controvérsia, pois outro aventureiro reclamava ter descoberto o pólo antes de Cook. O debate foi muito divulgado na imprensa, virando capa de um dos exemplares do periódico *O Bicho*, de 18 de setembro de 1909.

ção sensível e atento às mudanças e transformações pelas quais passava a sociedade na primeira década do século XX.

O jogo dos "Quatro Cantos", assim como a sua extensão espacial que já indicava a descoberta de um outro desenho geométrico na área central, revelava de forma metafórica o novo ambiente da imprensa alegre que, por meio dos jogos de palavras, neologismos de sons semelhantes, representava os sentidos diversos da vida urbana. Na proporção que a cidade crescia, essas folhas tornavam-se, com a atualidade dos fatos, um jogo mais complexo. Aumentavam em número de participantes, assim como os temas e lugares que entravam no jogo primitivo dos "Quatro Cantos".

As ruas transformavam-se em palcos. Os palcos viravam folhas, que, por sua vez, multiplicavam as ruas e os dias em forma de matérias, crônicas, ilustrações, anúncios, charadas e trocadilhos, os quais retornavam às ruas como folhas anunciadas pelos *garotos*, futuros *pirralhos*,[4] que também invadiam o jogo do "Quatro Cantos" para dar o soprão final nos assuntos da semana (Figura 5.1).

(fig. 5.1) Caricatura de YôYô em homenagem aos entregadores de jornal, no primeiro exemplar de *A Lua*, 1910.

---

[4] Marquei em itálico *garotos* e *pirralhos* porque ambas as palavras aludem a jornais que circulavam pela cidade de São Paulo no começo e no final da primeira década do século XX: *O Garoto* (1900) e *O*

Com o século XX, o jogo dos "Quatro Cantos" adquiriu autonomia e foi usado nos mais diversos lugares, assuntos e personagens do momento. As ruas centrais, de tão pisadas, tomaram vida própria, passaram a ter alma e a participar do jogo em pé de igualdade com os primeiros carreiros que, ao repetirem erros e deslocamentos, descobriam cada vez mais trilhas e obstáculos para atravessarem a capital paulista.

Com forte influência das bem acabadas revistas ilustradas, de estilo caricato e com atualidades que se multiplicavam nesse mesmo período em Paris, Londres ou mesmo Nova York, a vida urbana surgia como tema nos vários semanários internacionais. *Les jornaux de moeurs* ou *amusant*, como eram conhecidos na França, de assuntos eventuais, de atualidades, literários, como foram transcritos nos cabeçalhos de capa dos semanários paulistanos do início do século XX, buscavam, cada um a seu modo, amalgamar a atualidade ao estilo irreverente.

As questões urbanas, surgidas como tema nos pequenos semanários ilustrados do período, tomavam cada vez mais uma nova direção que, no geral, deslocava-se do seu antigo foco político, vinculado à imprensa, para se recolocar de forma leve e divertida ao lado do desfile de hábitos mais civilizados, dos jogos de palavra ou do encontro aparentemente descomprometido entre as constantes duplas de calungas de classes, sexo ou alturas distintas, distribuídos pelas ruas das cidades. Desses encontros leves que misturavam detalhes da vida privada, piadas entre pares amorosos, ou políticos deslocados de seu hábitat, tramava-se o novo caminho para a imprensa humorística a partir do século XX.

Alguns estudiosos do período, ao abordarem a vida cultural da *belle époque*, acentuam a superficialidade dos novos tempos. O próprio movimento literário da época ficou conhecido como "sorrisos da sociedade", e às vezes foi considerado um estilo descomprometido e pouco profundo, próprio do clima *belle époque* (cf. Hobsbawm, 1988, p.307-37).[5]

Pirralho (1911). Daquele a este, além das mudanças técnicas de impressão, a presença como títulos de semanários era bastante diversa. *O Garoto* ainda estava mais para um cidadão lendo um jornal humorístico, pequeno e gaiato. Já *O Pirralho*, de fato, era uma homenagem aos garotos jornaleiros misturada à idéia de crítica gaiata associada à infância.

[5] Ver também Weber (1988, p.10) quanto ao clima de euforia que procedeu o período de decadência *fin de siècle* e precedeu a Primeira Guerra Mundial em 1914. No Brasil, em sua vida literária, ver Brito Broca (1975), em seu capítulo 1, no qual o autor delineia, no Rio de Janeiro especialmente, a "euforia" cultural do 1900.

No caso dos semanários caricatos ou de estilo irreverente, esse clima observado para o movimento cultural da época mesclava ao próprio foco da pequena imprensa. Seu lugar de origem no 1900, os divertimentos misturados às artes denunciavam o crivo crítico e mais sisudo dos intelectuais e observadores de plantão que colocavam sobre suspeita a produção cultural do período, muito veiculada nos semanários. Porém, nem esses críticos de ocasião poderiam negar o lugar que a imprensa em geral passou a ocupar no começo do século XX como veículo de comunicação, assim como a influência e a versatilidade do mundo dos divertimentos na vida urbana do período.

Os divertimentos e o sentido dos jogos surgiam nesse início de século XX como sinônimos de entretenimento e passatempo. No caso das folhas impressas, textos e ilustrações eram feitos para serem lidos com "meia atenção", assim como as crônicas e ilustrações "ligeiras, superficiais, repletas de humor", em referência direta aos semanários ilustrados paulistanos (cf. Süssekind, 1987; Cruz, 2000).

Sem dúvida, todo o volume de revistas, espetáculos teatrais, circos, cinematógrafos e demais apresentações que tinham a cidade como palco cumpria a função de entreter à primeira vista. Mas, numa visão mais profunda, sua presença concentrada nos mesmos lugares, e, na maioria das vezes, tendo como produtores artistas de atividades múltiplas em produções pouco especializadas que só teriam caráter autônomo a partir do final da década de 1910, promovia na vida dos entretenimentos uma convivência de representações culturais que trocavam linguagens entre si. No limite, o ambiente cultural da *belle époque* acabava por fomentar uma narrativa híbrida, fragmentada, que oscilava entre as práticas culturais do século XIX – como o circo e o teatro de *vaudeville* – em simultaneidade e convivência com os aperfeiçoamentos técnicos e as novidades produzidas pela introdução da mecanização na vida dos divertimentos.[6]

Para os pequenos semanários de narrativa irreverente, o hibridismo próprio do ambiente cultural era representado pelos temas abordados com humorismo, adicionados ao seu vínculo com a vida noticiosa. E, ao mesmo tempo que eram jogos, jogos de palavras, também cumpriam a função de, ao flexionar

---

[6] Sobre os entretenimentos e a produção de uma linguagem híbrida, principalmente na narrativa fílmica, ver Flávia Cesarino Costa (1995, p.52-3).

a língua, prolongar, suspender e finalmente representar temas e questões emblemáticas ao próprio momento. Apesar de sua capacidade de expor, de forma crítica, questões circunstanciais, a pecha contra as possibilidades do humor, dos jogos lúdicos ou mesmo dos divertimentos em geral como uma forma de representação do real são embates ainda bastante contemporâneos.

Miani (2000), em pesquisa sobre a utilização da charge na imprensa sindical contemporânea e sua influência ideológica, destaca a importância dessa representação, nos dias de hoje, como uma atividade considerada livre e conscientemente tomada por "não-séria", admitindo nela quase uma fusão com o jogo. Porém, o autor esclarece ainda que, por ser jogo e ao mesmo tempo entretenimento, a charge ganhou um duplo sentido: por um lado, absorve o receptor que se vê envolvido no jogo e, por outro, parte de uma visão histórica estereotipada que a inclui no *hall* de uma "simples distração" (Miani, 2000, p.51).

Os jogos podem ser sérios?

Em 1938, o filósofo Johan Huizinga (2000) escreveu uma obra inteira sobre a função dos jogos para os seres humanos, *Homo ludens*. Em breve prefácio ao livro, o autor comenta sua convicção em relação à importância dos jogos para o desenvolvimento dos vários grupos humanos em geral. Convicção que já acompanhava seus estudos desde os primeiros escritos de 1903: "Já há muitos anos que vem crescendo em mim a convicção de que é no jogo e pelo jogo que a civilização surge e se desenvolve". E chega a propor, nesse mesmo prefácio, que a nomenclatura *Homo ludens* deveria ombrear distinção e lugar com outras designações e etapas históricas da evolução do homem amplamente reconhecidas, tais como o *Homo sapiens* e o *Homo faber*.

Huizinga (2000, p.16-17), ao sintetizar a importância mais "elevada" dos jogos nas páginas introdutórias de seu livro, atentou principalmente para o poder de representação deles. Utilizando como exemplo os jogos infantis, nos quais, esclarecia ele, a liberdade de imaginação torna-se uma importante aliada da exibição ou interpretação infantil, aponta a maneira particular como as crianças, ao jogarem, representavam determinados fatos propostos.

Observou o autor que, em determinadas brincadeiras, as crianças dificilmente representam os temas propostos como de fato são. A representação tendia, nesses casos, a se apresentar sempre em extremos: um personagem muito feio e outro muito bonito, uma personalidade cruel e outra totalmente boa e generosa. Essa troca de lugares, de a coisa ser o que habitualmente não era, para Huizinga (2000, p.11), demonstrava as possibilidades dos jogos, como divertimentos, de levarem seus participantes a se descolar de papéis sociais fixos, trocar de lugar e pensar nas várias possibilidades dessas mudanças, posto que o jogo não seria a vida "corrente" e nem "real", mas uma representação.

Sem pretensão de fazer aqui uma apologia aos jogos no desenvolvimento humano, apenas destaco, desses breves comentários, o poder de representação e a importância que os divertimentos passaram a ter a partir do início do século XX, momento em que Huizinga, assim como outros importantes pensadores da época, detiveram-se especificamente ao humorismo. Freud, Pirandello e Bergson, autores já comentados, produziram obras que, direta ou indiretamente, voltavam-se ao contexto histórico em que estavam vivendo, e no qual, para além da especificidade de suas abordagens, registrava-se, à vista, de todos um enorme crescimento dos divertimentos, principalmente na vida das grandes cidades.

Nessa perspectiva, a imprensa caricata também se torna representativa do momento, pela pertinência ao mundo dos divertimentos, assim como pelo crescimento do número de periódicos que passaram a ser publicados a partir do final do século XIX.

Declarava Léo Vaz, escritor paulista que participou do jornalismo no começo do século XX, que seus primeiros contatos com a imprensa foram pelo prazer, ainda quando menino, em decifrar charadas, "passatempo predileto daqueles tempos". De formas variadas, "sincopadas", "novíssimas", "logográficas", treinava-se uma quantidade enorme de vocábulos, com o hábito de se fazer os enigmas, baseados em Os lusíadas, de Camões, "fonte inesgotável de quebra-cabeças de toda ordem" (Peixoto, 1940, p.196).

Pelo terreno da caricatura de costumes nos pequenos semanários e sua fidelidade ao momento, é interessante notar as investigações de Jacques Lehtéve (1986), que buscou acompanhar as grandes mudanças da vida parisiense por meio da imprensa caricata da Terceira República francesa, no início da Primeira Guerra Mundial.

Em seu livro sobre *La caricature sous la IIIᵉ Republicque*, Lehtéve fez um levantamento minucioso dos pequenos semanários caricatos parisienses e suas transformações do final do século XIX a 1914. Nos seus comentários, que pretendiam rastrear as mudanças e permanências do estilo irreverente ao longo desse período, o autor aponta questões que acabaram por alterar o próprio estilo narrativo da imprensa caricata da época. Uma das principais questões abordadas por ele, em seus vários comentários, refere-se ao deslocamento do foco dos caricaturistas que abandonam a esfera exclusiva do retrato político do momento e passam a tratar de temas do viver urbano, dos divertimentos ou mesmo da produção cultural.

Como destaca o autor, contudo, a ampliação do foco e a ilustração da vida mais miúda da cidade não deixavam de vir impregnadas de todo um conhecimento dos ilustradores sobre as questões políticas do momento. Na verdade, o foco se modificava para a valorização de determinados aspectos da vida urbana e dos divertimentos, mas, em contrapartida, misturava-se às antigas tradições da caricatura, que apontavam sua pena feito lanças em comentários perigosos à esfera da política durante o século XIX.

O crescimento da cidade na pequena imprensa não exclui a política, mas traz, à vida noticiosa, novos parâmetros dessa esfera. Ao desenhar os costumes da época, tratar das diversões, da presença dos diversos habitantes presentes na cidade, também atentava-se para as questões políticas do momento.

Contextualizando o grande *boom* da imprensa brasileira a partir do 1900, assim como postergando a *belle époque* nacional, a interpretação de Lehtéve pode, com as devidas nuanças e peculiaridades aqui apresentadas, ser transposta para o surgimento e pertinência dos semanários caricatos da imprensa paulistana.

Repletos de charges apanhadas nas ruas, com discussões entre casais em desavença, pequenos contrapontos de linguagens diversas que produziam confusões entre os calungas desenhados, estabelecia-se na cidade de São Paulo a caricatura dos costumes, as notas eventuais, os temas de atualidade mesclados ao mundo das diversões.

Nas pequenas folhas, tudo transpirava os hábitos mais civilizados, o choque e os contrapontos do viver urbano transformavam-se num jogo complexo. Em pano de fundo permaneciam as questões políticas do novo regime republicano, retratado mais por meio do perfil dos políticos do que da problematização da ordem vigente,[7] o adensamento populacional, a maior presença dos migrantes e imigrantes que alterava os índices demográficos urbanos num curto período de tempo, assim como a grande diversidade de linguagens e artefatos tecnológicos que vêm a rebote das transformações urbanas no início do século XX. Tudo isso tornava-se, nas folhas, a representação dos novos contornos da vida urbana paulistana e, ao mesmo tempo, outros parâmetros e possibilidades da capácidade lúdica da própria narrativa caricata.

Um obstáculo chamado cidade

> *Foi presa e vai ser processada a esquina do Largo da Sé, por ter quebrado um carro de praça, que tinha abalroado numa carroça, que esbarrara num automovel que se tinha chocado com um bond electrico que na occasião atravessava o Viaduto do Chá.*
>
> *(O Azeite, jun. 1903)*

Andar pelas ruas ainda estreitas da cidade, disputando lugar com veículos motores, carroças e bondes, parecia quase um ato heróico, como pode ser verificado em várias ilustrações e crônicas irreverentes de flagrantes nas ruas da capital,[8] a qual se tornava sinônimo de obstáculo.

Quem eram os culpados e as vítimas pelos acidentes, atropelamentos, falta de água, moradia ou mesmo as epidemias que entravam pelos semanários de narrativa irreverente misturados aos comentários sobre a vida dos palcos e salões, todos como representações divertidas do momento?

---

[7] Nelson Werneck Sodré (1999, p.251-290), em um breve comentário sobre as diferenças e semelhanças entre a imprensa de estilo irreverente do século XIX e as revistas ilustradas do começo do século XX, observou que, antes, o lápis dos ilustradores não tinha como foco o perfil dos políticos, sim as questões da política. Com o regime republicano, as questões problemáticas concentravam-se mais nos atores do que no regime.

[8] José Agudo, em seu livro *Gente rica* (1912), faz pertinentes comentários bem-humorados aos novos tempos, em que o passante das ruas tinha que andar de ouvidos bem atentos, para não ser atropelado por um bonde da Light, um veículo em alta velocidade ou mesmo um animal trafegando em desalinho pelas estreitas ruas da cidade.

No começo do século XX, o *Relatório da Secretaria de Justiça e Segurança Pública,* de 1906, anunciava um novo departamento que cuidaria exclusivamente de questões relativas à vida cotidiana dos cidadãos paulistanos. De um lado, o departamento teria uma seção que registraria todas as entradas de reclamações contra os órgãos públicos, assim como questões que deveriam ser fiscalizadas pela administração da cidade. De outro, essa mesma seção teria a função de catalogar e guardar, por um determinado tempo, os objetos perdidos nas vias públicas da cidade.

Desse primeiro *Relatório* de 1906, que anunciava a inauguração dessa nova seção, passaram a se apresentar no formato de extensas tabelas, a quantidade, o tipo de objetos e os locais onde estes foram recolhidos na cidade. Eram bengalas, óculos, carteiras, cartas e chapéus encontrados nos pontos de maior circulação de São Paulo: teatros, bondes, vias públicas, salões, trens e carros.[9]

A grande imprensa também se tornava guardiã e protagonista dos registros de ocorrências urbanas. Nos jornais diários da cidade, abriam-se colunas exclusivas para divulgarem, anunciarem ou reclamarem objetos ou situações vividas pelo leitor no cotidiano urbano. Um espaço para o leitor que se tornou cada vez mais fixo; colunas específicas cujos temas eram as questões urbanas.[10]

Muitas vezes essas colunas eram redigidas por hábeis colaboradores, que recebiam notas "encomendadas" sobre assuntos pontuais da cidade. Os "pelouros", como explicava Monteiro Lobato (1946, t.I, p.29) em uma de suas notas às correspondências trocadas entre ele e o escritor Godofredo Rangel, em 1903, "eram os clássicos 'Melhoramentos Municipais', 'Cemitério Municipal', 'O Calçamento', 'Fechamento das Portas', 'Policiamento', 'Iluminação Pública'".

E animava-se o escritor em comentários engraçados sobre algumas passagens suas e de seus colegas num pequeno jornal de Pindamonhangaba, o *Minarete* (1903), em que ele, como outros grandes escritores paulistas, chegou a colaborar com bastante assiduidade:

---

[9] No *Relatório da Secretaria de Justiça e Segurança Pública,* de 1911, eram colocados, em forma de tabelas, 1.750 objetos que haviam sido encontrados pela Light & Power: 431 pela guarda cívica, e 309 não especificavam sua origem. Entre os objetos encontrados, 267 eram bolsas de senhoras, 55 carteiras de homens, 58 cestas, 158 chaves, 17 bengalas, 37 guarda-chuvas, 304 livros, 468 peças de vestuários e 858 objetos diversos.

[10] Sobre as colunas de reclamações em São Paulo, existe uma pesquisa bastante interessante de o Lier Ferreira Balcão (1998). Para a cidade do Rio de Janeiro, outra pesquisa na área de história do mesmo período também tem, como uma de suas fontes, a imprensa e as colunas de reclamações (ver Eduardo Silva, 1998).

Um dia aconteceu um fato curioso. Eu estava em São Paulo morando na república do Candido, e lá recebi uma carta do Benjamin: "Preciso de um artigo sobre a iluminação publica. Pinda está as escuras. O pessoal da Camara quer iluminação a alcool; nós da oposição teremos que querer outra; lampiões belgas por exemplo. Meta o pau no alcool e defenda o lampião belga" (Lobato, 1946, p.29).

Monteiro Lobato, porém, ocupado demais naquele momento, pediu a seu amigo de república, o Candido, que escrevesse a matéria no seu lugar. Quando voltou para casa e perguntou sobre o texto, viu, em cima da mesa, umas tiras escritas pelo amigo e um livro que ele lia, na cama, *Tartarin de Tarascon*, de Daudet.[11] O lampião belga surgira em meio à matéria toda enviesada de Candido, repleta de imagens literárias retiradas de passagens do *Tartarin* na cidade de Beaucaire, na França. O resultado do feito de Candido foi que, em 16 de julho de 1903, com o título "Às Escuras", figurava um dos heróis do romance de Daudet nas tais tiras de "pelouros" do *Minarete*:

Em 1893 a cidade de Beaucaire, na França, passou pelas mesmas indecisões que nós. Queriam substituir a luz baça e insuficiente das feias e mal cheirosas lampadas de azeite por coisa melhor, abriu-se concorrência e entre tantas possibilidades, "a elegante luz elétrica, o alcool, o gás e tudo. Havia entre eles um mais humilde: o da iluminação de Beaucaire por meio de lampiões belgas.... (Lobato, 1946, p.30).

O que parecia que acabaria num grande fiasco cômico-literário, comentava Lobato, tornou-se uma grande nota de sensação. O tal "pelouro" do Candido foi lido em sessão da Câmara Municipal de Pindamonhangaba, causando muito boa impressão nos ouvintes, chegando mesmo a ser aprovado: "se Beaucaire, uma cidade da França, resolvera assim o seu problema, porque Pindamonhangaba não faria o mesmo?" (Lobato, 1946, p.30).

---

[11] Ao analisar o ambiente cultural no início do século XX, Chalmers (1976, p.47) aponta a obra de Daudet, *Tartarin de Tarascon*, como um dos textos fundamentais da criação parodística dos escritores do *Minarete*.

Se, para um projeto de iluminação, os escritores poderiam recorrer a passagens literárias ilustres, o contrário também poderia acontecer e nascer da seção de reclamação muitas crônicas, romances ou inspirações cuja origem eram matérias, a princípio registradas como fatos noticiosos.

Foi no formato impresso da coluna de "Queixas e Reclamações", de *O Estado de S. Paulo*, que em 1914, surgiu a primeira versão da "Velha Praga",[12] de Monteiro Lobato, depois publicada em seu livro de contos *Urupês* (1920). Incitado pela impotência em combater o mal das queimadas na Serra da Mantiqueira, o "homem das letras resolveu 'ir' à imprensa". O resultado foi tão bom que o jornal estimulou Lobato a reincidir nas letras (Peixoto, 1940, p.16).

O mesmo reaproveitamento das pequenas notas do dia, os fatos diversos, pode ser observado pelo escritor Antônio de Alcantara Machado (1935, v.17, p.191) em "Lira Paulistana". Ao comentar a forma como o trovador paulistano se distinguia do canto nordestino na criação de seus cantos e poemas, o autor afirmava que, diferentemente dos trovadores nordestinos que se voltavam para temas ligados ao amor íntimo, o trovador paulistano criava seus poemas enfocando os fatos diversos, o acontecimento jornalístico: uma "poesia dos fatos diversos". Essas distinções no canto paulistano, explicava ainda o autor, deviam-se principalmente à mistura "ítalo-luso-hispano-brasileira" que não rendia raízes fundas na terra, um certo ar de "desnacionalização" de assuntos que criava um estilo pessoal justamente naquilo que era mais impessoal: "O trovador noticioso se guia pelo interesse exclusivamente jornalístico".

Para a imprensa de estilo irreverente, todo esse material já registrado, recolhido e publicado, que transformava a própria cidade num grande obstáculo, integrava-se às mesmas regras do jogo dos "Quatro Cantos", porém, aos quatro primitivos carreiros, integrantes do passado histórico da velha Piratininga, somavam-se outros participantes e se complexificava cada vez mais o enredo pautado pelos fatos do dia.[13]

---

[12] A "Velha Praga" foi incluída na coletânea de contos *Urupês*, de Monteiro Lobato, editada pela Revista do Brasil, editora do próprio autor, em 1920.

[13] Em 1911, vinha registrado, no *Relatório da Secretaria de Justiça e Segurança Pública*, que durante o ano foram extraídos de 14.678 jornais, 1673 reclamações no Estado de São Paulo. Índice numérico que se destacava, de longe, diante de outras fontes de registros utilizados pela administração pública, *Relatório da Secretaria de Justiça e Segurança Pública* para o ano de 1911.

Achado, eu? Perdido, você? Nossa, que confusão!!!

Entre as inúmeras colunas de "achados e perdidos" que circulavam pelas matérias e notas da pequena imprensa de estilo irreverente, encontravam-se os objetos relacionados em forma primária nos registros policiais e na imprensa diária; porém, ao gosto do jogo lúdico, esses objetos perdidos colocavam-se a circular de forma rocambolesca ao lado dos passantes-cidadãos, pelos pontos de maior concentração humana. Nesses locais identificados pela polícia e imprensa, os "achados e perdidos" investiam-se de vida: no fundo, objetos metafóricos que dançavam nas mãos dos caricaturistas.

Eram óculos, carteiras, bengalas, chapéus e até mesmo dentaduras lançadas dos prédios às ruas que se tornavam temas da composição humorística ao se fazerem síntese rápida e caricata da pequena imprensa.

Em um dos vértices mais comentados do Triângulo na imprensa, pequenos objetos e pessoas perdidas ou achadas na Rua XV de Novembro passavam a indicar novos caminhos e enigmas sugestivos para o jogo dos "Quatro Cantos".

Em *O Garoto*, de 6 de janeiro de 1901, com a chamada "Achado", publicava-se um breve texto, um tanto contraditório, sobre um lenço bordado encontrado com as seguintes iniciais: "Doutor Candido Bretas". Já em *O Palco*, de 31 de julho de 1903, anunciava-se uma mandíbula perdida na mesma Rua XV, achada por ilustre cavalheiro que preferiu manter seu anonimato. Da mesma rua, *O Mosquito*, de 14 e 15 de setembro de 1901, com a breve chamada "Factos", relatava que, no dia anterior, um indivíduo procurava assustado por alguma coisa, quando chegou um segundo indivíduo e perguntou ao primeiro o que ele estava procurando, esse lhe respondeu, muito secamente, que estava procurando dois vinténs que há mais de três horas havia perdido.

Ainda perdido na Rua XV, também se achava um "garoto", noticiado sem intenção de redundância, em *O Garoto*, de 6 de janeiro de 1901. Em chamada de estilo sensacionalista, fazia-se paródia bem-humorada às novas abordagens jornalísticas da grande imprensa, um filão recém-descoberto dos jogos de palavras, as chamadas de atração e os "fatos diversos".[14] No caso do garoto "perdido"

---

[14] Os "fatos diversos", crônicas em forma de uma miscelânea de assuntos ocorridos no dia-a-dia, que, ao serem relatados transformavam-se em grandes matérias espetaculares. O formato teve ampla aceitação do público leitor. Diante desse grande interesse pelos diários que se especializavam em chamadas

do semanário burlesco *O Garoto*, a matéria ficara a meio caminho do destino trágico nas chamadas de sensação da imprensa. Porém, logo ao dobrar a Rua XV de Novembro, a matéria tomara rumo diverso da suposta matriz dramático-sensacionalista, talvez procurando ratificar, pelo humor, em um dos vértices do Triângulo, os erros cometidos nas representações de suas dobraduras primárias. Era ambíguo, quase um equívoco, uma criança de tamanho duvidoso perder-se em uma das dobras do Triângulo central e pedir a um passante que achasse seu pai:

> "Pae desnaturado!
> Perdido!
> Na rua 15 de Novembro
> Para quem appelar?"

> Pouco antes das duas horas da tarde de ante-hontem errava pela rua 15 uma innocente creancinha de 15 annos, mais ou menos, soluçando desesperadamente. Alguns cidadãos, bons burguezes, compadecidos da sua sorte, interrogaram na, tendo vindo a saber que ella havia perdido o pae. O Dr. Francisco de Castro Junior, que passava na ocasião, exclamou: Como é que se entrega um pae a uma creança deste tamanho? (*O Garoto*, 6 jan. 1901).

Logo dentaduras, os modernos postiços da boca, também se soltavam das faces mais bem acabadas. Ao poder da gravidade, uma boca escancarada libertava as tais terceiras dentições em vôo seguro decrescente, perdendo-se nas ruas centrais. Achada, a resistente dentadura tornava-se motivo publicitário no *Cri-Cri* (1908). Afinal, não era qualquer marca de dentição que resistia à queda ao ser lançada do segundo andar de um prédio na Rua XV de Novembro a ponto de ainda ser identificada. Só poderia ser mais um produto da Casa Americana:

> O Mário Sarapicú de Miranda, lendo no "Blumenauer Zeitung" (elle sabe allemão) que um cavallo, quando comia, mastigou uma bomba de dynamite que, rebentando, lhe escangalhou a dentadura:

---

intrigantes ao relatar os fragmentos do dia, elas tornaram-se presentes também na pequena imprensa de narrativa irreverente. Ver sobre a presença dos "fatos diversos" nos jornais ao findar do século XIX, *História do Século 20 (1900/1914)*, São Paulo, Abril Cultural, 1968, p.3-9.

– Nada somos neste mundo! Pobre animal e triste de mim! Infelizmente na Casa Americana de S. Paulo á rua São Bento, 41, só há dentaduras para seres humanos, senão mandaria buscar lá uns dentes para mim. Ouvi que são inimitáveis.

(*Cri-Cri*, 16 ago. 1908)

Os "Achados" transformavam-se em colunas fixas que catalogavam sem parar pequenos detalhes dos rostos dos passantes, bigodes, óculos, comentários da vida elegante ou da crônica ligeira, sugerindo um clima, ao leitor, que pendia dos floreios literários às relações dos "bastidores" da própria imprensa:

Objetos achados:
O *cachê-col* antidiluviano que pertencia ao Coelho do fallecido "*Mignon*"[15]
Um "Manual de Cavação" do Urbano Vasconcellos.
O automovel encommendado em Paris pelo Nenê Ellis.
As costeletas do Dr. Veiga Filho.
O quadro reclame, marca cavação, do espiritismo *Yôyô*.[16]
(*O Bicho*, 11 set. 1909)

A nota de sensação! O fato de atração!

"Fato sensacional"
Em dias da semana passada aqui na capital, no centro da cidade, commeteu-se um roubo que pelas graves circunstâncias em que foi revestido, a imprensa séria e circunspecta guardou em segredo para não perturbar a ação da justiça.
E o caso em que habeis gatunos, aproveitando-se da claridade da lua, servindo-se dos fios elétricos da Light and Polvora, conseguiram escalar a torre da Sé, e de lá roubaram o gallo que durante tantos annos alli se achava. A policia procura ativamente os meliantes, e consta que já ordenou a prisão de vários bicheiros. Não é palpite... (*O Azeite*, 1º jun. 1903).

---

[15] Alusão a um dos menores semanários paulistanos humorísticos de 1908.
[16] Ilustrador paulistano que participava de inúmeros periódicos paulistanos entre 1900 e 1910.

Ainda à moda das chamadas sensacionalistas, uma outra matéria saída em *O Garoto* (1900) deslocava-se dos enigmas tramados nas ruas para ter, como fato obscuro, os "bastidores da notícia". Os produtores das matérias transformavam-se em vítimas e criminosos de suas próprias reportagens, aproveitando-se da moda das matérias em "estilo de atração".

O local dos acontecimentos: o Café Guarany, lugar onde boêmios, intelectuais, escritores, ilustradores e poetas se reuniam à época e local em que *O Garoto* (1900), nada por acaso, anunciava seu endereço de redação, em uma "mesa do canto".

Na matéria, os acontecimentos passados no Café Guarany ocorreram depois das 20 horas, momento em que a Rua XV de Novembro "estava em seu auge de movimentação". No título anunciava a chamada "Facadas!", depois, em seqüência de subtítulos: "Monstruosos attentados! DUAS VICTIMAS! Mystério desvendado! Imprensa que occulta! A nossa reportagem. No Café Guarany. Criminoso Afogado!" (*O Garoto*, 30 dez. 1900).

O texto todo escrito em tom de reportagem policial procurava narrar os fatos ocorridos em uma das salas reservadas do Guarany. Para lá se dirigiu Alfredo Silva, vulgo Pipoca. De dentro do reservado, depois de alguns momentos de "gemidos lancinantes" que foram escutados por freqüentadores do Café, viram sair o tal Pipoca todo "ensaguentado com as narinas dilatadas".

As vítimas do crime eram o Dr. Gomes Cardim, "conhecido homem das letras", e Tancredo do Amaral, "militar e geógrafo eminente". Feita a prisão imediata de Pipóca por um delegado que havia esquecido que já não era mais delegado, foi o criminoso apresentado na subdelegacia central.

Depois de uma descrição detalhada dos ferimentos que as vítimas apresentavam, a matéria passava a dar os fatos que motivaram a agressão perpetrada por Pipoca aos dois ilustres cavalheiros. A questão havia começado no dia anterior, quando o criminoso fora ao Café Guarany e travara uma discussão com os ofendidos que versava sobre a "superioridade da *bananina* sobre a *musacina*", momento em que, no meio dos debates acalorados, Araújo Guerra, caricaturista, resolveu intervir na discussão ameaçando Pipoca de perder o emprego na redação do jornal *A Platéa* se não se retirasse imediatamente do salão do Guarany.

O futuro criminoso, vendo-se humilhado, resolveu "lavar a própria honra" e voltou ao Café no outro dia com o intuito de esfaquear o caricaturista Araújo

Guerra. Porém, no ímpeto, não reparou bem nas fisionomias das vítimas, acabando por ferir Tancredo do Amaral e Gomes Cardim.

Depois de inúmeras intervenções de outras personalidades conhecidas da imprensa e da Justiça, a reportagem comentava a morte do criminoso na prisão, por afogamento – excesso de *chops Antarctica*, colocado no xadrez à sua disposição. O final da pilhéria se deu na Água Branca, próximo à fábrica da Antarctica, onde o cadáver foi autopsiado a fim de que fosse retirado, do seu estômago, um novo modelo para os barris de *chops*.

A pequena imprensa, ao transformar a matéria de sensação em matéria totalmente caricata, executava caminho já trilhado em outras colunas de crônicas irreverentes. Para suas intrigas particulares, chamava para próximo de si personagens e lugares que pertenciam de fato à vida dos jornais da capital paulista: uma crônica *à clef*.

Entre personalidades conhecidas e não mais um cenário anônimo de crime, trocavam-se os tipos de sensações. Desaparecia o estilo sanguinário das notas sensacionalistas para entrar a confusão da pilhéria noticiosa e caricata dos próprios produtores dos semanários.

Como integrantes dessa matéria estavam: o famoso caricaturista e diretor de *A Platéa*, Araújo Guerra;[17] na condição de culpado, Alfredo da Silva, o Pipoca, um crítico teatral que participava das colunas de "Vida Artística" dos pequenos semanários, mas também se oferecia como motivo de troça e comentários freqüentes nesses mesmos jornais paulistanos; Gomes Cardim, que também era jornalista, colaborava no *Correio Paulistano* e outros grandes diários e, como Pipoca, também foi motivo de pilhérias nas folhas irreverentes;[18] e Tancredo do Amaral, a outra vítima de Pipoca na crônica, também participava de vários jornais paulistas, além de ser historiador da cidade: "biógrafo dos seus grandes vultos", educador e fundador do Instituto Histórico e Geográfico de São Paulo (Melo, 1954, p.169) (Figura 5.2).

---

[17] Além de dirigir *A Platéa*, participou como ilustrador de outros semanários ilustrados paulistanos do período.
[18] Gomes Cardim fez a Faculdade de Direito de São Paulo. Em 1896, foi vereador e também escolhido para a intendência de obras. Além disso, foi um dos responsáveis diretos pela construção do Teatro Municipal de São Paulo. Antônio Barreto Amaral (1980, p.113).

Preso por trocadilho 271

(fig. 5.2) Caricatura de Pipoca, repórter de *A Platéa*,
que desfilava nas ilustrações dos semanários
de narrativa irreverente paulistana.
O Bicho, 18 de setembro de 1909.

Também capturada da grande imprensa, uma outra matéria saída em *A Farpa*, pequeno semanário humorístico de 1900, transformava a violência da ginga da capoeira, tão malvista pela imprensa e combatida pela polícia, em puro calão caricato de linguagem. Toda a crônica era de expressões retiradas da "capoeiragem", a matéria relatava uma confusão na rua que envolvia um capoeira que havia entrado numa confeitaria.

– Que confusão foi aquillo hontem?
– Não foi nada. Sabes que comigo não há disso. Não vou neste arrastão...
– Mas conta-me lá este estrago.
(*A Farpa*, 11 nov. 1900)

Então o capoeira começou a contar que fora a uma confeitaria e comera quatro doces, e o dono da tal confeitaria havia cobrado seis. E como "filho do meu pai não mente", o tal capoeira resolveu partir para cima do homem e foi logo "ganhar aragem". Descrevendo em detalhes, na "gíria da capoeiragem", a luta travada entre ele, capoeira, e o dono da confeitaria:

> O homem trastejou e quiz fazer bonito, não puxei barato. Metti-lhe o andante na caixa de comida que o chefe saiu barra a fora. Ahi levei a caveira de lado e fui buscar o machinismo mastigante do poeta... ahi tirei fora o corpo e levei a ferramenta por baixo, não fiz questão do preço da banha e fui ver a gordura de perto... Ah! Na minha meia hora vou longe. Juntou gente como sisco. Como não queria sulancar no estado maior das grades, arrepiei carreira e fui sahindo de barriga... Oh! ferro! Nunca vi tanto aço!! *(Da Notícia)* [grifo meu]. (*A Farpa*, 11 nov. 1900).

No final da crônica, a nota com a fonte da matéria, "Da *Noticia*", denunciava mais uma trama armada nos pequenos semanários caricatos que declarava também, entre parênteses, a versão original do "fato de atração". Com um duplo aproveitamento lingüístico dos "fatos" já noticiados e a sua reapresentação, os cronistas irreverentes abriam ao leitor mais uma trilha a ser trafegada no jogo dos "Quatro Cantos": entre os choques e conflitos das ruas e os contrapontos apanhados de segunda mão na versão da própria imprensa local.

Sem dúvida, a matéria provava que, no espremer das sensações impressas, o suco da língua substituía o jorro do sangue e, entre um e outro, poderia sobreviver a beleza da ginga no "calão da capoeiragem",[19] amoldada às novas ex-

---

[19] A capoeira, assim como o maxixe e o *cake-walk*, danças populares à época, surgia, combinada às ilustrações e crônicas irreverentes dessa pequena imprensa, não apenas como uma referência à esfera mais popular da vida dos divertimentos, como também em parceria com a linguagem caricata. Por vezes, seus estilos descritos e encenados eram tão próximos que se confundiam. A dança das senzalas, o *cake-walk*, nas palavras de Lima Campos, "é a caricatura movimentada da Dança" (*Kosmos*, ago. 1904). O maxixe e a capoeira, movimentos de dança malvistos no início do século XX, julgados como hábitos pouco civilizados, porém extremamente populares, passavam a ser incorporados nos pequenos semanários de estilo irreverente de maneira bastante singular. *Calixto*, ilustrador de costumes carioca, foi um dos mais bem-sucedidos representantes dessas danças que se uniam aos movimentos da narrativa irreverente a fim de expressarem, numa composição bem-sucedida, vários temas do momento. Dançavam políticos o tango, o maxixe, o *cake-walk*. Gingavam os costumes e a própria linguagem das crônicas irreverentes de pequenos textos, saídos nos primeiros semanários humorísticos paulistanos do começo do século XX. Entre a dança das ruas e a síntese rápida da narrativa irreverente, estabelecia-se um vínculo de arte e fidelidade que não apenas circundava os dias, mas crescia e fazia que ambos trocassem movimentos e gestos. Sem dúvida, no começo do século XX, pode-se afirmar que o lápis dançava na narrativa irreverente.

periências com a linguagem; porta de entrada dos pequenos semanários, mais distantes dos dias, porém mais próximos dos vários ritmos da cidade.

Os imigrantes, perfil mais bem acabado do gatuno, homicida e criminoso do período, também se tornavam o retrato de sensação do momento. A presença de um enorme contingente de italianos era registrada nos índices mais altos de prisões ao longo da primeira década do século XX.[20] Dos registros anuais da polícia, pesavam cada vez mais quantidades de imigrantes; sobre a catalogação de estrangeiros suspeitos caíam os preconceitos, os medos e desconfianças dos popularmente conhecidos *carcamanos, yankees* e *turcos*.

Na imprensa de narrativa irreverente, a confusão das ruas, a violência das notas de sensação que apontavam os estrangeiros como os principais gatunos da cidade transformavam o horror à sua presença em uma confusão de linguagens e imagens. Os conflitos étnicos, nos pequenos semanários caricatos, não passavam, muitas vezes, de um grande trocadilho urbano (Figura 5.3 a, b).

(fig. 5.3a) Leopoldo: – O que diz, meu ilustre amigo, da nossa capital? O japonez: Caricatura aludindo à chegada dos imigrantes japoneses a São Paulo e suas opiniões sobre a cidade. *A Ronda*, 30 de julho de 1908.

---

[20] *Relatórios da Secretaria de Justiça e Segurança Pública de São Paulo*, de 1906 e 1911. Ver também Fausto (1984).

(fig. 5.3b) Fotografia publicada em *A Ronda* com um de seus repórteres carregando nos braços uma criança vinda na leva de imigrantes japoneses. *A Ronda*, 30 de julho de 1908.

Em *O Jagunço*, semanário humorístico de 1903, os mal-entendidos entre um comerciante italiano e um passante denunciavam essa troca de insultos e confusões a que a pequena imprensa transformava facilmente as longas matérias de atração da grande imprensa diária.

Com a chamada-título de "Coió", inicia o cronista G. Filisardo a contar a "lambança" que havia se passado na Rua da Consolação, por conta de um salame que estava na porta. O fato se passara assim: o proprietário de uma mercearia na Rua da Consolação saíra correndo atrás de um "meco", pois ele havia passado a mão em um salame que estava exposto à porta de seu estabelecimento. Ao agarrá-lo, o italiano perguntara com que ordem ele havia tirado o salame da sua porta. O passante prontamente lhe respondera que o retirara com a ordem de um tal de "chupapis" que disse já haver pago o salame. E apontara para o "chupapis" que passava mais adiante deles. O italiano então resolveu tirar satisfação com o tal "chupapis", e este lhe virou um pé que fez o italiano ver "estrellas". Assim formou-se o "rolo" que acabou sendo embrulhado por dois soldados que passavam por ali na hora da confusão (*O Jagunço*, 15 nov. 1903).

Embrulhado no próprio "rolo" também encontrava-se Miguel Trad, de origem síria, que cometera o homicídio mais comentado na cidade de São Paulo no início do século XX, o já citado crime da mala, cuja vítima era um patrício seu, Elias Farhat, ilustre industrial de São Paulo, e o pivô do crime, sua esposa Carolina Farhat, de origem italiana. Dos grandes aos pequenos jornais, o crime da mala, ocorrido em 1908, tornou-se a sensação do momento (Figura 5.4).

(fig. 5.4) Como conseguiu Miguel Traad, depois de uma conferência (!!!), dizer em S. Paulo, toda a *verdade*, sobre o caso que não está ainda devidamente apurado! – Se a tal mesa que serviu para a celebre conferência falasse...! (Reprod. *Do Jornal do Brasil*). Ilustração aludindo ao primeiro "Crime da Mala", publicada em *A Vida Paulista*, 20 e 21 de setembro de 1908.

Presos por trocadilho, embrulhando-se na própria "mala", desenrolavam-se os vários nós da trama do momento. Sem dúvida, o caso trazia sensação, e o próprio semanário *A Ronda* (1908), em nota publicada em 17 de setembro aos seus leitores, explicava que, ao dar espaço ao crime da mala, fora obrigado a diminuir seu número de páginas para dar conta de produzir 18 mil exemplares: "supomos que é a primeira vez em S. Paulo que um semanário ilustrado chega a imprimir tal número de exemplares". Porém, no número seguinte do mesmo semanário, o fato do momento era abordado pelo esgotamento dos comentários saídos na própria imprensa: ao fazer um giro sobre as atrações correntes na cidade, o cronista João Gallinha, da coluna, "Apitos", artigo de fundo de *A Ronda*, comentava de passagem que as sessões no Íris-Theatre prendiam mais "a atenção" do público do que o "estafado caso da mala, que, de tanto batido, perdeu totalmente a importância..." (*A Ronda*, 25 set. 1908) (Figura 5.5).

(fig. 5.5) Por um extraordinário esforço de reportagem, estampamos hoje o retrato de um sobrinho do compadre do visinho do primo da cosinheira de um homem que viu um patrício do genro de um seu amigo dizer que a elle falaram que disseram que um sujeito contou que lhe narraram que havia indícios de que um turco afirmára que ouvira dizer que o assassino era o próprio Traad. Caricatura fazendo referência ao esgotamento de notas e evidências policiais sobre o "Crime da Mala". *A Vida Paulista*, 13 e 14 de setembro de 1908.

Cabe destacar que as notas de sensação do momento eram, sem sombra de dúvida, uma grande fonte de temas para os pequenos semanários humorísticos. Em parte, esse reaproveitamento do que causava sensação nos vários jornais diários corresponderia aos próprios programas de apresentação dos semanários, que, a partir do começo do século XX, não cumpriam a função de informar, e sim muito mais, a de representar, de forma crítica, os assuntos já noticiados na semana.

Atrevo-me, porém, a arriscar que para além do reaproveitamento e opinião crítica dos fatos de sensação do momento, esses motivos ocupavam apenas a ponta do *iceberg*, pois, entre as várias opiniões críticas desses acontecimentos permaneceu durante a primeira década do século XX, nestes pequenos semanários de estilo caricato, o embate com a linguagem da imprensa ao re-presentar a realidade, fonte de informação e lugar de criação das matérias gaiatas.

Entre a cidade e os pequenos semanários de estilo caricato existia uma distância que não era apenas dos dias, mas de Diários.

Os Diários e os dias

Os jornais diários faziam os dias, e os dias se refaziam capturados nos comentários da coluna "Diários", de *O Garoto,* de 9-10 de março de 1901. Para cada dia da semana, apresentava-se o comentário de um jornal diferente da cidade. Entretanto, toda a semana da crônica "Diários" passava a girar em torno de um único jornal, o próprio *O Garoto.*

O Correio vinha logo à segunda-feira, repleto de "Declarações Necessárias" que sofriam os comentários do *alterego* de *O Garoto*: "Quanta presunmção! Como si S. Paulo em peso não soubesse que os serviços de redacção, copiação e emendação, *estão ao nosso cargo...* Pretenciosos!" (grifo meu).

Já na terça-feira era a vez de *O Estado de S. Paulo,* que anunciava, em editorial, ter inaugurado uma nova seção, "Os da Terra", só para bulir com o *Correio Paulistano.* Novidade que, para *O Garoto,* já havia sido informado há tempos pelo Azamôr nos bastidores da notícia.

Na quarta-feira quem estava na ordem do dia era *O Commercio,* no qual, por meio de um rocambolesco quadro internacional, revelava-se um jogo de duplo sentido com as palavras, em que, obviamente, a origem dos comentários de forma nenhuma era o grande jornal *O Commercio.* "O dr. João Mendes Junior, impressionado com o casamento da jovem rainha da Hollanda, no seu retrospecto do século XIX, faz o histórico, completo dos Paizes Baixos. *Que pouca vergonha para isso elle não é gago!*" (grifo meu).

A quinta-feira de *O Popular* vinha com comentário de diálogo verídico, retirado em forma de prova da seção (*Arrufos*) do diário. Para quem continuasse a duvidar da veracidade do diálogo travado naquele jornal, *O Garoto* aconselhava ler a fonte original da notícia, comprando o *Diário de São Paulo*, n.5.400, do dia 6 de março "deste desgraçado ano de 1901".

Na sexta-feira, o diário escolhido era *A Platéa*, que retirava seu grande furo do dia do próprio expediente, hábito mais comum dos pequenos semanários do que das folhas de grande tiragem: "Diz que os srs. Campos Porto e Pipóca não têm absolutamente nada com a administração da folha. *Por que será?*" (grifo meu).

No sábado, *A Vida de Hoje*, o último dos diários da semana, finalizava a coluna de *O Garoto* exatamente no dia da saída do pequeno semanário, e como tantos pequenos semanários do momento, anunciava com previsão seu necrológio no "1 do mez próximo" quando "suspende a sua publicação. *Coitadinho...*" (*O Garoto*, 9-10 mar. 1901, grifo meu).

Logo seriam os próprios restos mortais de *O Garoto* que viriam, com seu nome anunciado na coluna "Caixão de Lixo" do semanário humorístico *O Buraco* de 1904. Outros semanários seguiriam o mesmo caminho do gracioso *O Garoto*. Os enterros entre a pequena imprensa eram comuns e habituais:

> "Cemitério da Imprensa":
>
> Repousa aqui, nesta côva
>
> Rua 10 , numero 3
>
> O Palco jornal – morreu por não saber portuguêz.
>
> (*O Azeite*, 1º jun, 1903)

Por vezes, pela onda dos irreverentes necrológios que anunciavam a morte dos pequenos semanários, figuravam homens da grande imprensa diária, personalidades da política que, ao hábito dos enterramentos das folhas, passavam a freqüentar os espaços dos necrológios caricatos. *A Ronda* (1908), por exemplo, reservava uma coluna de sua folha para os "cadáveres encontrados" nas ruas centrais da cidade.

Na Rua da Quitanda, identificou-se o cadáver de Washington Luís. Aparentes siglas não levariam a supor ser esse o seu cadáver, W. Q., porém, ao verificar o lugar, o tipo de paletó e outras características, acabaram por descobrir sua verdadeira identidade. Já no "Calepino",[21] de *A Ronda*, coluna de definições relativas a nomes de pessoas, instituições em evidência, gírias e expressões amplamente conhecidas, procurava-se, muito mais do que revelar a identidade dos mortos conhecidos, definir, pelo jogo das palavras, o sentido do cadáver tão em voga na imprensa: "Cadáver – Cousa que se deve 'enterrar' o mais breve possível, por que quanto mais velho mais desassocego nos dá" (*A Ronda*, 13 ago. 1908).

Ao longo da primeira década do século XX, a relação da pequena imprensa de estilo irreverente com os grandes diários travava-se de forma extremamente ambígua. Esses últimos, por serem grandes veículos de comunicação, colocavam-se como um dos maiores formadores de opinião, espaço em que ilustradores e escritores teriam o ganha-pão assegurado e uma das poucas possibilidades de mostrarem seu talento.

Nessa força de representação da imprensa, que capturava as questões do dia e tinha que transformá-las rapidamente em matéria, surgiam, como braços anexos, as pequenas folhas caricatas que, sem a menor sombra de dúvida, mantinham a grande imprensa como sua fonte de alimentação e crítica permanente (Figura 5.6).

(fig. 5.6) O foco particular dos "bastidores do Pirralho" pautados em acontecimentos vinculados ao momento.
O Pirralho, 30 de dezembro de 1911.

---

[21] Interessante notar que "Calepino", utilizado em *A Ronda* como uma coluna de humor sobre expressões, fatos, nomes do momento e sentidos caricatos sobre eles, tem sua origem em obra de Ambrogio

Entre a variedade de assuntos do momento, tratados nos diários numa linguagem cada vez mais homogênea e anônima, os pequenos semanários transformam-se num espaço de caráter autoral, no qual havia uma distinção clara da produção cultural corrente. Tratava-se de um lugar corrente onde ilustradores, escritores e poetas podiam exibir sua arte de forma mais cuidada e reconhecida. Por esse motivo, os pequenos semanários, ilustrados ou não, em suas diversas especificidades, tornaram-se para a vida cultural, a partir do início do século XX, um lugar distinto dentro da imprensa em geral.

Uma das formas de abordar essas distinções dentro da imprensa é, sem dúvida, os próprios registros dos semanários humorísticos, porém não só. Alguns depoimentos, memórias dos próprios "homens das letras", podem oferecer importantes referências sobre a maneira como escritores e ilustradores se relacionavam com esse veículo de comunicação.[22]

Vários depoimentos instigantes sobre a imprensa e a vida literária foram registrados por meio de um inquérito feito por João do Rio e publicados em forma de livro na primeira década do século XX. Nesse inquérito, intitulado *O momento literário*,[23] "à moda do que se fazia na imprensa francesa",[24] o cronista e jornalista reuniu escritores ilustres e conhecidos à época.

Também recolhidas do momento, porém no sabor de correspondências trocadas com Godofredo Rangel, Monteiro Lobato (1946), na *Barca de Gleyre*,

---

Calepino, um monge italiano que publicou um dicionário, em princípio monolíngüe, em 1502, e que passou a ser, em 1545-1546, plurilíngüe, tornando-se então o dicionário mais difundido em toda a Europa até o século XVIII (ver Holanda, 1999).

[22] As obras que pude reunir do período são os depoimentos de escritores publicados por: João do Rio, de 1908, *O momento literário* (s. d.); do escritor Afonso Schmidt, *Lembranças* (s. d.); dos jornalistas: Mario Guastini, *Tempos idos e vividos* (s. d.) e Silveira Peixoto, *Falam os escritores* (1940); do ensaísta Brito Broca, *A vida literária no Brasil: 1900* (1975), e ainda a correspondência de Monteiro Lobato, *A Barca de Gleyre* (1946, t.I), que se refere ao período tratado neste livro (1900-1911).

[23] *O momento literário* é uma das mais importantes obras de referência para se falar da imprensa e da vida literária na primeira década do século XX. Além de o inquérito ter sido muito comentado nos semanários paulistas do início desse século, tornou-se um dos poucos documentos em que ainda é possível refletir sobre a passagem da imprensa mais artesanal, da literatura ligada à produção de livros para o grande *boom* da imprensa e da mudança do lugar do escritor.

[24] O sucesso dos inquéritos foi tão grande à época no meio jornalístico, que, no semanário paulistano *A Arara*, de 8 de abril de 1905, surgia uma coluna de título "O Momento Literário", propondo extrapolar os inquéritos de pessoas ilustres das artes para abocanhar o depoimento de tipos populares que vagavam pelas ruas de São Paulo.

relatou os primeiros anos de sua carreira de escritor misturados com aventuras saborosas e bastante animadas na imprensa.

Afonso Schmidt, outro escritor com vida intensa na imprensa, não deixou de registrar uma reunião de crônicas leves, calcadas num tom de quase memória, intitulada *Lembranças*. Ao sabor das lembranças de época, Afonso Schmidt desenvolve pequenas histórias de pessoas que participaram, com ele, da vida cultural de São Paulo e dos bastidores da imprensa. Pelos seus breves relatos, ficamos mais próximos de tipógrafos, fotógrafos, escritores e ilustradores que entravam e saíam das redações dos jornais.

Há ainda, do próprio meio jornalístico, organizadas por Silveira Peixoto (1940), *Falam os escritores*, e Mário Guastini (s. d.), *Tempos idos e vividos*. Por meio dos depoimentos jornalísticos surgem as lembranças de pessoas que fizeram jornal no eixo São Paulo–Rio de Janeiro nas primeiras décadas do século XX.[25]

Na maioria dos depoimentos apresentados nas obras citadas, é interessante notar que a passagem dos escritores pela imprensa, de forma mais assídua ou apenas como colaboradores esporádicos dos jornais, reflete o tom ambíguo já comentado no registro das matérias e ilustrações saídas na pequena imprensa irreverente em relação à presença dos grandes diários.

Para os literatos em geral, parece ter existido uma enorme diferença entre sua produção na imprensa diária e nos semanários considerados culturais. Mesmo escrevendo para ambos, nos depoimentos e memórias, os pequenos tablóides tornam-se um grande "oásis" de vida cultural em comparação ao trabalho produzido por eles na grande imprensa diária.

Os artistas da pena tinham mais tempo e espaço de reflexão em suas colaborações nos semanários do que nos jornais diários, em que não paravam de encaixar palavras dentro de colunas preestabelecidas[26] (Figura 5.7).

---

[25] Como destacou Brito Broca em apresentação a outro livro de registros de pessoas que participaram do jornalismo e da política, escrito por Joaquim Salles, *Se não me falha a memória,* todas essas obras de resgate da história dos que fizeram jornalismo foram escritas nos anos de 1940, momento em que o memorialismo passou a fazer parte da história da imprensa (cf. Brito Broca, "Apresentação", em Joaquim de Salles, 1960, p.5).

[26] A. L. Martins, em "Gerações Diversas" (in 2001, p.413-60), procura mapear, por meio de memórias, depoimentos e registros dos acervos de alguns escritores como Mário de Andrade e Lima Barreto, os vários vínculos dos escritores com a imprensa.

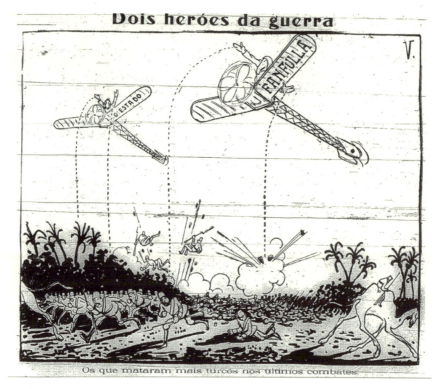

(fig. 5.7) Na guerra, entre turcos e italianos, por Tripoli, a opinião crítica da ilustração de Voltolino capta, sobrevoando o local do conflito, dois grandes diários paulistanos no "front", "*O Estado de São Paulo*" e o "*Fanfulha*": "Os que mataram mais turcos nos últimos combates", *O Pirralho*, 18 de dezembro de 1911.

Rubens do Amaral parece ser um caso exemplar desse descompasso de lugar dentro da própria imprensa. Em seu depoimento a Silveira Peixoto (1940), contava que começou a escrever sem grandes compromissos num jornal que era mimeografado, *O Sabiá*. Depois passou a enviar colaborações para pequenas revistas e jornais com pseudônimos como João da Egas, Ribamar e outros. Então começou a colaborar de forma mais assídua em importantes revistas ilustradas paulistas, tais como a *Ilustração Paulista*, *São Paulo Ilustrado*, *Vida Moderna e Cri-Cri*. E finalmente, em 1907, ingressou de fato na grande imprensa diária, no *Jornal do Comércio de São Paulo*. Afirmava o escritor que, graças ao seu engajamento jornalístico, só pôde publicar dois livros de ficção, pois passava os dias escrevendo artigos sobre questões políticas, administrativas, sociais e econômicas: "É impossível que eu não tenha sofrido uma deformação profissional, expondo, argumentando, concluindo" (Peixoto, 1940, p.190).

A Farpa, do dia 16 de fevereiro de 1910, em sua coluna "Má Língua", fazia comentários gaiatos aos malabarismos de um cronista anônimo do *Correio Paulistano* que, ao falar do Carnaval, distraiu-se e deu um salto até a Judéia. Depois foi ter com Cristo no deserto e, por fim, falou com Satanás. Quando voltou a São Paulo, entrou de madrugada no Café Faria, leu um soneto e fez com que os lei-tores o engolissem a seco pelo *Correio.* E finalizava a coluna da semana com uma pergunta ao leitor: "Havendo a policia para reprimir os abusos sociaes porque não existir uma para os abusos da paciência alheia?".

Nas *Lembranças* de Afonso Schmidt (s. d., p.229), uma outra face da imprensa se apresenta. Conta-nos o cronista que os primeiros semanários do começo do século XX eram considerados jornais de "brinquedo" que nasciam e morriam intermitentemente. Era para eles que as antigas máquinas tipográficas terminavam sua vida útil, já substituídas, na grande imprensa, pelos mais novos e rápidos prelos: "os jornais passaram a ser feitos em Mergenthaler". Assim também acontecia com os homens que trabalhavam na produção dos grandes diários que, como as máquinas, dirigiam-se para as pequenas folhas, em que, com salários mais baixos, continuavam a ser "enchedores de linhas" (Schimidt, p.234) e o trabalho artesanal ainda era responsável pelo lento entalhe das letras.

Por seu ritmo mais lento, assim como por sua freqüência semanal, as matérias apresentavam-se em estilos e formatos mais elaborados do que nos jornais diários, preservando-se, nos pequenos semanários, um fórum de opinião crítica e criação literárias que pouco, ou quase nada, era assegurado na grande imprensa, considerada uma grande fábrica de produção e reprodução de exemplares em larga escala.

Olavo Bilac, no início do século XX, contrabalançava o desgaste vivido pela imprensa e sua linguagem homogênea pela multiplicação das pequenas folhas caricatas das quais o poeta chegou a participar ativamente. Declarava ainda que o jornalismo havia 'se transformado com a presença dos calungas, confessando, alguns anos mais tarde, o enorme poder de crítica que, em "meia dúzia de traços", os caricaturistas conseguiam fixar, com simplicidade e exatidão, os ridículos e as monstruosidades sociais, de modo que "até os cretinos aprendem imediatamente o intuito da critica" (Pontes, 1944, v.II, p.356).

Em depoimento para o inquérito de João do Rio de 1908, Bilac afirmava que sua vida literária havia começado na imprensa e que esse órgão era fundamental para os escritores. Pois, destacava o grande poeta, num país de analfabetos, o jornal tornava-se o lugar onde ainda existia a possibilidade de o escritor ser lido. Porém, ao findar seu inquérito, o homem das letras que mais saía na imprensa da época mostrava-se em profunda reflexão sobre suas próprias afirmações. Bilac deixava registrado que se um jovem escritor viesse lhe pedir conselhos sobre que caminhos seguir, diria para que ele nunca abrisse mão da "Arte", ao contrário do que ele havia feito: "Ama a tua arte sobre todas as coisas e tem a coragem, que eu não tive, de morrer de fome para não prostituir o teu talento" (Rio, s. d., p.12) (Figura 5.8).

(fig. 5.8) Olavo Bilac em reportagem fotográfica gaiata. *A Lua*, 1910.

Júlia Lopes de Almeida, no mesmo inquérito de João do Rio, de 1908, mantinha em destaque a importância da imprensa como ponto de partida para os novos escritores, como um dia ela mesma já havia sido. A escritora lembrava sua iniciação no *Jornal do Comercio*, quando seu pai, sem mais preparos, pediu-lhe que escrevesse em seu lugar uma crítica ao espetáculo de Gemma Cuniberti a que ambos assistiram juntos. Júlia Lopes disse que a proposta de seu pai foi tão importante que naquela noite nem pôde dormir, pensando que havia um jornal que exigia o seu trabalho, "era como si o mundo se transformasse" (Rio, s. d., p.25).

Medeiros de Albuquerque, ao chegar, no inquérito de João do Rio de 1908, na questão relativa à vida literária e à imprensa, não pensou duas vezes em também defender o veículo por seu poder de instrução, afirmando, para os escritores em geral, a imprensa como um lugar de criação de notícias: "é uma verdadeira emoção que, mais tarde, se encontra aquelle argumento, que appareceu annonymo, perdido em duas linhas de noticiario, repetido aqui e acolá..." (Rio, s.d., p.79).

Lima Campos, outro escritor inquirido por João do Rio, bastante conhecido à época por suas crônicas de costumes que acompanhavam as ilustrações de Calixto, na revista carioca *Kosmos* (1904), afirmava que o jornalismo, no período dos grandes boêmios jornalistas, como Patrocínio e Ferreira do Araújo, já havia sido um "elemento mais *animador*", porém também não o considerava, nos dias atuais, de todo mau. Para Lima Campos, existiam "algumas belas organizações literárias"; porém, diferente de Medeiros e Albuquerque, para o cronista, o jornalismo não era o lugar do escritor criar suas obras, apenas o local de evidenciá-las (Rio, s. d., p.87).

Lima Barreto, como outros escritores que não participaram do inquérito de *O momento literário*, tinha opiniões mais radicais quanto aos benefícios da imprensa para a vida literária do país. Várias de suas obras, publicadas em forma de livro, assim como depoimentos esparsos, deixam claro sua resistência à inserção do literato na imprensa.[27]

Afonso Schmidt (s. d.), ao fazer a crônica de Lima Barreto numa passagem sua por São Paulo, mostrou o perfil sutil do escritor, que ia, de fato, contra o ritmo da imprensa, compasso no qual o autor de *Lembranças* se via totalmente engajado: "Notei que êle, apesar da vida desregrada, tinha tempo para muita coisa, o que não acontecia comigo. Lia todos os jornais, estava a par do movi-

---

[27] Ver crônica sobre Lima Barreto em Afonso Schmidt (s. d., p.264).

mento literário no País e no mundo, correspondia-se com pessoas residentes em outros Estados".[28]

Mesmo colaborando nos jornais, escrevendo crônicas esparsas e folhetins, Lima Barreto foi um dos literatos que mais combateram o ritmo e o caráter empresarial da grande imprensa no início do século XX, principalmente no que se referia à participação dos literatos em seus quadros.

Numa e a ninfa e as *Recordações do escrivão Isaías Caminha*, romances *à clef* de Lima Barreto, foram duramente criticados à época por seu combate à imprensa. Porém, são obras exemplares da postura crítica do autor em relação às "cavações"[29] e à falta de compromisso dos grandes jornais com os embates políticos e os fatos noticiados (cf. Sodré, 1999, p.334; Sevcenko, 1989).

Nas palavras do próprio João do Rio, na apresentação de *O momento literário*, de 1908, a reportagem na grande imprensa tornara-se algo rápido e invasivo que buscava, em princípio, satisfazer a curiosidade dos leitores e o bolso dos anunciantes, deixando à mostra certa ausência de profundidade e caráter crítico.[30]

Em entrevista a Silveira Peixoto (1940), Monteiro Lobato reforçava as declarações de Bilac em relação à função dos semanários caricatos dos anos de 1900 como instrumentos possíveis de crítica de rápida compreensão por parte do leitor (cf. Pontes, 1944, p.356). Acrescentando que, talvez, um dos remédios contra as reportagens da imprensa, principalmente as que manifestavam essa sensação de intrusão e descompromisso crítico com a realidade, seria buscar fazer seu combate por meio dos "jornalecos" do interior ou da cidade e publicar determinadas "vinganças" sob o manto dos pseudônimos (cf. Peixoto, 1940, p.20).

Monteiro Lobato, Olavo Bilac ou mesmo Oswald de Andrade e outros tantos escritores, tipógrafos, poetas e ilustradores – participantes dos pequenos grupos dos vários semanários[31] que visavam fazer, em última instância, um

---

[28] Ver também Honoré de Balzac (1989), *Os jornalistas*, em que o escritor da *Comédia humana* se volta para a imprensa a fim de lhe fazer uma crítica acirrada.

[29] Expressão comum na época para falar de pessoas que viviam de acordos, interesses e arranjos oriundos da vida política na Primeira República. A expressão chegou a ser transposta e muito utilizada para caracterizar, na *belle époque*, um tipo de cinema, "o cinema de cavação".

[30] Ver João do Rio (s. d.), em sua apresentação do inquérito intitulado "Antes". Para uma visão da reportagem, a apresentação de João do Rio a *O momento literário* parece mostrar, de forma clara, a quase angústia do cronista que, envolvido com as letras, assim como com a imprensa, expressa a ambigüidade dos vários escritores cujos depoimentos registrou.

[31] Monteiro Lobato foi um dos proprietários do semanário *O Queixoso* (1916), que surgia declarando que faria um contraponto crítico ao "Queixo" do prefeito Altino Arantes. Oswald de Andrade dirigiu *O*

contraponto crítico à vida noticiosa do momento e, ao mesmo tempo, abrir espaço para suas próprias produções culturais – são indicativos dessa distinção de lugares dos colaboradores diante da maneira diversa como eles poderiam produzir na imprensa ou representá-la.[32]

Comenta Edgard Cavalheiro, em notas de rodapé às cartas de Lobato a Godofredo Rangel, a animação que vivia o Minarete, república no Belenzinho onde moravam os colaboradores do jornal de mesmo nome, logo ao batismo do jornal. O *Minarete* (1903) nascia com a intenção de "derrubar a situação municipal dominante em Pindamonhangaba, um ariete demolidor" (Lobato, 1946, p.28).

Lobato, ao dar o nome *Minarete* ao jornal, ainda afirmava:

> no primeiro número explicaremos aos povos o que é um minarete – aquelas esguias torres de gentes islamicas, de cujo topo, ao cair da tarde, os muezins convocam os fieis á prece. Um jornal é um minarete de cujo topo o jornalista da milho ás galinhas da assinatura e venda avulsa. Fica muito bom este nome – e é um nome que não está estragado. *Tribuna do Povo* por exemplo existem centenas (Lobato, 1946, p.28-9).

Do *Minarete*, o grupo Cenáculo[33] formou outras tantas linhas de protestos e críticas irreverentes à vida noticiosa que misturavam, ao combate dos dias, o embate das palavras.

No semanário *A Arara* (1905), na coluna "Caça e Pesca", essas inquietações quanto às distinções e descaminhos da imprensa tornavam-se um dos contrapontos permanentes do pequeno periódico de narrativa irreverente. Para a primeira década do século XX, *A Arara* destacava-se dos outros semanários de humor pesquisados por dar combate crítico à maneira de se

---

Pirralho (1911), que declarava ser civilista em meio à guerra que se armara na imprensa entre os que apoiavam Rui Barbosa e Hermes da Fonseca, candidatos que disputavam a presidência do país. E Olavo Bilac, o mais antigo dos dois já citados que, logo ao findar do século XIX, abre, com Julião Machado, *A Bruxa* (1895), semanário crítico que buscava, com a sátira, alfinetar o florianismo.

[32] Isso parece ainda se confirmar nas crônicas de fundo de vários programas de apresentação dos semanários paulistanos pesquisados.

[33] O grupo da república do Minarete também era conhecido como Cenáculo. Dele participavam, no ano de 1903: Ricardo Gonçalves, Godofredo Rangel, Cândido Negreiros, Tito Lívio Brasil, Albino de Camargo, Raul de Freitas, Lino Moreira e Monteiro Lobato (cf. Lobato, 1946, p.25-6).

"fazer imprensa", assim como às questões da vida política em voga na Primeira República.

Em sua primeira matéria de apresentação da coluna, o cronista Paschoal, provável pseudônimo, anunciava que faria, uma vez por semana, a "perturbante e alegre" caça e pesca de temas relativos à própria produção impressa, pois, afirmava ele, lembrando uma frase de Tibério: "*o jornalismo é uma floresta de mentiras*. Logo outro philosopho, tão grande como Tiberio, emendava: *O jornalismo é um mar de asneiras*" (*A Arara*, 11 fev. 1905).

Alguns parágrafos mais adiante, Paschoal agradecia ao semanário *A Arara* por lhe dar espaço, pois apesar de tantas leituras e críticas já feitas, faltava-lhe campo para lhes dar vazão: "a das gazetas eu oppunha immediatamente a dos livros e notava que a convivência com estes era como a convivência com o mar: dava uma grande energia ao cérebro, convidando para as meditações profundas" (*A Arara*, 11 fev. 1905).

Na mesma coluna de "Caça e Pesca", do mês de março, esse tom de crítica ao conteúdo das "gazetas" atenuava-se, porém, garantindo aos "fazedores de jornal" ainda um lugar de criadores de notícia:

> ...a notícia é ela o *enfant gaté*, quer seja descriptiva, com todas as tintas do quadro bem acabado, quer concisa e fria como a vulgaridade do facto que espelha. E qualquer que seja o caracter que ella tenha, qualquer que seja o seu estylo, ha sempre numa noticia uns feixes de luz que partiram do espirito para o papel, sob a influencia da arte que ensina a fazer escripta (*A Arara*, 25 mar. 1905).

Para Paschoal, o lugar *sombrio* e maçante do jornalismo estaria circunscrito ao funcionamento da produção do jornal diário, em que: "depois das duas da madrugada, quando muitas vezes o serviço telegraphico do jornal está chegando com atraso, os typographos nas officinas esperam de braços cruzados e o respectivo chefe vai e vem, farejando as mesas em busca de *original*..." (*A Arara*, 25 mar. 1905).

No amplo leque de opiniões dos escritores, ou nas matérias e ilustrações publicadas na pequena imprensa, os grandes jornais diários tornavam-se um dos maiores emblemas abordados pelos cronistas irreverentes. Uma abordagem, na maioria das vezes, ambígua, sem dúvida, pois ao mesmo tempo que a grande imprensa transformava-se em um poderoso veículo de comunicação e uma neces-sidade para aqueles que produziam cultura, ela impunha um tempo e um ritmo próprios que obrigavam esses mesmos colaboradores/redatores de notícia e criadores de arte a se sentir "prostituindo seu talento de criação", como desabafara melancolicamente Olavo Bilac, ao fim de sua entrevista a João do Rio.

Nesse sentido, a diferenciação de lugares que se estabeleciam dentro da própria imprensa, sem dúvida, apontava, nos pequenos semanários ligados à vida cultural e das diversões, um lugar fixo para escritores e ilustradores, onde, por meio do jogo e do divertimento, era possível ainda existir espaço à veiculação e divulgação de suas produções artísticas. Mas, muito mais do que isso, nas pequenas folhas de estilo caricato se fazia um contraponto crítico permanente à forma de se representar a narrativa dos "fatos do dia" (Figura 5.9 a, b).

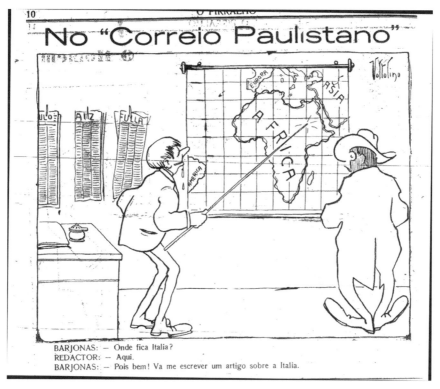

(fig. 5.9a) Barjonas, de costas e usando chapéu, foi crítico teatral do *Estado de São Paulo* e secretário do *Correio Paulistano*, além de diretor do semanário *Arara*; também era famoso na imprensa pelos trajes que usava e por pregar peças e anedotas no meio jornalístico. *O Pirralho*, 9 de dezembro de 1911.

(fig. 5.9b) Outra caricatura de Barjonas fazendo seus "erros" irreverentes na redação do *Estado de São Paulo*. *O Pirralho*, 23 de setembro de 1911.

O trânsito e os dias!!!

A mecanização da imprensa acirrava os conflitos da linguagem em ebulição. Da vida urbana, os inevitáveis ruídos não paravam de lançar novos parâmetros e elementos para esse intricado jogo lúdico que se apresentava nos semanários de narrativa irreverente.

Os bondes da Light transitavam em alta velocidade pelas folhas, surpreendiam pernas e pedestres desatentos, causando choques ilustrados e desastres crônicos.

Anunciou-se que São Paulo ia ter bondes elétricos. Os tímidos veículos puxados a burros, que cortavam a morna cidade provinciana, iam desaparecer para sempre. Não mais veríamos na descida da ladeira de Santo Amaro, frente à nossa casa, o bonde descer sozinho, equilibrado pelo breque do condutor. E o par de burros seguindo depois (Andrade, 1990).

No início do século XX, os bondes que, desde 1860, eram puxados por burros passavam a ser substituídos pela tração elétrica da companhia canadense Light & Power. Os primeiros bondes elétricos começaram a trafegar na área central da cidade em 7 de maio de 1900. O dia da inauguração da primeira linha a funcionar, São Bento–Barra Funda, foi de grande comemoração popular nas ruas, como se pode observar nos vários registros fotográficos feitos pela própria companhia Light & Power (cf. Jatobá, 1992, p.38-9). Mas logo, como lembrou Oswald de Andrade (1990), em *Um homem sem profissão: sob as ordens de mamãe*, a novidade dos velozes bondes elétricos seria rapidamente substituída pelo susto e temeridade. Eram a velocidade, os descontroles e o descarrilamento que tomavam as ladeiras e os baixos da cidade. Os bondes elétricos passaram a ser os maiores introdutores de acidentes da cidade de São Paulo e uns dos personagens que mais se destacaram nos noticiários da imprensa paulista à época: "Exquisita vaga de saudade! Ontem, ante-ontem, nada vi no bonde: nada vi senão Rufina, a moça que salvei de um desastre iminente" (Amaral, s. d., p.23).

A partir do século XX, a palavra "desastre", utilizada, na maioria dos registros oficiais do final do século anterior, em seis ou no máximo sete classificações diferentes, em sua maioria ligadas a causas naturais, ampliava-se de sentido e se diversificava em razão do maior número de acidentes, causado pela presença dos bondes elétricos, veículos movidos a motor, e da introdução da rede elétrica na cidade.

Pelas ruas da cidade de São Paulo passavam trilhos, bondes, carroças, aranhas, tílburis, bicicletas, pedestres e animais. Levantavam-se novos edifícios, derrubavam-se antigas casas coloniais, instalavam-se fios elétricos, principalmente nas ruas mais centrais da cidade. Teatros, salões e cafés-concertos animavam-se com a possibilidade de movimento na vida das diversões e aumentavam os alarmes de incêndios e falhas na mecânica dos novos artifícios de ilusão (cf. Araújo, 1981).

A cidade inchada não tinha estrutura para comportar de forma tranqüila todos os equipamentos técnicos e as pessoas que, num curtíssimo período de tempo, nela se fixavam.[34] Como conseqüência, os registros oficiais e a imprensa revelavam, no calor da hora, tempos mais agitados: os solavancos do "progresso paulistano", representados pela introdução dos choques, excessos de velocidade, atropelamentos e desastres da vida urbana da cidade de 1900 (Figura 5.10).

(fig. 5.10) Em *O Pirralho*, a conjugação do trote dos cavalos dos antigos tropeiros em choque com os novos bondes elétricos, 9 de setembro de 1911.

Os desastres se espalhavam pelas ruas e na linguagem da imprensa como fatos do dia-a-dia. Eram leves, com algumas escoriações, graves com partes de membros extirpadas, trágicos, com um número enorme de crianças que morriam por distração nas estreitas ruas da cidade, eram incidentais ou simplesmente aconteciam, mas, em todos, "ficava patente o grau de perplexidade e inconformismo da população" (Beiguelman-Messina, 1993, p.73).

---

[34] Eram 239.820 habitantes em 1900, e, desse total, havia um alto índice de imigrantes já estabelecidos na capital paulista, vindos com as grandes levas de imigração que começaram bem no final do século XIX. Em 1886, a população de São Paulo compunha-se de 74,2% de brasileiros e 25,8% de estrangeiros, em sua maioria italianos, portugueses, espanhóis e alemães (*Memória urbana*, 2001, v.II, p.45).

Os bondes elétricos e a Companhia Canadense Light & Power, detentora dos transportes e responsável pela implantação da rede elétrica da cidade, eram citados em vários lugares da imprensa ou mesmo nos relatórios anuais da justiça. Nos quadros oficiais de estatísticas, os bondes da Light destacavam-se nos itens "desastres" e "acidentes", assim como na seção de "achados", em que se registravam os locais da cidade onde se recolhia o maior número de objetos perdidos.[35]

A Light também ocupava lugar de destaque na pequena imprensa de narrativa irreverente desde o começo do funcionamento de seus serviços na cidade: eram pernas cortadas que ficavam entre os trilhos e as calçadas, clamando em rimas bem-humoradas por "indenização"; carroças capotadas ao encontro rápido e mal sincronizado nas inúmeras vias únicas que tinham um número infinito de mãos cruzadas; motorneiros e chofere com olhos arregalados; crianças fugindo dos limpa-trilhos; homens e mulheres pulando inadvertidamente de bondes nas entrevias; porcos e elefantes fugidos dos circos que atravessavam ingenuamente a rua e eram apanhados pelos bondes e veículos em desabalada velocidade, guardas armados de cassetetes e apitos que gesticulavam em cenas mudas contra carroças, bondes, animais, postes e uma população revoltada diante desse jogo cheio de "regras de trânsito" e repleto de exceções que se estabelecia nas ruas ameaçadoras da cidade (Figura 5.11).

(fig. 5.11) 1. O rondante da rua Conselheiro Nebias indica como chafariz, a um inexperiente recruta, a caixa de avisos de incêndios. 2. Sentindo as guélas arder de sede, o pobre diabo abre a caixa e aperta o botão. 3. A desastrada conseqüência da sede do recruta. A confusão era geral, nem o guarda sabia distinguir o sinal de incêndio da fonte de água. *Cri-Cri*, 16 de abril de 1908.

---

[35] *Relatório da Secretaria de Justiça e Segurança Pública* para o ano de 1911 registrava que foram recolhidos, pela Light & Power, 1.750 objetos perdidos, 431 pela guarda cívica e 309 em diversos lugares.

Entre os anos de 1900 e 1905, as causas da maior parte dos atropelamentos e quedas relacionadas aos bondes oscilavam entre descontrole de velocidade, falta de habilidade dos motorneiros, imprudência dos passageiros, pingentes, travessia inadvertida sobre os trilhos, brincadeiras de crianças e outras. Entre mortos e feridos, mais da metade dos atropelamentos e quedas tinha como conseqüência fraturas e ferimentos leves. Porém, as quedas dos bondes também indicavam um alto índice de ferimentos graves e mutilações, 30%, muito mais do que os atropelamentos, 13,8%. Já o índice de mortes era estimado nos atropelamentos e ocupavam o patamar de 19,4%, enquanto nas quedas se estimavam em 4,35% (cf. Beiguelman-Messina, 1993, p.71).

Se, para índices oficiais da justiça, os acidentes com bondes acusavam falta de regras e regulamentos mal compreendidos pelos motorneiros, choferes de carroça e pedestres desatentos, para a imprensa gaiata, os vários registros de desastres e a incompreensão das regras de trânsito ressuscitavam as muitas formas como essas questões eram interpretadas pelas vítimas, passantes e pelos seus algozes, que iam desde motoristas até as estruturas e instituições que regiam toda essa confusão das ruas: a administração pública, a Light, e a própria intervenção direta da polícia.

Na forma de queixas ilustradas, em colunas fixas, reclamações e críticas, chegavam pela voz de membros já mutilados, crianças em seus pequenos velocípedes antes e depois dos choques, ou ainda em trocadilhos caricatos em que os colunistas inventavam, para a Light, apelidos e possibilidades que nem ela mesma havia planejado em suas grandes investidas na cidade:

> Hoje de manhã, ao tomar o bonde, lobriguei lá dentro um vulto de mulher e, com a instantaneidade do raio enxerguei a imagem de Rufina. Trêmulo, sentei-me, e verifiquei: o vulto era uma velha gorda e tostada. Fechei os olhos, procurei esquecer-me da velha e de Rufina – *ejusdem farinae*, afinal de contas! – e comecei a resolver o seguinte problema: qual seria a renda bruta da companhia, supondo-se que tinha em trafego quatrocentos bondes, cada bonde tansportando em média 25 passageiros? A questão me interessava, porque estou tratando de redigir uma reclamação para a imprensa contra certas irregularidades do serviço (Amaral, 1924, p.45).

Em 1896, no quinzenário ilustrado e literário *O Bohemia*, do mês de junho, na seção de charges e desenhos, já surgia uma caricatura comentando as falhas da tração elétrica em seus primeiros movimentos. No pequeno *O Bolina* (1900), folha de tom humorístico, comentaram-se, em 13 de dezembro, as ocorrências na cidade que chamaram a atenção no mês de novembro. Desde um suicídio de um guarda-livros num barril de chope até a alusão à grande quantidade de chuvas na cidade, surgiam os problemas com a eletricidade.

As críticas à presença da Light em São Paulo também chegavam pelas pequenas colunas de "Implicamos" da imprensa de estilo irreverente. Em *A Torquez*, de 7 de setembro de 1902, entre as várias coisas e pessoas que estavam "implicadas",[36] registrava-se a manifestação contra a Light por ela haver eliminado os burros da ex-Viação. Os "animados"[37] da Viação Paulista, lembrados por Oswald de Andrade em suas memórias, surgiam no calor da hora em forma de crítica à companhia canadense que, velozmente, ia substituindo o trote ritmado dos burros que puxavam os bondes pela tração descontrolada dos elétricos, que se tornavam famosos devido ao alto índice de atropelamentos e desastres por eles causados nas ruas da cidade.

> "Indemnisação"
>
> ...
>
> As pernas das bellas moças
> Vem cheias de comoção
> Pedir aos bonds electricos,
> Terem dellas compaixão.
>
> ...
>
> Que haja desastres em penca,
> Ellas com isso nada tem.
> Mas que respeitem o que adoram
> O que coça e... sabe bem...
> (*O Buraco*, 24 e 25 mar. 1904)

Em *O Azeite*, de 1903, um burro desempregado da Viação Paulista passava pela redação do jornal, na coluna em "Visita" junto, com cartões de despedida

---

[36] "Implicamos" era uma coluna dos jornais de narrativa caricata bastante freqüente. Implicava-se com objetos, pessoas ou com qualquer questão comentada do momento.

[37] Os bondes de tração animal da Viação Paulista eram designados, pela imprensa, como "animados" (cf. Beiguelman-Messina, 1993).

de um velho paralelepípedo do Triângulo Central, que, na opinião do semanário, já ia tarde. Queixando-se de que não havia encontrado novo emprego e tinha uma família enorme para sustentar, o burro pedia ajuda a *O Azeite*. O jornal generosamente publicava as doações, listadas logo abaixo das lamúrias do bucéfalo. Entre os vários utensílios inovadores, como os óculos, um rabo de *frack* novo e um isolador elétrico, encontravam-se contribuições bastante interessantes ao futuro do burro na cidade: um bilhete de bonde da Light e outro da Loteria Esperança – dois utensílios que o burro dos tempos modernos não poderia dispensar para trafegar em São Paulo (*O Azeite*, 1 jun. 1903).

No descompasso dos tempos, despediam-se os burros, bondes "animados", antigos paralelepípedos e largos da cidade. Tudo parecia estar em mudança para os lados da área central da capital, na pequena imprensa de narrativa caricata. Para a Light, sempre eram reservadas as representações críticas às mazelas dos melhoramentos. Dos objetos e pessoas perdidos na cidade, todos reclamavam, até mesmo o Largo do Rosário vinha a público manifestar seu desagrado quanto à sua roupa republicana de Praça Antonio Prado, investido dos impertinentes trilhos que cercavam seu novo traje.

"Piparotes"

Já fui largo do Rosário
Hoje sou do doutor Prado,
Mas em vez de fina gramma estou de trilhos rodeado.
Mudaram-me a residência,
O meu nome eliminaram,
E por trilhos recurvados
O meu passado apagaram.
A Light, a famosa Light,
Sempre armada d'alvião
Rompe, rasga, a manta pinta,
É cá na terra um Sultão.
(*A Arara*, 8 jul. 1905). (Figura 5.12)

(fig. 5.12) Zé Povo – Então, foi para estragar o Largo do Rosário que gastei tanto dinheiro? Prefeito – Não faça caso, Senhora; aquilo passa-lhe. No mesmo número da publicação da coluna "Piparotes", ilustração de Borges Mattos abordando a situação do antigo Largo do Rosário. Nas mãos da "gigante matrona" Light, as transformações e desconfortos da cidade, entre o "arame" (dinheiro) e os bondes elétricos. *Arara*, 8 de julho de 1905.

As ruas desfiguravam-se. O pó subia das calçadas indo alojar-se em vários sinônimos nas charges dos pequenos semanários de narrativa caricata. De um lado, os operários da Light posavam para o "instantâneo" histórico dos arquivos da própria companhia canadense;[38] de outro, o retrato mal-acabado dos novos tempos que geravam tantos sustos e medos na população resultava em quadrinhas irreverentes, pequenas piadas e caricaturas "poeris" que deixavam, às folhas caricatas, um lugar onde o leitor perdido poderia refletir com mais nitidez sobre aquilo que na rua arriscava transformá-lo rapidamente em pó, ou mais uma vítima dos melhoramentos urbanos (Figura 5.13 a, b, c).

---

[38] Ver o álbum de registros da companhia Light & Power, desde 1899 até 1930 (*A cidade da Light: 1899-1930*, São Paulo: Departamento de Patrimônio Histórico/ Eletropaulo, 1990, v.1 e 2).

(fig. 5.13a) O visitante – O bonde entrou no túnel?
A Ronda, 5 de julho de 1908.

(fig. 5.13b) Com este pó infiltrando-se no nosso íntimo, perdemos de vez as estribeiras. Eis aí a razão dos suicídios, assassinatos, etc...
A Vida Paulista, 20 e 21 de setembro de 1908.

(fig. 5.13c) *O Pirralho*, 23 de dezembro de 1911.

Com má fama entre a população, a Light ganhava vários apelidos nos pequenos semanários caricatos os quais iam substituindo seu nome Light por "leite", Power por "pólvora". Até um de seus bondes, apelidado de *caradura*,[39] tornou-se, pela proximidade com os trabalhadores da cidade que o utilizavam, título do pequeno semanário humorístico em língua italiana publicado em São Paulo na primeira década do século XX. O *Cara-Dura*, de 1905, "o jornal mais estúpido do mundo" que, na "cara dura", unia-se às vozes da imprensa crítica e irreverente contra os serviços e descasos da companhia canadense em relação à população paulistana.

Se para a organização da cidade e o fim dos acidentes de trânsito, a polícia e uma parte da grande imprensa propunham, quase que num bloco único, a necessidade de placas e educação dos regulamentos de trânsito, para a narrativa irreverente, o clima de confusão e as propostas de organização geravam, no mapa das letras diversões ortográficas e choques ilustrados que se alimentavam reinventar as múltiplas posições e opiniões sobre a total ausência de sentido que a presença dos "loucomóveis" representavam (Figura 5.14 a, b).

(fig. 5.14a) A Ligth anda à solta com os reclames. Um pobre diaboque vem a S. Paulo, ainda não habituado a taes annuncios, toma um Poock e vai parar na Barra Funda... Fusão entre a Light e a publicidade de época. *Cri-Cri*, n. 16, 1908.

---

[39] O bonde "caradura" nasceu para servir aos trabalhadores. Era o antigo bonde puxado a burro da Viação Paulista que foi adaptado para o elétrico da Light.

(fig. 5.14b) Publicidade dos Charutos Poock, freqüente nos semanários. *O Pirralho*, 1911.

Depois que inventaram o Bonde
(Electrico bem entendido)
Tenho o coração não sei onde
Vivo quasi sem sentido...
(*O Garoto*, 30 dez. 1900)

No "Calepino" de *A Ronda*, o redator explicava que Light era um vocábulo inglês introduzido na língua portuguesa por força das circunstâncias. Seus sinônimos mais conhecidos eram: "insuportável, omnipótente, inatacável. Exemplo – A comissão directora" (*A Ronda*, 30 jul. 1908).

Definição bem próxima da que as várias ilustrações de Borges Mattos, em *A Arara*, de 1905, expressava ao exibir a Light como uma senhora matrona sentada confortavelmente sobre um monte de sacos de dólar e uma pobre moça chamada "comodidade pública". Ao lado da senhora Light, um amontoado de madeiras e pedras soltas representava a confusão de suas obras na cidade. Sobre esses futuros trilhos, um outro calunga fixo de *A Arara*, Zé Povo, vinha desenhado tentando escapar do mundo de escombros espalhados, no que se poderia supor ser a rua. Diante desse quadro, o comentário da legenda seria quase óbvio: "A Light fas e desfas, arranja e desarranja... é o cahos" (Figura 5.15).

(fig. 5.15) *A Arara*, 22 de julho de 1905.

Em meio ao caos urbano que roubava da população os espaços públicos, surgiam em *A Farpa* (1910), alternativas civilizadas para os candidatos se aventurarem pelas ruas da cidade. A coluna fixa "Don't"[40] foi criada para oferecer

---

[40] A coluna "Don't", de *A Farpa* (1910), provavelmente era uma paródia inspirada em uma publicação feita por Washington Luís, Secretário da Justiça, de prováveis atitudes nas ruas. Essa informação é encontrada numa pequena nota-piada saída em *O Pirralho*, de 2 de setembro de 1911, e sugere que Washington Luís distribuía exemplares do "Dont't" para os seus delegados.

"regras de civilismo em forma de proposições negativas, para uso dos aspirantes a moços bonitos 'upitodates'". Diante do comportamento que se deveria ter nos teatros, em casa e nos salões, apareciam também as perigosas ruas da cidade. Nelas, *A Farpa* (1910) orientava o leitor a se utilizar dos automóveis, carros, tílburis ou bondes, evitando a caminhada a pé. Caso fosse inevitável, o jornal recomendava ao pedestre não andar nem muito "de vagar" nem muito depressa, para não parecer vagabundo. Para aqueles que fossem utilizar os bondes, entre as inúmeras regras sobre comportamento dentro dele, havia: não escarrar nos bancos nem cuspir; a coluna "Don't" ainda advertia ao leitor que era de bom tom "não cair do bonde ao descer do lado da entrevia" (*A Farpa*, 16 fev. 1910) (Figura 5.16).

(fig. 5.16) Passeio hygienico nos bondes da *Ligth*. Uma versão "higiênica" de uso dos bondes da Light estampada na caricatura do *Cri-Cri*, n. 21, 1908.

Do sucesso ao descer do bonde, restava ao passante outro grande desafio civilizado, conseguir chegar à calçada, lugar que, nas regras e regulamentos, seria de fato reservado aos pedestres. Porém, as calçadas também se tornavam uma exceção aos regulamentos nas "regras de trânsito". Como as ruas, as calçadas, que deveriam ser dos passantes também não eram. Elas eram representadas, nas ilustrações e textos, tomadas pelo perigo iminente dos acidentes. A invasão das calçadas revelava, num sentido mais profundo, um desrespeito e uma total ausência de lugar para aqueles que andavam pelas ruas da cidade. Os passantes da pequena imprensa de narrativa irreverente não poderiam estar nas ruas, e muito menos nas calçadas de São Paulo.

Em uma ilustração do caricaturista Yôyô, publicada em *O Estado de S. Paulo*, em 1 de janeiro de 1909, o limpa-trilhos dos bondes invadia as calçadas e somava à sua função primitiva de limpar os trilhos, a de limpar também pernas dos pedestres. Ainda na ilustração de Yôyô, o bonde elétrico se animava na sua função civilizada, vindo com a seguinte inscrição: "Quero, Posso e Mando" (Beiguelman-Messina, 1993) (Figura 5.17).

(fig. 5.17) Caricatura de YôYô no *O Estado de S. Paulo*,
1 de janeiro de 1909.

304   Paula Ester Janovitch

Sem calçadas nem ruas para trafegar e, ao mesmo tempo, com regras claras ditadas pelos "Regulamentos" veiculados na grande imprensa, a fim de que os passantes compreendessem os novos ritmos de trânsito, surgiam nas narrativas irreverentes propostas alternativas diante dos contra-sensos entre as mensagens divulgadas na mídia e a falta de espaço nas ruas. Da *Ronda* (1908), um "rodante" resolveu enfrentar os acontecimentos e ir além dos regulamentos para solucionar o trânsito:

> – Os cidadãos tenham a bondade de ir para o meio da rua...
> (Um da roda)
> – E os automóveis, os bonds, os carros, as consequências?!...
> (O rodante)
> – As consequências não constam do regulamento!
> (*A Ronda*, 30 jul. 1908)

Se todas essas alternativas que iam "além do regulamento" não resultassem, porém, em sobrevida para o pedestre nem em melhoras no trânsito da cidade, então a sua condição de vítima-reclamante poderia inverter de sentido e colocá-la em outra categoria, dos culpados distraídos.

Afinal, de quem era a culpa por tantos transtornos? O pedestre distraído, o motorista imprudente, ou o "pedestre imprudente e o motorista distraído"? (Schonebron, 1995, p.11). Inúmeros processos de sinistros da cidade de São Paulo eram descritos nos *Relatórios da Justiça* como inabilidade dos motorneiros que não sabiam utilizar os freios nem a reversão em situações de declives e curvas, assim como dos passantes que viajavam nos bonds como pingentes ou, ainda, a travessia inadvertida dos pedestres na linha dos elétricos. Em contrapartida, a presença da velocidade descontrolada invertia novamente a ordem dos culpados e das vítimas nos acidentes de trânsito.[41]

---

[41] Giselle Beiguelman-Messina (1993), e *Laudos de sinistros*, pertencentes ao acervo da Academia de Polícia de São Paulo para os anos de 1925 e 1926. Registros anteriores de laudos de sinistros feitos pela Justiça não foram encontrados, muitos deles foram perdidos numa inundação na Academia de Polícia de São Paulo, e outros desapareceram. Restam os *Relatórios Anuais da Justiça* da primeira década do século XX que sugerem ao pesquisador aproximações com os *Laudos de sinistro*, citados aqui em período posterior ao focalizado neste livro.

Essa confusão de processos judiciais sobre quem eram os culpados e as vítimas dos acidentes de trânsito aparecia também nas notícias publicadas na grande imprensa, em que se transpunham incansavelmente os jargões, utilizados nos sinistros, em várias categorias de "imprudências" distribuídas democraticamente pelos "fatos diversos" retirados das ruas da cidade: eram imprudentes os declives e aclives das ruas de São Paulo, assim como os motorneiros, os passantes distraídos ou as crianças que brincavam nos trilhos dos elétricos.

Todo esse tumulto de regras e julgamentos repetidos numa mesma cadência, principalmente na imprensa, era capturado pela narrativa irreverente e reapresentado aos leitores com ênfase no conteúdo mais profundo dessa linguagem, que encobria o caos da cidade com aquilo que havia de mais exterior à questão do momento: o desejo de ordenação de uma cidade que crescia desordenadamente, envolta em regulamentos que não passavam de regras, leis e notas, os quais, em sua maioria, não saíam da letra impressa:

– Deve causar terrível sensação atropelar alguém!
– Com a minha machina, sente-se somente um pequeno solavanco...
(*Cri-Cri*, 10 maio 1908)

A banalização dos sentidos diante da forma como se estabeleciam os "solavancos" entre as "regras de trânsito" na cidade e o total caos das ruas também foi uma das maneiras pelas quais a imprensa alegre se utilizou para expressar a condição de descaso a que estavam relegados os habitantes/pedestres/passageiros das ruas e calçadas paulistanas (Figura 5.18).

(fig. 5.18) Com a pequena legenda: "o terror da meninada", Borges Mattos dá a sua versão do ritmo dos automóveis na cidade de São Paulo. *Arara*, 25 de fevereiro de 1905.

Próximo à acusação de excessiva velocidade, inabilidade dos motorneiros dos bondes e banalização dos sentidos, no quesito imprudência e irresponsabilidade, seguiam-se matérias e caricaturas dos automóveis conduzidos, em sua maioria, por filhos da elite paulistana que dirigiam pelas ruas da cidade como em estradas vazias (Figura 5.19).

(fig. 5.19) *Arara*, 23 de dezembro de 1905.

Em *A Arara*, de 25 de fevereiro de 1904, publicava-se, em matéria de "crônica de fundo" do semanário, o primeiro desastre automobilístico da cidade, provocado pela "acelerada marcha" do automóvel: o atropelamento de uma criança. Na opinião do redator da matéria não haveria justificativa cabível à velocidade dos automóveis em São Paulo: "um enormíssimo trambolho fogueteando pelas ruas da cidade..." e conduzido pelas mãos dos filhos do Sr. Conselheiro Antônio Prado, Sr. Antônio Penteado ou do Dr. Rodolfo Miranda. E exigia, em tom de indignação, que era necessário fazer com que os regulamentos municipais se cumprissem "com todo rigor e justiça".

Nas caricaturas, a passagem dos automóveis, conduzidos em sua maioria por chofres da sociedade, expressava de forma gráfica o desrespeito e descaso com que eram tratados aqueles que utilizavam as ruas da cidade. Eram automóveis assustando gansos que estavam no caminho, crianças pulando em direção das calçadas para não serem atropeladas pela marcha acelerada de veículos dirigidos inadvertidamente por outras crianças, e ainda caveiras de mais crianças espalhadas por entre esse exército de soldadinhos de chumbo e seus brinquedinhos assassinos que aterrorizavam os pequenos e os grandes habitantes de São Paulo (Figura 5.20).

(fig. 5.20) Creanças que riem e creanças que choram. *Arara*, 25 de fevereiro de 1905.

O resultado final desses confrontos diários no trânsito desordenado pelas ruas da cidade era o volume de pó das ruas, a falta de nitidez dos passantes que não distinguiam mais entre o que viam de fato e o que era ilusão óptica, filme do que realmente estava acontecendo diante dos seus olhos.

Em 1911, um desfile de mutilados passa por *O Pirralho* no pincel de Voltolino. Com a vestimenta-título de "felizardos", os eleitos comemoravam em conjunto por todos terem sido honrados pelas indenizações dadas pela *Light*. Em *O Pirralho*, chegava-se à síntese-limite dos novos tempos (Figura 5.21).

308 Paula Ester Janovitch

(fig. 5.21)*O Pirralho*,
2 de dezembro de 1911.

Os anúncios-reclamos

    Ao commercio intelligente
    Vêde as casas que annunciam e as que não annunciam; compare-as, e sabereis as que têm mais freguezia,
        mais credito e mais prosperidade.
                                    (*O Garoto*, 9-10 mar. 1901)

    Os produtos comerciais entravam no jogo dos "Quatro Cantos" como uma forma fundamental de sobrevivência dos pequenos semanários de humor, depois das assinaturas e da venda avulsa. Porém, *O Garoto* (1901) não apenas procurava atrair seus leitores para que anunciassem seus estabelecimentos comerciais em suas folhas, como também incorporava, nas matérias, a importância da presença da publicidade na linguagem da imprensa a meio caminho da cidade.

    Não foi por acaso, e sim, por incorporação publicitária, que se deu em *O Garoto*, a inclusão de inúmeros artigos comerciais durante a crônica rocambolesca da tentativa de homicídio de Pipoca e sua autópsia. De seu estômago, no final da matéria já citada, retirava-se em apoteose um barril de chope de marca Antarctica, uma das principais fontes de sustentação da pequena imprensa recreativa paulistana. Contudo, outros pequenos produtos saíam do bolso de Pipoca e eram incluídos na linguagem dos cronistas irreverentes:

> ...foi encontrado na algibeira de *Pipóca* o seguinte: 000$000, em dinheiro, um charuto de Havana dos que fuma o sr. Domingos Reis, especialidade da casa Selecta, largo do Rosario; um vidro de amoniaco com o rotulo da Pharmacia Normal, um canivete Rodger comprado na importante casa de D. Roque da Silva á rua de S. Bento... (*O Garoto*, 30 dez. 1900).

Para fora das matérias, nas colunas fixas de alguns jornais que já sinalizavam espaços claros para a vida comercial em suas folhas, títulos breves em caixa alta procedidos de textos rápidos repletos de exclamações, produziam, para os produtos oferecidos, numa escala das comentada para as matérias em paródias aos "fatos de sensação".

A sonoridade das ruas também convergia para a linguagem caricatural dos pequenos jornais. Na balbúrdia de sons dos freios dos bondes, pedestres, apitos dos guardas policiais e a cadência dos sinos, os anúncios capturavam os vários alarmes de advertência também comuns às ruas da cidade. No enqua-dramento das folhas, pedindo silêncio, singularizavam suas características particulares nas frases curtas e imperativas da publicidade das folhas: "Bebam Psst!", o espumático refrigerante sem álcool (*A Lua*, jan. 1910).

Da confusão mencionada o ao enquadramento breve da mensagem, a publicidade de estilo caricato atraía seus leitores. Gritos de "fogo" que poderiam muito bem confundir o passante tornavam-se nos anúncios dos jornais, chamadas enganosas para direções extremamente certeiras. Poetas, escritores e ilustradores distribuíam talento pelos anúncios, a fim de transformar as questões mais próximas do cotidiano dos cidadãos em chamadas atraentes de produtos que poderiam ser consumidos pelo leitor, e também incorporados a suas próprias narrativas literárias.

> "Ultima hora"
> Incêndio! Gente! Incêndio!
> Onde é perguntei.
> Logo, uma voz respondeu.

É na "Chapelaria Paulista" onde o Horacio Villella está vendendo ricas sombrinhas, magníficos chapeos e milhares de outros objectos, por preços baratíssimos (O *Mosquito*, 14-15 set. 1901).

Das ruas também eram capitalizadas, as publicidades gaiatas, a valorização das sonoridades das línguas. Entre falar certo e falar errado, a língua se transformava em idioma, ou vice-versa. Da miscelânea da linguagem surgia um produto novo que entrava no mercado paulistano.

Em tom de brincadeira de idiomas e situações passadas nas ruas da cidade, uma série de pequenos anúncios-piada do *Cri-Cri*, totalmente anônimos, saíra sistematicamente nos anos de 1907 e 1908. A estrutura dos anúncios uma situação curiosa de diálogo que seria porte do cotidiano dos passantes. Uma abordagem na rua, por exemplo, em que um passante perguntava as horas ao outro, em inglês, e o outro mostrava não compreender absolutamente nada do que estava sendo dito:

– What time is it?

– Como?

– Tell me me what time is it, if you please.

– Não percebo.

– Pergunto-lhe que horas são.

– Devias ter perguntado em portuguez porque de inglez nada comprehendo.

– Devias comprehender. Saber inglez é hoje uma necessidade e isso consegue-se facilmente freqüentando as aulas dos professores Mee, que ensinam as principaes línguas pelo methodo Berlitz.

– Amanhan mesmo porei mãos à obra. Onde é a casa dos professores Mee?

– É a rua Quintino Bocayuva,19 (*Cri-Cri*, 20 set. 1908).

Em alguns casos, os anúncios feitos para chamar a atenção dos leitores se rebelavam contra os próprios anunciantes, e, quase como num ato antropofágico seus criadores gaiatos mastigavam os produtos em tiradas rápidas e curtas, para integrá-los em notas críticas, matérias, piadas e ilustrações, os quais nada mais eram que a representação do excesso de rebarbas dessa tomada de espaço em estilo imperativo pelos reclamos nas folhas .

Às vezes, como bem salientou Saliba (2002) ao citar uma crônica de Bastos Tigre de 1917, este estilo dos anúncios que ordenava produtos em chamadas curtas tornava-se "invasivo e grosseiro": "O cidadão sente-se ameaçado na sua liberdade de escolher o fumo com que se distraia, a água que adicione ao seu whisky, a roupa com que faça um novo cadáver".[42]

Em *A Arara* (1905), outra refeição era feita. Agora não eram as chamadas curtas que se reinventavam em forma de crônicas à presença dos reclamos na imprensa, e sim as próprias ilustrações captavam a intensidade e a freqüência de determinados anunciantes, elevando-lhes, por sua popularidade, a hábeis críticas de perfis de políticos e fatos do momento. Era assim que os ilustradores "jantavam" os anúncios publicitários, e, num diálogo claro, rápido e detalhado com a conhecida Chapelaria Alberto, que tinha loja no Triângulo paulistano, libertava-se de seu lugar de anúncio fixo das folhas para sua representação caricata de foco político. Com o título "Na Chapelaria Alberto", a ilustração de B. Mattos apresentava vários tipos de chapéus diferentes no rosto de um mesmo político. Na legenda, reforçando a variedade de chapéus e a repetição do rosto, os dizeres: "A crítica é fácil, a escolha é difícil" (*A Arara*, 29 abr. 1905) (Figura 5.22).

(fig. 5.22) A crítica é fácil, mas a escolha é difícil.
Arara, 29 de abril de 1905.

---

[42] Em citação feita por Saliba (2002, p.85).

No *Cri-Cri* (1908), a curta chamada alusiva aos abusos apontados por Bastos Tigre, em 1917, ordenava: "Fumem cigarros ASPASIA"; em *A Lua* (1910), o imperativo vinha reforçado: "Cigarros Aspasia em toda a parte"; e em *O Pirralho* (1911), em rebeldia diante das certeiras direções dadas pelos novos tempos, o resultado em paródia crítica: "Brevemente, fumem cigarros *Pirralho*" (Figura 5.23 a, b).

(fig. 5.23a) *A Lua*, 1910.

(fig. 5.23b) Publicidade em paródia de *O Pirralho*, 1911.

Já em *A Ronda* (1908), a matéria que se afirmava trecho de um original de reclamo da fábrica de massas dos Fratelli Secchi deixava certa dúvida sobre sua intenção, se anúncio a ser consumido ou refeição literária inspirada em "massa original"(Figura 5.24):

Além disso, a nossa fábrica produz pasta alimentícia sob a forma de caracteres alphabeticos e números arábicos, o que muito pode concorrer para o progresso da cultura nacional. Si as senhoras apenas si sentem grávidas, começam a fazer uso das nossas massas, e o Brasil verá diminuir miraculosamente o analphabetismo e a ignorância em seu sólo fecundo e prodigioso (*A Ronda*, 13 ago. 1908).

(fig. 5.24) Eis um cavalheiro gordo, que se diz Secco e que embora fale ás massas, entre as massas vive. Em *O Bicho*, um outro reaproveitamento da "massa"aludida no pequeno texto-piada de *A Ronda*, 13 de agosto de 1908. Abaixo da ilustração, pequena frase publicitária do cigarro Aspásia. *O Bicho*, 25 de setembro de 1909.

A Lua (1910), cujo perfil era mais favorável aos reclamos em suas folhas, chegava a dar matérias, notas e fotografias de seu mais forte anunciante, José Lira, e ainda tinha o hábito quase semanal de declarar a exclusividade do ilustrador Yôyô (Aureliano do Amaral), que assinava todos os reclamos caricaturais da "Bromil" e também da "Saúde da Mulher" publicados em *A Lua*. Da apresentação do anunciante José Lira aos reclamos veiculados durante o semanário ao longo do ano de 1910, não havia apenas os grandes anúncios ocupando as páginas mais importantes da folha, também se ilustrava, por fotografia, o "avanço" da publicidade na área central da cidade. Sobre o telhado "mais saliente" do antigo Teatro São José, onde hoje se localiza o prédio da Eletropaulo, a ex-Light, um "colossal" *outdoor* da "Bromil" mostrava a nova conquista do "homem-reclamo": o espaço aéreo da cidade (*A Lua*, fev. 1910) (cf. Ramos, 1985, p.23) (Figura 5.25).

(fig. 5.25) Grande anúncio de última página de *A Lua*, fevereiro de 1910.

Para o ilustrador Yôyô, além da assinatura em todas as caricaturas de reclamos "Bromil" e "Saúde da Mulher", publicadas no semanário, elogios e mensagens de colaborações negadas a outros ilustradores para *A Lua*, registrados na sua "Posta Restante", destacavam a exclusividade do caricaturista em todos os exemplares da folha.

Se, entretanto, *A Lua* valorizava os anúncios publicitários, seu anunciante e a exclusividade de seu ilustrador, o hibridismo e a divergência de focos permaneciam impondo o ritmo e a linguagem da imprensa de narrativa irreverente em outras folhas. Em *O Bicho,* de 11 de setembro de 1908, a exclusividade do futuro ilustrador de *A Lua* transformava-se em pura *cavação*[43] na coluna "Objetos Achados": "O quadro reclame, marca *cavação,* do espiritismo *Yôyô*".

Em contrapartida, com a invasão dos anúncios publicitários que se espalhavam descontroladamente nas pequenas folhas e no espaço urbano, poderia surgir, nas folhas caricatas, em seu foco mais crítico, justamente aquilo que a publicidade tinha de mais forte: seu sentido de direção. Com a quebra do sentido certeiro dos *outdoors,* em forma de caricaturas que rompiam o espaço "mais saliente" dos telhados, os cronistas irreverentes invadiam o local onde os próprios jornalistas, poetas e escritores se reuniam, mais uma vez o Café Guarany. No mínimo essa inversão de direções tornava-se bastante emblemática.

Em *O Pirralho* (1911), de forma extremamente hábil, Voltolino capturava dos *outdoors* das ruas a linguagem enxuta, imperativa e extenuante dos anúncios dos produtos comerciais e a colocava lado a lado com a produção artística, em um dos lugares mais freqüentados da cidade pelos cronistas irreverentes (Figura 5.26).

(fig. 5.26) *O Pirralho,* 19 de agosto de 1911.

---

[43] A expressão "cavação" foi muito utilizada pela imprensa da época e equivale a "agir de forma pouco lícita" (cf. Viotti, 1956, p.109).

Na balbúrdia do conhecido Café Guarany, com o título "Arte em S. Paulo", desenhava-se, sobre suas mesas, um quadro panorâmico que trazia uma miscelânea de reclamos que misturavam anúncios de sabonetes baratos, romances naturalistas, simpáticos desenhos de baleias e sardinhas em lata. Essa era a sua nova decoração, que se sobrepunha às conversas bafejadas a chope e mastigadas a empadinhas,[44] e talvez uma das refeições mais difíceis de serem engolidas por aqueles que freqüentavam as pequenas mesas de mármore do simpático café cultural da cidade.[45] Lembrando as afirmações do escritor Olavo Bilac, a caricatura sem dúvida era uma das armas de maior periculosidade do momento, instrumento cortante com muito mais que dois gumes afiados (cf. Chaves, 1944, v.II, p.356) (Figura 5.27).

(fig. 5.27) Ilustração de Voltolino para a coluna alemã de *O Pirralho* mostra uma mesa do Café Guarany, local que o ilustrador freqüentava e onde desenhou muitos dos seus calungas. *O Pirralho*, 9 de setembro de 1911.

---

[44] Ver, sobre o clima dos cafés da cidade, no romance de Edmundo Amaral (1950), *A grande cidade*.
[45] Referências ao movimento cultural no Café Guarany foram registradas por Monteiro Lobato na *Barca de Gleyre* (1946); no romance de Edmundo Amaral (1950); nas memórias de Cícero Marques em *De pastora a rainha* (1944) e no *São Paulo de meus amores*, em que Afonso Schimdt (s. d.) dedica, ao pequeno café, uma crônica exclusiva: "O Café Guarany".

O palpite da semana

Revelava-se, no início do século XX, um dos jogos mais exemplares do momento, o jogo do bicho, talvez a expressão nítida do intricado diálogo que se travava entre o ludismo das formas alteradas pela representação caricata na imprensa e os benefícios produzidos pela arte de brincar, passar o tempo, vinculadas a um compromisso crítico e noticioso diante com o momento.

Walter Benjamin escreveu, em 1928, um interessante ensaio sobre "Brinquedos e brincadeiras", no qual, reforçando em parte os comentários de Huizinga, em *Homo ludens,* em relação aos jogos infantis, indicava, entre as várias características dessas brincadeiras, a de serem possíveis simuladores da "vida real", nos quais, para além da representação, seus participantes estão livres para repetir e aprimorar cenas e lances quantas vezes desejarem.[46]

Já Peter Gay (1995, p.373), ao analisar historicamente o "humor mordaz" do século XIX, apontava, entre as inúmeras associações do humor com os jogos infantis e a brincadeira, uma certa complexidade que não esgotava o assunto na sua vocação lúdica: "a maior parte do humor é tudo, menos um jogo puramente intelectual ou uma explosão ingênua".

E, finalmente, Gombrich (1986, p.302), ao se debruçar sobre as várias experiências com a caricatura, chegou ao ponto de intersecção lúdica dos jogos de conteúdo mordaz que cruzavam a realidade por meio da expressão artística, afirmando que as "equivalências que nos permitem ver a realidade em termos de uma imagem e uma imagem em termos de realidade", deixando sublinhado que essas equivalências não repousam tanto na semelhança ou numa associação direta com a realidade: "Reagimos a um borrão branco na silhueta negra de um jarro como se fosse um ponto de luz. Reagimos à pêra com suas linhas entrecruzadas como se fosse a cabeça do rei Luís Felipe".

O exemplo da pêra associada a Luís Felipe, publicado pelo jornalista Philippon em 1834, gerou inúmeras controvérsias à época e uma multa ao jornalista-editor, acusado de comprometer a imagem do rei ao associá-lo a uma pêra. A multa transformou-se no próprio processo de explicação e defesa do

---

[46] Johan Huizinga (2000) e Walter Benjamin (1985a, p.249), "Brinquedos e brincadeiras: observações sobre uma Obra Monumental", de 1928.

autor sobre a maneira como as equivalências artísticas executavam a criação de uma caricatura. Na sua demonstração, Philippon tornou a publicar, no *Le Charivari* (1834), a execução da caricatura da face de Luís Felipe em quatro etapas diferentes, interrogando, nas distintas etapas, por qual delas deveria ser punido ao desenhar uma pêra no lugar do rosto do rei: "Será crime substituir uma coisa por seu equivalente? Ou a etapa seguinte? E se não for, por que não a pêra?" (Gombrich, 1986, p.301).

Nesse caso, a inocente pêra, criada por Philippon em francês, também significava imbecil, tolo ou idiota. Estava demonstrada a boa caricatura, baseada numa interpretação, sua equivalência ou, por que não afirmar, num palpite compartilhado e compreendido por todos que dominavam a língua francesa.

O jogo do bicho no início do século XX passou a funcionar de fato com os parâmetros de equivalência referendados para a narrativa caricatural. Tornou-se, em 1900, uma coqueluche no território nacional, em que a população das grandes cidades brasileiras dominava cada vez mais suas regras, gírias e demais equivalências. Estava classificado na categoria dos jogos de azar, como o baralho, a briga de galos e outros tantos divertimentos que passaram a ser proibidos pela justiça no período republicano, porém "tolerados" pela polícia da *belle époque*. Seu poder de atração e a articulação prévia das apostas pelo palpite e divulgação na imprensa de divertimentos promoviam juntos a ampliação do lugar desse jogo na vida social e cultural do período, mesmo considerado ilegal.[47]

Assim se davam os palpites da semana ao emblemático jogo do bicho, freqüentes nas ruas e semanários de narrativa irreverente. Toda semana, o mesmo jogo com 25 bichos fixos.[48] Mas, sobre eles, uma relação diversa de interpretações, metáforas de possíveis equivalências que poderiam resultar num ganho financeiro em um lance de sorte ou mais uma mão de azar pregada pelo destino.

A partir do início de 1900, apesar de proibido pela polícia, os 25 bichos originários do Zoológico do Rio de Janeiro burlaram o cerco da lei e se espalharam como rastilho de pólvora pela imprensa ligada à vida das diversões.

---

[47] Mediante um processo complexo que associava bichos a números, surgiam nas ruas, assim como nos semanários, os palpites ou interpretações que antecipavam o bicho a ser apostado no jogo. O palpite poderia ser um sonho, uma situação acontecida na rua, datas de nascimento importantes ou fatos circunstanciais conhecidos por todos.

[48] Os 25 bichos do jogo são: avestruz, águia, burro, cachorro, borboleta, cabra, carneiro, camelo, cobra, coelho, cavalo, elefante, galo, gato, jacaré, leão, macaco, porco, pavão, peru, touro, tigre, urso, veado, vaca.

– Agora é essa a nossa principal missão: perseguir os bicheiros como a cães danados!...

– Cães danados, heim! Que belo palpite!

– Homem, é verdade! Quem sabe...? (*O Malho*, 8 nov. 1902).[49]

Nos semanários de estilo irreverente paulistanos, os "palpites" para o jogo do bicho oscilavam entre as colunas de esportes, charadas, em ilustrações e nas grandes folhas fixas de anúncios que normalmente vinham associados à publicidade das casas lotéricas e ao aviso entusiasmado do resultado do bilhete da loteria federal.

Entre um palpite feliz e várias indicações gaiatas, divertiam-se todos. Criavam-se teorias. Faziam-se aproximações e "fezinhas" que provavelmente aqueciam as vendas dos semanários, o número de anunciantes e a imaginação dos jogadores e leitores.

O jogo do bicho, entretanto, não nasceu colado à imprensa, mas um pouco antes do 1900, no final do Império. Foi, em princípio, idealizado por Manuel Ismael Zevado, natural do México. Ao contrário do que se possa imaginar, a origem do jogo do bicho começou sem bicho algum. Apenas flores. Uma loteria de flores com a benevolência do marechal Floriano Peixoto, que acreditava serem os jogos de azar passatempos excelentes para que o povo não se concentrasse nas questões críticas do momento. O marechal Floriano Peixoto deixou existir a tal loteria de flores numa casa à Rua do Ouvidor. E, mesmo com a sua tolerância, o jogo das flores não vingou e Zevado teve que fechar sua "Casa de Flores".

Por essa época surgiu o barão de Drummond na história do jogo do bicho. Lá pelo ano de 1888, quando o regime monárquico ainda vigorava, o barão havia criado, em suas propriedades no bairro de Vila Isabel, um jardim zoológico. Por seu caráter público, aberto à visitação, o barão recebia uma subvenção do monarca Dom Pedro II. Porém, à mudança de regime político, os homens da República resolveram cortar as verbas dadas para a manutenção do Jardim, alegando ser a contribuição mais um dos "favores" de Dom Pedro II prestados aos seus amigos.

De 1889 em diante, o barão se viu em maus lençóis, pois havia gastado quase todo o dinheiro da sua fortuna pessoal na fauna estrangeira do zoológi-

---

[49] Citação retirada de Herschmann & Lerner (1993, p.66).

co. Em meio à crise por que ele passava foi que surgiu Manuel Ismael Zevado, oferecendo-lhe o tal jogo das flores que, nos jardins do zoológico, poderiam ser substituídos pelos seus 25 animais cativos. Como na loteria das flores, o nome dos animais estaria associado a um número equivalente; caso saísse o número, o jogador ganharia uma determinada quantia em dinheiro.

O barão gostou da idéia e foi assim que o jogo começou na bilheteria do Zoológico do Rio de Janeiro. No início, não havia grande número de visitantes, os quais, logo ao comprarem o bilhete para visitação do jardim, recebiam estampado nele um dos 25 animais do zoológico. Caso o bicho sorteado no dia fosse o mesmo do bilhete comprado, então o visitante recebia um prêmio em dinheiro 20 vezes maior do que havia pago pelo ingresso. Era também a primeira vez que um jogo de azar revertia o prêmio em dinheiro.[50]

O jogo do bicho acontecia sempre no final do dia. Erguia-se um quadro enorme de madeira com o nome do bicho escolhido, logo à porta do jardim, porém vedado, até que era retirada a proteção e todos viam o bicho sorteado. Rapidamente a bilheteria do jardim zoológico aumentou o número de visitantes, que chegavam e logo pediam um porco, uma vaca, um macaco, uma borboleta. O tal jogo feito ali perto dos animais passou a ser mais interessante que a própria visitação.

Os bondes para Vila Isabel não davam mais conta do volume de pessoas que se dirigia ao jardim do barão. O zoológico, atulhado de pessoas, vivia em festa e atrações em meio aos 25 animais cativos. Todo mundo queria saber o bicho que ia dar no sorteio da tarde. O barão, que sempre desfilava pelo jardim, divertia-se armando "dicas" do dia para os visitantes mais curiosos que vinham abordá-lo em seu passeio diário.

> – Hoje dará o animal que, por imagem, mais se assemelha a mulher!
> Corriam todos ao *guichet* e era um nunca mais acabar de comprar borboletas!
> Descia o quadro, à tarde, e dava... a cobra.
> Ironias velhacas do barão... (Edmundo, 1957, v.4, p.868)

---

[50] Herschmann & Lerner (1993, p.63) destacam o fato da introdução do dinheiro como prêmio, uma novidade do jogo do bicho.

Surgiam assim os famosos palpites do barão, tramados por sua inteligência. A cada dia inventava novas analogias, dicas e associações que alimentavam a imaginação dos jogadores.

> O rápido sucesso alcançado pelo bicho pode ser creditado, em parte, ao Barão de Drummond. Dono de um senso de ironia cativante, soube, ao lado de Zevado, explorar com muito bom humor a expectativa que antecede o sorteio, introduzindo a prática do palpite (Herschmann & Lerner, 1993, p.63).

A proibição do jogo do bicho, que provocou seu fechamento no Jardim Zoológico, não excluiu o sucesso da prática na imprensa e pelas ruas da cidade, associada aos palpites lendários do barão. Na coluna de "Piadas" de *O Azeite* (1903) aparecia a bicharada, em versos rimados, ilustrados com as tradicionais combinações dos "palpites certos":

> Palpites certos
> Quem quizer ganhar no bicho
> Jogue sem hesitação
> Nestes palpites enviados
> Pelo espírito do Barão.
> (*O Azeite*, 1 jun. 1903)

Outros palpites, mais incertos, tornavam-se autônomos do barão, ou, livres da lenda, arriscavam lances-solo, transformando em rimas, versos e cálculos gaiatos o gostoso cultivo do comentário jogado pelas ruas da cidade entre os passantes, na maioria das vezes observações de fatos diários que antecediam os sorteios e pressagiavam os bilhetes comprados.

> Bicharia da
> "A Torquez"
>
> Quereis ganhar dinheiro,
> Arriscae o grupo tres;
> É o palpite do Pinheiro
> Secretario da "A Torquez"?

Amanhã eu vou jogar:
Do carneiro uma centena.
Por certo hei de ganhar,
Duas vezes na dezena.
Quando vejo uma velha passar
Perguntando que bicho deu,
Vou logo, bem logo espiar.
No que ella se meteu.
As vezes ella avança no touro,
As vezes contrario acontece;
E logo o perigo passa,
E nisto é dia... amanhece.
São palpites do tezouro.
Que a Torquez vos offerece.
K. S. C. º
(*A Torquez*, 28 out. 1902)

O *L´Asino* (1901), já por sua aproximação de título em italiano com o mundo da bicharada, abria espaço em sua folha para o "BURRO" do jogo do bicho, que tecia combinações da semana entre os bichos ilustrados e os palpites versificados (Figura 5.28).

(fig. 5.28) *L' Asino*, 28 de junho de 1903.

Nos anúncios publicitários também se aproveitava o poder de atração do palpite do jogo feito pelas ruas da cidade. Porém, ao lance do acaso, surgia o jogo prévio de palavras que, ao gosto do anunciante, produzia chamadas enganosas:

> Gallo! Gallo!
> Não cuidem que não é palpite para o *bicho*: trata-se da conhecida e acreditada camisaria e alfaiataria Ao Gallo, que mandou publicar em todos os jornaes o seguinte aviso... Grande e variado sortimento de casemiras finas e de bom gosto, há pouco chegado em condições vantajosas (*Gil Braz*, 3 ago. 1903).

Depois da fuga dos bichos do zoológico do lendário barão e sua proibição, todos os 25 foragidos transformavam-se em presas voláteis da polícia. O jogo do bicho ilegal, motivo da repressão da polícia, também se abria como assunto na imprensa de narrativa irreverente que, com o hábito de capturar os fatos do dia nos diários, passava a tramar sua versão das perseguições policiais. No *O Bilontra* (1901), combinavam-se dois grandes personagens do momento, "A Polícia e o Bicho". Ambos eram cuidadosamente aprisionados, entre aspas, e com as devidas notas de crédito à fonte genérica de "Jornais Paulistanos". Caricaturados por Silvestre em um desenho que misturava marionetes presas por uma boca enorme da personagem "Polícia", tentando capturar a bicharada que se escorava numa poderosa cobra bíblica enrodilhada na árvore do Paraíso, nas "barbas da Polícia": "O assumpto do dia" do *O Bilontra* era uma verdadeira Arca de Noé (Figura 5.29).

(fig. 5.29)*O Bilontra*,
9 e 10 de novembro de 1901.

Assumptos do dia

O Dr. Chefe de Polícia ordenou as mais severas medidas de repressão contra o jogo do bicho" (*Jornais Paulistanos*)
Cabras, cobras, jacarés
Borboletas e carneiros,
Safae-vos, correi ligeiros
Cada um por sua vez,
Avisae vossos irmãos,
Essa grande bicharia
De que o chefe qualquer dia,
Mette-os todos no xadrez.
E apesar das tuas medidas, o jogo continua sendo, o mesmo nas barbas da polícia. Oh! Ferro!... (*O Bilontra*, 9-10 nov. 1901)

Os cronistas irreverentes não se contentavam, porém, em apenas embaralhar as notícias já creditadas aos "jornais paulistanos". Nas notas humorísticas, a vida da imprensa sempre se revelava aos leitores por meio do seu tecido mais particular, a "cozinha das matérias". E foi pelos "bastidores das notícias" que a *Nova Cruzada*, de 1º de janeiro de 1904, publicou uma pequena matéria de fim de página, fazendo comentários jocosos sobre a intervenção da polícia dentro do *Correio Paulistano*. O motivo era uma suspeita de que a bicharada andava circulando entre os funcionários do jornal. Entretanto, na confusão de números e animais, nada ficou provado, apenas a evidência das próprias suspeitas: "um queria o grupo 3", que na verdade consistia de uma coleção de cartões mágicos e um peixe-surpresa, e o outro queria o "grupo 6", nada mais que um código para pedir um tirador de penas e um molhador de selos. No fundo, como declarava a pequena matéria no final, tudo não passou de uma grande confusão. Talvez um palpite errado que a polícia não soube decodificar.[51]

---

[51] Nos comentários de Herschmann & Lerner (1993, p.67) em relação à repressão da polícia ao jogo do bicho, parece ficar claro o grau de tolerância desta que, provavelmente, associava a importância que o jogo lotérico tomava em âmbito nacional, ou seja, estava atenta à "ressonância do acaso no imaginário popular", e portanto à possibilidade de obtenção de lucros via ganhos informais ou corruptos na sua aparente cegueira.

O fato é que a bicharada era rápida nos semanários. Logo que a polícia ameaçou chegar, bichos misturavam-se aos seus amigos bicheiros e se confundiam pelas ruas da cidade. E ninguém mais sabia distinguir o que era palpite do que era mera invenção da linguagem (Figura 5.30).

(fig. 5.30) *O Cri-Cri* entra no jogo do bicho anunciando, em ilustração, "a fuga dos bicheiros". 14 de junho de 1908.

O jogo do bicho de fato era metafórico. Em 1909, a cidade de São Paulo foi surpreendida com um novo semanário de estilo gaiato, *O Bicho*, e em seu primeiro número vinha um bicho que aparentava ser um gato vestido de fraque. Abaixo do bicho da capa, que variava semanalmente, um anúncio permanente de casa lotérica que fazia o eixo Rio-São Paulo.

Na folha de apresentação do semanário, o artigo de fundo já anunciava, em seu primeiro número, o tradicional "ao que viemos", no qual afirmava afinar-se com os "bichos mansos", desses que os leitores da cidade conhecem e "que tem divertido á grande a humanidade... do Brasil".

Entre milhares de expressões do momento, gírias típicas da vida da malandragem, principalmente dos "colarinhos brancos", declarava-se *O Bicho* (1909) um semanário que viveria como os seus iguais, de *cavações, engrossamentos, arames, bicos de chaleira* e *pés de alferes*.

Dessa estranha aproximação da narrativa irreverente como uma das formas de manutenção do jogo do bicho na cidade, abria-se mais uma trilha de fuga dos 25 bichos do zoológico do lendário barão de Drummond. Bem adaptada à imprensa caricata, a bicharada denunciava um exército de ganhos ilegais, expressões e gírias extremamente brasileiras, que formavam, em torno de si, um "universo de particularidades nacionais", cultivadas na formação de uma linguagem própria, repleta de histórias e "casos" que compreendiam o rico universo do "palpite da semana".[52]

Apresentavam-se, nas crônicas e ilustrações relativas ao jogo do bicho, *bicheiros, cavadores, engrossadores, bicos de chaleira, pés de alferes*, em combinações diversas com *jacarés, cobras, camelos e borboletas*.

O Bicho (1909) lançava-se na imprensa como um desses jogadores que, às várias combinatórias, atrevia-se a arriscar seus palpites, que oscilavam entre a esfera da vida noticiosa e as diversões, pela representação caricata animalizada dos 25 bichos gentilmente cedidos pelo jogo ilegal que mais circulava pelas ruas da cidade.

Epílogo, 1911 – um último palpite

Paulatinamente vão se diversificando as formas de jogar, surgindo diferentes modalidades. Podia se apostar no antigo, salteado, Rio, buraco, moderno, lotto, talismã da sorte etc, todos com premiação distinta. Paralelamente a essa

---

[52] Sobre essa "estranha combinação" do jogo do bicho com "particularidades nacionais", Herschmann & Lerner (1993, p.99) destacam seu surgimento na passagem do Império para a República, época em que havia uma forte valorização do que era "estrangeiro" e um distanciamento do nacional. Nesse sentido, o jogo do bicho surge como propiciador e difusor de um universo de recriação das "particularidades

diversificação, o jogo vai se tornando mais complexo, aumentando em caso de vitória a possibilidade de enriquecimento. As combinações passam a ser infinitas, podendo-se jogar em unidades, dezenas, centenas, milhares, diretamente e invertidamente, designando-se os jogos por iniciais: U para unidade, D para dezena, C para centena, M para milhar ou simplesmente G para grupo e I para invertido. Cada jogo corresponde a um prêmio que será tanto maior quanto mais difícil for a probabilidade dessa combinação ocorrer. Em suma, o cálculo dos ganhos é sempre rigorosamente proporcional aos riscos (Herschmann & Lerner, 1993, p.69).

À medida que as combinações do jogo se tornaram mais complexas, a relação entre o estilo do jogo e a imprensa de narrativa irreverente também arriscava lances mais altos, criando um universo cada vez mais amplo de evocações, equivalências e ressonâncias entre o embate das palavras e o palco dos dias.

Nesse período, os burros levavam a pecha de desempregados permanentes, obstáculos aos novos tempos de velocidade, perdendo, na caricatura assim como no cotidiano urbano, um dos seus atributos psicológicos mais valorizados no século anterior, a possibilidade de transportar homens e mercadorias pela tração animal. Mais ociosos, iam ocupando, em destaque, categorias pouco prestigiadas na imprensa de humor ao longo da primeira década do século XX.[53]

O Pirralho, de 1911, já incorporava no seu palpite a pecha dos novos tempos. E mostrava, num duplo jogo de baralho e bicho, seu palpite, ao ritmo da coluna "O Pirralho... cavando...".

> ... depois de uma *burrada* tremenda feita no Aéreo.
> Estava de azar.

---

nacionais" que partiam da cultura lúdica brasileira e penetravam na linguagem, na estética, nos "casos" e, finalmente, nos tais palpites específicos e contextualizados no momento, publicados amplamente nos semanários de narrativa caricata. Ver também os comentários de Gilberto Freyre sobre os vínculos nacionais do jogo do bicho com as brincadeiras e arremedos animistas oriundos da cultura indígena e depois, da africana, em seu livro *Casa grande & senzala* (1952, v.1, p.135).

[53] O burro, muito utilizado como metáfora de idiotice, aqui sofre outro desdobramento lingüístico. Pertencendo a uma das categorias do jogo do bicho, incorpora seu sentido pejorativo e lúdico à linguagem caricata ligada a temas do momento.

> A minha pouca sorte começou por ter eu desprezado um palpite do Tibiry,
> que me dizia pela manhã:
> – Hoje é o cavallo. É fatal. A minha escripta não falha.
> (*O Pirralho*, 12 ago. 1911)

Já o cavalo, acusado, desde *Cabrião* (1866), de quadrúpede inútil quando comparado aos préstimos do burro, em meados do século XIX, passou parte da monarquia alimentando-se nos jardins do barão e fugiu com os 24 bichos do jogo, modificando sua posição em relação ao burro. *Up to date* com os novos tempos, o cavalo tornava-se um palpite feliz, mas extremamente arriscado.

O palpite do jogador de *O Pirralho* para o ano de 1911 foi infeliz, apostou tudo na vaca: "E deu o cavallo com 341 pelo antigo ou Rio; com 364 pelo moderno e com não sei quanto pelo salteado" (*O Pirralho*, 12 ago. 1911).

N'*O Bicho,* de 25 de setembro de 1909, já havia prenúncios da velocidade desabalada, adjetivada pela força dos cavalos. Na capa de *O Bicho*, um porco com uma bandeira escrita "Não Pode", tentava regulamentar a velocidade do Dr. Cunha Bueno que, pela legenda logo abaixo da ilustração, havia perdido o circuito de automóveis de Niterói por não querer "montar no porco".[54] Porém, apesar do "Não Pode" do porco do jogo de *O Bicho* (1909), na madrugada de 1911, um desastre com um suíno transformou o palpite da capa do semanário em matéria infeliz do jornal diário *O Comércio de São Paulo*: um atropelamento de uma vara de porcos provocado pela alta velocidade dos bondes que, ao durante a primeira década do século XX, afirmavam contínua e categoricamente: "Quero, Posso e Mando" (Figura 5.31).

---

[54] "Montar no porco" era uma expressão de época relacionada à idéia de subjugar, submeter. Nesse caso, a expressão também se vinculava a um animal do jogo do bicho e à idéia anímica de se chafurdar ou se enfiar.

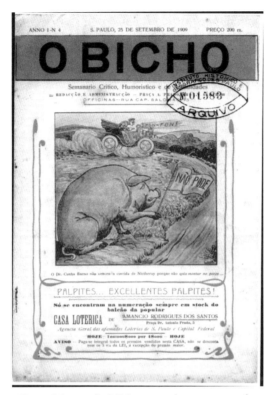

(fig. 5.31) O porco de *O Bicho*, na capa da semana, tentando regulamentar a alta velocidade dos automóveis; segurava uma bandeira com a inscrição: "Não pode". 25 de setembro de 1909.

Mesmo assim, em 1911, o jogador de *O Pirralho* insistia em fazer suas apostas. Se não ia pelo jogo do bicho, poderia vir melhor sorte embaralhando as cartas:

> Subi a Rua de São Bento, ao defrontar o Central deu-me... experimentar. Era tarde; e ao tomar rumo, porem, dou com o Alberto: pegou-me e levou-me para... o Aéreo. A banca era pequena mas boa ... Atirei-me como um desesperado e desesperado fiquei com a negativa do jogo. Tomei na cabeça como gente grande. Estava de azar.
> Si jogava na repetição, o baralho dava *costella*, si ia pela *costella* eram novas no *tableaux* que não paravam mais; se ia pela negativa do banqueiro a banca crescia e dobrava (*O Pirralho*, 12 ago. 1911).

Não havia mais palpite que regulasse. Porém, o jogador de *O Pirralho* não desistiu. Foi para casa e, ao tentar conciliar o sono, tornava a pensar no cavalo, no palpite do Tibiry e na sua *dubla burrada*. E, em *rêverie*, corrigia todos os passes errados voltando a jogar:

– Carte passe!

– Nove ao 1, en carte ao 2.

– Mais 500 a entrar!

– Feito (*O Pirralho,* 12 ago. 1911).

Considerações finais

Entre o embate das palavras e o enredo dos dias

Em 1911 surgia na cidade de São Paulo um dos semanários humorísticos mais bem acabado da primeira década do século XX, *O Pirralho*. Nele, poder-se-ia afirmar que se reuniu a polifonia de linguagens dos cronistas irreverentes, dispersos pelos semanários de narrativa irreverente elencados ao longo desse período e aqui estudados.

Não eram colunas isoladas nem textos e ilustrações esparsos no meio de clichês, poemas e comentários variados. *O Pirralho* nascia da linguagem caricata. Todo o jornal convergia para uma máquina de crítica, arte e humor. Desde o seu primeiro número, a pertinência ao mundo dos divertimentos e a crítica aos fatos do momento reverenciavam as oscilações de linguagem, traço seguro da narrativa irreverente já registrado de forma fragmentária nos anos entre 1900 e 1910, nos vários outros semanários pesquisados.

O ano de 1911 também foi emblemático para a vida cultural urbana da cidade de São Paulo. Ainda não se vivia um clima de Primeira Guerra Mundial. Apenas prenúncios estampados na pequena imprensa indicavam um futuro próximo conturbado. Porém, a vida cultural da cidade parecia chegar a um limite, em que a troca de linguagens e o hibridismo dos primeiros tempos da convivência de várias linguagens concentradas num mesmo espaço indicavam um fim próximo, um distanciamento definido pela maior especialização dos setores de entretenimento no espaço urbano e das representações culturais que habitavam essa cidade de muitas línguas.

O fato simbólico desse fim anunciado se deu numa terça-feira de setembro de 1911: a inauguração do Teatro Municipal de São Paulo. E tal como ocorreu com a maior parte dos cronistas irreverentes, *O Pirralho* não foi convidado a entrar na grande inauguração, o que o levou a se manifestar de forma crítica nas três línguas macarrônicas diferentes que usava para expor seus pontos de vista na vida noticiosa da capital.

Nesse mesmo ano, entravam em decadência os cafés-concertos da cidade. O *Moulin Rouge* despedia-se apresentando Bertha Baron, ora vestida de apache ora de baiana, dançando o corta-jaca e o vatapá (cf. Araújo, 1981).

Mesmo com todas as falhas técnicas e o aumento dos incêndios em São Paulo, o cinema conquistava os habitantes da cidade. Os espectadores se divertiam assistindo à possibilidade das imagens em movimento. Era a ascensão dos cinematógrafos, de Serrador, das comédias de Max Linder e das invencionices de Méliés. E também o fim da convivência de motoscópios, fonógrafos, lanternas mágicas, circo de cavalinhos, lutas de galo, lundus, maxixes, *cake-walkes* e cafés-cantantes, compartilhando os mesmos lugares que a imprensa de narrativa irreverente.

Às 4 horas e 50 minutos da tarde do dia 28 de dezembro de 1914, deu-se o último golpe nesses lugares de diversões e vida cultural compartilhados na cidade: anunciava-se nos vários jornais paulistanos, em meio a notícias da "guerra em Paris", que o Polytheama, o velho barracão de zinco que atravessou a primeira década do século XX apresentando, em seu palco, a diversidade dos entretenimentos – o circo de cavalinhos, a grande atriz Sarah Bernardt, as pantomimas do *Guarani* com a *Ceci* cabocla e *Peri* italiano –, pegara fogo e estava reduzido a escombros. As causas do acidente não foram conhecidas. "Do Polytheama só restavam apenas os pilares e um montão de cinzas" (Araújo, 1981, p.246).

Na Europa, tudo indicava que a Grande Guerra ia continuar por muito tempo. E, em São Paulo, terminava uma época de palcos improvisados e diversões compartilhadas, da anarquia da linguagem que, sem peias nem programas, derramava-se pela vida noticiosa e artística da cidade e nos pequenos semanários de narrativa irreverente.

A inauguração do Teatro Municipal, em 1911, e o fim do Polytheama em 1914, desenhavam simbolicamente, no espaço urbano linhas mais tênues e definidas que geravam uma certa exclusão de lugares para a produção cultural. Os cronistas gaiatos não se calaram nem pararam de produzir jornais de linguagem irreverente que abordavam a imprensa e a cidade por meio de seu "mundo particular". De fato, a maioria deles não entrou no Teatro Municipal, em 1911, e nem depois, em 1922, na consagrada Semana de Arte Moderna. Mas continuou fazendo suas apostas e palpites nos jogos duplos, triplos, pelo, "moderno" ou no, "antigo" que embaralhava o dia à linguagem irreverente.

Referências bibliográficas

A CIDADE da Ligth: 1899-1930. São Paulo: Superintendência de Comunicação/Dep.de Patrimônio Histórico/Eletropaulo, 1990. 2v.

A REVISTA no Brasil. São Paulo: Abril, 2000.

ABDELMALACK, G. *Momentos da história do Brasil através da caricatura*. 1991. Dissertação (Mestrado) – Escola de Comunicação e Artes, Universidade de São Paulo, 1991. (Mimeo.)

ACQUARONE, F. *História da Arte no Brasil*. Rio de Janeiro: Oscar Mano & Cia. Editores, 1939.

AGOSTINI, A. *As aventuras de Nhô-Quim & Zé Caipora*: os primeiros quadrinhos brasileiros 1869-1883. Brasília: Senado Federal, Conselho Editorial, 2002.

AGOSTINI, A. et al. *Cabrião*. São Paulo: Editora Unesp Imprensa Oficial, 2000. (Edição fac-similar).

AGUDO, J. *Gente rica*. São Paulo: O Pensamento, 1912.

_____. *Gente audaz*. São Paulo: O Pensamento, 1913a.

_____. *O Dr. Paradol e o seu ajudante*. São Paulo: Pensamento, 1913b.

_____. *Cartas d´Oeste*. São Paulo: O Pensamento, 1914.

AGUIAR, F. (Org.). *Gêneros de fronteira*. São Paulo: Xamã, 1997.

ALMEIDA, G. de. *Cosmópolis*. São Paulo: Companhia Editora Nacional, 1962.

ALMEIDA, J. de. *Achados chistosos*: da psicanálise na escrita de José Simão. São Paulo: Educ/ Escuta/Fapesp, 1998.

ALVES, O. R. *Os homens que governaram São Paulo*. São Paulo: Nobel/Edusp, 1986.

AMARAL, A. *Memorial de um passageiro de bonde*. São Paulo: Cultura Brasileira, s. d.

_____. *O dialeto caipira*. São Paulo: Anhembi, 1955.

_____. *O elogio à mediocridade* (estudos e notas de literatura). São Paulo: Nova Era, 1924.

AMARAL, Aracy. *Artes plásticas na Semana de 22*. São Paulo: Editora 34, 2001.

AMARAL, A. B. *História dos velhos teatros de São Paulo*. São Paulo: Gov. do Estado de São Paulo, 1979.

_____. *Dicionário de história de São Paulo*. São Paulo: Governo do Estado de São Paulo, 1980.

AMARAL, B. F. *A literatura em São Paulo em 1922*. São Paulo: Conselho Estadual de Cultura, Comissão de Literatura, 1973.

AMARAL, E. *A grande cidade*. São Paulo: José Olympio, 1950.

_____. *Rótulas e mantilhas*. Rio de Janeiro: Civilização Brasileira, 1932.

AMERICANO, J. *São Paulo naquele tempo* (1895-1915). São Paulo: Saraiva, 1957.

_____. *São Paulo nesse tempo* (1915-1935). São Paulo: Melhoramentos, 1962.

ANDERSON, B. *Nação e consciência nacional*. São Paulo: Ática, 1989.

ANDRADE, O. de. *Um homem sem profissão*: sob as ordens de mamãe. São Paulo: Globo, 1990.

ANDRÉ, J. M.; PAPI, S. Apresentação. In: TORELLI, A. *Almanaque d'"A Manha"*. 1949. São Paulo: Imprensa Oficial do Estado, 2002. p.XIII.

ANTUNES, B. *Juó Bananére: as Cartas d'Abax'o Pigues*. São Paulo: Editora Unesp, 1999.

APPEL, J.; APPEL, S. *Comics da imigração na América*. São Paulo: Perspectiva, 1994.

APROBATO FILHO, N. *Sons da metrópole*: entre ritmos, ruídos, harmonias e dissonâncias. 2001. Dissertação (Mestrado em História Social) – Faculdade de Filosofia, Letras e Ciências Humanas, Universidade de São Paulo, 2001. (Mimeo).

ARAÚJO, E. (curadoria). *Rafael Bordalo Pinheiro: o português tal e qual*. São Paulo: Pinacoteca do Estado, 1996. (Catálogo da exposição).

ARAÚJO, V. de P. *Salões, circos e cinemas de São Paulo*. São Paulo: Perspectiva, 1981.

ARGAN, G. C. *História da arte como história da cidade*. São Paulo: Martins Fontes, 1992.

ARQUIVO Público Estadual; FUNDAÇÃO Joaquim Nabuco. *Traço e história*: a caricatura na madrugada da República. Recife: Editora Massangana, 1990. (Catálogo de exposição).

ARRUDA, G. *Cidades e sertões*: entre a história e a memória. 1997. Tese (Doutorado em História) – Faculdade de Ciências e Letras, Universidade Estadual Paulista (Mimeo), Assis, 1997.

AZEVEDO, A. de. *A cidade de São Paulo*. São Paulo: Brasiliana, 1958. v.1, 2, 3, 4.

AZEVEDO, C. L. et al. *Monteiro Lobato: o furacão na Botocúndia*. São Paulo: Senac, 1997.

AZEVEDO MARQUES. *Apontamentos da Província de São Paulo*. São Paulo: Livraria Martins Editora, 1954. t.II, p.313-4.

BAHIA, J. *Jornal, história e técnica*: história da imprensa brasileira. São Paulo: Ática, 1990.

BAKHTIN, M. *A cultura popular na Idade Média e no Renascimento*. São Paulo: Hucitec, Editora Universidade de Brasília, 1987.

BALCÃO, L. F. *A cidade das reclamações*: moradores e experiência urbana na imprensa paulistana – 1900/1913. 1998. Dissertação (Mestrado) – Faculdade de História, Pontifícia Universidade Católica, São Paulo, 1998. (Mimeo).

BALABAN, Marcelo. *Poeta do Lápias: A trajetória de Ângelo Agostini no Brasil Imperial – São Paulo e Rio e Janeiro – 1864-1888* (Tese de Doutorado) – IFCH – Universidade de Campinas, . São Paulo, 2005. (Mimeo).

BALZAC, H. de. *Os jornalistas*. Rio de Janeiro: Ediouro, 1989.

BANANÉRE, Juó. *La divina increnca*. São Paulo: Folco Masucci, 1966.

BARBOSA, F. de A. *A vida de Lima Barreto*. Rio de Janeiro: Livraria José Olympio, 1981.

BARBOSA, J. A. *A leitura do intervalo*. São Paulo: Iluminuras, 1990.

BARDI, P. M. *Comunicação-notícias de Cabral à informática*. São Paulo: Banco Sudameris Brasil S.A, 1984.

BASBAUM, L. *História sincera da República de 1889 a 1930*. São Paulo: Alfa-Ômega, 1976.

BASTOS, S. *A cidade por seus moradores*: ação e participação dos moradores na administração da cidade de São Paulo, na segunda metade do século XIX. 2001. Tese (Doutorado) – Faculdade de História, Pontifícia Universidade Católica, São Paulo, 2001.(Mimeo).

BAUDELAIRE, C. *Escritos sobre a arte*. São Paulo: Imaginário/ Edusp, 1991.

_____. *As flores do mal*. Rio de Janeiro: Nova Fronteira, 1985.

_____. O pintor da vida moderna. In: COELHO, T. (Org.). *A modernidade de Baudelaire*. São Paulo: Paz e Terra, 1988.

BECKER, I. (Org.). *Humor e humorismo, paródias*. São Paulo: Brasiliense, 1961.

BEIGUELMAN-MESSINA, G. Rondó do tempo presente. *Revista Memória,* São Paulo, jul./dez., 1995.

_____. Deus é máquina. *Revista Memória,* São Paulo, jul./dez. 1993.

BELLAS – Artes, caricatura. *Revista do Brasil,* São Paulo, jan. 1916.

BELMONTE. "Gênios a Granel". *Folha da Manhã*, São Paulo, 15 de julho de 1925.

BELUZZO, A. M. de M. *Voltolino e as raízes do Modernismo*. São Paulo: Marco Zero, 1992.

BENJAMIN, W. *Obras escolhidas. Magia e técnica, arte e política*. São Paulo: Brasiliense, 1985a.

_____. Pequena história da fotografia. In: KOTHE, F. R. (Org.). *Walter Benjamin*. São Paulo: Ática, 1985b.

_____. *Charles Baudelaire, um lírico no auge do capitalismo*. São Paulo: Brasiliense, 1991.

BERGSON, H. *O riso*. São Paulo: Martins Fontes, 2001.

BERNARDI, C. de. *O lendário Meneghetti*. São Paulo: AnnaBlume, 2000.

BESSON, J.-L. *A ilusão das estatísticas*. São Paulo: Editora Unesp, 1995.

BHABBA, H. (Org.). *Nation and narration*. New York: Routledge, 1995.

_____. *O local da cultura*. Belo Horizonte: UFMG, 1998.

BOAVENTURA, M. E. *O salão e a selva*: uma biografia ilustrada de Oswald de Andrade. Campinas: Editora Unicamp/Ex Libris, 1995.

BOLLE, W. *Fisionomia da metrópole moderna*. São Paulo: Edusp/Fapesp, 1994.

BOSI, A. *O pré-modernismo*: a literatura brasileira. São Paulo: Cultrix, s. d.

BRADBURY, M.; McFARLENE, J. (Org.). *Modernismo* (guia). São Paulo: Companhia das Letras, 1999.

BREMMER, J.; ROODENBURG, H. *Uma história cultural do humor*. Rio de Janeiro: Record, 2000.

BRESCIANI, S. (Org.). *Imagens da cidade, séculos XIX e XX*. São Paulo: Marco Zero/Anpuh, 1993.

BRETAS, M. L. *A guerra das ruas*: povo e polícia na cidade do Rio de Janeiro. Rio de Janeiro: Arquivo Nacional, 1995.

BRITO, M. da S. *História do modernismo brasileiro*: antecedentes da Semana de Arte Moderna. Rio de Janeiro: Civilização Brasileira, 1971.

BROCA, B. *Memórias*. Rio de Janeiro: Livraria José Olympio, 1968.

_____. *A vida literária no Brasil-1900*. Rio de Janeiro: Livraria José Olympio, 1975.

_____. *Naturalistas parnasianos e decadistas*. São Paulo: Editora Unicamp, 1991.

_____. *Teatro das letras*. São Paulo: Editora Unicamp, 1993.

BRUNO, E. S. *História e tradições da cidade de São Paulo*. Rio de Janeiro: Editora José Olympio, 1953. v.1, 2, 3.

BURKE, P. *Cultura popular na idade moderna*. São Paulo: Companhia das Letras, 1989.

_____. *Línguas e jargões*. São Paulo: Editora Unesp, 1997.

CAGNIN, A. L. 130 anos do *Diabo Coxo*: o primeiro periódico ilustrado de São Paulo, 1864-1994. *Comunicação & Educação*, São Paulo, n.1, p.27-31, set.1994.

_____. Yellow Kid, o moleque que não era amarelo. *Comunicação & Educação*, São Paulo, n.7, p.27-91, set./dez. 1996.

CALVINO, I. *As cidades invisíveis*. São Paulo: Companhia das Letras, 1995.

CAMARGO, A. M. Introdução. In: *O Polichinello (1896)*. São Paulo: Imesp/Daesp, 1981. (Edição fac-similar).

_____. *A imprensa periódica com objetivo de instrumento de trabalho*: Catálogo da Hemeroteca Júlio de Mesquita do IHGSP. 1975. Tese (Doutorado em História) – Faculdade de Filosofia, Letras e Ciências Humanas, Universidade de São Paulo, São Paulo, 1975. (Mimeo).

CAMARGO, M. *Villa Kyrial: crônica da Bélle Époque paulista*. São Paulo: Senac, 2001.

CANDIDO, A. *Literatura e sociedade*. São Paulo: Companhia Editora Nacional, 1967.

_____. *A educação pela noite & outros ensaios*. São Paulo: Ática, 1987.

_____. *Formação da literatura brasileira*. Belo Horizonte: Ed. Itatiaia, 1993a. 2v.

_____. *O discurso e a cidade*. São Paulo: Livraria Duas Cidades, 1993b.

_____. *A crônica: o gênero, sua fixação e suas transformações no Brasil*. São Paulo: Editora da Unicamp, 1992.

CANDIDO, A. et al. *A personagem de ficção*. São Paulo: Perspectiva, 1999.

CAPELATO, M. H. *Os arautos do liberalismo*. São Paulo: Brasiliense, 1989.

CARELLI, M. *Carcamanos e comendadores*. São Paulo: Ática, 1985.

CARLOS, J. *O Rio de Janeiro de J. Carlos*. Rio de Janeiro: Lacerda, 1998.

CARNEIRO, B. *A vertigem dos venenos elegantes*.1993. Dissertação (Mestrado em Antropologia) – Faculdade de Ciências Sociais, Pontifícia Universidade Católica, São Paulo, 1993. (Mimeo).

CARNEIRO, N. *O Paraná e a caricatura*. Curitiba: Museu de Arte Contemporânea do Paraná, 1975. (Memória Cultural do Paraná).

CARONE, E. *Da esquerda à direita*. Belo Horizonte: Oficina dos Livros, 1991.

CARPEAUX, O. M. *Reflexo e realidade*. Rio de Janeiro: Fontana, 1978.

CARVALHO, J. M. de. *Os bestializados*. São Paulo: Companhia das Letras, 1987.

CASA de Rui Barbosa. *Do Guarani ao guaraná*: história, humor e nacionalidade. Rio de Janeiro: Ministério da Cultura, 2001. (Catálogo de exposição de 8 de fevereiro a 29 de abril de 2001).

CASALECCHI, J. E. *O Partido Republicano Paulista (1889-1926)*. São Paulo: Brasiliense, 1987.

CEM Anos de Propaganda. São Paulo: Abril Cultural, 1980.

CENNI, F. *Italianos no Brasil*. São Paulo: Edusp, 2001.

CESARINO C. F. *O primeiro cinema*. São Paulo: Scritta, 1995.

_____. *Antes da narrativa linear*: tempo e modernidade no primeiro cinema (1895-1907). 2000. Tese (Doutorado) – Faculdade de. Comunicação e Semiótica, Pontifícia Universidade Católica, São Paulo, 2000. (Mimeo).

CHALHOUB, S. *Cidade febril*. São Paulo: Companhia das Letras, 1996.

CHALMERS, V. *3 linhas e 4 verdades*. São Paulo: Livraria Duas Cidades, 1976.

CHARLOT, M.; MARX, R. *Londres, 1851-1901*. Rio de Janeiro: Jorge Zahar Editor, 1993.

CHARNEY, L.; SCHWARTZ. R. (Org.). *O cinema, a invenção da vida moderna*. São Paulo: Cosac & Naify, 2001.

CHARTIER, R. (Dir.). *Práticas de leitura*. São Paulo: Estação Liberdade, 1996.

CHAVES, E. *A vida exuberante de Olavo Bilac*. Rio de Janeiro: Livraria José Olympio, 1944. v.II.

CHIARELLI, T. *Um Jeca nos vernissages*. São Paulo: Edusp, 1995.

CIVITA, V. *História do século 20 - 1900/1914*. São Paulo: Abril Cultural, 1968.

_____. *Nosso século Brasil, 1900/1910*. São Paulo: Abril Cultural, 1985. v.I, II.

CORNEJO, C. *Lembranças de São Paulo*. São Paulo: Studio Flash Produções, 1999.

COSTA, A. M.; SCHWARCZ, L. M. *1890-1914 – No tempo das certezas*. São Paulo: Companhia das Letras, 2000.

COSTA, E. V. da. *Da Monarquia à República*. São Paulo: Editora Unesp, 1999.

COSTA, H. da. *Correio Braziliense ou Armazen Literario* (Londres 1808). São Paulo: Imprensa Oficial. Correio Braziliense, 2001. (Edição fac-similar).

COSTELLA, A. F. *O controle da informação no Brasil*. Petrópolis: Vozes, 1970.

COTRIM, A. *Pedro Américo e a caricatura*. Rio de Janeiro: Pinakotheke, 1983.

CRESPO, R. A. *Crônicas e outros registros*: flagrantes do pré-modernismo (1911-1918). Campinas, 1990. Dissertação (Mestrado) – Instituto de Estudos da Linguagem, Universidade de Campinas, Campinas, 1990. (Mimeo).

CRUZ, H. de F. (Org.). *São Paulo em Revista*. São Paulo: Cedic, Arquivo do Estado, 1997a.

_____. (Org.). *São Paulo em Revista*: Catálogo de Publicações da Imprensa Cultural e de Variedade Paulistana (1870-1930). São Paulo: Arquivo do Estado, 1997b.

_____. *São Paulo em papel e tinta*: periodismo e vida urbana – 1890-1915. São Paulo: Educ/Fapesp, 2000.

CULTURA e cidade. *Revista Brasileira de História,* São Paulo, v.5, n.8/9, set.1984/abril.1985.

CUNHA, M. C. P. *Ecos da folia*. São Paulo: Companhia das Letras, 2001.

DAMASCENO, A. *Imprensa caricata do Rio Grande do Sul no século XIX*. Rio de Janeiro: Editora Globo, 1962.

DANTAS, M. *Cornélio Pires. Criação e riso*. São Paulo: Duas Cidades, 1976.

DARTON, R. *Os best-sellers proibidos*. São Paulo: Companhia das Letras, 1998.

DARWIN, C. *A expressão das emoções no homem e nos animais*. São Paulo: Cia. das Letras, 2000.

DAUDET, A. *Tartarin de Tarascon*. São Paulo: Athena Editora, 1938.

DEAN, W. *A industrialização de SP/RJ*. São Paulo: Difel, s. d.

DENNING, M. *Mechanic Accents*. New York: Verso, 1987.

DI CAVALCANTI, E. *Viagem da minha vida*. Memórias, o testamento da alvorada I. Rio de Janeiro: Civilização Brasileira, 1955.

_____. *Reminiscências líricas de um perfeito carioca*. Rio de Janeiro: Civilização Brasileira, 1964.

DIAS, M. O. L. da. *Quotidiano e poder em São Paulo no século XIX*. São Paulo: Brasiliense, 1984.

DICK, M. V. de P. do A. *A dinâmica dos nomes na cidade de São Paulo 1554-1897*. São Paulo: AnnaBlume, 1997.

DIMAS, A. *Tempos eufóricos*. Análise da revista *Kosmos* 1904-1909. São Paulo: Ática, 1983.

DOYLE, P. *História de revistas e jornais literários*. Rio de Janeiro: Ministério da Educação e Cultura, 1976. v.II.

DUARTE, P. *Memórias: as raízes profundas*. São Paulo: Hucitec, 1974. v.I.

_____. *Amadeu Amaral*. São Paulo: Hucitec, 1976.

DUARTE, R. H. *Noites circenses*. São Paulo: Editora da Unicamp, 1995.

DUQUE, G. *Contemporâneas* (pintores e escultores). Rio de Janeiro: Typ. Benedicto de Souza, 1929.

_____. A estética das praias. In: ___. *Graves & frívolos*. Rio de Janeiro: Sette Letras, 1997.

_____. *Impressões de um amador*. Belo Horizonte: Editora UFMG, 2001.

ECO, U. *Sobre os espelhos e outros ensaios*. Rio de Janeiro: Nova Fronteira, 1989.

EDMUNDO, L. *O Rio de Janeiro do meu tempo*. Rio de Janeiro: Conquista, 1957. v.IV.

ELAZARI, J. M. *Lazer e vida urbana – São Paulo 1850-1910*. 1979. Dissertação (Mestrado em História) – Faculdade de Filosofia, Letras e Ciências Humanas, Universidade de São Paulo, São Paulo, 1979.

ESQUIRE. *Esquire Cartoon Album*. USA: Library of Congress, 1957.

EULÁLIO, A. *Literatura & artes plásticas*. Rio de Janeiro: Fundação Casa de Rui Barbosa, 1989.

FAUSTO, B. *Crime e cotidiano*. São Paulo: Brasiliense, 1984.

FERREIRA, P. *Arte de fazer graça*. Rio de Janeiro: Empreza Brasil Editora, 1925.

FIORENTINO, T. A. Del. *Prosa de ficção em São Paulo*. São Paulo: Hucitec, 1982.

_____. *Utopia e realidade*: o Brasil no começo do século XX. São Paulo: Cultrix, 1979.

FLAUBERT, G. *Bouvard e Pécuchet*. Rio de Janeiro: Nova Fronteira, 1981.

FLEIUSS, M. A caricatura no Brasil. *Revista do Instituo Histórico e Geográfico Brasileiro*, Rio de Janeiro, n.80, 1916.

FLOREAL, S. *Ronda da meia-noite*. São Paulo: Typ. Cupolo, 1925.

FONSECA, C. *Juó Bananére: o abuso em blague*. São Paulo: Editora 34, 2001.

FONSECA, Godim da. *Biografia do jornalismo carioca*. Rio de Janeiro: s. n., 1941.

FONSECA, Guido. *Crimes e criminosos na cidade de São Paulo* (1870-1950). São Paulo: Editora dos Tribunais, 1988.

_____. *História da prostituição em São Paulo*. São Paulo: Editora dos Tribunais, 1982.

FONSECA, J. da. *Caricatura: a imagem gráfica do humor*. Porto Alegre: Artes e Ofícios, 1999.

FOUCAULT, M. *As palavras e as coisas*. São Paulo: Martins Fontes, 1985.

FRADIQUE, M. *A lógica do absurdo*. Rio de Janeiro: Ed. Leite Ribeiro, 1925.

FRANCO, M. S. de C. *Homens livres na ordem escravocrata*. São Paulo: Editora Unesp, 1997.

FREHSE, F. Notas sobre os tempos de um tempo: um certo "Sr. Segismundo" na São Paulo do início dos anos de 1870. *Revista Sexta-Feira*, São Paulo, n.5, s. d.

_____. *O tempo das ruas na São Paulo de fins do império*. São Paulo: Edusp, 2005.

FREITTAS, A. A. A imprensa periódica de São Paulo. *Revista do Instituto Histórico e Geográfico de São Paulo*, São Paulo, 1914.

_____. *Tradições e reminiscências paulistanas*. São Paulo: Governo do Estado de São Paulo, 1978. (1.ed., 1921).

_____. O primeiro centenário da fundação da imprensa paulista. *Revista do Instituto Histórico e Geográfico de São Paulo*, São Paulo, v.XXV, 1927.

_____. *Dicionário do Município de São Paulo*. São Paulo: Ed. Graphica Paulista, 1929. t.I.

FREUD, S. *Os chistes e a sua relação com o inconsciente*. Rio de Janeiro: Imago, 1996. v.VIII.

FREYRE, D. (Org). *Cabrião*: seminário humorístico (1866-1867). In: AGOSTINI, A. et al. *Cabrião*. São Paulo: Unesp/Imprensa Oficial do Estado de São Paulo, 2000.

FREYRE, G. *Casa grande & senzala*. Rio de Janeiro: José Olympio, 1952. v.1.

GAGINI, P. *Fragmentos da história da polícia de São Paulo*. São Paulo: Ed. Príncipe, 1960.

GALOTTA, B. C. *O Parafuso: humor e crítica na imprensa paulistana, 1915-1921*. 1997. Dissertação (Mestrado) – Faculdade de História Social, Pontifícia Universidade Católica, 1997, São Paulo, 1997.

GALVÃO, M. R. E. *Crônica do cinema paulistano*. São Paulo: Ática. 1975.

GAMA, L. *Diabo Coxo* (São Paulo 1864-1865). São Paulo: Edusp, 2005. (Edição facsimilar).

GAY, P. O humor mordaz. In: ___. *O cultivo do ódio*. São Paulo: Companhia das Letras, 1995.

GINZBURG, C. *Mitos, emblemas, sinais*. São Paulo: Cia. das Letras, 1989.

GRÁFICA, Arte e Indústria no Brasil: 180 anos de história. São Paulo: Bandeirante Editora, 1991.

GOMBRICH, E. H. *Arte e ilusão: um estudo da psicologia da representação pictórica*. São Paulo: Martins Fontes, 1986.

_____. *Meditações sobre um cavalinho de pau*. São Paulo: Edusp, 1999a.

_____. Em busca de novos padrões. In: ___. *A história da arte*. Rio de Janeiro: LTC, 1999b.

GOMES, R. C. *Todas as cidades, a cidade*. Rio de Janeiro: Rocco, 1994.

GORDINHO, M. C. et al. *Gráfica: arte e indústria no Brasil* – 180 anos de história. São Paulo: Bandeirante, 1991.

GOULART, P. C. A. *Álbum de figurinhas – configurações e história*. 1989. Dissertação (Mestrado em Jornalismo e Editoração) – Escola de Comunicação e Artes, Universidade de São Paulo, São Paulo, 1989.

GUASTINI, M. *Tempos idos e vividos*. São Paulo: Universitária, s. d.

GUELFI, M. L. *Novíssima: estética e ideologia na década de vinte*. São Paulo: USP/IEB, 1987.

HARDMAN, F. F. *Nem pátria nem patrão*. São Paulo: Brasiliense, 1984.

HAROCHE, C.; COURTINE, J. J. O homem desfigurado – Semiologia e Antropologia política de expressão e da fisionomia do século XVII ao século XIX. *Revista Brasileira de História Cultura e Linguagens*, São Paulo, fev. 1987.

HERSCHMANN, M.; LERNER, K. *Lance de sorte: o futebol e o jogo do bicho na* belle époque *carioca*. Rio de Janeiro: Diadorim, 1993.

HISTÓRIA da Tipografia no Brasil. São Paulo: Secretaria da Cultura do Estado, 1979.

HOBSBAWM, E. *A era dos impérios*. São Paulo: Paz e Terra. 1988.

_____. *A era do capital*. São Paulo: Paz e Terra. 1996.

HOFMANN. *Caricature from Leonardo to Picasso*. London: John Calder, 1957.

HOLANDA, A. B. de. *Dicionário Aurélio Eletrônico: Século XXI*. Rio de Janeiro: Nova Fronteira, 1999.

HOLANDA, S. B. de. *Raízes do Brasil*. Rio de Janeiro: José Olympio, 1989.

HOMENS de São Paulo. São Paulo: Livraria Martins Editora/Edusp, 1954.

HUGO, V. *O homem que ri*. São Paulo: Companhia Editora Nacional, 1929.

HUIZINGA, J. *Homo ludens*. São Paulo: Perspectiva, 2000.

HUNT, L. (Org.). *A invenção da pornografia*. São Paulo: Hedra, 1999.

_____. *A nova história cultural*. São Paulo: Martins Fontes, 1992.

344 Paula Ester Janovitch

IAGO, J. *Briguela*. São Paulo: Livraria Martins, s. d.

ISGOROGOTA, J.; NICOLINI, J. *João Camacho – novela humorística*. São Paulo: Edições e Publicações Brasil, 1938.

ITARARÉ, Barão de. *Almanaque d' "A Manha" 1955*. Rio de Janeiro: Baron of Itara-ré, 1955.

_____. *Almanaque para 1949*. São Paulo: Edusp/Imprensa Oficial/Studioma, 2002. (Edição fac-similar).

_____. *Almanaque para 1955*. São Paulo: Studioma, 1995. (Edição fac-similar).

JANOVITCH, P. E. *O Menir de Pommery*. 1994. Dissertação (Mestrado em Antropologia) – Faculdade de Ciências Sociais, Pontifícia Universidade Católica, São Paulo, 1994. (Mimeo).

JANOVITCH, P. E.; SENA, J. C. de. *Paulicéia scugliambada*. São Paulo: Instituto Cultural Itaú, 2000. 1 CD-ROM.

JATOBÁ, R. Bondes na cidade. *Revista Memória*, Departamento de Patrimônio Histórico da Eletropaulo, n.15, jul./ago./set. 1992.

JORGE, F. *Vidas dos grandes pintores do Brasil* (incluindo os grandes caricaturistas). São Paulo: Livraria Martins Editora, 1954.

_____. *Vida e poesia de Olavo Bilac*. São Paulo: McGraw-Hill, 1977.

KARL, F. R. *O moderno e o modernismo*. Rio de Janeiro: Imago, 1985.

KERN, S. *The culture of time and space (1880-1918)*. USA: Kern, Stephen, 1996.

KLINTOWITZ, J. *A arte do comércio 1900-1930*. São Paulo: Senac, 1988. v.1.

KOGORUMA. *Conflitos do imaginário*: a reelaboração das práticas e crenças afro-brasileiras na Metrópole do Café, 1890-1920. São Paulo: AnnaBlume, 2001.

KOLER, C. *História do vestuário*. São Paulo: Martins Fontes, 1993.

KOTHE, F. (Org.). *Walter Benjamin*. São Paulo: Ática, 1985.

KOSSOY, B. *Álbum de photographias do Estado de São Paulo* (Estudo crítico). São Paulo: Livraria Kosmos Editora, 1984.

_____. *Fotografia & história*. São Paulo: Ateliê Editorial, 2001.

_____. *Realidades e ficções na trama fotográfica*. São Paulo: Ateliê Editorial, 2002.

_____. Militão de Azevedo. In: *Album Comparativo da Cidade de São Paulo (1862-1887)*. São Paulo: Secretaria Municipal da Cultura, 1981.

LEÃO, C. *São Paulo em 1920*. Rio de Janeiro: Annuario Americano, 1920.

LAGO, P. C. do. *Caricaturistas brasileiros 1836-2001*. São Paulo: Marca d'Água, 2001.

LAURITO, I. B. Retrato de um photographo. In: *São Paulo em três tempos*: Álbum Comemorativo da Cidade de São Paulo (1862-1887-1914). s. d.

LE GOFF, J. *História e memória*. São Paulo: Editora da Unicamp, 1996.

LEMOS, C. *Ramos de Azevedo e seu escritório*. São Paulo: Pini, 1993.

LETHÉVE, J. *La caricature sous la IIIe République*. Paris: Armand Colin Éditeur, 1986.

LEHAN, R. *The City in Literature*. Berkeley: University of California Press, 1998.

LEITE, D. M. *O caráter nacional brasileiro*. São Paulo: Ática, 1992.

LEMOS, R. *Uma história do Brasil através da caricatura*, 1840-2001. Rio de Janeiro: Bom Texto Editora, 2001.

LEPENIES, W. *As três culturas*. São Paulo: Edusp, 1996.

LIMA, H. *História da caricatura no Brasil*. Rio de Janeiro: José Olympio, 1963, v.1, 2, 3, 4.

_____. *Alvarus e os seus bonecos*. Rio de Janeiro: Ministério da Educação e Cultura, 1954. (Coleção "Artistas Brasileiros" dirigida por José Simeão Leal).

LIMA, Y. S. de. *A ilustração na produção literária*. São Paulo década de vinte. São Paulo: IEB, 1985.

LOBATO, M. *Urupês (contos)*. São Paulo: Revista do Brasil, 1920.

_____. *A Barca de Gleyre*. São Paulo: Brasiliense, 1946. t.I e II.

_____. *A onda verde e o presidente negro*. São Paulo: Brasiliense, 1950.

_____. *Idéias de Jeca Tatu*. São Paulo: Brasiliense, 1959.

_____. *Críticas e outras notas*. São Paulo: Brasiliense, 1969.

_____. *Mundo da lua e miscelânea*. São Paulo: Brasiliense, 1982.

LOPES, M. B. Na trilha do contágio: história, e medicina. *Locus Revista de História*, (Juiz de Fora), v.8, n.1, 2002.

_____. Corpos ultrajados: quando a caricatura e a medicina se encontram. *História, Ciência, Saúde - Manguinhos*, jul.-out., 1999.

LOREDANO, C. *O bonde e a linha*: um perfil de J. Carlos. São Paulo: Capivara, 2002.

_____. *Lábaro estrelado*: nação e pátria em J. Carlos. Rio de Janeiro: Casa da Palavra, 2000.

LORENZO, H. C. (Org.). *A década de 1920 e as origens do Brasil Moderno*. São Paulo: Editora Unesp, 1997.

LOVE, J. *A locomotiva*. São Paulo: Paz e Terra, 1982.

LOWE, E. *The City in Brazilian Literature*. London/Toronto: Associated University Presses, 1982.

LUCA, T. R. de. *A Revista do Brasil*: um diagnóstico para a (N)ação. São Paulo: Editora Unesp, 1999.

LUSTOSA, I. *Brasil pelo método confuso*: humor e boemia em Mendes Fradique. Rio de Janeiro: Editora Bertrand Brasil, 1993.

_____. *Insultos impressos*. São Paulo: Companhia das Letras, 2000.

LUSTOSA, I. *História dos presidentes*. Petrópolis: Vozes, 1998.

MACHADO, A. de A. *Prosa preparatória & cavaquinho e saxofone*. Rio de Janeiro: Civilização Brasileira, 1983.

_____. *Novelas paulistanas*. São Paulo: Itatiaia, 1988.

_____. Lira Paulistana. *Revista do Arquivo Municipal*, v.17, 1935.

MACIEL, L. A. *A nação por um fio*. São Paulo: Educ/Fapesp, 1998.

MAGALHÃES JÚNIOR, R. *Emílio de Menezes: o último boêmio*. São Paulo: Livraria Martins, 1945.

_____. *Guimarães Passos e sua época boêmia*. São Paulo: Martins, 1953.

_____. *O fabuloso Patrocínio Filho*. Rio de Janeiro: Civilização Brasileira, 1957.

_____. *Artur Azevedo e sua época*. Rio de Janeiro: Civilização Brasileira, 1966a.

_____. *As mil e uma vidas de Leopoldo Fróes*. Rio de Janeiro: Civilização Brasileira, 1966b.

_____. *A vida vertiginosa de João do Rio*. Rio de Janeiro: Civilização Brasileira, 1978.

_____. *Olavo Bilac e sua época*. Rio de Janeiro: Americana, 1974.

_____. *Antologia de humorismo e sátira*. Rio de Janeiro: Bloch, s. d.

MAGNOLI, D. *O corpo da pátria*: imaginação geográfica e política externa no Brasil (1808-1912). São Paulo: Editora Unesp/Moderna, 1997.

MAIO, M. C.; SANTOS, R. V. (Org.). *Raça, ciência e sociedade*. Rio de Janeiro: Ed. Fiocruz/ Centro Cultural Banco do Brasil, 1996.

MANGUEL, A. *Uma história da leitura*. São Paulo: Companhia das Letras, 1997.

MARANHÃO, R. (Coord.). *Um retrato no jornal*. São Paulo: Imprensa Oficial do Estado de São Paulo, 1994.

MARQUES, C. *De pastora a rainha*. São Paulo: s. n., 1944.

MARQUES, G. *Ruas e tradições da cidade de São Paulo*. São Paulo: Secretaria do Governo do Estado de S. Paulo/IMESP 1966, s. d.

MARQUES, M. E. de A. *Apontamentos da Província de São Paulo*. São Paulo: Livraria Luis Martins, 1952. t.I e II.

MARTINS, A. *Arthur Azevedo: a palavra e o riso*. Rio de Janeiro: Ed. UFRJ, 1988.

MARTINS, A. L. *Revistas em Revista*: imprensa e práticas culturais em Tempos de República, São Paulo (1890-1922). São Paulo: Fapesp/Edusp/Imprensa Oficial, 2001.

MARTINS, L. *A evolução social da pintura*. São Paulo: Departamento de Cultura, 1942. v.XXVII.

MARTINS, R. N. Riso, ironia e nacionalismo em António de Alcântara Machado. *Imprensa do Estado de São Paulo*, São Paulo, janeiro de 1983.

MARTINS, W. *História da inteligência brasileira (1897-1914)*. São Paulo: T. A Queiroz, Editora, 1996. v.V.

MARX, K. *Liberdade de imprensa*. Porto Alegre: L&PM Editores, 1999.

MARX, M. *Do sagrado ao profano*. São Paulo: Edusp, 1989.

MASUCCI, F. *Anedotas históricas brasileiras*. São Paulo: Ed. Edanee, 1947.

MATOS, O. N. *Café e ferrovias*. São Paulo: Pontes, 1990.

MAURICE, G. Prefácio. In: *Histoire des cinq siècles de Faits Divers*. s. l.: Editions Pont Royal, 1962.

McLUHAN, M. *A galáxia de Gutenberg*. São Paulo: Melhoramentos, 1972.

MELO, L. C. de. *Dicionário de autores paulistas*. São Paulo: Comissão do IV Centenário da Cidade de São Paulo, 1954.

MEMÓRIA Urbana: a grande São Paulo até 1940. São Paulo: Arquivo do Estado, Imprensa Oficial, 2001. v.I, II, III.

MENEZES, E. *Obra reunida*. Curitiba: Livraria José Olympio, RJ e Secretaria da Cultura e do Esporte do Paraná, 1980.

MENEZES, R. de. *Histórias das histórias de São Paulo*. São Paulo: Melhoramentos, 1954a.

_____. *Histórias da história de São Paulo*. São Paulo: Melhoramentos, 1954b.

_____. *Histórias de crimes e criminosos*. São Paulo: Cia. Distribuidora, 1956.

_____. *Bastos Tigre e La Belle Époque*. São Paulo: Edart, 1966.

_____. *Dicionário literário brasileiro*. Rio de Janeiro: Livros Técnicos e Científicos Editora, 1978.

_____. *São Paulo de nossos avós*. São Paulo: Coleção Saraiva, s. d.(a)

_____. *A vida boêmia de Paula Nei*. São Paulo: Livraria Martins Editora, s. d.(b)

MENUCCI, S. *Húmor*. São Paulo: Piratininga, 1934.

MEYER, M. *Folhetim: uma história*. São Paulo: Companhia das Letras, 1996.

MIANI, R. A. *A utilização da charge na imprensa sindical na década de 80 e sua influência política e ideológica*. São Paulo, 2000. Dissertação (Mestrado em Cinema, Rádio e TV) – Escola de Comunicação e Artes, Universidade de São Paulo, São Paulo, 2000.

MILANO, M. *Os fantasmas de São Paulo antiga*. São Paulo: Saraiva, 1949.

MILLIET, S. *O roteiro do café*. São Paulo: Hucitec/Inst. Nacional do Livro, 1982.

MINÉ, E. *Páginas flutuantes*. São Paulo: Ateliê Editorial, 2000.

MOOG, V. *Bandeirantes e pioneiros*. Rio de Janeiro: Globo, 1957.

MORAES, E. J. de. *A brasilidade modernista*. Rio de Janeiro: Graal, 1978.

MORAES, J. G. V. *Sonoridades paulistanas*. Rio de Janeiro: Funarte/Bienal 1997.

MORSE, R. *Formação histórica de São Paulo*. São Paulo: Difusão Européia do Livro, 1970.

MOREIRA, A. Origem e desenvolvimento da imprensa no Rio de Janeiro. *Revista do Instituto Histórico e Geográfico Brasileiro*, Rio de Janeiro, 4º trimestre, tomo XXVIII, 1865.

MOURA, P. C. de. *São Paulo de outrora*. Belo Horizonte: Itatiaia, 1980.

MOURÃO, R. R. de F. *O rastro do cometa*: o Halley na imprensa carioca de 1910. Rio de Janeiro: JB, 1985.

MUSEU de Arte Contemporânea da Universidade de São Paulo. *Di Cavalcanti*. São Paulo: Lis Gráfica Editora, 1997. (Catálogo de exposição).

MUSEU de Arte de São Paulo. *História da tipografia no Brasil*. São Paulo: Masp, 1979.

MUSEU Lasar Segall. *A caricatura no Brasil*: o desenho de humor. São Paulo: Museu Lasar Segall, 1979. (Catálogo da exposição realizada no Museu Lasar Segall em 26 de julho a 23 de setembro de 1979).

MUSEU Nacional de Belas Artes. *Calixto Cordeiro*. Rio de Janeiro, 1987. (Catálogo de exposição).

NASCENTES, A. *A gíria brasileira*. Rio de Janeiro: Livraria Acadêmica, 1953.

NAXARA, M. R. C. *Estrangeiro em sua própria terra*: representações do brasileiro 1870/1920. São Paulo: AnnaBlume, 1998.

NOGUEIRA, A. *A academia de São Paulo*: tradições e reminiscências. São Paulo: Saraiva, 1977. v.1, 2, 3, 4, 5.

NONATO, J. A.; SANTOS, N. *Era uma vez o Morro do Castelo*. Rio de Janeiro: Iphan, 2000.

NORA, P. *Les lieux de mémoire*. Paris: Gallimard, 1997.

_____. Entre memória e história: a problemática dos lugares. In: PROJETO História n.10. *História e Cultura*, n.10. São Paulo: Educ, 1993.

NORONHA, P. de. *O Circo*. São Paulo: Academia de Letras de São Paulo, 1948.

NOVAES, A. *Tempo e história*. São Paulo: Companhia das Letras, 1996.

O BRASIL na máquina do tempo. São Paulo: Instituto Cultural Itaú, 1997. (Catálogo).

OHELER, D. *O Velho Mundo desce aos infernos*. São Paulo: Companhia das Letras, 1999.

OLIVEIRA, J. G. de. *Nascimento da imprensa paulista*. s. l.: s. n., 1978.

OLIVEIRA, L. L. *A questão nacional na Primeira República*. São Paulo: Brasiliense, 1990.

OLIVEIRA, Maria Luiza Ferreira de. *Entre a casa e o armazém: Relações sociais e experiência da urbanização São Paulo, 1850 – 1900*. São Paulo: Alameda, 2005.

ONG, W. *Oralidade e cultura escrita*. São Paulo: Papirus, 1998.

ORTIZ, R. *Cultura e modernidade*. São Paulo: Brasiliense, 1991.

PAIVA, S. C. de. *Viva o rebolado!* Rio de Janeiro: Nova Fronteira, 1991.

PASSOS, M. L. *Evolução urbana da cidade de São Paulo*. Estruturação de uma cidade industrial: 1872 –1945. São Paulo: Eletropaulo, 1989. (Série Bibliografia).

PAULA, A. A. de; NETO, M. C. *Artes gráficas no Brasil - Registros 1746-1941*. São Paulo: Laserprint, 1989.

PAZ, O. *Signos em rotação*. São Paulo: Perspectiva, 1990.

PEDERNEIRAS, R. O Calemburgo. *Revista Kosmos*, Rio de Janeiro, maio 1906.

PEIXOTO, A. *Humor*. Rio de Janeiro: W. M. Jackson Editores, 1944.

PEIXOTO, S. *Falam os escritores...* São Paulo: Cultura Brasileira, 1940.

PENTEADO, J. *Belenzinho 1910*. São Paulo: Martins, 1962.

_____. *Memórias de um postalista*. São Paulo: Martins, s. d.

PEREIRA, L. M. *Prosa de ficção (de 1870 a 1920)*. São Paulo: Edusp, 1988.

PERROT, M. *Os excluídos da história*. São Paulo: Paz e Terra, 1992.

PINTO, M. I. M. *Cotidiano e sobrevivência*: a vida dos trabalhadores pobres na cidade de São Paulo (1890-1914). São Paulo: Edusp, 1994.

PIRANDELLO, L. *O humorismo*. Sao Paulo: Experimento, 1996.

PIRES, C. *Conversas ao pé do fogo*. São Paulo: Imprensa Oficial do Estado de São Paulo, 1921. (Edição fac-similar).

_____. *Almanaque do Sacy*. São Paulo, 1927.

_____. *Tarrafadas*. São Paulo: Editora Nacional, 1932.

PIZA, M. *Roupa suja*. São Paulo: s. n., 1924.

PONTES, E. *A vida exuberante de Olavo Bilac*. Rio de Janeiro: José Olympio, 1944. v.II.

PRADO, A. A. *Crônica de outrora*. São Paulo: Brasiliense, 1963.

PRADO JUNIOR, C. *História econômica do Brasil*. São Paulo: Brasiliense, 1976.

QUEIRÓS, E. de. *A cidade e as serras*. São Paulo: Núcleo, 1994.

QUEIROZ JÚNIOR. *Agrippino Grieco, o Diabo Jovial*. Rio de Janeiro: Conquista, 1957.

RAFFARD, H. *Alguns dias na Paulicéia*. São Paulo: Academia Paulista de Letras, 1977. v.4.

RAGO, M. *Os prazeres da noite*. São Paulo: Paz e Terra, 1991.

RAMA, A. *A cidade das letras*. São Paulo: Brasiliense, 1985.

RAMOS, R. *Um estilo brasileiro de propaganda*. São Paulo: LR Editores, 1983.

_____. *Do reclame à comunicação*. São Paulo: Atual, 1985.

REDONDO, G. *Cara alegre*. Porto: Livraria Chardron, 1912.

REGO, C. M. *Theodoro Braga: historiador e artista*. Belém: s. n., 1974.

REGO, E. de S. *O calundu e a panacéia*: Machado de Assis, a sátira menipéia e a tradição luciânica. Rio de Janeiro: Forense Universitária, 1989.

REVISTA DE CULTURA VOZES. O riso e o cômico, jan./fev. 1974.

RIANI, C. *Tá rindo do quê?* Um mergulho nos Salões de Humor de Piracicaba. Piracicaba: Editora da Unimep, 2002.

RIO, J. do. *A alma encantadora das ruas*. Rio de Janeiro: Organização Simões, 1951.

_____. *A correspondência de uma Estação de cura*. São Paulo: Scipione, Fundação Casa de Rui Barbosa, 1992.

_____. *O momento literário*. Rio de Janeiro/Paris: H. Garnier, s. d.

RITTAUD-HUTINET, J. *Os irmãos Lumiére*. A invenção do cinema. São Paulo: Scritta, 1995.

RIZZINI, C. *O jornalismo antes da tipografia*. São Paulo: Companhia Editora Nacional, 1968.

_____. *O livro, o jornal e a tipografia no Brasil 1500-1822*. São Paulo: Imprensa Oficial do Estado, 1988.

ROCHE, D. *História das coisas banais*: nascimento do consumo séculos XVII-XIX. Rio de Janeiro: Rocco, 2000.

ROMI. *Histoire des faits divers*. Paris: Ed. du Pont Royal, 1962.

RUIZ, R. *O Teatro de Revista no Brasil*: das origens à Primeira Guerra Mundial. Rio de Janeiro: Inacen, 1988.

SALLES, J. de. *Se não me falha a memória*. Rio de Janeiro: Livraria São José, 1960.

SALIBA, E. T. Juó Bananére e o humor ítalo-caipira. *Revista de Cultura Vozes*, Rio de Janeiro, maio-junho 1992.

_____. A macarrônica dos desenraizados. In: DIAS, M. O. S. (Org.). *São Paulo, metrópole dissonante*. São Paulo: Editora AnnaBlume/Secretaria da Cultura, 1998.

_____. Conta a modernização da metrópole, o humor. *Jornal da Tarde*, São Paulo, 06 de fevereiro de 1999.

_____. *Raízes do riso*. 2000. Tese (Livre-Docência) – Faculdade de Filosofia, Letras e Ciências Humanas, Universidade de São Paulo, São Paulo, 2000a. (Mimeo).

_____. Uma história cultural do humor. *O Estado de S. Paulo*, 5 de novembro de 2000b.

_____. *Cabrião*: humor e paródia política. *Comunicação & Educação*, São Paulo, n.22, p.88-91, set./dez. 2001.

_____. *Raízes do riso*. São Paulo: Companhia das Letras, 2002.

SANTA'ANA, N. *São Paulo histórico*. São Paulo: Departamento de Cultura, 1937. v.1, 2, 3, 4, 5, 6.

SANTARCANGELO, M. C. *Penha da França*. São Paulo: Ed. Leste Lar, s. d.

SANTIAGO, S. *Uma literatura nos trópicos*. São Paulo: Perspectiva, 1978.

SANTOS, C. J. F. *Nem tudo era italiano*. São Paulo: AnnaBlume/Fapesp. 1998.

SÃO PAULO, onde está sua história. São Paulo: Gov. do Estado de São Paulo e Secretaria de Estado da Cultura, 1981.

SÃO PAULO Registros 1899 –1940. São Paulo: Eletropaulo, 1982.

SCHAMA, S. *Paisagem e memória*. São Paulo: Companhia das Letras, 1996.

SCHMIDT, A. *Mistérios de São Paulo*. São Paulo: Clube do Livro. 1955.

_____. *São Paulo de meus amores*. São Paulo: Brasiliense, s. d.(b). v.X.

_____. *Lembranças*. São Paulo: Brasiliense, s. d.(b). v.X.

SCHNEIDER, M. *Ladrões de palavras*. São Paulo: Editora da Unicamp, 1990. p.32-3.

SCHONEBORN, M. V. Um cartunista atravessa a Light. *Revista Memória Eletropaulo*, São Paulo, n.23, 1996.

_____. Gilda no cinema, na música popular, no bonde, deixou saudades. *Revista Memória Eletropaulo*, São Paulo, jan./jun., 1991.

_____. Suinocídio. *Revista Memória Eletropaulo*, São Paulo, n.21, p.11, 1995.

SCHWARCZ, L. M. *O espetáculo das raças*. São Paulo: Companhia das Letras, 1993.

SCHWARTZ, R. *Os pobres na literatura brasileira*. São Paulo: Brasiliense, 1983.

SEGAWA, H. *Prelúdio da metrópole*. São Paulo: Ateliê Editorial, 2000.

SENETT, R. *O declínio do homem público*. São Paulo: Companhia das Letras, 1988.

SESSO JÚNIOR, G. *Retalhos da velha São Paulo*. São Paulo: Maltese, OESP, 1987.

SETENTA anos de Teatro Municipal. São Paulo: Secretaria Municipal da Cultura, s. d.

SEVCENKO, N. *Literatura como missão*: tensões sociais e criação cultural na Primeira República. São Paulo: Brasiliense, 1989.

_____. *Orfeu extático na metrópole*. São Paulo: Companhia das Letras, 1992.

_____. *A Revolta da Vacina*. São Paulo: Scipione, 1993.

_____. (Org.). *História da vida privada no Brasil*. São Paulo: Companhia das Letras, 1998. v.3.

SCHNEIDER, M. *Ladrões de palavras*. Campinas: Editora da Unicamp, 1990.

SHATTUCK, R. *Conhecimento proibido*. São Paulo: Companhia das Letras, 1998.

SILVA, E. *As queixas do povo*. Rio de Janeiro: Paz e Terra, 1998.

SILVA, M. A. Rir do despoder - Zé Povo em Fon-Fon!. *História e Linguagem, Revista do Programa de Estudos Pós Graduados em História*, São Paulo, 1981.

_____. *Prazer e poder do amigo da onça*. São Paulo: Paz e Terra, 1989.

_____. *Caricata República, Zé Povo e o Brasil*. São Paulo: Marco Zero, 1990.

SILVA, R. H. A. da. *São Paulo, a invenção da metrópole*. 1997. Tese (Doutorado em História Social) – Faculdade de Filosofia, Letras e Ciências Humanas, Universidade de São Paulo, São Paulo, 1997. (Mimeo).

SILVEIRA, M. Jeca-Mazzaropi, uma síntese cultural. *Folha de S.Paulo*, São Paulo, 19 de junho de 1981.

SINZIG, P. *A caricatura na imprensa brasileira*. Petrópolis: Vozes, 1911.

SITTE, C. *A construção das cidades segundo seus princípios artísticos*. São Paulo: Ática, 1992.

SOBRE o Pré-Modernismo. Rio de Janeiro: Fundação Casa de Rui Barbosa, 1988. (vários autores)

SODRÉ, N. W. *História da imprensa no Brasil*. Rio de Janeiro: Mauad, 1999.

SONTAG, S. *Ensaios sobre fotografia*. Lisboa: Dom Quixote, 1986.

STEINER, G. *After Babel*. New York: Oxford University Press, 1998.

STIEL, W. C. *História do transporte urbano no Brasil*. Brasília: Pini, 1984.

_____. *História dos transportes coletivos em São Paulo*. São Paulo: McGraw-Hill do Brasil, 1978.

SUE, E. *Les mystéres de Paris*. Paris: Robert Laffont, 1989.

SÜSSEKIND, F. *As revistas de ano*. Rio de Janeiro: Nova Fronteira, 1986.

_____. *Cinematógrafo das letras*. São Paulo: Companhia das Letras, 1987.

TÁCITO, H. *Madame Pommery*. São Paulo: Ed. Monteiro Lobato, 1919.

_____. *Madame Pommery*. Campinas: Fundação Casa de Rui Barbosa, 1992.

TAINE, H. *Do ideal na arte*. Rio de Janeiro: Companhia Brasil Editora, 1939.

TÁVORA, A. *D. Pedro II e o seu mundo através da caricatura*. Rio de Janeiro: Documentário, 1976.

TEIXEIRA, L. G. S. *O traço como texto*: a história da charge no Rio de Janeiro de 1860 a 1930. Rio de Janeiro: Fundação Casa de Rui Barbosa, 2001.

TELAROLLI, R. *Poder local na República Velha*. São Paulo: Companhia Editora Nacional, 1977. (Brasiliana, 364).

_____. Imprensa e vida política em São Paulo, na última década do século XIX. In: *HISTÓRIA 100 anos de República*. São Paulo: Editora Unesp, 1989.

TELAROLLI, S. H. *Chapéus de palha, panamás, plumas, cartolas*. São Paulo: Editora Unesp, 1996.

TINHORÃO, J. R. *Os sons que vêm da rua*. Rio de Janeiro: Fon-Fon e Seleta, s. d.

_____. *A imprensa carnavalesca no Brasil*. São Paulo: Hedra, 2000.

TOLEDO, B. L. de. *São Paulo: três cidades em um século*. São Paulo: Livraria Duas Cidades, 1983.

TOLIPAN, S. et al. *Sete ensaios sobre o Modernismo*. Rio de Janeiro: Funarte, 1983. (Caderno de textos).

TRABALHOS e Memória. *Projeto História n.17*. São Paulo: Educ, 1997.

TRUZZI, O. M. S. *Patrícios: sírios e libaneses em São Paulo*. São Paulo: Hucitec, 1997.

VAZ, L. *Professor Jeremias*. São Paulo: Revista do Brasil, 1920.

_____. *Páginas vadias*. Rio de Janeiro: Livraria José Olympio, 1957.

VELLOSO, M. P. *Modernismo no Rio de Janeiro*. Rio de Janeiro: Fundação Getúlio Vargas, 1996.

_____. *As tradições populares na* Belle Époque *Carioca*. Rio de Janeiro: Funarte/Instituto Nacional do Folclore, 1987.

VENTURA, R. *Estilo tropical*. São Paulo: Companhia das Letras, 1991.

VERNEUIL, L. *A vida maravilhosa de Sarah Bernhardt*. São Paulo: Livraria Martins, s. d.

VIANNA, H. *Contribuição à história da imprensa brasileira (1812-1869)*. Rio de Janeiro: Imprensa Nacional, 1945.

VIOTTI, M. *Novo dicionário da gíria brasileira*. São Paulo: Gráfica Bentivegna, 1956.

VITOR, M. *São Paulo de antigamente*: história pitoresca das ruas. São Paulo: Rádio América transmitiu, 1976.

WEBER, E. *França fin de siècle*. São Paulo: Companhia das Letras, 1988.

WILLIAMS, R. *O campo e a cidade*. São Paulo: Companhia das Letras, 1990.

WISER, W. *Os anos loucos*. Rio de Janeiro: José Olympio, 1995.

YÁZIGI, E. *O mundo das calçadas*. São Paulo: Humanistas/ Imprensa Oficial, 2000.

Fontes

Cabrião (fac-similar), São Paulo, 1866-1867

O Polichinello (fac-similar), São Paulo, 1876

O Bilontra, São Paulo, 1900

O Micróbio, São Paulo, 1900

A Farpa, São Paulo, 1900

O Bolina, São Paulo, 1900

O Garoto, São Paulo, 1900

O Buraco, São Paulo, 1901

L´Asino, São Paulo, 1901 e 1902

O Mosquito, São Paulo, 1901

O Athleta, São Paulo, 1901

Il Ragno, São Paulo, 1901

Il Passatempo, São Paulo, 1902

O Jocoso, São Paulo, 1902

A Aljava, São Paulo, 1902

354 Paula Ester Janovitch

La Fieramosca, São Paulo, 1902

La Birichina, São Paulo, 1902

Avanti, São Paulo, 1902

A Torquez, São Paulo, 1902

O Palco, São Paulo, 1902

O Jagunço, São Paulo, 1902

Frou-Frou, São Paulo, 1903

O Azeite, São Paulo, 1903

Gil Braz, São Paulo, 1903

Nova Cruzada, São Paulo, 1903

A Vida Paulista, São Paulo, 1903, 1905, 1908

Quo Vadis?, São Paulo, 1904

Kosmos, Rio de Janeiro, 1904, 1905, 1906

A Idea, São Paulo, 1904

Arara, São Paulo, 1905

O Gaiato, São Paulo, 1905

El Venezian, São Paulo, 1905

Il Folli di S. Paulo, São Paulo, 1905

O Clarim, São Paulo, 1906

O Camaleão, São Paulo, 1906

Tira Prosa, São Paulo, 1906

Cri-Cri, São Paulo, 1907

Argus, São Paulo, 1907

Fon-Fon, Rio de Janeiro, 1908

A Ronda, São Paulo, 1908

A Gargalhada, São Paulo, 1909

A Idea, São Paulo, 1909

O Bicho, São Paulo, 1909

Il Pasquino Coloniale, São Paulo, 1909

A Lua, São Paulo, 1909

A Farpa, São Paulo, 1910

O Pirralho, São Paulo, 1911

Zé Povo, São Paulo, 1911

A Vida Moderna, São Paulo, 1913

O Malho, Rio de Janeiro, 1928, 1933

Revista da Semana, Rio de Janeiro, 1939

Vamos Ler, Rio de Janeiro, 1939, 1941, 1942

Dom Casmurro, Rio de Janeiro, 1941, 1942, 1943

Relatório referente ao ano de 1874 apresentado ao Dr. João Theodoro Xavier Presidente da Província de São Paulo pelo chefe de Polícia Joaquim José do Amaral.

Relatório referente ao ano de 1877 apresentado ao Presidente da Província de São Paulo, Dr. Sebastião José Pereira.

Relatório apresentado ao Secretário dos Negócios do Estado de São Paulo pelo Chefe de Polícia Bento Pereira Bueno em 31 de janeiro de 1896.

Relatório da Secretaria da Justiça e Segurança Pública para o ano de 1906.

Relatório da Justiça e Segurança Pública para o ano de 1911.

Relatório apresentado ao Dr. Francisco de Paula Rodrigues Alves, Presidente do Estado pelo Secretário da Justiça e da Segurança Pública Eloy de Miranda Chaves, anno de 1914.

Relatório da Secretária da Justiça e da Segurança Pública para o ano de 1920.

Acervos consultados

Acervo do Instituto Histórico e Geográfico de São Paulo, Hemeroteca "Júlio de Mesquita" (IHGSP).

Arquivo do Estado de São Paulo.

Biblioteca da Academia de Polícia de São Paulo.

Biblioteca do Departamento de Letras da Universidade de São Paulo.

Biblioteca Municipal Mário de Andrade (BMA).

Biblioteca da Pontifícia Universidade Católica.

Instituto de Estudos Brasileiros da Universidade de São Paulo (IEB).

Acervo particular Paula Janovitch (PJ).

Apêndice I

		Quadro dos periódicos da imprensa de narrativa irreverente pesquisados entre os anos de 1900-1911[1]				
nome/data da primeira folha	**acervos**	**definições de cabeçalhos das primeiras folhas dos semanários**	**proprietários/ redatores/ ilustradores/ fotógrafos**	**redações, tipografias e oficinas**	**Exemplares consultados**
O Bilontra 1900 N.1 07/jun/ 1900	IHGSP BN	"Semanário critico, humorístico resvalando para o pornográfico". (Freittas:1914:850)	Propriedade de uma associação. Direção: Ricardo Junior, Serapião e Ruy Ivo. Ilustrador: Silvestre	Redação: Rua Dutra Rodrigues, 30TR/AF: p. 850	N.28 9-10 de nov. 1901 (IHGSP)
O Micróbio 1900 N.1 10/jun/ 1900	IHGSP BN	Órgão literário humorístico	Diversos redatores	Redação: Largo do Payssandú, 105	N.1 10 de jun. 1900 (IHGSP) Número avulso
Cara-Dura (italiano) 1900 (em 1906 foi substituído pelo *Tira Prosa*)	IHGSP	II Giornale piu stupido del mondo. Máxima: "Ridendo, castigo." Questo giornale piu independente esce quando ci sono denari	Giuseppe Pelegrini di Daniele	Redação: José Bonifácio, 14	29 de jan. de 1905 (IHGSP)

---

[1] Este quadro procura fazer um levantamento dos periódicos de tom acentuadamente humorístico que saíram entre os anos de 1900-1911. A maioria dos que têm, como local de guarda, o acervo do Instituto Histórico e Geográfico de São Paulo (IHGSP), Hemeroteca Júlio Mesquita, foram consultados e se encontram na bibliografia final. Como referência, também indiquei outros acervos onde esses periódicos podem ser encontrados: Biblioteca Nacional no Rio de Janeiro (BN) e Biblioteca Mário de Andrade em São Paulo (BMA). Incluí no quadro de jornais de narrativa irreverente os registros indicados por Affonso de Freittas em seu catálogo publicado na *Revista do Instituto Histórico e Geográfico de São Paulo* para o ano de 1914 e os registrados por Ana Maria de Camargo em *A imprensa periódica como objetivo de instrumento de trabalho*: catálogo da Hemeroteca Júlio de Mesquita do IHGSP, São Paulo, 1975. Cabe ainda ressaltar que os registros dos jornais ainda possíveis de serem consultados não indicam sua periodicidade. Esse critério foi descartado, pois a maior parte destes registros tem pouca ou nenhuma seqüência. Há um catálogo técnico mais pormenorizado de revistas e jornais saídos entre 1870-1930 em São Paulo, organizado por Heloísa de Faria Cruz, *São Paulo em Revista* (1997), em que estão indicados os números de exemplares de vários desses jornais, comentários sobre seus conteúdos e formatos, assim como sua disponibilidade nos acervos públicos da cidade de São Paulo.

360 Paula Ester Janovitch

nome/data da primeira folha	acervos	definições de cabeçalhos das primeiras folhas dos semanários	proprietários/ redatores/ ilustradores/ fotógrafos	redações, tipografias e oficinas	Exemplares consultados
A Farpa 1900 N.1 11/nov/1900	IHGSP BMA Jornais de Vários Títulos (rolo 9)	Semanário humorístico "Causticando homens e costumes, presgar sem rebuços a República"		Typ. Sole Soler & Comp: Ladeira da Memória, 6	N. 1 11 de nov. de 1900 (IHGSP)
O Bolina 1900 N.1 13/dez/1900	IHGSP			Typ. Hennies Irmãos: Rua da Caixa d'água, 1-C Redação e Administra- ção: Rua Bocayuva, n.4	N. 1 13 de dez. de 1900 (IHGSP)
O Garoto 1900 N.1 30/dez/1900	IHGSP	Semanário burlesco Divisa: "Fero, fers, tule, latutum, ferre. Quem com ferro fere, com ferro será ferido."	Redatores: (critica artística) José Piza, Arlindo Leal, Alfredo Pipoca, Dr. Gomes Cardim, Alfredo Camarate.[2] Ilustradores: Raul, J. Ferreira[3], Carlos Reis[4]	Escritório da redação: mesa do canto do Café Guarany	N. 1 30 de dez. de 1900/ 06 jan. 1901/9-10 mar. 1901 (IHGSP)

[2] Os redatores de crítica teatral foram retirados do próprio corpo do jornal *O Garoto*, de 6 de jan. 1901, que os citou como colaboradores.

[3] O nome J. Ferreira aparece na referência de uma charge a Raul do Valle. A charge refere-se a J. Ferreira como "nosso redator-photographo".

[4] Carlos Reis aparece em uma das colunas de *O Garoto* como futuro ilustrador do jornal. Não temos a seqüência do jornal para saber se isso realmente aconteceu. Fica aqui apenas a alusão feita nos números que pude consultar.

nome/data da primeira folha	acervos	definições de cabeçalhos das primeiras folhas dos semanários	proprietários/ redatores/ ilustradores/ fotógrafos	redações, tipografias e oficinas	Exemplares consultados
A Tesoura 1900		Divisa: "Castigat ridendo moris." (Freittas: 1914:861)	Redator-chefe: Tremeterra. Secretário: Pica-Pau. Gerente: Buscalo	Redação: Cadeia Pública	Apenas referência: (Freittas: 1914:861)
O Furinho 1901		Jornal humorístico e bisbilhoteiro	Propriedade Anônima		Apenas referência: (Freittas: 1914:862)
O Buraco 1901 N.1 9-10/mar/ 1901	IHGSP		Redatores: Rabelais Junior e J. Saltão	Typ. Sole Soler & Comp: Ladeira da Memória, 6	N. 1 9-10 de mar. de 1901/ n.3 24-25 de mar de 1904 (IHGSP)
A Pistola 1901 N.1 09/jun/1901	IHGSP	Órgão humorístico, satírico, pândego, ofensivo e certeiro em qualquer alvo.		Bairro do Cambucy	Apenas referência: (Freittas: 1914:875)
O Bohemio 1901	BMA Jornais paulis- tanos (rolo 1)	Semanário satírico burlesco		Typ. Comercial: Rua Dr. Falcão, 16	Apenas referência: (Freittas: 1914:876)
O Isqueiro 1901	BMA Jornais de vários títulos (rolo 7)	Organ jocoso e literário ligado aos interesses da classe cometaria	Redator-chefe: Dr. Pan Secretário: G. Lincolin Redator Gerente: Dr. Tufo		Apenas referência: (Freitas: 1914:880)

nome/data da primeira folha	acervos	definições de cabeçalhos das primeiras folhas dos semanários	proprietários/ redatores/ ilustradores/ fotógrafos	redações, tipografias e oficinas	Exemplares consultados
L'Asino 1901	IHGSP		Diretore-responsabile: B. Acquesta. Editori: Salvatore Fiorillo e Emillio Cristofoni. Collaboratori: Uma grandi quantidá!	Redação e Administração: Rua Dr. Falcão, 16	N. 4 4 jul 1901 (IHGSP)
O Morcego 1901		Jornal de pândega		Administração e redação: Rua São Bento, 35-C	Apenas referência: (Freittas: 1914:880)
O Mosquito 1901 N.1 14-15/set/ 1901	IHGSP	Órgão da rapaziada alegre	Redatores: Menotti P. Souza Brasilio P. Campos	Redação: Rua São João, 142 Tipografia Paulista: Rua do Theatro	N. 1 14-15 de set. de 1901 (IHGSP)
Athleta 1901 N.1 15/set/1901	IHGSP		Redatores e colaboradores: J. Chrisostomo da Silva, B. Dutra, A. Vianna, F. Vianna, M. Scarpinni e A. Gouvêa	Correspondência ao colaborador A. Vianna, Rua 7 de abril, 61	N. 1 15 de set. de 1901 (IHGSP)
O Barato 1901	IHGSP Ano I n.2: 6/01				Apenas referência: (Camargo: 1975)

nome/data da primeira folha	acervos	definições de cabeçalhos das primeiras folhas dos semanários	proprietários/ redatores/ ilustradores/ fotógrafos	redações, tipografias e oficinas	Exemplares consultados
Il Ragno 1901 (foi substituído pela *Fieramosca* em 1902) N.1 13/out/1901			Propriedade: Ettori Rossi e E. Cauli Red. chefe: S. Ruyesco	Direção e redação: Rua Dr. Falcão, n.16	Apenas referência: (Freittas: 1914:886)
A Violeta 1902	IHGSP		Redator: Leopoldo Poli	Redação: Rua Amaral Gurgel, 92 Typografia Comercial: Rua Dr. Falcão, 16	13 de nov. 1902 (IHGSP)
A Bola 1902 N.1 28/jun/1902	BMA Jornais de vários títulos (rolo 9)	Jornal humorístico	Editor: Benedicto Silva. Redação: Sganarello (Herculano Garcia) Ilustrador: Alfredo Candido	Redação e Administração: Rua José Bonifácio, 47	Apenas referência: (Freittas: 1914:900)
O Pimpolho 1902 N.1 14/ago/1902	BMA Jornais de vários títulos (rolo 7)	Semanário ilustrado. Jornal salgado para gente insossa.	Direção: Arduino Pimentel Secretário: V. de Civrac. Sub-Secretário: Gregório Neves Gerente: Quincas Borbas Ilustrador: Alfredo Storni		Apenas referência: (Freittas: 1914:903)

364 Paula Ester Janovitch

nome/data da primeira folha	acervos	definições de cabeçalhos das primeiras folhas dos semanários	proprietários/ redatores/ ilustradores/ fotógrafos	redações, tipografias e oficinas	Exemplares consultados
Il Passatempo (italiano) 1902 N.1 24/jun/1902	IHGSP	Settimanale satirico-umorístico	Direção: Pasquale Orbite. Administração: Micozzi Augusto	Redação e Administração: Rua Barão de Itapetininga, 29	N. 1 24 de jun. 1902 (IHGSP)
O Jocoso, 1902 (substituído pelo *Clarim* em 1906) N.1 25/mai/1902		Órgão humorístico e crítico	Propriedade de uma associação	Correspondência: Francisco Romero, Rua de São João, 89 José Marques, Rua Marechal Deodoro, 10	Apenas referência: (Freittas: 1914:897)
A Flecha 1902 N.1 24/fev/1902			Dirigida por um grupo de rapazes despreocupados do futuro, alheio às macaquices de *Lord Cambio* e inimigos de lamúria constante e importuna da *falta de dinheiro.*	Correspondência: Rua do Theatro, 18 Tipografia Paulista de Soler & Salerno	Apenas referência: (Freittas: 1914:890)
A Aljava 1902 N.1 ago/1902	IHGSP	Órgão literário e humorístico	C. e B.	Redação: R. Capitão Salomão, 11	N. 1 ago. 1902 (IHGSP)
La Fieramosca 1902	IHGSP	Giornale Independente			14 de abril de 1902 (IHGSP)

Preso por trocadilho 365

nome/data da primeira folha	acervos	definições de cabeçalhos das primeiras folhas dos semanários	proprietários/ redatores/ ilustradores/ fotógrafos	redações, tipografias e oficinas	Exemplares consultados
La Birichina Donna D'Affari[5] 1902	IHGSP BN 20 set 1896	(Periodico poco politico e meno letterario) Divisa: "castiga sherzando – facendo anche sul sério".	Director: Pini Alessandro Proprietário: C. de Vita Ilustrador: A. Capuzzi[6]	Redação: Rua Dr. Álvaro de Carvalho, n.20	N. 7 14 set. 1902
A Torquez, 1902 N.1 28/jun/1902	IHGSP	Organ crítico humorístico e noticioso.	Dirigido por um grupo de cavalheiros.	Correspondência: Rua da Consolação, 82 Typ. Paulista de Soler & Salerno Rua do Theatro, 18	N. 1 7 de set. 1902/ 28 out. de 1902
Ar-Romouz 1902		"Jornal árabe bi-mensal de caricatura e crítica" (Freittas: 1914:917)	Propriedade e direção: Rachid Khauri	Caixa do correio, 457	Apenas referência: (Freittas: 1914:917)
A Semana 1902 N.1 1 e 2 fev/ 1902	IHGSP BMA Jornais Paulistanos (rolo 1)	Semanário ilustrado.	Redator artístico: Carlos Reis	Correspondência: Rua Vitoria, 116	N. 1 1 e 2 fev. 1902 (IHGSP)

---

[5] *La Brichina* é um semanário italiano que aparece em 1896. O IHGSP tem um exemplar desse período. Porém, pela raridade e o registro de um outro exemplar em 1902, achei por bem incluí-lo na pesquisa no período em que foi encontrado esse outro exemplar de 14 de setembro de 1902.

[6] O nome está assinado em uma das ilustrações de cabeçalho de coluna do jornal que consultei. As caricaturas maiores têm assinatura que pode ser de A. Capuzzi como também de outro ilustrador.

nome/data da primeira folha	acervos	definições de cabeçalhos das primeiras folhas dos semanários	proprietários/ redatores/ ilustradores/ fotógrafos	redações, tipografias e oficinas	Exemplares consultados
O Palco N.1 1/mai/1903	IHGSP	Jornal crítico, literário e ilustrado	Propriedade: Porto, Lucazek & A. Marques Redatores aux.: Marcos Meliett e Tiberio Courtenay Colaboradores: Q. de Macedo, Marcos Polonio, A. Soares, E. Lara Filho, Luiciolo Flaviano, Thales de Brechiles, Deocaleão Bregerac	Tipografia R. Cardinale	N. 1 1 mai. 1903 N. 431 jul. 1903 (IHGSP)
O Jagunço, 1903 N.1 17/mai/1903	IHGSP	Órgão crítico-humorístico	Redatores: João Botelho e Dario Caldas	Redação: São João, 40	15 de nov. 1903/ 23 de nov. 1903 (IHGSP)
Frou-Frou 1903 N.1 24/mai/1903	IHGSP	"Periodico semaná-rio, humorístico produzido em italiano e português", (Freittas: 1914:925)	Redator: Lugi Schirone	Typ. Adolpho Uhle: R. Brigadeiro Tobias, 38 Redação: São Bento, 26-A depois Quintino Bocayuva, 35-A	22-23 de dez. de 1906 (IHGSP)

nome/data da primeira folha	acervos	definições de cabeçalhos das primeiras folhas dos semanários	proprietários/ redatores/ ilustradores/ fotógrafos	redações, tipografias e oficinas	Exemplares consultados
O Azeite 1903 N.1 1/jun/1903	IHGSP	Jornal crítico humorístico	Diretores: Azeite de Oliveira & Comp.	Impresso e estereotypado em machinas rotativas de fazer AZEITE.	N. 1 1 jun.1903 N. 2 12 jul. 1903 (IHGSP)
Gil Braz 1903 N.1 3/ago/1903	IHGSP	Arte, humorismo, sport, theatros, vida social e actualidades	Empresa Divulgadora de J. Machado & Comp. Colaboradores: Antonio de Godoy, Amadeu Amaral, Wenceslau de Queiroz, José Vicente Sobrinho, Álvaro Guerra, Alberto Souza, Freitas Guima-rães, Gomes Cardim, Manoel Viotti, Couto de Magalhães Sobrinho, Augusto Barjona, Leopoldo de Freitas, Alberto Azevedo, Heráclito Viotti, Alfredo Camaratti etc.	Escritório da redação: Rua 15 de Novembro, altos da Platéa[7]	N. 1 03 de ago. 1903 (IHGSP)
O Magro 1903 N.1 20/ago/1903		Hebdomedário crítico humorístico	M. Agriço	Diretor: E. Araujo Colabora-dores: diversos	Apenas referência: (Freittas: 1914:932)

---

[7] Referência ao jornal A Platéa.

368 Paula Ester Janovitch

nome/data da primeira folha	acervos	definições de cabeçalhos das primeiras folhas dos semanários	proprietários/ redatores/ ilustradores/ fotógrafos	redações, tipografias e oficinas	Exemplares consultados
A Bomba 1903 N.1 30/ago/1903		Jornal semanal literário mephisto-espelondrífico e gaiteiro	Diretor: E. Araujo Colaboradores: diversos	Redação: Rua Visconde de Rio Branco, 54	Apenas referência: (Freittas: 1914:932)
Nova Cruzada 1903 N.1 19/nov/1903	IHGSP	Revista humorística, literária, crítica e artística	Crítico Literário: Dr. Tulio de Campos Redatores: Luiz Gabriel de Freitas, Luis Tapajós[8], Candido Campos[9], Platão de Andrade, B. Lopes, Leoncio Correa, Luiz Pistarini, João de Deus Filho, Julio Tapajós, Dr. Freitas Guimarães, Dr. Magnus Sondahl, Dr. Bento Camargo, Dr. Batista Cepellos, Luiz Edmundo, Amadeu Amaral, Antonio Diniz, José da Costa Sampaio, Francisco Lagreca, D. Helena Silva, Simões Pinto, Carlos Lentz, Belmiro Braga, Thomaz Pará,	Redação: Rua José Bonifácio, 5-A Tipografia Comercial a vapor de H. Rossi, Rua Dr. Falcão, 18	26 de nov. 1903/ 1 jan. de 1904/ ano. 1 n. IV/ 20 mar. 1904 (IHGSP)

[8] Em propaganda encontrada na *Nova Cruzada,* de 26 de nov. de 1903, registramos uma publicidade com o nome de Luiz Tapajós, proprietário de "A Havaneza" na Rua do Comércio.

[9] Um anúncio da revista *Nova Cruzada,* de 26 de nov. de 1903, avisa da colaboração do redator Candido de Campos nessa folha, aludindo à sua habilidade jornalística tanto na capital paulista como no Rio de Janeiro.

nome/data da primeira folha	acervos	definições de cabeçalhos das primeiras folhas dos semanários	proprietários/ redatores/ ilustradores/ fotógrafos	redações, tipografias e oficinas	Exemplares consultados
			Alvaro Guerra, Dantas Lessa, Pereira da Silva, Alarico Avellar, Albert Thorau, Julio Prestes, Heraclito Viotti, Bento Ernesto Levy Autran, Platão de Andrade, Humboldt Fontainha, Osorio Duque-Estrada, Joaquim Morse, Assumpção Filho e outros. Ilustradores: Lavro Senior e Raul Oliveira		
S. Paulo Illustrado 1903 N.1 12/set/1903	BMA Jornais Paulis-tanos (1 rolo)	Semanário de arte, humorismo, crítica e literatura	Proprietários: Irmãos Valladares Diretor Artístico: Cícero Valladares Diretor Literário: Anatolle Valladares	Typ. Andrade & Mello: Rua do Carmo, 7 Redação: Rua do Comércio, 38-D	Apenas referência (Freittas: 1914:933)
A Vida Paulista[10] 1903 N.1 12/set/1903	BMA Jornais Paulis-tanos (1 rolo)	Semanário ilustrado	Diretor Literário Arlindo Leal e Hippolyto da Silva Diretor Artístico: Peregrino de Castro	Redação: Rua Direita, 33 Litografia Louis Crapel: Rua 11 de junho, 17	4 e 5 de fev. de 1905 (IHGSP)

---

[10] Esse é o primeiro ano do *Vida Paulista*. Com o mesmo título e diretor, houve a continuidade do *Vida Paulista* em 1908. Como não temos a seqüência desse jornal, decidimos registrar o aparecimento do *Vida Paulista* nos dois momentos, conscientes de que as duas datas diferentes não se referem a novos jornais de mesmo título, mas momentos e formatos diferentes do mesmo semanário.

nome/data da primeira folha	acervos	definições de cabeçalhos das primeiras folhas dos semanários	proprietários/ redatores/ ilustradores/ fotógrafos	redações, tipografias e oficinas	Exemplares consultados
La Farfalla 1904 N.1 27/nov/1904		Giornalle de la domenica Letterario, -Arte-Policia- Umorismo	Editor: Lorenzo Gualtieri Direção: Alberto Carbó Pezzi		Apenas referência: (Freittas: 1914:954)
O Pelintra 1904		Organ galhofeiro	Direção: Frederico Henrique Sauer	Redação: Rua Mendes Junior, 83	Apenas referência: (Freittas: 1914:954)
I Folli 1904 N.1 12/mai/1904		Manicomio ebdomedario del Giovedi. Aforismos: "Ridendo, quis vetat di cere verum? Castigat, ridendo, mores".	Diretore-proprietario: Vicenzo di Martinno, dottore psichiatrico	Direção e administra-ção: Rua 7 de Abril, 20	Apenas referência: (Freittas: 1914:953)
Psiu!... Olha "O Raspão" 1904 N.1 22/jan/1904		Hebdomedario critico, noticioso e de polemica literária	Redatores: Sá Barranceira e Nico Demus	Redação: Rua do Palácio, 3	Apenas referência: (Freittas: 1914:945)
Quo Vadis? 1904	IHGSP	Humorismo, crítica e literatura		Correspon-dência: R. Ypiranga, 59-A	Apenas referência: (Freittas: 1914:957)
A Idea 1904 N.1 22/jan/1904	IHGSP	Organ literario, critico e humorístico	Redatores: Antonio de Pádua Lopes, Francisco A. Pinto, Amadeu Pereira	Correspon-dência: Rua Correa de Andrade, 18 Belenzinho	Apenas referência: (Freittas: 1914:959)

nome/data da primeira folha	acervos	definições de cabeçalhos das primeiras folhas dos semanários	proprietários/ redatores/ ilustradores/ fotógrafos	redações, tipografias e oficinas	Exemplares consultados
Sem Vergonha (ítalo-brasileiro) 1904 N.1 15/ago/1904		Giornalle fratello unico di "Caraccia Duraccia" Divisa: "Si legge subito se pagate prima"	Direção: G. Pelegrini di Danielli		Apenas referência: (Freittas: 1914:959)
O Olophote 1904 N.1 5/set/1904	IHGSP Ano I n. 1; 5/09	Organ de grande olofotagem	Redatores: O Guarary Gerente: A. Lobel		Apenas referência: (Freittas: 1914:961)
El Loro (espanhol) 1904 N.1 18/set/1904		Periódico charlatan, embustero, chismoso, calumniador y amigo de reirse de todo el mundo: sin temor á que la corten el pico	Diretor e administrador: Dr. Zascandil	Redação: Rua Maria Domitila, 62	Apenas referência: (Freittas: 1914:965)
A Arara 1905 N.1 11/fev/1905	IHGSP	Semanário crítico, humorístico e de caricatura	Direção: A. Barjona Ilustração: B. Mattos Propriedade de Pereira & Comp.	Administração: Rua José Bonifácio, 14 Impresso na Lytographia Moderna de José Guzzi Rua Quintino Bocayuva, 35	11 de fev. 1905 a 30 de dez. de 1905 (IHGSP)
O Gaiato 1905 N.1 10/jun/1905	IHGSP Ano I n. 1; 10/06	Crítico e humorístico	Propriedade: Zé Escovado & Malandro Colaboradores: diversos	Correspondência: Rua Brigadeiro Machado, 10	Apenas referência: (Freittas: 1914:979)

nome/data da primeira folha	acervos	definições de cabeçalhos das primeiras folhas dos semanários	proprietários/ redatores/ ilustradores/ fotógrafos	redações, tipografias e oficinas	Exemplares consultados
El Venezian 1905		Jornal humorístico, odontologico, satirico, commercial Conceito: "em muittos idiomas é horrivel fallar"	Propriedade de uma associação anonyma. Diretores, diversos: colaboradores ad-libitum: secretarios: muitos Órgao de propaganda do estabelecimento comercial-Bazar Veneziano e do gabinete dentário do dr. José Salerio		Apenas referência: (Freittas: 1914:980)
Mercúrio 1905 N.1 10/ago/1905	BMA Jornais Paulis-tanos (rolo 1)	Semanário literario, humorístico e ilustrado	Direção: D. Pereira de Magalhães	Correspon-dência: Rua José Bonifácio, 7	Apenas referência: (Freittas: 1914:983)
Il Folli di S. Paulo (italiano) 1905	IHGSP Ano II n. 65: 30/04				Apenas referência: (Camargo: 1975)
O Voluntário (bairro de Santana) 1905 N.1 22/out/1905		Orgão literario, recreativo, humorístico e noticioso	Direção: J. Rabelo Coelho Redatores: o mesmo, Julio Muller Jr., João Dalio, Pedro Hermínio de Freitas, Domingos Gisberto Ramacciotti, Jacob Campanella, Celestino Guerra, Oswaldo Pontes e outros	Redação: Av. Tiradentes, 101	Apenas referência: (Freittas: 1914:988)

Preso por trocadilho 373

nome/data da primeira folha	acervos	definições de cabeçalhos das primeiras folhas dos semanários	proprietários/ redatores/ ilustradores/ fotógrafos	redações, tipografias e oficinas	Exemplares consultados
O Clarim (ex-Jocoso) 1906 N.1 jan/1906	IHGSP BN 06 jan. dez. 1924	Organ litterário, recreativo e illustrado[11] Quinzenário litterário, humorístico e crítico	Diretor: Francisco Romero Redatores: Dutra Nogueira, Paulino Almeida Colaboradores: Andrelino de Assis, José Gumerendo, Emilio Figueiredo, Amador Cobra, Santos Salles, Padua Lopes, Antonio Pimentel e outros	Redação: Ladeira da Memória, 6	25 de mai. 1906/ 1 de set. 1908 (IHGSP)
O Camaleão 1906 N.1 1/mar/1906	IHGSP	Organ critico, litterário e humorístico	Propriedade de uma associação Redigido por Camaleão	Redação: Mundo da Lua Tipografia Globo: Ladeira da Memória, 6	N. 1 1 de março de 1906 (IHGSP)
O Arlequim 1906 N.1 13/abr/1906			Redatores: Luiz Nogueira, João Papini Colaboradores: diversos	Redação: Rua Guarany, 6	Apenas referência: (Freittas: 1914:1003)
Tira Prosa 1906 N.1 29/mai/1906	IHGSP Ano VII n. 216: 29/07 n. 219 19/08	Sucessore a "Cara Dura" arso vivo il 29-V-1906 Divisa: Debelleremo la forza bruta con lárma del diritto. Ci si pieghera mai, ci si romperà piuttosto	Direção e Propriedade: G. Pellegrini di Danielle Redator: Pini Alessandro	Redação: Rua São Caetano, 22 e Rua do Riachuelo, 57	29 de jul. de 1906 19 ago. de 1906

---

[11] Em 25 de maio de 1906, o cabeçalho do *Clarim* vem com esses dizeres; porém, em 1908, muda para o que vem abaixo: "Quinzenário litterário, humorístico e crítico".

374   Paula Ester Janovitch

nome/data da primeira folha	acervos	definições de cabeçalhos das primeiras folhas dos semanários	proprietários/ redatores/ ilustradores/ fotógrafos	redações, tipografias e oficinas	Exemplares consultados
A Suavizadora 1907		Revista quinzenal de sciencia, literatura, humorismo e critica	Direção e redatores: J. Guilherme Netto e com a colaboração de L. Ferreira Jr., Assis Carvalho, Santos Neves, Paulino de Almeida, Luiz de Freitas, Arnaldo Porchat, além de outros	Redação: Rua Capitão Salomão, 27 Typ. Nacional de Carlos Borba, Rua 11 de Agosto, 13	Apenas referência: (Freittas: 1914:1017)
O Sabiá 1907	IHGSP	Semanário critico, satyrico e litterario, deddicado aos empregados do Commercio. (Freittas: 1914:1024)		Redação provisória: Rua Maria Marcolina, 5	Apenas referência: (Camargo: 1975)
Cri-Cri 1907 N.1 1/dez/1907	IHGSP	Semanário de actualidades	Proprietario: Hormidas Silva Direção: Brenno Silva Redatores: Dr. João Monteiroero Jr. Manoel Leiroz e outros Ilustradores: YôYô (Aureliando do Amaral Jr.)[12],	Tipografia Nacional: Rua das Flores, 30 Redação Galeria de Cristal, 5	1 de dez. 1907 a 22 de nov. de 1908 (IHGSP)

---

[12]   Sabe-se ainda muito pouco do ilustrador YôYô, apesar de ele ter desenhado em vários periódicos paulistas do começo do século XX. Registrei nos semanários pesquisados, seu surgimento em 1907 na *Cri-Cri*. A partir dessa primeira publicação, YôYô apareceu ilustrando a *Vida Paulista* (1908), *A Ronda* (1908), foi diretor artístico de *A Lua* (1910) e enviou colaborações para a revista carioca *Fon-Fon* entre os anos de 1908-1910. Esparsas referências biográficas sobre o ilustrador são feitas por Herman Lima em *História da caricatura no Brasil,* v.4: apenas que nasceu em Capivari e foi um ilustrador de ocasião, obtendo sucesso em sua coluna da *Fon-Fon,* "Cartões paulistas"(p.1457). Alguns dados referentes à sua intensa participação nos semanários paulistas podem ser encontrados nas próprias publicações em que participou. Em vários momentos encontram-se pequenas brincadeiras e alusões à sua presença, como na *Vida Paulista*

nome/data da primeira folha	acervos	definições de cabeçalhos das primeiras folhas dos semanários	proprietários/ redatores/ ilustradores/ fotógrafos	redações, tipografias e oficinas	Exemplares consultados
			Colaboradores esporádicos: Voltolino, Plinio, Zlau, Ben Bar, A. Bioletto Fotógrafo: Valerio Vieira		
O Grillo, (encarte dentro do *Cri-Cri* para crianças) 1907 N.1 1/dez/1907	IHGSP	Jornal dos pimpholhos (leitura innocente para creanças de 6 a 60 annos)	Xefopago do Cri-Cri, ilustrador João Monteiro Jr.	Tipografia Nacional: Rua das Flores, 30 Redação Galeria de Cristal, 5	1 de dez. 1907 a 22 de nov. de 1908 (IHGSP)
Argus 1907 N.1 18/dez/1907	IHGSP Ano I n. 17: 11/04	Semanário critico, satyrico, humorístico e litterário (Freittas: 1914:1032)	Proprietário e diretor: Amaury de Noé (pseudô-nimo de Natalino Graciano). Colaboradores: J. Lesse Bastos, Franco Augusto, Ernesto Penteado, Francisco Bastos, Hugo Motta, Antonio Vidal e outros	Redação: Rua Xavier de Toledo, 31 depois Ladeira São Francisco, 1915 e Rua Augusta, 132	
A Liberdade (ex-*Sábia*) 1908	IHGSP		Propriedade: D. Queiroz & Irmão Redatores: Domingos de Queiroz e Rubens do Amaral	Redação: Rua Anchieta, 5-A	Apenas referência: (Camargo: 1975)

1908 n.137, uma caricatura ilustrada por YôYô, intitulado "Dois Calungas" parece ser seu auto-retrato, se comparado a um outro calunga de mesmos traços desenhado na *Ronda* de 20 de agosto de 1908, que tem por título o "Caricaturista Caricaturado". Em *A Lua* (1910), seu nome aparece citado pelos redatores das colunas de posta restante nas pilhérias-respostas aos leitores como justificativa pela recusa de outras ilustrações oferecidas em forma de colaboração esporádica ao semanário.

376 Paula Ester Janovitch

nome/data da primeira folha	acervos	definições de cabeçalhos das primeiras folhas dos semanários	proprietários/ redatores/ ilustradores/ fotógrafos	redações, tipografias e oficinas	Exemplares consultados
A Vida Paulista 1908	IHGSP	Edição semanal ilustrada d'*A Notícia*	Publicação Semanal Iustrada d'*A Notícia*, Propriedade e Direção Artística: Peregrino de Castro Propriedade e Direção Literária: Arlindo Leal, Hypolito da Silva e Gustaca Pacca Colaboradores: Afonso Celso Garcia Luz, Leopoldo de Freitas, Baptista Pereira, Freitas Guimarães, Wenceslau de Queiroz, Gomes, Bento Camargo, Rufino... Ilustradores: YôYô (Aureliando do Amaral Jr.)		7 e 8 de junho de 1908 a 4 e 5 de outubro de 1908 (IHGSP)
A Ronda 1908 N.1 30/jul/1908	IHGSP		Propriedade de Silva Machado & Comp. Ilustradores: Voltolino, Jota Fotografias: Mazza, Valério Vieira	Redação, oficinas e atelier fotográfico: Rua do Thesouro, 7	N. 1 de 30 de jul. de 1908 a 17 de set. de 1908 (IHGSP)
A Bomba 1908 N.1 13/ago/1908		*Organ academico, anti-clerical, humorístico, ironico e mordaz*	Dirigido e redigido por Villalva Junior		Apenas referência: (Freittas: 1914:1044)

nome/data da primeira folha	acervos	definições de cabeçalhos das primeiras folhas dos semanários	proprietários/ redatores/ ilustradores/ fotógrafos	redações, tipografias e oficinas	Exemplares consultados
O Mignon 1908 N.1 4/out/1908	IHGSP Ano I n. 1: 4/10 n. 2: 15 n. 3: 22 n. 4: 29 n. 5: 5/11	Semanário illustrado, organ da casa de diversões – Cinematographo Mignon	Direção: Coelho & Toledo Propriedade: L.C. Machado	Largo do Mercadinho (local onde também foi o Cinemato-grapho de mesmo nome) Typografia Espyndola	Apenas referência: (Freittas: 1914:1047)
A Vida Alheia 1908 N.1 12/nov/1908		"Cultivava o espirito pornographico mexericando a vida alegre dos bordeis dourados; respeito as artes, era dicidida e incondicional admiradora da plástica feminina[13] (Freitas: 1914:1048)		Correspondên-cia: Rua Riachuelo, 43	Apenas referência: (Freittas: 1914:1048)
A Gargalhada 1909 N.1 21/abr/1909	IHGSP	Semanário humorístico litterário e illustrado	Propriedade e redação: diversos	Correspon-dência para Christovam Torres, Ladeira da Tabatin-guera, 32 Tipografia do Globo: Ladeira da Memória, 7	N. 2 28 de abril de 1908 (IHGSP)
A Chaleira[14] 1909 N.1 29/mai/1909		Jornal humorístico		Redação: Rua Boa Vista, 18 Sl. n. 6 – Cx. do Correio, 821	Apenas referência: (Freittas: 1914:1056)

---

[13] Essas definições são comentários de Freittas (1914) ao semanário. O conceito "pornographico" provavelmente não estava impresso no semanário.

[14] Freittas (1914, p.1056) esclarece que o titulo *Chaleira* foi retirado do verbo *chaleirar*, neologismo muito em voga em 1909 nos jornais humorísticos como sinônimo de engrossar, adular ou mesmo em ilustrações caricaturais como contorno dos calungas.

378 Paula Ester Janovitch

nome/data da primeira folha	acervos	definições de cabeçalhos das primeiras folhas dos semanários	proprietários/ redatores/ ilustradores/ fotógrafos	redações, tipografias e oficinas	Exemplares consultados
A Idea 1909	IHGSP Ano I n. 4: mai. n. 5: jun. n. 6: jul. n. 7: ago. n. 8: set. n. 9: out. n.10: nov. dez.	Organ humorístico, literário e noticioso dos alumnos do Gumnasio Macedo Soares	Propriedade: diversos	Redação: Rua do Arouche, 28 Typografia Pocai & Weiss, Largo do Arouche, n.1	Apenas referência: (Freittas: 1914:1055) (Camargo: 1975)
O Asno 1909 N.1 29/ago/1909		Jornal semanário humorístico		Correspondência a Adolpho Blasis, R. Conselheiro Ramalho, 156 Redação e administração: Ladeira de Sto Amaro, 9-A	Apenas referência: (Freittas: 1914:1058)
O Bicho 1909 N.1 4/set/1909	IHGSP Ano I n. 1: 4/9 n. 2: 16 n. 3: 18 n. 4: 25 n. 5: 2/10	Semanário critico, humorístico e de actualidades	Propriedade da empresa Vida Moderna. Redatores: diversos Pappilon, Franz Buller, Cavador, Carteiro Serà Sino e etc.[15] Ilustradores esporádicos: Voltolino , Xisto[16]	Redação e administração: Praça A. Prado, 61 Oficinas: R. Capitão Salomão, 16	N. 1 4 de set. de 1909 a 2 de out. de 1909 (IHGSP)

---

[15] Os pseudônimos aqui apontados foram registrados do próprio semanário O *Bicho*. Optei por me referir apenas àqueles mais freqüentes, posto que não há maiores referências sobre seus reais redatores e colaboradores.

[16] A mesma ausência de identificação ocorreu com os ilustradores. Outras assinaturas diversas das dos dois citados estavam ilegíveis e assim excluídas deste quadro.

nome/data da primeira folha	acervos	definições de cabeçalhos das primeiras folhas dos semanários	proprietários/ redatores/ ilustradores/ fotógrafos	redações, tipografias e oficinas	Exemplares consultados
Il Pasquino Coloniale (italiano) 1910	IHGSP	Unico giornale italiano umoristico con caricature di atualitá publicato nel Sud-America Divisa: Cel tiempo e con la paglia maturano le nespole	Fundador: Arturo Trippa Critico da vida artística: Don Ciccio (Francesco Jaccheo), Giovanetti[17] Ilustrador: Voltolino	Redação e administração: Rua Boa Vista, 5 Cassele postale, 510	12 de jun. de 1910 19 de ago. 1911
A Lua 1909 N.1 1/jan/1910	PJ	Semanário illustrado	Colaboradores: Vicente de Carvalho, Garcia Redondo, Virgilio Varzea, Alberto Sousa, Amadeu Amaral, Armando Prado, Canto e Mello, Couto de Magalhães, Araujo de Figueiredo, Alfredo de Assis, Ricardo Gonçalves, Diniz Junior, Sampaio Freire e outros Ilustrador: YôYô Fotógrafo: Vicente Mazza[18]	Redação e administração: Praça A. Prado, Palacete Briccola Tipografia H. Rosenhain	jan. 1910 a março de 1910 (PJ)
Il Pionero (italiano) 1910	IHGSP Ano I, n. 5/ 20/10	Teatrale Letterario – Crítico-Umoristico-Satirico-Reclame			Apenas referência: (Freittas: 1914:1074)

---

[17] *Don Ciccio* mantinha fama nos jornais humorísticos por não saber escrever. Franco Cenni (em *Italianos no Brasil*, s. d., p.284) esclarece que ao lado de *Giovenetti* o critico da vida artística Don Ciccio tomava ares de calunga na capital artística paulistana.

[18] Fotografia de Mazza na coluna "Sala de Despacho", de *A Lua*, março de 1910.

nome/data da primeira folha	acervos	definições de cabeçalhos das primeiras folhas dos semanários	proprietários/ redatores/ ilustradores/ fotógrafos	redações, tipografias e oficinas	Exemplares consultados
A Palavra 1910	IHGSP Ano I, n. 2: out	Publicação Mensal, Literatura e Independente (Freittas: 1914:1074)	Diretores: Orlando Rocha e Ary Bittencourt Redator: João de Gulielmo Netto Secretario: Abilio Rodrigues Colaboradores: J. M. Latino Coelho, Virgilio dos Santos, Chá da Rocha e Orlando Rocha	Correspondência: Tr. da Glória, 14 Typografia Casa Graphica Largo do Arouche, 63	Apenas referência: (Cruz: 1997:184)
A Farpa 1910 N.1 9/fev/1910	IHGSP Ano I n. 1: 9/2 n. 2: 16 n. 3: 23 n. 4: 16/3 BMA Jornais de vários títulos (rolo 10)	Revista quinzenal	Propriedade: Mario de Sampaio Ferraz e Manoel de Queiroz Aranha Direção Artística: Octavio Pupo Nogueira Direção Literária: Simões Pinto Fotógrafos: Haroldo Egydio, Conrado Wessel, Sylvio Freire Colaboradores: Manuel Carlos, Hermes Barbosa, Jacques d'Avray, José Paiva e Gastão da Cruz	Impresso na Oficina Duprat	9 de fev. de 1910 a 16 março de 1910
Folleto (italiano) 1910	IHGSP	Settimanale satirico illustrato del giovedi. Consegliere settimanle di arte, scienza, cronaca mondana, sport, ecc	Proprietários: Prof. Giovanni Siniscalchi & Comp.	Redação: Rua 7 de abril, 20	12 de mai. de 1910 4 de jul. de 1910 (IHGSP)

nome/data da primeira folha	acervos	definições de cabeçalhos das primeiras folhas dos semanários	proprietários/ redatores/ ilustradores/ fotógrafos	redações, tipografias e oficinas	Exemplares consultados
Ideal 1911 N.1 nov/1911	IHGSP Ano I n. 8: nov	Literatura e humorismo	Diretoria: Saint Clair dos Santos Fagundes, José Querido Sobrinho, Moacyr de Cerqueira Cintra, Lauro de Gonçalves Junior	Correspondência: Rua 7 de Abril, 77	Apenas referência: (Freittas: 1914:1078)
Don Chisciotte (italiano) 1911 N.1 10/jun/1911		Jornal vivaz, independente e ironico	Diretor: Paulo Mazzoldi	Redação e administração: Rua Direita, 59-A Caixa Postal: 878	Apenas referência: (Freittas: 1914:1079)
O Telescópio 1911 N.1 14/out/1911		Organ literario, noticioso e humorístico	Redator-Chefe: C. Iegros Redator-Secretario: M. Mattoso Gerente: A. Gadaulfo	Redação: Rua Senador Feijó, 1	Apenas referência: (Freittas: 1914:1081)
Zé Povo 1911 N.1 12/out/1911	IHGSP BMA Jornais de vários títulos (rolo 10)	Semanário ilustrado de crítica, arte, política, moda e atualidades	Propriedade de uma empresa	Redação: Rua Dr. Falcão, 32 Oficinas próprias	12 de out. de 1911/ 2 de nov. de 1911 (IHGSP)
O Pirralho 1911 N.1 12/ago/1911	IHGSP BMA (9 rolos) ago 1911 à fev 1918	Semanário illustrado d' importancia... evidente	Fundado e redigido: José Oswaldo Junior Redator-secretári-os: Paulo Setubal[19] Colaboradores:[20] Cornelio Pires, Amadeu Amaral,	Tipografia Grafica Moderna: Rua Barão de Duprat, 19	12 de ago. de 1911 a 30 de dez. de 1911 (BMA)

---

[19] No período que Oswald de Andrade viajou para a Europa, Paulo Setúbal dirigiu *O Pirralho*; após seu retorno em dezembro de 1911, o escritor passou ao cargo de redator secretários do semanário.

[20] Os colaboradores apresentados aqui aparecem nos exemplares consultados referentes ao ano de 1911.

382 Paula Ester Janovitch

nome/data da primeira folha	acervos	definições de cabeçalhos das primeiras folhas dos semanários	proprietários/ redatores/ ilustradores/ fotógrafos	redações, tipografias e oficinas	Exemplares consultados
O Pirralho 1911 N.1 12/ago/1911			Vicente de Carvalho, Octavio Augusto, Affonso Celso, Aureliano Amaral, Renato Lopes,[21] Carlos de Andrade Coelho, Baby de Andrade Ilustradores: Voltolino, Mr. Forrest,[22] Jorge Colasso		

---

[21] Renato Lopes escrevia a coluna "Chronica do Rio" (*O Pirralho*, 2 de dez. de 1911 n.17).

[22] Mr. Forrest, durante os primeiros exemplares de *O Pirralho*, 1911, fez várias caricaturas de impressões do Rio de Janeiro. Suas ilustrações vinham com o título "Nas Ruas do Rio"e, em sua maioria, caracterizavam tipos da cidade.

Apêndice II

2

Quadro de colunas de correspondências macarrônicas registradas nos periódicos de narrativa irreverente pesquisados entre os anos de 1900-1911[1]			
periódicos/ acento dialetal das correspondências	italiano	caipira	alemão
O Buraco, 1900		"Cartas Amorosas," K. Gado	
Azeite, 1903	"Cartas da uno talenano", de Chicillo		
Gil Braz, 1903	"O Fechamento", Luigi Capalunga		
O Jagunço, 1903		Quadrinha caipira por Zé K. Della	
A Ronda, 1908	"Bilhetes do Bom Retiro", por Luigi Capalunga		
O Bicho, 1909			"Correspondência de Santa Catharina", por Franz Buller
A Farpa, 1910		"Cartas Matutinas", Coroné Bastião	
A Lua, 1910			"Cartas Pomeranas", de Fritz Helmoz Belotas
O Pirralho, 1911	Cartas d'abax'o Pigues, de Annibale Scipione,[2] Juó Bananère[3]	"Correspondência da Xiririca", por Fidêncio da Costa[4]	"O Biralha", Xornal allemong por Franz Kennipperlein[5]

---

[1] A seleção de correspondências eleita aqui tem o objetivo de ilustrar e oferecer ao leitor uma amostragem da presença e diversidade do estilo epistolar irreverente ao longo da primeira década do século XX. Outros formatos de narrativa epistolar e matérias dialetais não foram citados aqui, porém estão presentes nos semanários pesquisados.

[2] *Annibale Scipione* foi um dos pseudônimos usados por Oswald de Andrade. Ele iniciou a coluna das "Cartas d'Abaix'o Pigues" de *O Pirralho*, em 1911.

[3] *Juó Bananére*, pseudônimo de Alexandre Marcondes Machado, substituiu Oswald de Andrade nas colunas das "Cartas do Abaix'o Pigues" logo nos primeiros números de *O Pirralho*.

[4] *Fidêncio da Costa* foi o pseudônimo usado por Cornélio Pires em *O Pirralho*.

[5] Provavelmente quem fazia o macarronismo alemão do *Birralho* era o próprio *Juó Bananére*.

Agradecimentos

Preso por trocadilho foi produzido originalmente como tese de doutorado, defendida no Departamento de História da Universidade São Paulo, no ano de 2003.

Sou profundamente grata aos membros da banca examinadora, Margareth Rago, Ana Luisa Martins, Maria Inez Machado Pinto e Geraldo Vinci de Moraes, pelas observações e críticas para que a pesquisa adquirisse o formato de livro.

Ao Prof. Dr. Elias Thomé Saliba, pela orientação atenta e generosa em mais este trabalho "irreverente" que compartilhamos.

Ao Instituto Histórico e Geográfico de São Paulo, por haver aberto seu acervo para que eu pudesse finalizar a pesquisa dos jornais. Aos seus integrantes, especialmente Brás Galotta, historiador e amigo, que, entre os inúmeros obstáculos ao longo dos anos de pesquisa, não deixou de me animar. À Dra. Nelly, por ter autorizado a pesquisa no acervo. À Sandra, à D. Maria e à doce D. Eva e seus cafezinhos servidos todas as tardes na biblioteca. À aparição sempre inesperada do Adauri, jornalista e pesquisador, que gerava um desconforto animado na comprida mesa da biblioteca do Instituto. À memória do querido Dr. Délio Freyre, ocupante permanente de uma das cadeiras da biblioteca e da história da cidade de São Paulo.

Aos meus colegas do Bixiga de todos os domingos ensolarados. Ao Rogério Vieira, que contribuiu nesta pesquisa com o achado de muitos livros referentes à memória da cidade de São Paulo. À memória do Peti, que me introduziu no mundo das revistas de humor. Ao Laerte e suas "caretas", "malhos", "luas" e "rolhas", que animam e ilustram grande parte deste trabalho. Ao amigo e colega Dr. Milton Bednarski, que me abriu o mundo dos colecionadores, da feira do Bixiga e dos submundos de São Paulo para fora dos bancos acadêmicos. A Werner Vana, que me contou preciosas histórias sobre os transportes urbanos no início do século XX, e a Geraldo e Sirley, com quem troquei muitas informações e dicas de época.

Aos meus colegas e amigos da Universidade São Paulo com quem cumpri créditos, troquei idéias, referências bibliográficas, conquistas e angústias durante longo destes anos: Paulo Kogoruma, Leticia Squeff e Cristina Campos.

À minha querida amiga e orientadora de mestrado, Prof. Dra. Norma Telles, que me iniciou nos mistérios da leitura.

Ao Departamento de Patrimônio Histórico de São Paulo, meus colegas e amigos, lugar em que aprendi quase tudo que sei sobre a história da cidade de São Paulo.

À Eliana Rezende, pesquisadora da história da cidade, amiga de afinidades e descobertas ao longo destes anos.

Ao Roney Cytrynowicz e à Monica Musatti Cytrynowicz, parceiros e amigos que generosamente me acompanharam e estimularam durante a parte mais árdua e solitária deste trabalho.

À Tina, amiga de todas as horas e dias, que de fato não está na tese, mas compartilha páginas e páginas da produção deste trabalho.

À Soninha, Roberta, Anie e Maia, doces presenças na minha vida.

À Evelyn Alperovitch, que acreditou que eu terminaria a pesquisa, mesmo quando eu mesma duvidava de qualquer indício de "terra à vista".

À família Janovitch, Carlos, Erika, Rafael, Gabriel e à minha mãe Rachel, que nos períodos mais "bicudos" cuidou do meu filho e de mim. Ao Mauricio B. Pereira e a Werblowsky, Henrique, Sonia, Edgar e Arnaldo, que há muito tempo se uniram aos laços familiares. Ao meu pai, Jacob Janovitch, uma ausência que talvez seja, entre muitos motivos de se fazer uma tese, uma daquelas inexplicáveis razões. Às corridas no Parque da Água Branca que me abriram inúmeros caminhos na vida.

À fundamental presença de Denise e Roberto, mais do que professores.

A São Francisco Xavier, às montanhas, paisagens e momentos em que pude estar lá nestes anos. Ao alto e baixo Bugre. Às conversas, jantares, almoços, risadas e amizades que transbordam da topografia de São Chico. Ao Chico, Madalena e, agora, à pequena Isabel. Ao Herman, Flávia e Mathias. À Soraia, Vlamir, Gabriel e Mauro.

À Sonia Manski e Célia R. Eisenbaum, com quem tenho a honra de trocar correspondências e afinidades literárias.

À Sonia Hotimsky, um encontro preciso durante o processo acadêmico.

Aos colegas, funcionários e amigos que partilham do meu cotidiano, Dulce, Lia, Toninho, Alexandre, Douglas, Adriano e Eduardo, que mesmo sem compreender o "tamanho da encrenca em que eu havia entrado" faziam piadas e me estimulavam a terminar a "coisa que me deixava tão isolada do mundo".

Aos meus amigos de hoje, de ontem e de sempre, que estão para além de qualquer urgência neste mundo: Rosa, Lu, Beth e Cido.

Ao curso de *clown* de Marcio Ballas, o João Grandão, que me fez brincar e compreender alguns truques dos jogos lúdicos dos palhaços, os quais me renderam boas risadas, um pé torcido e o último capítulo deste trabalho.

E, finalmente, ao Marcelo, meu filho, que cresceu junto com as angústias, alegrias, capítulos e desafios da mãe defender uma tese.

Este livro foi impresso em São Paulo pela Prol
Gráfica no outono de 2006. No texto da obra, foi
utilizada a fonte minion, em corpo 10,5, com
entrelinha de 15 pontos.